MostUsedWords.com presenta

Diccionario de Frecuencia -Inglés-

Vocabulario Intermedio

2.501-5.000 palabras mas comunes del ingles

Libro 2

Primera impresión, 2018

Jolie Laide LTD
12/F, 67 Percival Street, Hong Kong

www.MostUsedWords.com

Contenido

¿Por qué este libro?

Hola, querido lector.

Muchas gracias por comprar este libro. Esperamos que te sea de mucha utilidad en tu viaje de aprendizaje del idioma.

No todas las palabras son iguales. El propósito de este diccionario de frecuencia es enumerar las más utilizandas en orden descendente, por lo que podrás aprender el idioma de la forma más eficiente posible.

En primer lugar, quisiéramos destacar el valor de un diccionario de frecuencia. Como ejemplo, hemos combinado la frecuencia de datos de diferentes idiomas (principalmente lenguas romance, eslavas y germánicas) y las hemos incorporado en la misma gráfica.

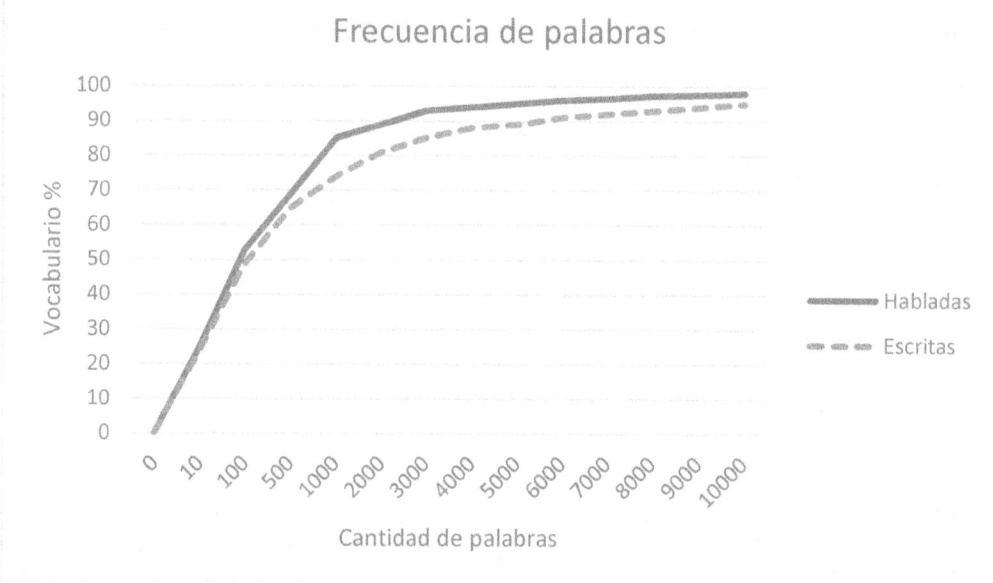

Los puntos más importantes, de acuerdo con los datos, parecen ser:

Cantidad de palabras	Habladas	Escritas
• 100	53%	49%
• 1.000	85%	74%
• 2.500	92%	82%
• 5.000	95%	89%
• 7.500	97%	93%
• 10.000	98%	95%

Los datos de arriba corresponden a la ley de Pareto.

La ley de Pareto, también conocida como la regla 80/20, establece que para muchos eventos, aproximadamente 80% de los efectos vienen del 20% de las causas.

En el aprendizaje de idiomas, este principio parece haber consumido esteroides. Parece que solamente 20% del 20% (95/5) de las palabras más utilizadas en el idioma constituyen casi todo el vocabulario que se necesita.

Para poner esto en perspectiva: el Diccionario de Ingles Oxford Hachette (Concise Oxford English Dictionary) enumera más de 240.000 palabras que están en uso actual, aunque que solamente necesitas conocer 2,1% (5.000 palabras) para alcanzar el 95% y 89% de fluidez en conversación y escritura. Conocer las 10.000 palabras más comunes, es decir 4,2%, te dará un 98% de fluidez en el idioma hablado y 95% de fluidez en los textos escritos.

Teniendo esto en mente, el valor de los diccionarios de frecuencia es enorme. El estudio de las palabras más frecuentes ayuda a aumentar el vocabulario y progresar de forma natural. Suena lógico, ¿cierto?

¿Cuántas palabras necesitas saber para los diferentes niveles de fluidez?

Mientras que es importante considerar que es casi imposible establecer exactamente estos números y estadísticas con una precisión del 100%, estos son promedios globales que han sido establecidos a partir de múltiples fuentes.

De acuerdo con las investigaciones, esta es la cantidad de vocabulario que se necesita para los diferentes niveles de fluidez.

1. 250 palabras: el centro esencial de un idioma. Sin estas palabras no podrás construir ninguna oración.
2. 750 palabras: son las utilizadas diariamente por una persona que habla ese idioma.
3. 2.500 palabras: que te permiten expresas cualquier cosa que quieras decir, siempre y cuando utilices un poco de creatividad.
4. 5.000 palabras: el vocabulario activo de cualquier hablante nativo sin educación superior.
5. 10.000 palabras: el vocabulario activo de hablantes nativos con educación superior.
6. 20.000 palabras: que necesitas reconocer de forma pasiva para leer, comprender y disfrutar un trabajo literario, como lo puede ser una novela de un autor destacado.

Advertencias y limitaciones.

Una lista de frecuencia nunca es "La lista de frecuencia definitiva".

Dependiendo de la fuente de material que se haya consultado, puede que recibas diferentes listas. Un corpus de palabras habladas difiere a los textos que están basados en el lenguaje escrito.

Es por esto que hemos seleccionado subtítulos como fuente, ya que, de acuerdo a la ciencia, estos cubren lo mejor de ambos mundos: tanto el inglés escrito como el hablado.

La lista de frecuencia se basa en el análisis de aproximadamente 20 gigabytes de subtítulos en inglés.

Imagina un libro con casi 16 millones de páginas, o 80.000 libros de 200 páginas cada uno, para tener una idea de la cantidad de palabras que han sido analizadas para la creación de este libro. Una base de texto amplia es esencial para desarrollar una certera lista de frecuencia.

Los datos brutos incluyen más de un millón de entradas. Los datos brutos pasaron por un proceso de lematización; las palabras están dadas en su forma raíz.

Algunas palabras en las listas te parecerán extrañas, en sus respectivos rangos de frecuencia. Nosotros también nos sorprendimos un par de veces. Ten en cuenta que este libro está basado en una gran cantidad de subtítulos, por lo que puede incluir palabras que no necesitarás utilizar.

Puede que encuentres también vocabulario de otros idiomas en este diccionario. Hemos decidido incluirlo debido a que si está siendo utilizado en los subtítulos podemos asumir que la palabra está integrada al vocabulario general del inglés.

Tratamos al máximo de mantener nuestros nombres comunes, como "Jack, Ryan, Alice", al igual que "Roma, Washington" o "el Louvre, el Capitolio".

Algunas palabras tienen múltiples significados. Las explicaciones son ofrecidas en inglés.

"Jack" es un nombre muy común, pero también es un sustantivo (un gato para levantar un vehículo, "a jack to lift up a vehicle) y un verbo (robar algo). Lo mismo ocurre con la palabra "can". Es una conjugación del verbo "poder" y también es un sustantivo (una lata).

Esto puede sesgar ligeramente la posición en la lista de frecuencia. Con la tecnología actual, desafortunadamente no es posible identificar la ubicación correcta de acuerdo con su significado. Por suerte, estas palabras son muy escasas, y por lo tanto no tendrán un efecto importante sobre todo el resultado.

Si encuentras una palabra que no necesitarás en tu vocabulario, entonces simplemente sáltala. La lista de frecuencia incluye 25 palabras extra para compensar cualquier irregularidad que puedas encontrar.

El gran secreto para aprender un idioma es el siguiente: aumenta tu vocabulario, aprende los principios básicos de gramática y salir a conversar. Equivócate, ríete y aprende de tus errores.

Esperamos que encuentres en este diccionario de frecuencia una útil herramienta. Si te gusta este diccionario, por favor comunícaselo a las demás personas, para que también puedan disfrutarlo. O deja una reseña o comentario en línea, p.e. en las redes sociales, blogs o foros.

Cómo utilizar este diccionario

abreviaciones	*abr*
adjetivos	*adj*
adverbios	*adv*
artículos	*art*
verbos auxiliares	*av*
conjunciones	*con*
interyecciones	*int*
sustantivos	*ss*
números	*num*
partículas gramaticales	*part*
frases	*phr*
prefijos	*pfj*
preposiciones	*prp*
pronombres	*prn*
sufijos	*sfj*
verbos	*vb*
singular	*sg*
plural	*pl*

Traducciones

Decidimos compartir las traducciones más comunes de una palabra, al igual que las partes más comunes del discurso. No obstante, es importante aclarar que estas son no son las únicas posibles traducciones o partes del discurso en las que se pueden utilizar cada una de las palabras.

Alfabeto Fonético Internacional (IPA)

La pronunciación de un vocabulario extranjero puede ser difícil. Para ayudarte a hacerlo bien, hemos agregado la información IPA para cada vocablo. Si ya tienes una comprensión básica de la pronunciación, encontrarás directamente la pronunciación IPA. Para más información, por favor visita www.internationalphoneticalphabet.org

Diccionario de frecuencia inglés - español

2501 **native**
adj; ss
[ˈneɪtɪv]

nativo| natal; el nativo
A child who is a native speaker usually knows many things about his or her language that a non-native speaker who has been studying for years still does not know and perhaps will never know.
-Un niño que es hablante nativo normalmente sabe muchas cosas acerca de su lengua que un hablante no nativo que lo haya estado estudiando durante muchos años no sabe todavía y que quizá no sabrá nunca.

2502 **counter**
vb; ss; adj; adv
[ˈkaʊntər]

contrarrestar; el contador; contrario; en contra
Silence is an argument which is difficult to counter.
-El silencio es un argumento difícil de contradecir.

2503 **skull**
ss
[skʌl]

el cráneo
The human skull consists of 23 bones.
-El cráneo humano consiste de 23 huesos.

2504 **stroke**
ss; vb
[stroʊk]

la carrera| el golpe; acariciar
He had a stroke.
-Le dio un derrame cerebral.

2505 **determine**
vb
[dəˈtɜrmən]

determinar| decidir
In my work, I sometimes simply determine an area with a tape measure.
-En mi trabajo, a veces simplemente determino un área con una cinta métrica.

2506 **pearl**
ss; adj; vb
[pɜrl]

la perla; de perlas; gotear
Jim says he doesn't know where Ana bought her pearl necklace.
-Jim dice que no sabe dónde Ana compró el collar de perlas.

2507 **rubbish**
ss
[ˈrʌbɪʃ]

la basura
Throw the egg shells in the organic rubbish bin.
-Tire las cáscaras de huevos en el cesto de basura orgánica.

2508 **romance**
ss; vb
[roʊˈmæns]

la novela| la romanza; fantasear
Jim and Ana had a whirlwind romance.
-Jim y Ana tuvieron un romance relámpago.

2509 **anxious**
adj
[ˈæŋkʃəs]

ansioso| deseoso
Please come. I'm anxious to see you.
-Por favor vení; estoy ansiosa por verte.

2510 **avenue**
ss
[ˈævəˌnu]

la avenida
There was an accident on Fifth Avenue yesterday.
-Ayer hubo un accidente en La Quinta Avenida.

2511 **naughty**
adj
[ˈnɔti]

travieso
This child's very naughty.
-Este niño es muy malo.

2512 **product**
ss
[ˈprɑdəkt]

el producto| el resultado
We would like to distribute your product in Japan.
-Nos gustaría distribuir su producto en Japón.

2513 **individual**
adj; ss
[ˌɪndəˈvɪdʒəwəl]

individual| particular; el individuo
Even though it has a masculine and feminine reproductive system, the earthworm requires another individual to bring forth fecundation.

-A pesar de tener un sistema reproductor masculino y femenino, la lombriz necesita de otro individuo para que la fecundación ocurra.

2514	**communist** adj; ss [ˈkɑmjənəst]	**comunista; comunista** There would be no New China without the communist party. -No va a haber Nueva China sin el partido comunista.
2515	**gambling** ss [ˈgæmbəlɪŋ]	**el juego** It was gambling that brought about his ruin. -Fueron las apuestas que lo llevaron a su ruina.
2516	**timing** ss; adj [ˈtaɪmɪŋ]	**la sincronización| el cronometraje; de distribución** It's perfect timing, anyway... -Es el momento perfecto, de todas formas...
2517	**rocket** ss; vb [ˈrɑkət]	**el cohete; atacar con cohetes** The rocket put a communications satellite into orbit. -El cohete puso un satélite de comunicaciones en órbita.
2518	**grief** ss [grif]	**el dolor** Notice the difference between a sigh of relief and a sigh of grief. -Nota la diferencia entre un suspiro de alivio y uno de aflicción.
2519	**brush** ss; vb [brʌʃ]	**el cepillo; cepillar** Isn't that just a brush fire? -¿No es un simple incendio forestal?
2520	**sucker** ss [ˈsʌkər]	**la ventosa** That sucker is nonsense to stalls. -Que tonto es una tontería a los puestos.
2521	**enormous** adj [ɪˈnɔrməs]	**enorme** The new building is enormous. -El edificio nuevo es enorme.
2522	**alley** ss [ˈæli]	**el callejón** After this, nobody ever saw the ghost of the old woman again in that alley. -Después de esto, nadie volvió a ver el fantasma de la vieja mujer de nuevo en ese callejón.
2523	**humanity** ss [hjuˈmænɪti]	**la humanidad** That's a crime against humanity! -¡Eso es un crimen contra la humanidad!
2524	**brief** adj; ss; vb [brif]	**breve; el breve; informar** Please be as brief as possible. -Por favor sé lo más breve posible.
2525	**personality** ss [ˌpɜrsəˈnælɪti]	**la personalidad** I have no cell phone, no showy photos, no funny personality. Just medicaments. -No tengo teléfono celular, fotos llamativas, ni una personalidad graciosa. Solo remedios.
2526	**document** ss; vb [ˈdɑkjəmɛnt]	**el documento; documentar** I need help translating this document into French. -Necesito ayuda para traducir este documento al francés.
2527	**assault** ss; vb [əˈsɔlt]	**el asalto| la embestida; asaltar** They made an assault on the summit. -Ellos asaltaron la cumbre.

2528 judgment **el juicio| la sentencia**
ss
[ˈdʒʌdʒmənt]
Philosophy teaches us to feel uncertain about the things that seem to us self-evident. Propaganda, on the other hand, teaches us to accept as self-evident matters about which it would be reasonable to suspend our judgment or to feel doubt.
-La filosofía nos enseña sentirnos inseguros acerca de las cosas que nos parezcan evidentes por sí solas. Por otro lado, la propaganda nos enseña a aceptar por evidentes asuntos los cuales sería razonable someter a nuestro juicio o poner en duda.

2529 literally **literalmente**
adv
[ˈlɪtərəli]
Someone who could literally fly under the radar.
-Alguien que pudiese, literalmente, volar por debajo del radar.

2530 potato **la patata**
ss
[pəˈteɪˌtoʊ]
He likes potato salad.
-A él le gusta la ensalada de papas.

2531 robot **el robot**
ss
[ˈroʊˌbɑt]
An android is a kind of robot.
-Un androide es un tipo de robot.

2532 angle **el ángulo; pescar con caña**
ss; vb
[ˈæŋgəl]
Let's approach this from a different angle.
-Abordémoslo desde otra perspectiva.

2533 ail **afligir**
vb
[eɪl]
These traditional presentation techniques are very prominent in the events organised around ail blanc de Lomagne.
-Estas presentaciones tradicionales son muy frecuentes en las manifestaciones en torno al Ail blanc de Lomagne.

2534 mobile **móvil**
adj
[ˈmoʊbəl]
I'm going to buy a mobile phone tomorrow!
-Mañana me voy a comprar un celular.

2535 invisible **invisible**
adj
[ɪnˈvɪzəbəl]
If I were invisible I wouldn't have to dress myself.
-Si fuera invisible no tendría que vestirme.

2536 pope **el papa**
ss
[poʊp]
The Pope visited Brazil.
-El Papa visitó Brasil.

2537 status **el estado| el estatus**
ss
[ˈstætəs]
The goal of education is not wealth or status, but personal development.
-El objetivo de la educación no es la riqueza ni el estatus, sino la formación personal.

2538 profit **beneficiarse| sacar provecho; el lucro**
vb; ss
[ˈprɑfət]
All men who profit from the fruits of the earth must give back part of them to the Church, who will apply them to three uses: providing for pastors, the maintenance of religious buildings, help to the poor.
-Todos los hombres que se benefician de los frutos de la tierra deben devolver parte de ellos a la Iglesia, que los empleará en tres usos: la subsistencia de los párrocos, el mantenimiento de los edificios religiosos y la ayuda a los pobres.

2539 actual **real| actual**

	adj ['æktʃuəl]	Mathematics would certainly not have come into existence if one had known from the beginning that there was in nature no exactly straight line, no actual circle, no absolute magnitude. -La matemática ciertamente no existiría si desde el principio se supiera que en la naturaleza no hay recta exacta, círculo perfecto o magnitud absoluta.
2540	**tent** ss [tɛnt]	**la tienda** The exhibition tent also contains a selection of EU-funded, language-related projects. -La tienda que alberga la exposición contiene asimismo una selección de proyectos de carácter lingüístico financiados por la UE.
2541	**host** ss; vb [hoʊst]	**el anfitrión| el huésped; organizar** Having found a suitable human host, an ambitious Cuba Libre sang a beautiful ballad at the karaoke bar. -Habiendo encontrado a un huésped humano adecuado, un ambicioso Cuba Libre cantó una hermosa balada en el karaoke del bar.
2542	**barn** ss [bɑrn]	**el granero** Were you born in a barn? -¿Naciste en un establo?
2543	**stress** ss; vb [strɛs]	**el estrés; subrayar** I have spots in my skin by stress. -Tengo manchas en la piel por el estrés.
2544	**broad** adj; ss [brɔd]	**ancho; la anchura** He had his car stolen in broad daylight. -Su coche fue robado en pleno día.
2545	**gross** adj; ss [groʊs]	**bruto| grave; la gruesa** She's the prettiest girl in class. It's a shame she's so gross. -Ella es la chica más linda de la clase. Es una pena que sea tan asquerosa.
2546	**sack** ss; vb [sæk]	**el saco| el saqueo; despedir** I will hit the sack. -Voy a dormir.
2547	**stink** ss; vb [stɪŋk]	**el hedor| el lío; oler mal** You stink of cigarettes. -Apestas a cigarrillos.
2548	**recording** ss; adj [rəˈkɔrdɪŋ]	**la grabación; de grabación** Voicemail recording: First saved voice message. -Grabación de llamadas: primer mensaje de voz guardado.
2549	**anniversary** adj; ss [ˌænəˈvɜrsəri]	**aniversario; el aniversario** We celebrated the centenary anniversary day. -Celebramos el centenario.
2550	**expression** ss [ɪkˈsprɛʃən]	**la expresión** Tango is the vertical expression of horizontal desire. -El tango es la expresión vertical del deseo horizontal.
2551	**oxygen** ss; [ˈɑksədʒən]	**el oxígeno** Water comprises of oxygen and hydrogen. -El agua está formada por oxígeno e hidrógeno.
2552	**ranch** ss [ræntʃ]	**el rancho| la hacienda** We rode to the ranch on horseback. -Fuimos a caballo a la hacienda.

2553	**crystal**	**el cristal; de cristal**
	ss; adj	Vibrated until the frozen bones shattered like crystal.
	[ˈkrɪstəl]	-La hicieron vibrar hasta que los huesos congelados se quebraron como cristal.
2554	**southern**	**del sur**
	adj	Cordova is a city in southern Spain.
	[ˈsʌðərn]	-Córdoba es una ciudad en el sur de España.
2555	**whip**	**el látigo| el azote; azotar**
	ss; vb	Whip the egg-whites until they are stiff.
	[wɪp]	-Bate las claras de huevo hasta que estén duras.
2556	**labor**	**el trabajo| la mano de obra; laboral; trabajar**
	ss; adj; vb	The severity of such marks can reveal whether or not any of these people were habitually engaged in hard labor.
	[ˈleɪbər]	-A partir de la severidad de aquellas marcas, podemos revelar si acaso cualquiera de estas personas entablaban habitualmente trabajos forzados.
2557	**relief**	**el relieve| el alivio**
	ss	What a relief!
	[rɪˈlif]	-¡Qué alivio!
2558	**Soviet**	**el soviet; soviético**
	ss; adj	In 1957, the Soviet Union sent a female dog named Laika into space.
	[ˈsoʊviət]	-En 1957, la Unión Soviética envió al espacio a una perra llamada Laika.
2559	**adult**	**adulto; el adulto**
	adj; ss	The life cycle of an amphibian consists of three stages: egg, larva and adult.
	[əˈdʌlt]	-El ciclo de vida de los anfibios consta de tres etapas: huevo, larva y adulto.
2560	**hostage**	**el rehén**
	ss	Special Squad had never lost a hostage.
	[ˈhɑstɪʤ]	-La Brigada Especial no ha perdido nunca un rehén.
2561	**marvelous**	**maravilloso| enorme**
	adj	Ana hit on a marvelous idea.
	[ˈmɑrvələs]	-A Ana se le ocurrió una idea maravillosa.
2562	**fascinate**	**fascinar**
	vb	Blood and violence fascinate them.
	[ˈfæsəˌneɪt]	-A ellos les fascina la sangre y la violencia.
2563	**olive**	**la aceituna; oliváceo**
	ss; adj	Why does she apply olive oil on her lashes?
	[ˈɑləv]	-¿Por qué se aplica el aceite de oliva en sus pestañas?
2564	**blade**	**la hoja| la cuchilla**
	ss	The paper cut his finger as if it were a razor blade.
	[bleɪd]	-El papel le cortó el dedo como si fuese una hoja de afeitar.
2565	**upper**	**superior| de arriba; la pala de calzado**
	adj; ss	Mr Brown belongs to the upper class.
	[ˈʌpər]	-El Sr. Brown es de la clase alta.
2566	**scale**	**la escala| el nivel; escalar**
	ss; vb	The factories are producing on a large scale.
	[skeɪl]	-Las fábricas están produciendo en grande.
2567	**alike**	**igual; igualmente; el parecido**

adj; adv; ss
[əˈlaɪk]

The two brothers look so much alike that it is difficult to tell them apart.
-Los dos hermanos se ven tan parecidos que es difícil diferenciarlos.

2568 response
ss
[rɪˈspɑns]

la respuesta| el responsorio
The government has been emboldened by the lack of response from the international community.
-El gobierno se ha envalentonado por la falta de respuesta de la comunidad internacional.

2569 drown
vb
[draʊn]

ahogar
Some go to a bar to have a good time and others to drown their sorrows.
-Unos van al bar a pasárselo bien y otros a ahogar sus penas.

2570 spoil
ss; vb
[spɔɪl]

el botín| el despojo; estropear
Don't spoil your child.
-No malcríes a tu hijo.

2571 festival
ss; adj
[ˈfɛstəvəl]

el festival; festivo
That theater has a foreign film festival every other month.
-Ese teatro realiza un festival de películas extranjeras cada dos meses.

2572 sunshine
ss
[ˈsʌnˌʃaɪn]

el sol
The roof is glittering in the sunshine.
-El tejado reluce al sol.

2573 salary
ss
[ˈsæləri]

el salario
Her salary is very high.
-Su salario es muy alto.

2574 jazz
ss; vb
[dʒæz]

el jazz| el rollo; animar
According to this magazine, my favorite actress will marry a jazz musician next spring.
-Según esta revista, mi actriz favorita se casará con un músico de jazz la próxima primavera.

2575 palm
ss; vb
[pɑm]

la palma| los palmo; escamotear
Don't try to cover the whole sky with the palm of your hand.
-No intentes cubrir todo el cielo con la palma de tu mano.

2576 extreme
adj; ss
[ɛkˈstrim]

extremo| a ultranza; el extremo
It's an extreme case.
-Es un caso extremo.

2577 fleet
ss; adj; vb
[flit]

la flota; veloz; pasear
A renowned tactician, Christopher Columbus once downed an entire pirate fleet by stealing all of their fruits and vegetables, thus giving them scurvy.
-Un conocido estratega, Cristóbal Colón, una vez derrotó a toda una flota de piratas robándoles todas sus frutas y verduras, lo cual provocó que enfermaran de escorbuto.

2578 pump
ss; vb
[pʌmp]

la bomba; bombear
They used a pump to take out the water.
-Usaron una bomba para sacar el agua.

2579 unable
adj
[əˈneɪbəl]

incapaz
Jim is unable to do it.
-Jim no puede hacer esto.

2580 luggage
ss
[ˈlʌgədʒ]

el equipaje
I have to unpack my luggage.
-Tengo que desempacar el equipaje.

2581	**clinic**	**la clínica; clínico**
	ss; adj	In this clinic, he checked, operated, prescribed and gave medicine to at least nine dogs.
	[ˈklɪnɪk]	-En esta clínica él revisó, operó, recetó y aplicó medicamentos al menos a nueve perros.
2582	**visitor**	**visitante**
	ss	The visitor left a message with his sister.
	[ˈvɪzətər]	-El visitante dejó un mensaje con su hermana.
2583	**sailor**	**el marinero**
	ss	He saved a sailor.
	[ˈseɪlər]	-Él salvó a un marinero.
2584	**horror**	**el horror**
	ss	What's your favorite horror movie?
	[ˈhɔrər]	-¿Cuál es su película de terror preferida?
2585	**clay**	**la arcilla; arcillar**
	ss; vb	He fashioned an elegant pot out of clay.
	[kleɪ]	-Él confeccionó una elegante olla de barro.
2586	**nowadays**	**hoy en día**
	adv	Nowadays we want our children to make their own decisions, but we expect those decisions to please us.
	[ˈnaʊəˌdeɪz]	-Estos días queremos que nuestros hijos tomen sus propias decisiones pero esperamos que nos satisfagan.
2587	**dame**	**la dama**
	ss	On an island in the Seine, there is a big church called Notre Dame.
	[deɪm]	-Sobre una isla en el Sena, hay una iglesia grande llamada Notre Dame.
2588	**abandon**	**abandonar| renunciar; el abandono**
	vb; ss	You are going to abandon your children.
	[əˈbændən]	-Vas a abandonar a tus hijos.
2589	**jet**	**el chorro| el jet; a reacción; echar en chorro**
	ss; adj; vb	Whenever I go abroad, I suffer from jet lag and diarrhea.
	[dʒɛt]	-Siempre que salgo al extranjero, sufro de jet lag y diarrea.
2590	**corporal**	**corporal; el corporal**
	adj; ss	He has corporal's stripes.
	[ˈkɔrpərəl]	-Tiene galones de cabo.
2591	**offense**	**la ofensa| el delito**
	ss	No offense was meant.
	[əˈfɛns]	-Mi intención no fue ofender.
2592	**polite**	**educado| atento**
	adj	Jim wasn't polite to Ana.
	[pəˈlaɪt]	-Jim no fue educado con Ana.
2593	**dish**	**el plato| la antena; confundir**
	ss; vb	Is there a vegan dish on your menu?
	[dɪʃ]	-¿Hay algún plato vegano en vuestro menú?
2594	**blah**	**la paja; absurdo**
	ss; adj	You can't just drive - blah, blah, blah, blah, blah, blah. I heard ya.
	[blɑ]	-No puedes simplemente conducir... bla, bla, bla, bla, bla...
2595	**drama**	**el drama**

	ss	Comedy is much closer to real life than drama.
	['drɑmə]	-La comedia es mucho más cercana a la vida real que el drama.
2596	**minor**	**menor| secundario; el menor**
	adj; ss	Apart from a few minor mistakes, your composition was excellent.
	['maɪnər]	-Quitando unos poco errores leves, tu redacción fue excelente.
2597	**slightly**	**ligeramente**
	adv	The tower leaned slightly to the left.
	['slaɪtli]	-La torre se inclinaba ligeramente hacia la izquierda.
2598	**humble**	**humilde; humillar**
	adj; vb	Jim was humble.
	['hʌmbəl]	-Jim era humilde.
2599	**throne**	**el trono**
	ss	One of England's kings abdicated the throne in order to marry a commoner.
	[θroʊn]	-Uno de los reyes de Inglaterra abdicó al trono para casarse con una plebeya.
2600	**backup**	**la reserva; de reserva**
	ss; adj	Will there be sufficient logistical back-up?
	['bæˌkʌp]	-¿Se dispondrá de un respaldo logístico suficiente?
2601	**digging**	**la excavación**
	ss	After we finish digging the trench, planting the flowers will be easy.
	['dɪgɪŋ]	-Después de que terminemos de cavar la trinchera, plantar las flores será fácil.
2602	**shave**	**el afeitado; afeitarse**
	ss; vb	I'm going to shave.
	[ʃeɪv]	-Voy a afeitarme.
2603	**sore**	**la llaga; dolorido**
	ss; adj	I had sore legs the next day.
	[sɔr]	-Al día siguiente me dolían las piernas.
2604	**remarkable**	**notable| singular**
	adj	That he survived was remarkable.
	[rɪ'mɑrkəbəl]	-Que él haya sobrevivido fue memorable.
2605	**pit**	**el pozo| la fosa; oponer**
	ss; vb	It's the first time I swallow a peach pit!
	[pɪt]	-¡Es la primera vez que me trago el cuesco de un durazno!
2606	**sock**	**el calcetín; pegar**
	ss; vb	Where is the mate to this sock?
	[sɑk]	-¿Dónde está la pareja de este calcetín?
2607	**engagement**	**el compromiso| el contrato**
	ss	He gave her an engagement ring last night.
	[ɛn'geɪdʒmənt]	-Él anoche le dio a ella un anillo de compromiso.
2608	**bunny**	**el conejito**
	ss	That was an evil bunny.
	['bʌni]	-Era un conejo malo.
2609	**delay**	**retrasar| demorar; el retraso**
	vb; ss	There is a twenty minute delay.
	[dɪ'leɪ]	-Hay un retraso de veinte minutos.
2610	**sneak**	**furtivo; robar a hurtadillas**

		adj; vb	I caught him trying to sneak out.
		[snik]	-Lo pillé intentando escabullirse.

2611	**ay**	**ay**	
		int	I will not give in so easily, ay.
		[eɪ]	-No me rendiré tan fácilmente, ay.

2612	**typical**	**típico**	
		adj	The typical middle-class American baby comes home from the hospital to sleep in his own bed in his own room.
		[ˈtɪpəkəl]	-El típico bebé de una familia de clase media americana llega a casa desde el hospital para dormir en su propia cama en su propia habitación.

2613	**resistance**	**la resistencia**	
		ss	The electricity cost is proportional to the total resistance of the circuit.
		[rɪˈzɪstəns]	-El gasto de electricidad es proporcional a la resistencia total del circuito.

2614	**rub**	**frotar| rozar; el frotamiento**	
		vb; ss	Can you rub my shoulders?
		[rʌb]	-¿Me puedes frotar los hombros?

2615	**environment**	**el entorno**	
		ss	Birds are indicators of the environment. If they are in trouble, we know we'll soon be in trouble.
		[ɪnˈvaɪrənmənt]	-Los pájaros son indicadores del entorno. Si están en problemas, sabemos que pronto estaremos en problemas.

2616	**occur**	**ocurrir| existir**	
		vb	Be on alert. The evacuation order may occur at any moment.
		[əˈkɜr]	-Permanece en alerta. La orden de evacuación podría darse en cualquier momento.

2617	**meantime**	**mientras tanto**	
		adv	He'll be back in two hours. In the meantime, let's prepare dinner.
		[ˈminˌtaɪm]	-Él volverá en dos horas; mientras tanto, preparemos la cena.

2618	**tap**	**el grifo| el golpecito; aprovechar**	
		ss; vb	Jim turned on the tap.
		[tæp]	-Jim abrió la canilla.

2619	**depressed**	**deprimido**	
		adj	Jim became depressed.
		[dɪˈprɛst]	-Jim se deprimió.

2620	**vodka**	**las vodka**	
		ss	They started drinking vodka. And I'm not sure when they stopped.
		[ˈvɑdkə]	-Empezaron a beber vodka. Y no estoy seguro cuando se pararon.

2621	**diet**	**la dieta; estar a régimen**	
		ss; vb	She tried to go on a diet and lose five kilograms.
		[ˈdaɪət]	-Ella intentó ponerse a dieta y bajar cinco kilos.

2622	**heavily**	**fuertemente**	
		adv	Before Jim met Ana, he drank heavily.
		[ˈhɛvəli]	-Antes de que Jim conociera a Ana, él bebía mucho.

2623	**wisdom**	**la sabiduría| el saber**	
		ss	Socrates said that recognising your own ignorance is the first step towards wisdom.
		[ˈwɪzdəm]	-Sócrates dijo que reconocer tu propia ignorancia es el primer paso hacia la sabiduría.

2624	**faithful**	**fiel**
	adj	A shepherd had a faithful dog, called Sultan, who was grown very old, and had lost all his teeth.
	[ˈfeɪθfəl]	-Un pastor tenía un perro fiel llamado Sultán, que se había hecho muy viejo, y había perdido todos sus dientes.
2625	**statue**	**la estatua**
	ss	They are chiseling a statue out of marble.
	[ˈstæˌtʃu]	-Están cincelando una estatua de mármol.
2626	**defendant**	**el acusado**
	ss	Jim is the defendant.
	[dɪˈfɛndənt]	-Jim es el acusado.
2627	**gently**	**suavemente**
	adv	Pour the dressing over the salad and toss gently.
	[ˈdʒɛntli]	-Vierta el aderezo sobre la ensalada y mezcle suavemente.
2628	**recent**	**reciente**
	adj	Recent advances in medicine are remarkable.
	[ˈrisənt]	-Avances recientes en la medicina son notables.
2629	**spin**	**girar| hilar; la vuelta**
	vb; ss	Spiders spin webs.
	[spɪn]	-Las arañas tejen redes.
2630	**con**	**la estafa; estafar**
	ss; vb	Every con man gets his heart broken once.
	[kɑn]	-Todo estafador termina con el corazón roto, al menos una vez.
2631	**recommend**	**recomendar**
	vb	Can you recommend a good game to me?
	[ˌrɛkəˈmɛnd]	-¿Me puede recomendar un buen juego?
2632	**lamb**	**el cordero; parir**
	ss; vb	Democracy works when the decision about the evening menu is made by two wolves and a lamb.
	[læm]	-La democracia funciona cuando la decisión sobre el menú de esta noche es tomada por dos lobos y un cordero.
2633	**humor**	**el humor; complacer**
	ss; vb	It's a pity that Ana has no sense of humor.
	[ˈhjumər]	-Es una lástima que Ana no tenga sentido del humor.
2634	**anyhow**	**de todos modos**
	adv	It's too late, anyhow.
	[ˈɛniˌhaʊ]	-De cualquier modo es demasiado tarde.
2635	**pale**	**pálido; palidecer; los límites**
	adj; vb; ss	When she heard the news, she turned pale.
	[peɪl]	-Cuando ella escuchó la noticia palideció.
2636	**pile**	**la pila| el pelo; acumularse**
	ss; vb	This car is a pile of rubbish.
	[paɪl]	-Este coche es un trasto.
2637	**chaos**	**el caos| el desorden**
	ss	Long live the chaos!
	[ˈkeɪɑs]	-¡Viva el caos!
2638	**soda**	**la soda**

	ss	I'd like a bottle of soda.
	['soʊdə]	-Quisiera una botella de soda.
2639	**apply**	**aplicar**
	vb	The final value theorem does not apply if the system is not stable.
	[əˈplaɪ]	-El último teorema del valor no se aplica si el sistema no es estable.
2640	**skinny**	**flaco**
	adj	He was awfully skinny.
	[ˈskɪni]	-Él estaba extremadamente flaco.
2641	**torn**	**estropeado**
	adj	There used to be a fireplace here but I guess it's been torn down.
	[tɔrn]	-Antes había una chimenea aquí pero han de haberla quitado.
2642	**academy**	**la academia**
	ss	The military academy in Kaltenborn Castle.
	[əˈkædəmi]	-Hay una academia militar en el castillo de Kaltenborn.
2643	**cotton**	**el algodón; algodonero; ser algodonero**
	ss; adj; vb	I bought two cotton shirts.
	[ˈkɑtən]	-Compré dos camisas de algodón.
2644	**intention**	**la intención| el intento**
	ss	I have no intention of changing.
	[ɪnˈtɛntʃən]	-No tengo intención de cambiar.
2645	**champ**	**el mordimiento; morder**
	ss; vb	Then I become the serial killing champ.
	[tʃæmp]	-Luego me convertiría en el campeón de los asesinatos en serie.
2646	**maintain**	**mantener| sostener**
	vb	In order to maintain their hegemony, various mayors have tried to get their sons elected as successors after they have retired from office.
	[meɪnˈteɪn]	-En aras de mantener su hegemonía, varios alcaldes han intentado que sus hijos salgan electos como sucesores luego de retirarse.
2647	**spider**	**la araña**
	ss	The spider is dead.
	[ˈspaɪdər]	-La araña está muerta.
2648	**brazil**	**el palo del Brasil**
	ss	How long do you intend to stay here in Brazil?
	[brəˈzɪl]	-¿Cuánto tiempo piensas quedarte aquí en Brasil?
2649	**twin**	**gemelo; el gemelo; hermanar**
	adj; ss; vb	I can't tell his twin sisters apart.
	[twɪn]	-No puedo diferenciar a sus hermanas gemelas.
2650	**hum**	**tararear; el zumbido**
	vb; ss	No compressor hum means no cooling system.
	[hʌm]	-Sin el zumbido de compresión, significa que no hay sistema de enfriamiento.
2651	**honk**	**el bocinazo; tocar la bocina**
	ss; vb	I love to hear people honk.
	[hɑŋk]	-Me encanta escuchar a la gente tocar la bocina.
2652	**glove**	**el guante**
	ss	My favorite word in German is the word for "glove".
	[glʌv]	-Mi palabra favorita en alemán es la palabra para "guante".

2653	**Dutch**	**holandés; el holandés**
	adj; ss	My parents don't speak Dutch.
	[dʌtʃ]	-Mis padres no hablan holandés.
2654	**misery**	**la miseria**
	ss	At the end of his life, Hokusai lived in misery, alone with his daughter, and
	[ˈmɪzəri]	worked until his death.
		-Al final de su vida, Hokusai vivía en la miseria, solo con su hija, y trabajó
		hasta su muerte.
2655	**commercial**	**comercial; el anuncio**
	adj; ss	What's your favorite commercial?
	[kəˈmɜrʃəl]	-¿Cuál es tu comercial favorito?
2656	**pan**	**el pan; lavar con batea**
	ss; vb	Jim burned his fingers on a hot frying pan.
	[pæn]	-Jim se quemó los dedos con una sartén caliente.
2657	**remote**	**remoto| aislado**
	adj	Jim picked up the remote.
	[rɪˈmoʊt]	-Jim recogió el control remoto.
2658	**exam**	**el examen| la revisión**
	ss	Will I manage to learn all the grammar topics in time for my German exam
	[ɪgˈzæm]	tomorrow?
		-¿Conseguiré aprender todos los temas de gramática a tiempo para mi
		examen de alemán de mañana?
2659	**transport**	**el transporte; transportar; de carretera**
	ss; vb; adj	The box was crushed during transport and the contents flew out.
	[ˈtrænspɔrt]	-La caja fue aplastada durante el traslado y los contenidos se esparcieron
		por fuera.
2660	**battery**	**la batería**
	ss	Brightening the display on most cell phones reduces their battery life
	[ˈbætəri]	significantly.
		-En la mayoría de teléfonos móviles, aumentar el brillo de la pantalla reduce
		considerablemente la duración de la batería.
2661	**separated**	**seperado**
	adj	"Previously separated" neptunium-237 in any form.
	[ˈsɛpəˌreɪtəd]	-Neptunio-237 "previamente separado" en cualquiera de sus formas.
2662	**brandy**	**el brandy**
	ss	Put a dash of brandy in my tea.
	[ˈbrændi]	-Ponme un poco de brandy en el té rojo.
2663	**unfortunate**	**desgraciado; el desgraciado**
	adj; ss	This is unfortunate.
	[ənˈfɔrtʃənət]	-Esto es lamentable.
2664	**penis**	**el pene**
	ss	Have you ever sucked a penis?
	[ˈpinɪs]	-¿Alguna vez has chupado un pene?
2665	**profession**	**la profesión**
	ss	Teaching English is his profession.
	[prəˈfɛʃən]	-Enseñar inglés es su profesión.
2666	**cherry**	**la cereza**

	ss [ˈʧɛri]	I can't wait for spring to come so we can sit under the cherry trees. -No puedo esperar más a que la primavera llegue para así poder sentarnos bajo el guindo.
2667	**classic** adj; ss [ˈklæsɪk]	**clásico; la obra clásica** He's a classic case that the more ignorant people are the more sure they are that they are correct. -Él es el clásico caso de que la gente más ignorante es la más segura de que están en lo correcto.
2668	**cemetery** ss [ˈsɛməˌtɛri]	**el cementerio** He was buried in the La Recoleta Cemetery. -Fue enterrado en el Cementerio de la Recoleta.
2669	**bid** ss; vb [bɪd]	**la oferta| el intento; pujar** I'll bid farewell to this stinking school. -Voy a despedirme de esta escuela apestosa.
2670	**musical** adj; ss [ˈmjuzɪkəl]	**musical; el musical** This play is a musical. -Esta obra es un musical.
2671	**bee** ss [bi]	**la abeja** A bee flew out of the window. -La abeja salió por la ventana.
2672	**plot** ss; vb [plɑt]	**la parcela| la trama; trazar** I think most of them took part in the plot. -Creo que casi todos ellos tomaron parte en el complot.
2673	**parade** ss; vb [pəˈreɪd]	**el desfile| la parada; desfilar** A band led the parade through the city. -Una banda dirigió la marcha por la ciudad.
2674	**crane** ss; vb [kreɪn]	**la grúa; estirar** We hired a crane to lift the new air conditioner and place it on the roof. -Contratamos una grúa para levantar el nuevo aire acondicionado y ponerlo en el tejado.
2675	**advise** vb [ædˈvaɪz]	**asesorar| aconsejar** I advise you to listen to your doctor. -Te aconsejo que escuches a tu médico.
2676	**patch** ss; vb [pæʧ]	**el parche; parchar** Second prize is a uniform patch. -El segundo premio es un parche de uniforme.
2677	**envy** ss; vb [ˈɛnvi]	**la envidia; envidiar** Your success excites my envy. -Tu éxito me provoca envidia.
2678	**option** ss [ˈɑpʃən]	**la opción** Immobility isn't a recommendable political option. -La inmovilidad no es una opción política recomendable.
2679	**signature** ss [ˈsɪgnəʧər]	**la firma** This letter has no signature. -Esta carta no tiene firma.
2680	**hush**	**el silencio; callar**

	ss; vb	Would you kindly hush my wife?
	[hʌʃ]	-¿Serías tan amable de hacer callar a mi esposa?
2681	**casino**	**el casino**
	ss	Transparency is in vogue in casino capitalism.
	[kəˈsinoʊ]	-La transparencia está de moda en el capitalismo de casino.
2682	**increase**	**el aumento| el incremento; aumentar**
	ss; vb	This medicine will increase the survival rate of the patients.
	[ˈɪnˌkris]	-Esta medicina aumentará la tasa de supervivencia de los pacientes.
2683	**shell**	**la cáscara| la concha; bombardear**
	ss; vb	The snail retreated into its shell.
	[ʃɛl]	-El caracol se refugió en su caparazón.
2684	**nicely**	**bien**
	adv	I was nicely framed.
	[ˈnaɪsli]	-Yo fui estupendamente enmarcado.
2685	**drill**	**perforar| taladrar; el taladro**
	vb; ss	This is not a drill.
	[drɪl]	-Esto no es un taladro.
2686	**twist**	**la torcedura| la torsión; torcer**
	ss; vb	Don't twist my words around.
	[twɪst]	-No tergiverses lo que digo.
2687	**temper**	**templar| moderar; el genio**
	vb; ss	Jim lost his temper and shouted at Ana.
	[ˈtɛmpər]	-Jim perdió los estribos y le gritó a Ana.
2688	**consequence**	**la consecuencia**
	ss	The consequence of a wrong translation can sometimes be catastrophic.
	[ˈkɑnsəkwəns]	-Las consecuencias de una traducción incorrecta pueden a veces ser catastróficas.
2689	**steak**	**el bistec**
	ss	We ate a delicious steak dinner at a very expensive restaurant.
	[steɪk]	-Comimos una deliciosa cena con bife en un restaurante muy caro.
2690	**dignity**	**la dignidad**
	ss	I got through with my dignity intact.
	[ˈdɪgnəti]	-Salí con mi dignidad intacta.
2691	**ham**	**el jamón**
	ss	Jim ate part of the ham, and then put the rest into the refrigerator.
	[hæm]	-Jim se comió parte del jamón, y luego dejó el resto en el refrigerador.
2692	**massive**	**macizo**
	adj	Jupiter is the most massive planet in the solar system.
	[ˈmæsɪv]	-Júpiter es el planeta más grande del sistema solar.
2693	**sorrow**	**el dolor| la tristeza**
	ss	Love without sorrow cannot be.
	[ˈsɑroʊ]	-El amor sin sufrimiento no puede existir.
2694	**rear**	**posterior; el trasero; criar**
	adj; ss; vb	The rear-view mirror fell off.
	[rɪr]	-El espejo retrovisor se cayó.
2695	**coin**	**acuñar| monedar; la moneda**

	vb; ss	The boy stole the copper coin.	
	[kɔɪn]	-El muchacho robó la moneda de cobre.	

2696 hopeless — **sin esperanza**
adj
['hoʊpləs]
You're hopeless.
-No tienes esperanza.

2697 rumble — **retumbar; el retumbo**
vb; ss
['rʌmbəl]
He told me about the rumble.
-Me contó lo de la pelea.

2698 backwards — **hacia atrás**
adv
['bækwərdz]
Life can only be understood backwards, but it must be lived forwards.
-La vida solo puede entenderse hacia atrás, pero debe vivirse hacia adelante.

2699 ashes — **los despojos mortales**
ss
['æʃəz]
John had his body cremated and the ashes thrown into the sea.
-A Juan lo cremaron y sus cenizas fueron echadas al mar.

2700 click — **hacer clic; el clic**
vb; ss
[klɪk]
To remove a sentence from your list of favorites, click on the black heart icon.
-Para eliminar una frase de su lista de favoritos, haga clic en el icono de corazón negro.

2701 format — **el formato; formatear**
ss; vb
['fɔrˌmæt]
Applications must adhere to the required format.
-Todas las solicitudes se deben efectuar en el formato exigido.

2702 shocked — **sorprendido**
adj
[ʃɑkt]
It's that people become less shocked.
-Es que las personas se vuelven menos sorprendido.

2703 chin — **la barbilla; charlar**
ss; vb
[tʃɪn]
Chin up!
-¡Alegra esa cara!

2704 safely — **sin peligro**
adv
['seɪfli]
He arrived here safely yesterday.
-Él llegó ayer aquí a salvo.

2705 wealth — **la riqueza**
ss
[wɛlθ]
Needless to say, health is more important than wealth.
-No hace falta decir que la salud es más importante que la riqueza.

2706 delicate — **delicado| frágil**
adj
['dɛləkət]
It's a delicate problem.
-Es un problema delicado.

2707 population — **la población**
ss
[ˌpɑpjəˈleɪʃən]
The population of Osaka is larger than that of Kyoto.
-La población de Osaka es mayor que la de Kioto.

2708 medal — **la medalla**
ss
['mɛdəl]
I won a medal in 2003.
-Gané una medalla en 2003.

2709 respond — **responder| atender; la respuesta**
vb; ss
[rɪˈspɑnd]
You don't have to respond.
-No hace falta que responda.

2710	**coffin**	**el ataúd; tomar ataúd**
	ss; vb	He thought his piano would make a good coffin for him.
	[ˈkɔfɪn]	-Él pensó que su piano haría de buen ataúd para él.

2711	**almighty**	**todopoderoso; horriblemente**
	adj; adv	To take such a gift away from the almighty would be an unforgivable sin.
	[ɔlˈmaɪti]	-Quitarlé un regalo así del Todopoderoso sería un pecado imperdonable.

2712	**compare**	**comparar| equiparar**
	vb	Compare the copy with the original.
	[kəmˈpɛr]	-Compara la copia con el original.

2713	**goose**	**el ganso; palpar**
	ss; vb	The duckling would be very happy by now, if only the goose would put up with him.
	[gus]	-El patito estaría muy contento ahora, si sólo el ganso lo tolerara.

2714	**comment**	**el comentario| la glosa; comentar**
	ss; vb	Delete the comment, please.
	[ˈkɑmɛnt]	-Por favor, elimine el comentario.

2715	**entertainment**	**el entretenimiento| el espectáculo**
	ss	"Why do people have to pay for good sex at this point in time?" "Because there is no adult entertainment."
	[ˌɛntərˈteɪnmənt]	-"¿Por qué a estas alturas hay que pagar por tener sexo bien hecho?" "Porque no existe diversión para adultos."

2716	**Mexican**	**mexicano; el mexicano**
	adj; ss	A spanish tortilla is different from a Mexican one.
	[ˈmɛksəkən]	-La tortilla española es distinta a la mexicana.

2717	**appeal**	**apelar| atraer; la apelación**
	vb; ss	On appeal, Jim claimed that his original guilty plea was coerced and involuntary.
	[əˈpil]	-En la apelación, Jim afirmó que su declaración original de culpabilidad fue coaccionada e involuntaria.

2718	**sub-**	**sub-**
	pfj	OHCHR stands ready to make its accumulated experience available to conduct capacity-building activities at the national or (sub-)regional level on treaty reporting and individual communications upon the request of States parties.
	[sʌb-]	-La OACDH está dispuesta a hacer disponible su experiencia acumulada para llevar a cabo actividades de fomento de la capacidad a escala nacional o (sub)regional sobre notificación de tratados y comunicaciones individuales a petición de los Estados partes.

2719	**activity**	**la actividad**
	ss	I have no time to engage in political activity.
	[ækˈtɪvəti]	-No tengo tiempo para participar en actividades políticas.

2720	**towel**	**la toalla; secar con toalla**
	ss; vb	Get me a towel.
	[ˈtaʊəl]	-Tráeme una toalla.

2721	**slide**	**la diapositiva| la corredera; deslizarse**
	ss; vb	Slide down the hill while distributing your weight equally on both skis.
	[slaɪd]	-Deslízate por la colina distribuyendo tu peso por igual entre ambos esquís.

| 2722 | **tragic** | **trágico** |

	adj	The pallor of his face presaged his tragic end.
	[ˈtrædʒɪk]	-La lividez de su rostro era presagio de su triste final.
2723	**feeding**	**la alimentación| las comidas**
	ss	We are breast-feeding our babies.
	[ˈfidɪŋ]	-Estamos dándole pecho a nuestros bebés.
2724	**core**	**el núcleo| la entraña; quitar el corazón**
	ss; vb	This phone has a quad-core processor.
	[kɔr]	-Este teléfono tiene un procesador de cuatro núcleos.
2725	**satellite**	**el satélite**
	ss	The Moon is the Earth's only satellite.
	[ˈsætəˌlaɪt]	-La Luna es el único satélite de la Tierra.
2726	**motel**	**el motel**
	ss	I run a motel.
	[moʊˈtɛl]	-Yo administro un motel.
2727	**shortly**	**dentro de poco**
	adv	Jim left the house shortly after Ana left.
	[ˈʃɔrtli]	-Jim se fue de la casa un poco después de que Ana se fuera.
2728	**happily**	**felizmente**
	adv	Everybody in the picture is smiling happily.
	[ˈhæpəli]	-Todos sonríen alegremente en la fotografía.
2729	**objection**	**la objeción| la oposición**
	ss	"Objection!" "Sustained!"
	[əbˈdʒɛkʃən]	-«¡Protesto!» «Se admite.»
2730	**chapter**	**el capítulo; partir**
	ss; vb	There's a famous book in English whose entire last chapter is a single
	[ˈtʃæptər]	sentence.
		-Hay un famoso libro en inglés cuyo último capítulo consta de una sola oración.
2731	**mankind**	**la humanidad**
	ss	That's one small step for man, one giant leap for mankind.
	[ˈmænˈkaɪnd]	-Este es un pequeño paso para el hombre, pero un gran salto para la humanidad.
2732	**executive**	**ejecutivo; el ejecutivo**
	adj; ss	The U.S. government has three branches: the executive, the legislative, and
	[ɪgˈzɛkjətɪv]	the judicial.
		-El gobierno de EEUU tiene tres ramas: la ejecutiva, la legislativa y la judicial.
2733	**breast**	**el pecho| la pechuga; hacer frente a**
	ss; vb	Did you know that men can get breast cancer?
	[brɛst]	-¿Sabías que los hombres pueden tener cáncer de mama?
2734	**global**	**global**
	adj	Do we have need of a global language?
	[ˈgloʊbəl]	-¿Necesitamos un idioma universal?
2735	**basketball**	**el baloncesto**
	ss	Our basketball team is recruiting tall boys.
	[ˈbæskətˌbɔl]	-Nuestro equipo de baloncesto está reclutando muchachos altos.
2736	**rhythm**	**el ritmo**

	ss	It's useless if you don't do it with rhythm!
	[ˈrɪðəm]	-¡Es inútil si no lo haces con ritmo!
2737	**nest**	**el nido| el hormiguero; anidar**
	ss; vb	The birds placed a nest on a branch.
	[nɛst]	-Las aves pusieron un nido en una rama.
2738	**soccer**	**el fútbol; de fútbol**
	ss; adj	Soccer is very popular in Spain.
	[ˈsɑkər]	-El fútbol es muy popular en España.
2739	**fry**	**freír; la fritada**
	vb; ss	In the meantime, cut the bread into cubes and fry them in hot oil.
	[fraɪ]	-Mientras tanto, corte el pan en cubos y fríalos en aceite hirviendo.
2740	**terror**	**el terror| el espanto**
	ss	Some people have a terror of mice.
	[ˈtɛrər]	-Algunas personas le tienen terror a los ratones.
2741	**stable**	**estable| sólido; la cuadra**
	adj; ss	The prospects of a stable future look increasingly dim.
	[ˈsteɪbəl]	-Las perspectivas de un futuro estable parecen cada vez más sombrías.
2742	**procedure**	**el procedimiento**
	ss	It's routine procedure.
	[prəˈsiʤər]	-Es un procedimiento de rutina.
2743	**reception**	**la recepción**
	ss	His new book met with a favorable reception.
	[rɪˈsɛpʃən]	-Su nuevo libro tuvo una recepción favorable.
2744	**solar**	**solar**
	adj	Jupiter is the largest planet in the Solar System.
	[ˈsoʊlər]	-Júpiter es el planeta más grande del sistema solar.
2745	**wreck**	**la ruina| el naufragio; arruinar**
	ss; vb	Jim looks like a nervous wreck.
	[rɛk]	-Jim se ve como un manojo de nervios.
2746	**measure**	**la medida; medir**
	ss; vb	The ultimate measure of a man is not where he stands in moments of comfort and convenience, but where he stands at times of challenge and controversy.
	[ˈmɛʒər]	-La última medida de un hombre no es dónde se encuentra en momentos de comodidad y conveniencia, sino dónde se sitúa en tiempos de desafío y controversia.
2747	**illness**	**la enfermedad**
	ss	His illness was mainly psychological.
	[ˈɪlnəs]	-Su enfermedad era principalmente psicológica.
2748	**talented**	**talentoso**
	adj	He is very talented.
	[ˈtæləntəd]	-Es muy talentoso.
2749	**dull**	**aburrido| sordo; embotar**
	adj; vb	To equip a dull, respectable person with wings would be but to make a parody of an angel.
	[dʌl]	-Darle alas a una persona responsable y aburrida sólo sería hacer una parodia de un ángel.

2750	**retire**	**retirarse| jubilarse**
	vb	I think Jim is too young to retire.
	[rɪˈtaɪr]	-Pienso que Jim es muy joven para jubilarse.
2751	**whimper**	**el gemido| el quejido; gemir**
	ss; vb	If you want, you can die without a whimper.
	[ˈwɪmpər]	-Si quieres, puedes morir sin un gemido.
2752	**appearance**	**la apariencia| la aparición**
	ss	You must not rely too much on appearance.
	[əˈpɪrəns]	-No debes confiar demasiado en las apariencias.
2753	**rap**	**el rap**
	ss	We express ourselves through rap music.
	[ræp]	-Nos expresamos a través de la música rap.
2754	**basis**	**la base**
	ss	There is no scientific basis for these claims.
	[ˈbeɪsəs]	-No hay un trasfondo científico para sostener estas posturas.
2755	**blanket**	**la manta| la cobija; general; cubrir**
	ss; adj; vb	The meeting was going off without a hitch until he threw a wet blanket on it
	[ˈblæŋkət]	by making silly remarks.
		-La reunión estaba yendo sin problemas hasta que el aguafiestas la estropeó empezando a hacer comentarios absurdos.
2756	**loyalty**	**la lealtad**
	ss	Jim gained the respect and loyalty of his employees.
	[ˈlɔɪəlti]	-Jim se ganó el respeto y la lealtad de sus empleados.
2757	**unlike**	**desemejante; diferente a**
	adj; prp	Newts and salamanders, unlike frogs and toads, keep their tails as adults.
	[ənˈlaɪk]	-Los tritones y salamandras, a diferencia de las ranas y los sapos, en la etapa adulta conservan la cola.
2758	**kindly**	**amablemente; bondadoso**
	adv; adj	He smiles kindly at me.
	[ˈkaɪndli]	-Él me sonríe amistosamente.
2759	**fog**	**la niebla| la bruma; empañar**
	ss; vb	The fog was so thick that I couldn't see where I was going.
	[fɑg]	-La niebla era tan espesa que no veía por donde iba.
2760	**zoo**	**el zoo**
	ss	Let's go to the zoo!
	[zu]	-¡Vámonos al zoo!
2761	**blessing**	**la bendición**
	ss	My children are a blessing.
	[ˈblɛsɪŋ]	-Mis hijos son una bendición.
2762	**giggle**	**la risilla; poner una risilla sofocada**
	ss; vb	It's inaccurate and makes me giggle.
	[ˈgɪgəl]	-Es erróneo y me da risa.
2763	**pulse**	**las legumbres| el pulso; pulsar**
	ss; vb	The patient's pulse and blood pressure are normal.
	[pʌls]	-El pulso y la presión arterial del paciente están normales.
2764	**lamp**	**la lámpara; encender una lámpara**

		ss; vb	The lamp is hanging from the ceiling.
		[læmp]	-La lámpara cuelga del techo.
2765	**samurai**		**los samurai**
		ss	The samurai decapitated his opponent in one fell swoop.
		[ˈsæmʊˌraɪ]	-El samurai decapitó a su oponente con un violento golpe hacia abajo.
2766	**perfume**		**el perfume; perfumar**
		ss; vb	That perfume smells good.
		[ˈpɜrfjum]	-Ese perfume huele bien.
2767	**December**		**el diciembre**
		ss	It is extremely hot and humid in Bali in December.
		[dɪˈsɛmbər]	-Bali es tremendamente bochornoso en diciembre.
2768	**abroad**		**en el extranjero**
		adv	I decided to go abroad to study.
		[əˈbrɔd]	-Yo decidí ir a estudiar al extranjero.
2769	**officially**		**oficialmente**
		adv	Finally, World War One was officially over.
		[əˈfɪʃəli]	-Finalmente, la Primera Guerra Mundial había acabado oficialmente.
2770	**burden**		**la carga| el peso; cargar**
		ss; vb	I don't want to burden you with my troubles.
		[ˈbɜrdən]	-No quiero agobiarlo con mis problemas.
2771	**oath**		**el juramento**
		ss	The doctor broke the Hippocratic Oath.
		[oʊθ]	-El médico rompió el juramento de Hipócrates.
2772	**development**		**el desarrollo| el fomento**
		ss	I love technology, but like most people, I've never played an active role in its development.
		[dɪˈvɛləpmənt]	-Adoro la tecnología, pero como la mayoría de la gente, nunca he jugado un rol activo en su desarrollo.
2773	**award**		**el premio| la adjudicación; adjudicar**
		ss; vb	I won an award as well.
		[əˈwɔrd]	-Yo también gané un premio.
2774	**marine**		**la marina; marino**
		ss; adj	Coral reefs attract a variety of beautiful marine life.
		[məˈrin]	-Los arrecifes de coral atraen una variedad preciosa de vida marina.
2775	**bargain**		**negociar| ofrecer; la ganga**
		vb; ss	There is a bargain sale at that store.
		[ˈbɑrgən]	-En aquel comercio hay una liquidación.
2776	**tool**		**la herramienta; filetear**
		ss; vb	If it is used properly, this tool will be a great help.
		[tul]	-Si se usa bien, esta herramienta será de mucha utilidad.
2777	**rusty**		**oxidado**
		adj	Jim cut his hand with a rusty knife.
		[ˈrʌsti]	-Jim se cortó la mano con un cuchillo oxidado.
2778	**Irish**		**irlandés; el irlandés**
		adj; ss	Do you speak Irish?
		[ˈaɪrɪʃ]	-¿Hablas irlandés?
2779	**rubber**		**el caucho| la goma; de goma; cubrir de goma**

	ss; adj; vb	My son's rubber duck is yellow.
	[ˈrʌbər]	-El patito de hule de mi hijo es amarillo.
2780	**kindness**	**la amabilidad| la bondad**
	ss	I'm very much obliged to you for your kindness.
	[ˈkaɪndnəs]	-Me siento muy agradecido contigo por tu amabilidad.
2781	**hunger**	**las hambre; tener hambre**
	ss; vb	Hunger knows no law.
	[ˈhʌŋgər]	-El hambre no conoce ley.
2782	**payment**	**el pago| la recompensa**
	ss	Your payment is now two months overdue.
	[ˈpeɪmənt]	-Tus pagos se retrasan dos meses.
2783	**faint**	**débil; desmayarse; el desmayado**
	adj; vb; ss	The faint halitus of freshly shed blood was in the air.
	[feɪnt]	-La tenue exhalación de sangre fresca derramada estaba en el aire.
2784	**interfere**	**interferir| intervenir**
	vb	Do not interfere!
	[ˌɪntərˈfɪr]	-¡No interfieras!
2785	**cellar**	**la bodega; estar en sótano**
	ss; vb	That team is always in the cellar.
	[ˈsɛlər]	-Ese equipo siempre va en último lugar.
2786	**excitement**	**la emoción| la agitación**
	ss	The excitement reached its peak.
	[ɪkˈsaɪtmənt]	-La emoción llegó a su punto máximo.
2787	**constantly**	**constantemente**
	adv	Our genetic material is being constantly invaded by small egocentric molecular parasites.
	[ˈkɑnstəntli]	-Nuestro material genético está siendo constantemente invadido por pequeñísimos parásitos moleculares egocéntricos.
2788	**dismiss**	**despedir| descartar**
	vb	First of all, we must dismiss him.
	[dɪˈsmɪs]	-Para empezar, debemos despedirlo a él.
2789	**pattern**	**el patrón| el modelo; modelar**
	ss; vb	There's a pattern here.
	[ˈpætərn]	-Hay un patrón aquí.
2790	**item**	**ítem; el ítem**
	adv; ss	This ring is a magic item that gives great power to its user.
	[ˈaɪtəm]	-Este anillo es un objeto mágico que da gran poder a su usuario.
2791	**niece**	**la sobrina**
	ss	My niece is a serious girl.
	[nis]	-Mi sobrina es una niña seria.
2792	**sarge**	**el sargento**
	ss	I need a 20 on the sarge.
	[sɑrʤ]	-Necesito una búsqueda activa del sargento.
2793	**Pacific**	**el Pacífico; pacífico**
	ss; adj	He failed in the attempt to sail across the Pacific Ocean.
	[pəˈsɪfɪk]	-Fracasó en el intento de navegar cruzando el océano Pacífico.
2794	**badge**	**la divisa**

	ss	Keep your tin badge in Washington.
	[bædʒ]	-No olvides dejar tu placa de latón en Washington.
2795	**conduct**	**la conducta| la dirección; conducir**
	ss; vb	I want to get a satisfactory explanation for your conduct.
	[ˈkɑndʌkt]	-Quiero una explicación satisfactoria para tu conducta.
2796	**goddess**	**la diosa**
	ss	I am the last remaining worshipper of the goddess Demeter.
	[ˈgɑdəs]	-Yo soy el último creyente de la diosa Deméter que queda.
2797	**differently**	**diferentemente**
	adv	One views things differently according to whether one is rich or poor.
	[ˈdɪfrəntli]	-Una persona ve las cosas de manera diferente dependiendo de si es rica o pobre.
2798	**frog**	**la rana**
	ss	Eat a live frog every morning, and nothing worse will happen to you the rest of the day.
	[frɑg]	-Cómete una rana viva cada mañana, y no te pasará nada peor durante el resto del día.
2799	**smash**	**el smash| la rotura; aplastar**
	ss; vb	I could smash her birdhouse again.
	[smæʃ]	-Podría romper otra vez su casita de pájaros.
2800	**shove**	**el empujón| el empellón; empujar**
	ss; vb	Or just shove somebody off a curb into traffic.
	[ʃʌv]	-O empujar a alguien de la acera hacia el tráfico.
2801	**sunny**	**soleado**
	adj	Will it be sunny tomorrow?
	[ˈsʌni]	-¿Mañana hará sol?
2802	**toe**	**los dedo del pie; tocar con la punta del pie**
	ss; vb	I have a pain in my little toe.
	[toʊ]	-Me duele el dedo pequeño del pie.
2803	**sixth**	**sexto; el sexto**
	adj; ss	We live on the sixth floor.
	[sɪksθ]	-Vivimos en el sexto piso.
2804	**reveal**	**revelar| delatar**
	vb	He didn't reveal his identity.
	[rɪˈvil]	-Él no reveló su identidad.
2805	**tennis**	**el tenis**
	ss	Jim got good at tennis.
	[ˈtɛnəs]	-Jim se hizo bueno para el tenis.
2806	**discussion**	**la discusión**
	ss	That question is under discussion.
	[dɪˈskʌʃən]	-Esa pregunta está en discusión.
2807	**previous**	**anterior| prematuro**
	adj	The test says I was a king in my previous life.
	[ˈpriviəs]	-El test dice que fui rey en mi vida anterior.
2808	**mob**	**la multitud| el grupo; acosar**
	ss; vb	Dorota's family has polish mob connections.
	[mɑb]	-La familia de Dorota tiene contacto con la mafia polaca.

2809	**assignment**	**la asignación| la misión**
	ss	He gave us such a long assignment that we protested.
	[əˈsaɪnmənt]	-Nos asignó una tarea tan extensa que protestamos.
2810	**organized**	**organizado**
	adj	I just organized my desk.
	[ˈɔrgəˌnaɪzd]	-Acabo de organizar mi escritorio.
2811	**superman**	**el superhombre**
	ss	I drank it and now I'm superman.
	[ˈsupərmən]	-La bebí y ahora soy Supermán.
2812	**gene**	**el gene**
	ss	As expected, expression of the gene was significantly reduced.
	[dʒin]	-Como se esperaba, la expresión del gen se redujo significativamente.
2813	**poker**	**el póker; grabar al fuego**
	ss; vb	I like to play poker.
	[ˈpoʊkər]	-Me gusta jugar al póquer.
2814	**ram**	**el espolón| el carnero; apisonar**
	ss; vb	Like shooting a ram between the horns.
	[ræm]	-Es como dispararle a un carnero entre los cuernos.
2815	**symbol**	**el símbolo**
	ss	The Statue of Liberty is a symbol of America.
	[ˈsɪmbəl]	-La Estatua de la Libertad es el símbolo de América.
2816	**pork**	**el cerdo**
	ss	As for me, I like chicken better than pork.
	[pɔrk]	-En mi caso, prefiero el pollo al cerdo.
2817	**Satan**	**el Satán**
	ss	Step back, Satan!
	[ˈseɪtən]	-¡Atrás, Satanás!
2818	**forgiveness**	**el perdón**
	ss	You knelt down, begging God for forgiveness.
	[fərˈgɪvnəs]	-Os pusisteis de rodillas, rogándole a Dios que os perdonase.
2819	**inner**	**interior**
	adj	I had my wallet stolen from my inner pocket.
	[ˈɪnər]	-Me robaron la cartera de un bolsillo interior.
2820	**republic**	**la república**
	ss	Republic Day is celebrated on the twenty-sixth of January.
	[riˈpʌblək]	-El día de la República se celebra el veintiséis de enero.
2821	**emotion**	**la emoción**
	ss	Any emotion, if it is sincere, is involuntary.
	[ɪˈmoʊʃən]	-Cualquier emoción, si es sincera, es involuntaria.
2822	**makeup**	**el maquillaje**
	ss	The actor is putting on makeup.
	[ˈmeɪˌkʌp]	-El actor se está maquillando.
2823	**homicide**	**el homicidio; matar**
	ss; vb	Home invasion robbery, double homicide.
	[ˈhɑməˌsaɪd]	-Robo con allanamiento de morada, doble homicidio.
2824	**fanny**	**el coño**

	ss	I passed you those bleach wipes for your fanny hole.
	[ˈfæni]	-Yo le pasé esos paños con lejía para el hoyo del trasero.
2825	**apology**	**la disculpa**
	ss	I owe you a big apology.
	[əˈpɑlədʒi]	-Te debo una gran disculpa.
2826	**soil**	**el suelo; ensuciar**
	ss; vb	Stop maize monoculture, and reestablish multiple cropping, to combat the loss of landscape and soil diversity.
	[sɔɪl]	-Pongan fin al monocultivo de maíz, y restablezcan el cultivo combinado, para combatir la pérdida de paisajes y la diversidad de terrenos.
2827	**session**	**la sesión**
	ss	People stood in queue for hours for the autograph session of the popular pop group.
	[ˈsɛʃən]	-La gente estuvo parada en filas por horas para la sesión de autógrafos del la popular banda pop.
2828	**November**	**el noviembre; de noviembre**
	ss; adj	In Tokyo, the cold season starts in the middle of November.
	[noʊˈvɛmbər]	-En Tokio, la estación de frío comienza a mediados de noviembre.
2829	**vain**	**vano| vanidoso**
	adj	He tried in vain to solve the problem.
	[veɪn]	-Intentó en vano resolver el problema.
2830	**supreme**	**supremo**
	adj	Nelson was Earth's sorcerer supreme.
	[səˈprim]	-Nelson era el supremo hechicero de la Tierra.
2831	**sum**	**la suma| la cantidad**
	ss	The sum of 5 and 3 is 8.
	[sʌm]	-La suma de 5 con 3 es 8.
2832	**survival**	**la supervivencia**
	ss	This is an example of the survival of the fittest, as it is called.
	[sərˈvaɪvəl]	-Este es un ejemplo de la ley del más fuerte, como se le suele llamar.
2833	**hatred**	**el odio**
	ss	When she heard that they were so happy, and so well off, envy and hatred rose in her heart and left her no peace, and she thought of nothing but how she could bring them again to misfortune.
	[ˈheɪtrəd]	-Cuando oyó que ellos eran tan felices, y tan ricos, la envidia y el odio se levantaron en su corazón y la dejaron sin paz, y no pensó en nada más que en cómo podría llevarlos de nuevo a la desgracia.
2834	**scout**	**explorar; el explorador**
	vb; ss	When I knew Glen, he was a Camden scout.
	[skaʊt]	-Cuando conocí a Glen, era un explorador de Camden.
2835	**colleague**	**colega**
	ss	You shouldn't underestimate a good colleague.
	[ˈkɑlig]	-No debes menospreciar a un buen colega.
2836	**discovery**	**el descubrimiento**
	ss	This discovery will be recorded in history.
	[dɪˈskʌvəri]	-Este descubrimiento quedará grabado en la historia.
2837	**album**	**el álbum**

	ss	What's your favorite Rolling Stones album?
	[ˈælbəm]	-¿Cuál es su álbum favorito de los Rolling Stones?
2838	**Buddha**	**el Buda**
	ss	There is no God and no Buddha.
	[ˈbudə]	-No hay Dios ni Buda.
2839	**tender**	**la oferta| la moneda; tierno; ofertar**
	ss; adj; vb	She has a tender heart.
	[ˈtɛndər]	-Ella tiene un corazón blando.
2840	**lap**	**la vuelta| el regazo; lamer**
	ss; vb	The child sat on his mother's lap and listened to the story.
	[læp]	-El niño se sentó en el regazo de su madre y escuchaba la historia.
2841	**arrival**	**la llegada**
	ss	His arrival was greeted with cheers.
	[əˈraɪvəl]	-Su llegada fue saludada con ovaciones.
2842	**deadly**	**mortal; mortalmente**
	adj; adv	We cannot leave them to their deadly confrontation.
	[ˈdɛdli]	-No podemos permitir que las partes sigan con su mortífero enfrentamiento.
2843	**celebration**	**la celebración**
	ss	We gave a party in celebration of his 70th birthday.
	[ˌsɛləˈbreɪʃən]	-Hicimos una fiesta para celebrar su 70º cumpleaños.
2844	**entry**	**la entrada| la participación**
	ss	The meeting of man and God must always mean a penetration and entry of the divine into the human and a self-immergence of man in the Divinity.
	[ˈɛntri]	-El encuentro entre el hombre y Dios siempre significará una penetración, una entrada, de lo divino en el humano y una espontánea inmersión del hombre en la Deidad.
2845	**boarding**	**el embarque**
	ss	What time does boarding begin?
	[ˈbɔrdɪŋ]	-¿A qué hora empieza el embarque?
2846	**puppy**	**el perrito**
	ss	The puppy looked at her with very sad eyes.
	[ˈpʌpi]	-El cachorro la miró con ojos muy tristes.
2847	**airplane**	**el avión**
	ss	All communication with that airplane was suddenly cut off.
	[ˈɛrˌpleɪn]	-De repente se cortó toda comunicación con el avión.
2848	**discipline**	**la disciplina; disciplinar**
	ss; vb	The discipline of computational linguistics, at the intersection of linguistics and computer science, studies how to deal with human language with the help of artificial intelligence.
	[ˈdɪsəplən]	-La lingüística computacional es una disciplina entre la lingüística y la informática que estudia cómo tratar el lenguaje humano utilizando la inteligencia artificial de los ordenadores.
2849	**possession**	**la posesión**
	ss	Portugal has decriminalized drug possession for personal uses.
	[pəˈzɛʃən]	-Portugal ha despenalizado la posesión de drogas para consumo personal.
2850	**tin**	**el estaño| la lata; de estaño; estañar**

ss; adj; vb
This box is made of tin.
[tɪn]
-Esta caja está hecha de lata.

2851 **wail** **el gemido| la queja; llorar**

ss; vb
To wail the title, as her mother does?
[weɪl]
-Para lamentar su título, como su madre.

2852 **incredibly** **increíblemente**

adv
You seem incredibly OK with your prognosis.
[ɪnˈkrɛdəbli]
-Parece estar increíblemente conforme con su pronóstico de vida.

2853 **necklace** **el collar**

ss
Jim sold Ana's necklace for a very low price.
[ˈnɛkləs]
-Jim vendió el collar de Ana a muy bajo precio.

2854 **warden** **el guardián**

ss
It surprises most people to find out that the prison warden is a woman.
[ˈwɔrdən]
-La mayoría se sorprende al enterarse que la guardia de la prisión es una mujer.

2855 **butcher** **el carnicero; matar**

ss; vb
I already went to the butcher's shop this morning.
[ˈbʊtʃər]
-Ya fui a la carnicería esta mañana.

2856 **fuss** **el escándalo| los aspavientos; preocuparse**

ss; vb
Here is not the place to make a fuss.
[fʌs]
-Este no es un sitio para hacer un alboroto.

2857 **stiff** **rígido| fuerte; el fiambre**

adj; ss
I walked till my legs got stiff.
[stɪf]
-Caminé hasta que mis piernas se entumecieron.

2858 **countess** **la condesa**

ss
The countess rested here Thursday evening.
[ˈkaʊntəs]
-La condesa descansó aquí el jueves por la noche.

2859 **management** **la administración| el manejo**

ss
Reputations are volatile. Loyalties are fickle. Management teams are increasingly disconnected from their staff.
[ˈmænəʤmənt]
-La reputación es muy inestable. La fidelidad es inconstante. Los equipos directivos se distancian cada vez más de su personal.

2860 **European** **europeo; el europeo**

adj; ss
Logic and common sense suggest that Russia, the European Union, and the United States must act jointly.
[ˌjʊrəˈpiən]
-La lógica y el sentido común sugieren que Rusia, la Unión Europea y los Estados Unidos deberían actuar juntos.

2861 **temporary** **temporal| temporario**

adj
Recession is a temporary falling off of business activity during a period when such activity is generally increasing.
[ˈtɛmpəˌrɛri]
-La recesión es un periodo de disminución temporal de la actividad económica en medio de un período en cual actividad generalmente está aumentando.

2862 **practical** **práctico**

adj
Jim is a practical man.
[ˈpræktəkəl]
-Jim es práctico.

2863 **cart** **el carro| la carreta; acarrear**

	ss; vb	A boy is taking his sweet time pushing the cart toward the curb.
	[kɑrt]	-Un chico emplea su dulce tiempo en empujar su carrito hacia el bordillo.
2864	**rehearsal**	**el ensayo**
	ss	After the rehearsal the orchestra was elated.
	[rɪˈhɜrsəl]	-Después del ensayo, la orquesta estaba fuera de sí.
2865	**protest**	**la protesta| la declaración de averías; protestar**
	ss; vb	Protest in Snapchat takes ever more creative forms.
	[ˈprouˌtɛst]	-La protesta toma formas cada vez más creativas en Snapchat.
2866	**retreat**	**el retiro; retirarse**
	ss; vb	The leader ordered the troops to retreat.
	[riˈtrit]	-El líder les pidió a las tropas que retrocedieran.
2867	**surveillance**	**la vigilancia**
	ss	The police have Jim under surveillance.
	[sərˈveɪləns]	-La policía tiene a Jim bajo vigilancia.
2868	**scotch**	**whisky**
	ss	Cosmopolitans plus scotch equals friendship with an ex.
	[skɑtʃ]	-Cosmopolitan más whisky es igual a amistad con un ex.
2869	**tend**	**tender| atender**
	vb	The cranes tend to make their nests in the bell towers of churches.
	[tɛnd]	-Las cigüeñas suelen hacer sus nidos en los campanarios de las iglesias.
2870	**pistol**	**la pistola**
	ss	Jim was aiming his pistol at Ana when John shot him.
	[ˈpɪstəl]	-Jim estaba apuntando con su pistola a Ana cuando John le disparó.
2871	**cookie**	**la galleta**
	ss	Who ate the last cookie?
	[ˈkʊki]	-¿Quién se ha comido la última galleta?
2872	**flip**	**el capirotazo; poco serio; echar de un capirotazo**
	ss; adj; vb	Set orientation tag to normal after rotate/ flip.
	[flɪp]	-Poner la etiqueta de orientación como normal después de rotar/ voltear.
2873	**operate**	**funcionar| manejar**
	vb	I can't figure out how to operate this machine.
	[ˈɑpəˌreɪt]	-No puedo descubrir como operar esta máquina.
2874	**bucket**	**el cangilón; apresurarse**
	ss; vb	I filled the bucket with water.
	[ˈbʌkət]	-Yo llené el balde con agua.
2875	**various**	**vario| diferente**
	adj	They come in various shapes.
	[ˈvɛriəs]	-Vienen en formas diversas.
2876	**booze**	**la bebida alcohólica; beber**
	ss; vb	He pissed away his inheritance on booze and loose women.
	[buz]	-Él despilfarró su herencia en copete y mujeres fáciles.
2877	**inn**	**la posada| el mesón**
	ss	Since it was late at night and I was very tired, I stayed at an inn.
	[ɪn]	-Como ya era bien entrada la noche y yo estaba muy cansado, me quedé en una posada.
2878	**math**	**los mates**

ss
[mæθ]

That's a really interesting theory, but the math expert works for us.
-Es una teoría interesante, pero el matemático experto trabaja con nosotros.

2879 **glorious**
adj
['glɔriəs]

glorioso

Far better it is to dare mighty things, to win glorious triumphs even though checkered by failure, than to rank with those poor spirits who neither enjoy nor suffer much because they live in the gray twilight that knows neither victory nor defeat.
-Es mucho mejor atreverse a cosas grandes, a ganar gloriosos triunfos aún si son accidentados por el fracaso, que estar entre esos pobres espíritus que viven en la penumbra gris ajena de la victoria o la derrota.

2880 **ton**
ss
[tʌn]

la tonelada

This box weighs a ton. What's inside?
-Esta caja pesa una tonelada. ¿Qué hay adentro?

2881 **disturbing**
adj
[dɪ'stɜrbɪŋ]

inquietante

We are disturbing him.
-Nosotros estamos molestándole.

2882 **required**
adj
[ri'kwaɪərd]

necesario

The Romans would never have had enough time for conquering the world if they had first been required to study Latin.
-Los romanos no habrían tenido tiempo suficiente para conquistar el mundo si primero hubieran tenido que estudiar latín.

2883 **bare**
adj; vb
[bɛr]

desnudo| pelado; desnudar

It is not easy to catch a hare with your bare hands.
-No es fácil atrapar a una liebre solo con las manos.

2884 **vast**
adj
[væst]

vasto| extenso

The Sistine Chapel is a vast chapel built inside the Vatican Palace in 1473.
-La Capilla Sixtina es una extensa capilla construída dentro del Palacio Vaticano en el 1473.

2885 **crawl**
vb; ss
[krɔl]

arrastrarse; el crawl

And you can crawl down into your little hole now.
-Ustedes pueden arrastrarse por ese agujerito.

2886 **chant**
vb; ss
[ʧænt]

cantar; el canto

Then you chant sutra day and night...
-A continuación, el canto del sutra día y la noche...

2887 **Israel**
ss
['ɪzriəl]

el Israel

I was born in Israel.
-Nací en Israel.

2888 **forbid**
vb
[fər'bɪd]

prohibir

I forbid you to smoke.
-Te prohíbo fumar.

2889 **gravity**
ss
['grævəti]

la gravedad| la solemnidad

Jim wasn't aware of the gravity of the situation.
-Jim no tenía presente la gravedad de la situación.

2890 **leather**
ss; vb
['lɛðər]

el cuero| la gamuza; hacer de cuero

A pair of leather gloves is a must when you work with these machines.
-Cuando trabajas con estas máquinas es imprescindible usar un par de guantes de piel.

2891	**basket**	**la cesta**
	ss	Then she found several stacks of thousand-dollar bills under a bush and put
	[ˈbæskət]	them in her basket.
		-Luego ella encontró varios fajos de billetes de mil dólares bajo un arbusto y
		los puso en su canasta.
2892	**rank**	**el rango| la fila; clasificar; maloliente**
	ss; vb; adj	He reached the rank of general.
	[ræŋk]	-Alcanzó el grado de general.
2893	**embassy**	**la embajada**
	ss	This is the American Embassy.
	[ˈɛmbəsi]	-Esta es la Embajada de los Estados Unidos.
2894	**branch**	**la rama; ramificarse**
	ss; vb	The branch bent but did not break.
	[bræntʃ]	-La rama se dobló pero no se rompió.
2895	**active**	**activo**
	adj	He is an active person.
	[ˈæktɪv]	-Es una persona activa.
2896	**instant**	**el instante| el poco tiempo; inmediato**
	ss; adj	He finished the job in an instant.
	[ˈɪnstənt]	-Él terminó el trabajo en un abrir y cerrar de ojos.
2897	**penalty**	**la pena**
	ss	The death penalty should be abolished.
	[ˈpɛnəlti]	-La pena de muerte debería ser abolida.
2898	**weakness**	**la debilidad**
	ss	Women are my weakness.
	[ˈwiknəs]	-Las mujeres son mi debilidad.
2899	**gum**	**la goma| el chicle; engomar**
	ss; vb	Jim swallowed a chewing-gum.
	[gʌm]	-Jim se tragó un chicle.
2900	**attach**	**adjuntar| atar**
	vb	I forgot to attach a stamp to the envelope.
	[əˈtætʃ]	-Olvidé pegar un sello en el sobre.
2901	**ancestor**	**el antepasado**
	ss	Don't be ridiculous! We are not descended from apes, we only have a
	[ˈænˌsɛstər]	common ancestor.
		-¡No seas ridículo! Nosotros no descendemos de los monos, sólo tenemos
		con ellos un ancestro en común.
2902	**personnel**	**el personal**
	ss	The rest of the personnel were fired without notice.
	[ˌpɜrsəˈnɛl]	-El resto del personal fue despedido sin previo aviso.
2903	**barrel**	**el barril; correr mucho**
	ss; vb	One rotten apple spoils the barrel.
	[ˈbærəl]	-Una manzana podrida estropea todo el barril.
2904	**drum**	**el tambor; teclear**
	ss; vb	I hear the drum.
	[drʌm]	-Oigo los tambores.
2905	**sheet**	**la hoja| la lámina; cubrir**

	ss; vb	This sheet is light.
	[ʃit]	-Esta sábana es liviana.
2906	**philosophy**	**la filosofía**
	ss	True philosophy is seeing things as they are.
	[fəˈlɑsəfi]	-La verdadera filosofía es ver las cosas tal y como son.
2907	**needle**	**la aguja| la acícula; fastidiar**
	ss; vb	It's not easy to thread a needle.
	[ˈnidəl]	-No es fácil enhebrar una aguja.
2908	**darn**	**maldito; el maldito; zurcir**
	adj; ss; vb	I can't find the darn phone.
	[dɑrn]	-No puedo encontrar el maldito teléfono.
2909	**heal**	**sanar| remediar**
	vb	We can heal the world.
	[hil]	-Podemos curar el mundo.
2910	**muscle**	**el músculo**
	ss	They're coming! Don't move a muscle or you'll ruin the surprise.
	[ˈmʌsəl]	-¡Ya llegan! No muevas un músculo o arruinarás la sorpresa.
2911	**rage**	**la rabia; rabiar**
	ss; vb	The Sphinx howled with rage.
	[reɪʤ]	-La esfinge aulló de rabia.
2912	**raid**	**la incursión| la redada; atacar**
	ss; vb	A pre-dawn raid has netted a large stash of illegal steroids and several bags of cash.
	[reɪd]	-Una incursión antes del amanecer ha incautado una gran reserva de esteroides ilegales y varias bolsas de dinero en efectivo.
2913	**daylight**	**la luz**
	ss	A gang of three robbed the bank in broad daylight.
	[ˈdeɪˌlaɪt]	-Una banda de tres robó el banco en pleno día.
2914	**leak**	**la fuga| la pérdida; filtrarse**
	ss; vb	A morning erection: Will it last only until I take a leak?
	[lik]	-Una erección matutina: ¿durará sólo hasta que haga pis?
2915	**blank**	**el blanco| el impreso; en blanco; tachar**
	ss; adj; vb	This page has been intentionally left blank.
	[blæŋk]	-Esta página fue dejada en blanco intencionalmente.
2916	**uncomfortable**	**incómodo**
	adj	Are you uncomfortable?
	[ənˈkʌmfərtəbəl]	-¿Está usted molesto?
2917	**flame**	**la llama; flamear**
	ss; vb	Turn the flame down low.
	[fleɪm]	-Bájale la llama.
2918	**halfway**	**a medio camino; intermedio**
	adv; adj	Let's meet halfway between your house and mine.
	[ˈhæˈfweɪ]	-Encontrémonos a mitad de camino entre tu casa y la mía.
2919	**feast**	**la fiesta; festejar**
	ss; vb	In Mexico, most small towns have a patron saint whose feast day is celebrated with great fanfare.
	[fist]	

-En México, la mayoría de los pueblos pequeños tienen un santo patrón cuya fiesta se celebra con gran fanfarria.

2920	**closely**	**cercanamente**
	adv	In preparation for painting a portrait, my friend takes many photographs in order to study the subject closely.
	[ˈkloʊsli]	-Como preparación para pintar un retrato, mi amigo toma muchas fotografías con el fin de estudiar el tema de cerca.
2921	**unfair**	**desleal; el juego sucio**
	adj; ss	You're being very unfair to me.
	[ənˈfɛr]	-Estás siendo muy injusto conmigo.
2922	**testimony**	**el testimonio**
	ss	Then John gave this testimony.
	[ˈtɛstəˌmoʊni]	-Entonces John dio su testimonio.
2923	**testify**	**testificar**
	vb	I would never testify against my wife.
	[ˈtɛstəˌfaɪ]	-Nunca testificaría en contra de mi mujer.
2924	**sticking**	**la pega**
	ss	Thanks for sticking around.
	[ˈstɪkɪŋ]	-Gracias por quedarte.
2925	**chap**	**el tío; agrietarse**
	ss; vb	This chap of hers in London...
	[ʧæp]	-Ese tipo con el que salía en Londres...
2926	**worthless**	**sin valor**
	adj	It seems worthless.
	[ˈwɜrθləs]	-Parece no tener ningún valor.
2927	**tense**	**tenso| rígido; el tiempo; tensar**
	adj; ss; vb	Jim says that he always feel tense when Ana is in the room.
	[tɛns]	-Jim dice que siempre se siente tenso cuando Ana está en la habitación.
2928	**neat**	**ordenado| puro; el buey**
	adj; ss	It was pretty neat.
	[nit]	-Era bastante chulo.
2929	**amongst**	**entre**
	prp	Virtue can only flourish amongst equals.
	[əˈmʌŋst]	-La virtud sólo puede florecer entre iguales.
2930	**announce**	**anunciar| comunicar**
	vb	Establish and announce the environmental conservation initiative for sustainable development.
	[əˈnaʊns]	-Establecer y anunciar la iniciativa para la conservación del medio ambiente en favor del desarrollo sostenible.
2931	**achieve**	**lograr| alcanzar**
	vb	How long did you train in order to achieve such perfection?
	[əˈʧiv]	-¿Cuánto tiempo entrenaste para obtener tal perfección?
2932	**impact**	**el impacto; afectar**
	ss; vb	He survived the impact of a bomb.
	[ˈɪmpækt]	-Él sobrevivió al impacto de una bomba.
2933	**ideal**	**ideal| perfecto; el ideal**

	adj; ss	It was an ideal day for walking.
	[aɪˈdil]	-Fue un día ideal para caminar.
2934	**grandson**	**el nieto**
	ss	Jim is Ana's grandson.
	[ˈɡrændˌsʌn]	-Jim es el nieto de Ana.
2935	**diary**	**el diario**
	ss	Don't read my diary.
	[ˈdaɪəri]	-No leas mi diario.
2936	**importance**	**la importancia**
	ss	The importance of music is underrated.
	[ɪmˈpɔrtəns]	-La relevancia de la música es subestimada.
2937	**steam**	**el vapor; de vapor; cocer al vapor**
	ss; adj; vb	Teachers should occasionally let their students blow off some steam.
	[stim]	-Los profesores deberían permitir a sus estudiantes desahogarse ocasionalmente.
2938	**register**	**el registro| la matrícula; registrar**
	ss; vb	Could you please sign the register?
	[ˈrɛdʒɪstər]	-¿Podrías firmar el registro, por favor?
2939	**investigate**	**investigar| estudiar**
	vb	I tried to investigate his opinion indirectly.
	[ɪnˈvɛstəˌɡeɪt]	-Intenté hacer indagaciones sobre su opinión indirectamente.
2940	**text**	**el texto| el tema**
	ss	I don't remember sending that text message.
	[tɛkst]	-No recuerdo haber enviado este mensaje de texto.
2941	**buffalo**	**el búfalo; engañar**
	ss; vb	Bison from Buffalo, New York who are intimidated by other bison in their community also happen to intimidate other bison in their community.
	[ˈbʌfəˌloʊ]	-Los búfalos de Búfalo intimidados por búfalos de Búfalo intimidan a búfalos de Búfalo.
2942	**rumor**	**el rumor; rumorearse**
	ss; vb	For me this is a rumor.
	[ˈrumər]	-Para mí esto es un rumor.
2943	**approve**	**aprobar| demostrar a**
	vb	She would not approve.
	[əˈpruv]	-Ella no lo aprobaría.
2944	**congress**	**el congreso**
	ss	The politician proposed reforms to Congress.
	[ˈkɑŋɡrəs]	-El político propuso reformas al congreso.
2945	**deposit**	**depositar| sedimentar; el depósito**
	vb; ss	I don't want to lose my deposit.
	[dəˈpɑzɪt]	-No quiero perder mi depósito.
2946	**shitty**	**de mierda**
	adj	You have shitty relationships with women.
	[ˈʃɪˌti]	-Tienes unas relaciones de mierda con las mujeres.
2947	**bait**	**el cebo; hostigar**
	ss; vb	Don't take the bait.
	[beɪt]	-No tomes el anzuelo.

2948	**fist**	**el puño; puñar**
	ss; vb	She thumped the table with her fist.
	[fɪst]	-Ella golpeó la mesa con el puño.
2949	**carpet**	**la alfombra; alfombrar**
	ss; vb	Your carpet is completely white.
	[ˈkɑrpət]	-Tu alfombra es totalmente blanca.
2950	**dine**	**cenar**
	vb	People dine very late in Spain.
	[daɪn]	-Se cena muy tarde en España.
2951	**effective**	**eficaz**
	adj	Jim is an effective salesman.
	[ɪˈfɛktɪv]	-Jim es un vendedor eficaz.
2952	**carriage**	**el carro| el transporte**
	ss	I'm going to wash my carriage.
	[ˈkærɪdʒ]	-Voy a lavar mi coche.
2953	**burst**	**la ráfaga| la explosión; estallar**
	ss; vb	We heard the explosion and saw the house burst into flames.
	[bɜrst]	-Oímos la explosión y vimos la casa prenderse en llamas.
2954	**dessert**	**el postre**
	ss	What's your favorite dessert with bananas?
	[dɪˈzɜrt]	-¿Cuál es tu postre favorito con plátanos?
2955	**fame**	**la fama**
	ss	Despite his fame, he is not happy.
	[feɪm]	-A pesar de su fama, él no es feliz.
2956	**lean**	**apoyarse; magro; la carne magra**
	vb; adj; ss	Jim only eats lean meats and vegetables.
	[lin]	-Jim sólo come carnes magras y verduras.
2957	**awkward**	**torpe| incómodo; el ñango**
	adj; ss	There was an awkward silence when he appeared.
	[ˈɑkwərd]	-Hubo un silencio incómodo cuando él apareció.
2958	**review**	**la crítica| la revisión; reseñar**
	ss; vb	Let's review Lesson 5.
	[ˌriˈvju]	-Vamos a repasar la Lección 5.
2959	**bureau**	**la oficina| la mesa**
	ss	The bureau received 255 telephone calls from January to September 1996.
	[ˈbjʊroʊ]	-La Oficina de Información recibió 255 llamadas telefónicas durante los meses de enero a septiembre de 1996.
2960	**proposal**	**la propuesta| la oferta**
	ss	This kind of proposal can't be rejected.
	[prəˈpoʊzəl]	-¡No se rechaza ese tipo de propuesta!
2961	**photographer**	**el fotógrafo**
	ss	I'm a professional photographer.
	[fəˈtɑgrəfər]	-Yo soy fotógrafo profesional.
2962	**dreadful**	**terrible| horroroso**
	adj	I had a feeling that something dreadful was happening.
	[ˈdrɛdfəl]	-Tenía la sensación de que algo malo estaba pasando.
2963	**jewel**	**la joya; enjoyar**

	ss; vb [ˈdʒuəl]	The jewel was found in an unlikely place. -Encontraron la joya en un lugar inesperado.
2964	**railroad** ss; vb [ˈreɪlˌroʊd]	**el ferrocarril; construir el ferrocarril** The cost of building the railroad was very high. -El coste de construir el ferrocarril era demasiado alto.
2965	**dime** ss [daɪm]	**la moneda de diez centavos** You can't seriously expect that they won't recognize you in that disguise. That lopsided, dime store moustache is a dead giveaway! -No puedes esperar, en serio, que no te reconocerán con ese disfraz. Ese bigote desigual, de tienda de diez centimos, ¡es un claro indicativo!
2966	**immediate** adj [ɪˈmidiət]	**inmediato| inminente** Only an immediate operation can save the patient's life. -Solo una operación urgente puede salvar la vida del paciente.
2967	**foundation** ss [faʊnˈdeɪʃən]	**la fundación| la base** Mathematics are the foundation of all sciences. -Las matemáticas son el fundamento de todas las ciencias.
2968	**scandal** ss [ˈskændəl]	**el escándalo** As far as I know, she has nothing to do with that scandal. -Hasta donde yo sé, ella no tiene nada que ver con el escándalo.
2969	**raw** adj; ss; vb [rɑ]	**crudo; las carne viva; despellejar** Onions can be eaten raw or cooked. -Las cebollas se pueden comer crudas o cocidas.
2970	**lick** vb; ss [lɪk]	**lamer; la lamedura** Don't let him lick you. -¡No dejes que te lama!
2971	**internal** adj; ss [ɪnˈtɜrnəl]	**interno; el interno** His life's goal was the "internal idea." Because the Boulogne declaration only alluded to the language, he felt the necessity to also define clearly the motto of ideal Esperantists. -El objetivo de su vida era la "idea interna". Como la declaración de Boulogne sólo aludía al lenguaje, sentía la necesidad de definir también claramente el lema del ideal de los Esperantistas.
2972	**northern** adj [ˈnɔrðərn]	**del norte** The United States is in the Northern Hemisphere. -Los Estados Unidos están en el hemisferio norte.
2973	**disturbed** adj [dɪˈstɜrbd]	**perturbado** I can't stand being disturbed in my work. -No puedo soportar ser molestado en el trabajo.
2974	**donkey** ss [ˈdɑŋki]	**el burro| el borrico** Come here, donkey! -¡Ven aquí, burro!
2975	**confident** ss; adj [ˈkɑnfədənt]	**el confidente; seguro** I'm confident that I'll win the tennis match. -Estoy seguro de que ganaré este partido de tenis.
2976	**disgrace** ss; vb [dɪsˈgreɪs]	**la desgracia| la vergüenza; deshonrar** Who usually sits on the bench of disgrace? -¿Quién por lo general está sentado en el banquillo de la infamia?

2977 **eternity**   **la eternidad**
ss   Would you like to live the life you live now for eternity?
[ɪˈtɜrnəti]   -La vida que usted vive ahora, ¿le gustaría vivir por toda la eternidad?

2978 **combination**   **la combinación**
ss   An idea is an immaterial model of a real or a supposed element of reality. An
[ˌkɑmbəˈneɪʃən]   idea is a fragment of our thoughts. When we think something, that single thought is an idea. Ideas are the atoms of the thoughts, and thoughts are a combination of ideas.
     -Una idea es un modelo inmaterial de un elemento de la realidad sea real o ficticio. Cuando pensamos algo, ese único pensamiento es una idea. Las ideas son los átomos de los pensamientos, y los pensamientos son combinaciones de ideas.

2979 **method**   **el método**
ss   What method did you use to give up smoking?
[ˈmɛθəd]   -¿Qué método has usado para dejar de fumar?

2980 **bump**   **el bache; golpear**
ss; vb   The boy has a huge bump on his head. No wonder he cried so much!
[bʌmp]   -El niño tiene un chichón enorme. ¡Con razón lloraba tanto!

2981 **worm**   **el gusano; arrastrarse**
ss; vb   Does a worm scream silently when a fisherman impales it on a hook?
[wɜrm]   -¿Un gusano grita silenciosamente cuando un pescador lo atraviesa con un anzuelo?

2982 **silk**   **la seda; de seda; madurar**
ss; adj; vb   This beautiful dress is made of silk.
[sɪlk]   -Este hermoso vestido está hecho de seda.

2983 **hooked**   **enganchado**
adj   At first, I was only looking at the French sentences, but before I knew it, I
[hʊkt]   was hooked into translating them.
     -Al principio sólo estaba mirando oraciones en Francés, pero antes de darme cuenta ya me había enganchado traduciéndolas.

2984 **rod**   **la barra**
ss   The problem with fundamentalists insisting on a literal interpretation of the
[rɑd]   Bible is that the meaning of words change. A prime example is 'Spare the rod, spoil the child'.
     -El problema con los fundamentalistas que insisten en una interpretación literal de la Biblia consiste en que el significado de las palabras cambia. Un ejemplo claro es la frase: "te ahorras una rama de abedul y se pierde un muchacho".

2985 **concept**   **el concepto**
ss   The concept doesn't make sense.
[ˈkɑnsɛpt]   -El concepto no tiene sentido.

2986 **conspiracy**   **la conspiración**
ss   Some people see a conspiracy behind almost everything.
[kənˈspɪrəsi]   -Algunas personas ven una conspiración detrás de casi cualquier cosa.

2987 **critical**   **crítico**
adj   His condition is critical.
[ˈkrɪtɪkəl]   -Su condición es crítica.

2988 **alpha**   **la alfa**

	ss	Download the alpha mask sample file.
	['ælfə]	-Descargue el archivo de muestra de máscara alfa.

2989 spiritual

adj; ss
['spɪrɪtʃəwəl]

espiritual; el espiritual negro

Music is the mediator between the spiritual and the sensual life.
-La música es el mediador entre la vida espiritual y la sensual.

2990 comedy

ss
['kɑmədi]

la comedia

Comedy always includes a little tragedy. That's why there are sad clowns.
-La comedia siempre incluye un poco de tragedia. Por eso hay payasos tristes.

2991 telegram

ss
['tɛləˌgræm]

el telegrama

I'd like to send a telegram.
-Quiero enviar un telegrama.

2992 dong

ss
[dɔŋ]

la polla

Then he gets up and pulls his dong into that dark hole.
-Entonces se levanta y saca su dong en ese agujero oscuro.

2993 constant

adj; ss
['kɑnstənt]

constante; la constante

The mathematical constant Pi to 5 decimal places is "3.14159."
-La constante matemática Pi a 5 decimales es "3.14159".

2994 explode

vb
[ɪk'sploʊd]

explotar| estallar

I'd explain it to you, but your brain would explode.
-Te lo explicaría, pero tu cerebro se reventaría.

2995 structure

ss; vb
['strʌktʃər]

la estructura| la fábrica; estructurar

Foundations maintain the structure of the building.
-Los cimientos mantienen la estructura del edificio.

2996 tattoo

ss; vb
[tæ'tu]

el tatuaje; tatuar

Do you like Jim's tattoo?
-¿Te gusta el tatuaje de Jim?

2997 sample

ss; vb
['sæmpəl]

la muestra| el espécimen; probar

He took the sample to his coworker.
-Él le llevó la muestra a su compañero de trabajo.

2998 gin

ss; vb
[dʒɪn]

la ginebra; trampear

What are the constituents of a gin and tonic?
-¿Qué ingredientes tiene un gin tonic?

2999 column

ss
['kɑləm]

la columna

Shine was on line-support before Belinda started her column.
-Shine ya estaba en la UVI antes de que Belinda empezara su columna.

3000 suite

ss
[swit]

los suite

This is the Godefroy Hardy suite.
-Esta es la suite de Godofredo el Audaz.

3001 skirt

ss; vb
[skɜrt]

la falda; bordear

Would you please show me that skirt?
-¿Podría mostrarme esa falda, por favor?

3002 surgeon

ss
['sɜrdʒən]

el cirujano

A gastroenterologist or surgeon usually performs the test.
-El examen generalmente lo realiza un gastroenterólogo o un cirujano.

3003 bingo

el bingo

	ss	Immobilize, capture, drag... bingo.
	['bɪŋgoʊ]	-Inmovilizador?, la capturas, arrastras... bingo.
3004	**privacy**	**la intimidad**
	ss	Your son doesn't respect privacy.
	['praɪvəsi]	-Tu hijo no respeta la privacidad.
3005	**fraud**	**el fraude| la estafa**
	ss	The plan was a masterpiece of fraud.
	[frɔd]	-El plan era una obra maestra del fraude.
3006	**chemical**	**químico; la sustancia química**
	adj; ss	The chemical formula for water is H_2O.
	['kɛməkəl]	-La fórmula química del agua es H2O.
3007	**relation**	**la relación| pariente**
	ss	Effective use of disinfectant is an important subject in relation to infection control in hospitals.
	[ri'leɪʃən]	-La utilización efectiva de desinfectantes es un tema importante en lo que concierne al control de infecciones dentro de los hospitales.
3008	**communication**	**la comunicación**
	ss	Life in society requires communication.
	[kəmˌjunə'keɪʃən]	-La vida en sociedad requiere comunicación.
3009	**ladder**	**la escalera| la escala; hacer una carrera en**
	ss; vb	I am buying a ladder in the hardware store.
	['lædər]	-Estoy comprando una escalera en la ferretería.
3010	**booth**	**la cabina**
	ss	Please come to the broadcast booth.
	[buθ]	-Por favor venga a la cabina de transmisión.
3011	**ding**	**el timbre; campanear**
	ss; vb	Ding, ding, neutral corners. We'll fix the ding in his car.
	[dɪŋ]	-Din, din, a sus rincones. Le arreglaremos la abolladura del auto.
3012	**economy**	**la economía**
	ss	There is considerable optimism that the economy will improve.
	[ɪ'kɑnəmi]	-Hay un considerable optimismo de que la economía mejorará.
3013	**plague**	**la plaga| el fastidio; plagar**
	ss; vb	Rats carry the plague.
	[pleɪg]	-Las ratas son el origen de la plaga.
3014	**phase**	**la fase; escalonar**
	ss; vb	We are entering a new phase in the war.
	[feɪz]	-Estamos entrando en una fase en la guerra.
3015	**sunset**	**la puesta del sol**
	ss	People are waiting for the sunset.
	['sʌnˌsɛt]	-La gente está esperando la puesta de sol.
3016	**mason**	**el masón**
	ss	I'm a mason, and these are my apprentices.
	['meɪsən]	-Soy albañil, y estos son mis aprendices.
3017	**float**	**el flotador; flotar**
	ss; vb	Everything would be easier if we could float.
	[floʊt]	-Todo sería más fácil si pudiéramos flotar.
3018	**toss**	**la sacudida| la tirada; lanzar**

	ss; vb	Why did the staff toss me out twice, only to let me come back now?
	[tɔs]	-¿Por qué el personal me echó dos veces, sólo para dejarme volver ahora?
3019	**fridge**	**la nevera**
	ss	Jim got a bottle of beer out of the fridge.
	[frɪdʒ]	-Jim cogió una botella de cerveza del frigorífico.
3020	**unto**	**hasta**
	prp	Do not do unto others what you do not want others do unto you.
	[ˈʌntu]	-No le hagas a los demás lo que no querés que te hagan a vos.
3021	**stab**	**la puñalada; apuñalar**
	ss; vb	He tried to stab me in the back.
	[stæb]	-Él trató de apuñalarme por la espalda.
3022	**obsessed**	**obsesionado**
	adj	Jim was obsessed by the belief that, one by one, everyone around him was being abducted and replaced by aliens.
	[əbˈsɛst]	-Jim estaba obsesionado con la creencia de que, uno por uno, todos los que le rodeaban eran abducidos y reemplazados por extraterrestres.
3023	**fagot**	**el maricón; gritar**
	ss; vb	I'll give you a beating, fagot.
	[fagot]	-Te voy a dar una paliza, maricón.
3024	**brick**	**el ladrillo; enladrillar**
	ss; vb	And above all, I will ask you to join in the work of remaking this nation, the only way it's been done in America for 221 years; block by block, brick by brick, calloused hand by calloused hand.
	[brɪk]	-Y sobre todo, les pediré que participen en la labor de reconstruir este país, de la única forma en que se ha hecho en Estados Unidos durante 221 años, bloque por bloque, ladrillo por ladrillo, mano callosa sobre mano callosa.
3025	**region**	**la región| la comarca**
	ss	No delegation was allowed to visit the besieged region.
	[ˈridʒən]	-No se le permitió a ninguna delegación el visitar la región sitiada.
3026	**independent**	**independiente; independiente**
	adj; ss	At this rate, even independent film will never reach a true understanding of romance and relationships, so to hell with the movies, let's have dinner.
	[ˌɪndɪˈpɛndənt]	-A este paso, incluso las películas independientes jamás alcanzarán un verdadero entendimiento del romance y las relaciones, así que al diablo con las películas, vayamos a cenar.
3027	**content**	**el contenido| las cabida; contento; contentar**
	ss; adj; vb	He is content with his present state.
	[ˈkantɛnt]	-Él está contento con su estado actual.
3028	**require**	**exigir| pedir**
	vb	Do you require our help?
	[ˌriˈkwaɪər]	-¿Requieres nuestra ayuda?
3029	**democracy**	**la democracia**
	ss	To all those who have wondered if America's beacon still burns as bright: Tonight we proved once more that the true strength of our nation comes not from the might of our arms or the scale of our wealth, but from the enduring power of our ideals: democracy, liberty, opportunity and unyielding hope.
	[dɪˈmakrəsi]	-Para todos los que se preguntaron si el faro de Estados Unidos aún sigue

brillando , esta noche demostramos una vez más que la verdadera fortaleza de nuestra nación no se deriva del poder de nuestras armas ni del alcance de nuestra riqueza, sino del poder perdurable de nuestros ideales: la democracia, la libertad, la oportunidad y la implacable esperanza.

3030	**profile**	**el perfil| el retrato; perfilar**
	ss; vb	I like your profile picture.
	[ˈproʊˌfaɪl]	-Me gusta tu foto de perfil.
3031	**gal**	**la chica| la criada**
	ss	Anytime some pretty gal is standing around bothering me...
	[gæl]	-Cada vez que alguna chica bonita se para a mi alrededor a molestarme...
3032	**reverse**	**inverso; el reverso; revocar**
	adj; ss; vb	My telephone plan does not accept reverse charge calls.
	[rɪˈvɜrs]	-Mi plan telefónico no acepta llamadas a cobrar.
3033	**declare**	**declarar| anunciar**
	vb	I have nothing to declare except my genius.
	[dɪˈklɛr]	-Yo no tengo nada a declarar salvo mi genialidad.
3034	**porn**	**la pornografía**
	ss	My brother hides his porn magazines under his mattress.
	[pɔrn]	-Mi hermano esconde sus revistas pornográficas debajo de su colchón.
3035	**picnic**	**el picnic; merendar**
	ss; vb	I'd like to go on a picnic with her.
	[ˈpɪkˌnɪk]	-Me gustaría ir de picnic con ella.
3036	**appropriate**	**apropiado| oportuno; apropiarse de**
	adj; vb	Next time, you should wear something more appropriate.
	[əˈproʊpriət]	-La próxima vez, deberías usar algo más apropiado.
3037	**connect**	**conectar| conectarse**
	vb	I can't connect to the Internet.
	[kəˈnɛkt]	-No puedo conectarme a Internet.
3038	**eastern**	**oriental; el oriental**
	adj; ss	Japan is in eastern Asia.
	[ˈistərn]	-Japón está en el este asiático.
3039	**necessarily**	**necesariamente**
	adv	Pretty flowers do not necessarily smell sweet.
	[ˌnɛsəˈsɛrəli]	-Las flores bonitas no tienen que oler necesariamente bien.
3040	**clerk**	**el empleado; trabajar como dependiente**
	ss; vb	She married a bank clerk.
	[klɜrk]	-Se casó con un empleado de banco.
3041	**mall**	**el centro comercial| la alameda**
	ss	Is there a bus that goes to the mall?
	[mɔl]	-¿Algún autobús va al centro comercial?
3042	**permanent**	**permanente| definitivo; la permanente**
	adj; ss	In my opinion, permanent peace is nothing but illusion.
	[ˈpɜrmənənt]	-En mi opinión, una paz permanente no es más que una ilusión.
3043	**sleepy**	**soñoliento**
	adj	I'm too sleepy to do my homework.
	[ˈslipi]	-Tengo demasiado sueño para hacer mi tarea.
3044	**psycho**	**psicópata**

	ss [ˈsaɪkoʊ]	Nevertheless, muscular-skeletal diseases and psycho-social factors currently constitute the greatest threats to workers ' health. -Sin embargo, las enfermedades que afectan al aparato locomotor y los factores psicosociales constituyen actualmente las principales amenazas para la salud de los trabajadores.
3045	**somewhat** adv [ˈsʌmˈwʌt]	**algo** Jim was somewhat doubtful. -Jim estaba algo dudoso.
3046	**mere** adj; ss [mɪr]	**mero| solo; el lago** Mum, a mere woman surrounded by men, works in a construction company as a site foreman. -Mamá, una simple mujer rodeada de hombres, trabaja en una empresa de construcción como capataz.
3047	**scar** ss; vb [skɑr]	**la cicatriz; cicatrizar** Jim has a scar on his arm. -Jim tiene una cicatriz en su brazo.
3048	**embrace** ss; vb [ɛmˈbreɪs]	**el abrazo; abrazar** Our task must be to free ourselves from this prison by widening our circle of compassion to embrace all living creatures and the whole of nature in its beauty. -Nuestra tarea debe ser liberarnos de esta prisión ensanchando nuestro círculo de compasión para abrazar a todas las criaturas vivas y a toda la naturaleza en su belleza.
3049	**elsewhere** adv [ˈɛlˌswɛr]	**en otra parte** The explanation of this mysterious trust may lie elsewhere. -La explicación de esta misteriosa confianza tal vez resida en otra parte.
3050	**sober** adj; vb [ˈsoʊbər]	**sobrio; desembriagar** He led a sober life. -Él llevó una vida sobria.
3051	**passage** ss [ˈpæsədʒ]	**el paso| la aprobación** We found a secret passage into the building. -Encontramos un pasaje secreto en el edificio.
3052	**sweep** vb; ss [swip]	**barrer; la extensión** Jim asked Ana to sweep the floor. -Jim le pidió a Ana que barriera el piso.
3053	**handy** adj [ˈhændi]	**práctico| a mano** A gun might come in handy. -Un arma podría resultar útil.
3054	**root** ss; adj; vb [rut]	**la raíz; fundamental; arraigarse** Greed is the root of all evil. -La avaricia es la raíz de todo el mal.
3055	**budget** ss; vb [ˈbʌdʒit]	**el presupuesto; presupuestar** The budget is bound to fluctuate due to the economy. -El presupuesto está sometido a fluctuaciones debido a la economía.
3056	**promotion** ss [prəˈmoʊʃən]	**la promoción** Did you hear about Jim's promotion? -¿Oíste acerca del ascenso de Jim?
3057	**cigar**	**el cigarro| el tabaco**

	ss	I am lighting my cigar.
	[sɪˈgɑr]	-Estoy prendiendo mi cigarro.
3058	**whale**	**la ballena**
	ss	Have you ever eaten whale meat?
	[weɪl]	-¿Alguna vez has comido carne de ballena?
3059	**aircraft**	**la aeronave; de aviación**
	ss; adj	The Americans also had a new and formidable attack aircraft.
	[ˈɛrˌkræft]	-Los americanos también disponían de un nuevo y formidable avión de ataque.
3060	**height**	**la altura| la estatura**
	ss	His height is a great advantage when he plays volleyball.
	[haɪt]	-Su altura es una gran ventaja cuando juega a voleibol.
3061	**annoy**	**molestar| enojar**
	vb	Perhaps she did it to try and annoy someone.
	[əˈnɔɪ]	-Tal vez lo hizo para tratar de molestar a alguien.
3062	**log**	**la log| el tronco; anotar**
	ss; vb	Jim threw another log on the fire.
	[lɔg]	-Jim arrojó otro leño al fuego.
3063	**orchestra**	**la orquesta**
	ss	The one in charge of the orchestra is called the conductor.
	[ˈɔrkəstrə]	-Al que guía la orquesta se le llama director.
3064	**drawer**	**el cajón**
	ss	Jim wants to see what's in the drawer.
	[drɔr]	-Jim quiere ver qué hay en el cajón.
3065	**creep**	**arrastrarse; el pelotillero**
	vb; ss	Get lost, you creep.
	[krip]	-Púdrete, mamón.
3066	**spite**	**el despecho; mortificar**
	ss; vb	In spite of these dangers, mountaineering is very popular.
	[spaɪt]	-A pesar de ser peligroso, el montañismo es muy popular.
3067	**rot**	**la putrefacción| la decadencia; pudrirse**
	ss; vb	"Yea..." John continued, talking mostly to himself. "It's as if the author of my story got into some stupid argument, retired to Fiji, and just left me here to rot."
	[rɑt]	--Sí... - siguió John hablando sobre todo consigo mismo- Es como si el autor de mi historia se hubiera metido en alguna discusión estúpida, se hubiera retirado a Fiji y hubiera dejado que me pudriera aquí.
3068	**intense**	**intenso**
	adj	Jim is really intense.
	[ɪnˈtɛns]	-Jim es realmente intenso.
3069	**lecture**	**la conferencia| el sermón; dar una conferencia**
	ss; vb	The speaker swaggered into the lecture hall.
	[ˈlɛktʃər]	-El portavoz entró pavoneandose en el auditorio.
3070	**boxing**	**el boxeo| el embalaje; boxístico**
	ss; adj	I like such sports as boxing and hockey.
	[ˈbɑksɪŋ]	-Me gustan tales deportes como el boxeo y el hockey.
3071	**harbor**	**el puerto| el albergue; albergar**

	ss; vb	The ship dropped anchor in the harbor.
	['hɑrbər]	-El barco echó el ancla en el puerto.
3072	**hopefully**	**con optimismo**
	adv	Hopefully, we'll win.
	['hoʊpfəli]	-Con suerte, vamos a ganar.
3073	**complaint**	**la queja| la denuncia**
	ss	You're wasting your energy. Your complaint is groundless.
	[kəm'pleɪnt]	-Estás gastando tu energía. Tu queja no tiene fundamento.
3074	**counsel**	**el consejo| el abogado; aconsejar**
	ss; vb	The counsel further reiterates recommendations submitted previously.
	['kaʊnsəl]	-El abogado reiteró además las recomendaciones que había presentado anteriormente.
3075	**limited**	**limitado**
	adj	The nuclear holocaust scenario is just old propaganda. Arsenals are limited and rusty.
	['lɪmətəd]	-El escenario de un holocausto nuclear es sólo vieja propaganda. Los arsenales son limitados y están oxidados.
3076	**tomb**	**la tumba**
	ss	When their leader died, they placed his body in a large tomb.
	[tum]	-Cuando su líder murió, pusieron su cuerpo en una gran tumba.
3077	**painter**	**el pintor**
	ss	Jim is a sloppy painter.
	['peɪntər]	-Jim es un pintor descuidado.
3078	**repair**	**reparar| refaccionar; la reparación**
	vb; ss	Please repair the car.
	[rɪ'pɛr]	-Por favor, repare el auto.
3079	**fund**	**el fondo| la base; financiar**
	ss; vb	IMF stands for International Monetary Fund.
	[fʌnd]	-FMI significa "Fondo Monetario Internacional".
3080	**execute**	**ejecutar| realizar**
	vb	Jim refused to execute the order.
	['ɛksəˌkjut]	-Jim se rehusó a dar la orden.
3081	**recover**	**recuperar| rescatar**
	vb	Is it true that you recover from colds when you give them to someone else?
	[rɪ'kʌvər]	-¿Es cierto que uno se recupera de un resfriado si se lo contagia a otro?
3082	**collar**	**el collar; pisar**
	ss; vb	The dog's collar is red.
	['kɑlər]	-El collar del perro es rojo.
3083	**lemon**	**el limón| el limonero; de limón**
	ss; adj	They drank tea with lemon, for his nagging cough, with his usual lump and a half of sugar.
	['lɛmən]	-Tomaron té con limón, debido a su persistente tos, que él endulzó con ese terrón y medio de azúcar, según su costumbre.
3084	**observe**	**observar| cumplir**
	vb	Women observe and men think.
	[əb'zɜrv]	-Las mujeres observan y los hombres piensan.
3085	**villa**	**la villa**

	ss	Her villa sits on the hill.
	['vɪlə]	-Su casa se halla en la colina.
3086	**affect**	**afectar| influir; el sentimiento**
	vb; ss	It really didn't affect us.
	[əˈfɛkt]	-Eso realmente no nos afectó.
3087	**examine**	**examinar| interrogar**
	vb	You must examine that issue.
	[ɪgˈzæmɪn]	-Debes inspeccionar ese problema.
3088	**brake**	**el freno; frenar**
	ss; vb	The third brake light went from being prohibited to being required.
	[breɪk]	-La tercera luz de freno pasó de estar prohibida a ser obligatoria.
3089	**muffle**	**amortiguar**
	vb	Someone used my coat to muffle the gunshot.
	[ˈmʌfəl]	-Alguien usó mi abrigo para amortiguar el disparo.
3090	**strategy**	**la estrategia**
	ss	We agreed to elaborate a strategy.
	[ˈstrætədʒi]	-Acordamos elaborar una estrategia.
3091	**creative**	**creativo**
	adj	I took some creative liberties. I hope you don't mind.
	[kriˈeɪtɪv]	-Me he tomado ciertas licencias creativas. Espero que no le importe.
3092	**purple**	**la púrpura; morado; purpurar**
	ss; adj; vb	Purple sharks are dangerous animals.
	[ˈpɜrpəl]	-Los tiburones rosados son animales peligrosos.
3093	**candle**	**la vela| el cirio**
	ss	The candle grew shorter and shorter, until at last it went out.
	[ˈkændəl]	-La vela se hacía más y más corta, hasta que se apagó.
3094	**tube**	**el tubo| el metro**
	ss	He squeezed the toothpaste out of a tube.
	[tub]	-Él exprimió la pasta de dientes del tubo.
3095	**audition**	**la audición; dar una audición**
	ss; vb	I intend holding the audition next week.
	[ɑˈdɪʃən]	-Intentaré empezar con la audición la semana que viene.
3096	**journalist**	**periodista**
	ss	I wanted to be a journalist.
	[ˈdʒɜrnələst]	-Yo quería ser periodista.
3097	**radar**	**el radar; de radiolocalización**
	ss; adj	The ship is not equipped with radar.
	[ˈreɪˌdɑr]	-Este barco no está equipado con radar.
3098	**reserve**	**reservar; la reserva**
	vb; ss	I'd like to reserve a seat on this train.
	[rɪˈzɜrv]	-Quisiera reservar un asiento en este tren.
3099	**roar**	**el rugido; rugir**
	ss; vb	The cheers swelled to a roar.
	[rɔr]	-Las aclamaciones aumentaron hasta convertirse en un rugido.
3100	**error**	**el error| la falta**
	ss	How is an error possible in mathematics?
	[ˈɛrər]	-¿Cómo es un error posible en matemática?

3101	**messenger**	**el mensajero**
	ss	There is no god but God, and Muhammad is the messenger of God.
	[ˈmɛsəndʒər]	-No hay más dios que Alá, Mahoma es el mensajero de Dios.

3102	**offend**	**ofender**
	vb	Everyone can offend a boxer, but not everyone has time to apologize.
	[əˈfɛnd]	-Todo el mundo puede ofender a un boxeador, pero no todo el mundo tiene tiempo para pedir disculpas.

3103	**wander**	**vagar| deambular; el paseo**
	vb; ss	Not all those who wander are lost.
	[ˈwɑndər]	-No todos los que deambulan están perdidos.

3104	**technique**	**la técnica**
	ss	Columbus was notorious for using the "wave-the-white-flag-then-open-fire" technique, and won many battles this way.
	[tɛkˈnik]	-Colón era conocido por usar la técnica del "ondea-la-bandera-blanca-y-entonces-abre-fuego", así ganó muchas batallas.

3105	**terrify**	**aterrorizar| atemorizar**
	vb	Well Biberkopf, there was no need to terrify my customers.
	[ˈtɛrəˌfaɪ]	-Bien Biberkopf, no había ninguna necesidad de aterrorizar a mis clientes.

3106	**civilization**	**la civilización**
	ss	Civilization is the limitless multiplication of unnecessary necessities.
	[ˌsɪvəlɪˈzeɪʃən]	-La civilización es la ilimitada multiplicación de necesidades innecesarias.

3107	**coal**	**el carbón; tomar carbón**
	ss; vb	The raven is as black as coal.
	[koʊl]	-El cuervo es tan negro como el carbón.

3108	**cease**	**cesar| dejar de; el fin**
	vb; ss	Facts do not cease to exist because they are ignored.
	[sis]	-Los hechos no dejan de existir por ser ignorados.

3109	**assistance**	**la asistencia| el auxilio**
	ss	I need your assistance.
	[əˈsɪstəns]	-Necesito tu ayuda.

3110	**strictly**	**estrictamente**
	adv	Vengeance has a strictly hedonistic end.
	[ˈstrɪktli]	-La venganza tiene un fin estrictamente hedonista.

3111	**dialogue**	**el diálogo**
	ss	Poetry is an exploration, a revelation, and an invitation for dialogue.
	[ˈdaɪəˌlɔg]	-La poesía es una exploración, una revelación y una invitación al diálogo.

3112	**appetite**	**el apetito**
	ss	Don't spoil your appetite.
	[ˈæpəˌtaɪt]	-No dejes que se te quite el apetito.

3113	**mortal**	**mortal; mortal**
	adj; ss	All men are mortal, all Greeks are men, therefore all Greeks are mortal.
	[ˈmɔrtəl]	-Todos los hombres son mortales, todos los griegos son hombres, por lo tanto todos los griegos son mortales.

3114	**episode**	**el episodio| la parte**
	ss	Did you see yesterday's episode?
	[ˈɛpəˌsoʊd]	-¿Viste el capítulo de ayer?

3115	**ministry**	**el ministerio**

ss
['mɪnəstri]

The term "ministry of defense" is considered by many to be a euphemism for what was earlier called the "ministry of war".
 -El término "ministerio de defensa" es considerado por muchos como un eufemismo para lo que antes se llamaba el "ministerio de la guerra".

3116	**canon**	**el canon**

ss
['kænən]

"The [musical] canon evolves slowly," Hasse said.
 -"El canon (musical) evoluciona lentamente", dijo Hasse.

3117	**tag**	**la etiqueta; poner una etiqueta a**

ss; vb
[tæg]

"No," the shopkeeper replied. "I'm quite serious. You saw the price tag."
 --No -respondió la dependienta-. Estoy hablando en serio. Ya ha visto el precio en la etiqueta.

3118	**shield**	**el escudo; proteger**

ss; vb
[ʃild]

I used his beheaded body as a shield.
 -Usé su cuerpo decapitado como escudo.

3119	**function**	**la función; funcionar**

ss; vb
['fʌŋkʃən]

An important function of policemen is to catch thieves.
 -Una función importante de los policías es el atrapar a los ladrones.

3120	**motive**	**motivo| motor; el motivo; motivar**

adj; ss; vb
['moʊtɪv]

What was his motive for doing it?
 -¿Cuál fue su motivo para hacerlo?

3121	**ultimate**	**último| definitivo**

adj
['ʌltəmət]

Our ultimate goal is to establish world peace.
 -Nuestra meta final es establecer la paz mundial.

3122	**worship**	**la adoración; adorar**

ss; vb
['wɜrʃəp]

Women treat us just as humanity treats its gods. They worship us, and are always bothering us to do something for them.
 -Las mujeres nos tratan igual que la humanidad trata a sus dioses. Nos adoran, y siempre están molestándonos para que hagamos algo por ellas.

3123	**locker**	**el armario**

ss
['lɑkər]

While swimming in the pool, she lost her locker key.
 -Ella perdió la llave de su locker mientras nadaba en la alberca.

3124	**medication**	**la medicación**

ss
[ˌmɛdəˈkeɪʃən]

He needs a medication but doesn't want it.
 -Él necesita medicación, pero no la quiere.

3125	**fairly**	**bastante**

adv
['fɛrli]

The surface of the object is fairly rough.
 -La superficie del objeto es bastante áspera.

3126	**gunfire**	**el tiroteo**

ss
['gʌnˌfaɪər]

The police came as soon as they heard the gunfire.
 -La policía vino en cuanto oyeron el disparo.

3127	**abuse**	**el abuso; abusar de**

ss; vb
[əˈbjus]

One must not abuse animals.
 -Uno no debe abusar de los animales.

3128	**breeze**	**la brisa**

ss
[briz]

A warm, lazy breeze wafts across the flat, endless fields.
 -Una cálida y dulce brisa sopla por los planos e interminables campos.

3129	**Korean**	**coreano; el coreano**

	adj; ss [kɔˈriən]	My friend studies Korean. -Mi amigo estudia coreano.
3130	**heel** ss; vb [hil]	**el tacón; talonear** My black shoes need heel repairs. -Mis zapatos negros necesitan un arreglo de los tacones.
3131	**announcement** ss [əˈnaʊnsmənt]	**el anuncio| el aviso** "What was your impression when told that you had won the Nobel prize for literature?" "Sincerely, I'd been waiting for that announcement for thirty years." -"¿Qué impresión tuvo cuando se le informó que había ganado premio Nobel de literatura?" "Sinceramente: Ya había esperado esa notificación por treinta años."
3132	**subway** ss [ˈsʌˌbweɪ]	**el metro** His house is near the subway. -Su casa queda cerca del metro.
3133	**pigeon** ss [ˈpɪʤən]	**la paloma** My car is covered with pigeon poop. -Mi coche está cubierto de caca de paloma.
3134	**execution** ss [ˌɛksəˈkjuʃən]	**la ejecución| la justicia** A regional observatory will be directed to monitor the execution of the plan. -Un observatorio regional será dirigido para controlar la ejecución del plan.
3135	**fee** ss; vb [fi]	**la cuota; pagar** Is there a fee? -¿Hay algún cargo?
3136	**dynamite** ss; vb [ˈdaɪnəˌmaɪt]	**la dinamita; dinamitar** Handling dynamite can be dangerous. -Manipular dinamita puede ser peligroso.
3137	**homeless** adj; ss [ˈhoʊmləs]	**sin hogar; el los sin techo** I never for a moment imagined that I'd be homeless. -Nunca me imaginé ni por un momento que yo sería un indigente.
3138	**description** ss [dɪˈskrɪpʃən]	**la descripción| la calificación** The man answers the description. -El hombre responde a la descripción.
3139	**minus** adj; adv; prp; ss [ˈmaɪnəs]	**menos; menos; menos; el signo menos** Ten minus two is eight. -Diez menos dos son ocho.
3140	**investment** ss [ɪnˈvɛstmənt]	**la inversión| la colocación** Jim is an investment banker. -Jim es un banquero de inversiones.
3141	**deed** ss; vb [did]	**la escritura| el hecho; transferir** For once in my life I'm doing a good deed... And it is useless. -Por una vez en mi vida hago una buena acción... y no sirve de nada.
3142	**creation** ss [kriˈeɪʃən]	**la creación** If I had to define life in a word, it would be: Life is creation. -Si tuviera que definir la vida con una palabra, sería: La vida es creación.
3143	**affection**	**el afecto**

	ss	She has a great affection for her parents.
	[əˈfɛkʃən]	-Ella siente un gran cariño por sus padres.
3144	**thumb**	**el pulgar; manosear**
	ss; vb	Jim caught a mosquito between his thumb and first finger.
	[θʌm]	-Jim atrapó un mosquito entre su pulgar y su índice.
3145	**dizzy**	**mareado; tener vértigos**
	adj; vb	Jim felt dizzy from the heat.
	[ˈdɪzi]	-Jim se sintió mareado por el calor.
3146	**graduate**	**graduado; el graduado; graduar**
	adj; ss; vb	Jim never thought Ana would ever actually graduate from college.
	[ˈgrædʒuɪt]	-Jim nunca pensó que Ana sería capaz de graduarse en la universidad.
3147	**suggestion**	**la sugerencia**
	ss	That's a constructive suggestion!
	[səgˈdʒɛstʃən]	-Esa es una sugerencia constructiva.
3148	**championship**	**el campeonato**
	ss	He is sure to win the swimming championship.
	[ˈtʃæmpiənˌʃɪp]	-Seguro que gana el campeonato de natación.
3149	**massage**	**el masaje; masajear**
	ss; vb	She gave him a massage.
	[məˈsɑʒ]	-Ella le dio un masaje.
3150	**kidnapping**	**secuestro; el secuestro**
	adj; ss	The kidnapping scenario didn't make any sense.
	[ˈkɪdˌnæpɪŋ]	-El escenario del secuestro no tenía ningún sentido.
3151	**arrangement**	**la disposición| el arreglo**
	ss	I'll be no part of this arrangement.
	[əˈreɪndʒmənt]	-No formaré parte de este acuerdo.
3152	**unconscious**	**inconsciente**
	adj	She is unconscious.
	[ˌʌnˈkɑnʃəs]	-Ella está inconsciente.
3153	**grip**	**el apretón| la empuñadura; agarrar**
	ss; vb	It's not enough to pray, it's not enough to dream. Not until someone takes
	[grɪp]	control by getting a grip on reality.
		-No basta con rezar, no basta con soñar. No hasta que alguien tome las riendas de la realidad.
3154	**curtain**	**la cortina; proveer la cortina**
	ss; vb	When the curtain went up, the stage was dark.
	[ˈkɜrtən]	-Al levantarse el telón, la escena estaba oscura.
3155	**privilege**	**el privilegio| el honor; privilegiar**
	ss; vb	It is a privilege to meet you.
	[ˈprɪvlədʒ]	-Es un privilegio conocerte.
3156	**helpful**	**útil| servicial**
	adj	You're helpful.
	[ˈhɛlpfəl]	-Eres de gran ayuda.
3157	**prom**	**el paseo marítimo**
	ss	I went stag to the prom.
	[prɑm]	-Fui solo al baile.
3158	**pepper**	**la pimienta; salpicar**

	ss; vb	Add salt and pepper to taste.
	[ˈpɛpər]	-Agregue sal y pimienta al gusto.
3159	**ballet**	**el ballet; balletístico**
	ss; adj	She invited me to the ballet.
	[bæˈleɪ]	-Ella me invitó al ballet.
3160	**slight**	**leve| pequeño; el desaire; desairar**
	adj; ss; vb	There's a slight possibility of a recurrence.
	[slaɪt]	-Existe una pequeña posibilidad de recaída.
3161	**vital**	**vital| esencial**
	adj	It is vital that you be present.
	[ˈvaɪtəl]	-Es vital que estés presente.
3162	**plug**	**el enchufe| el tapón; enchufar**
	ss; vb	Disconnect the plug.
	[plʌg]	-Desconecta el enchufe.
3163	**elder**	**mayor; el mayor**
	adj; ss	She adores her elder brother.
	[ˈɛldər]	-Ella adora a su hermano mayor.
3164	**damaged**	**estropeado**
	adj	The saved game appears to be damaged and cannot be used. Please quit the game and then restart after removing the save data.
	[ˈdæmədʒd]	-La partida parece estar dañada y no puede usarse. Sal del juego, borra los datos guardados y vuelve a entrar.
3165	**groom**	**el novio| el caballerizo; cepillar**
	ss; vb	Recently I attended the wedding of a Chinese friend. The bride and groom had been classmates at university, and both graduated from the Chinese faculty. They've already been together for five years.
	[grum]	-Hace poco asistí a la boda de un amigo chino. La novia y el novio habían sido compañeros en la universidad, ambos se graduaron de la facultad china. Ya han estado juntos durante cinco años.
3166	**reply**	**la respuesta; responder**
	ss; vb	That reply isn't correct, but it sounds interesting to me.
	[rɪˈplaɪ]	-La respuesta no es correcta, pero me suena interesante.
3167	**principle**	**el principio**
	ss	However, apart from Buddhists, hardly anyone can consistently follow this principle.
	[ˈprɪnsəpəl]	-Sin embargo, aparte de los budistas, casi nadie es capaz de seguir de manera consecuente este principio.
3168	**employee**	**el empleado| la empleada**
	ss	I'm a bank employee.
	[ɛmˈplɔii]	-Soy empleado de un banco.
3169	**fur**	**la piel; cubrirse de sarro**
	ss; vb	When I regained my senses, it seemed that fur had grown on my fingers and knees. When it became slightly brighter, I looked at my reflection in a mountain stream, and I realized that I had become a tiger.
	[fɜr]	-Cuando recuperé el sentido, me pareció que me había crecido pelo en los dedos y en las rodillas. Cuando hubo un poco más de luz, miré mi reflejo en un manantial de la montaña, y me di cuenta de que me había convertido en un tigre.

3170	**whir**	**el zumbido; batir**
	ss; vb	The weird whir of broken fax machine.
	[whir]	-El extraño zumbido de un fax roto.

3171	**publicity**	**la publicidad**
	ss	We don't want any bad publicity.
	[pəˈblɪsəti]	-No queremos publicidad negativa.

3172	**sequence**	**la secuencia| el orden**
	ss	But sometimes you take a sequence...
	[ˈsikwəns]	-Pero, a veces, tomas una secuencia...

3173	**helpless**	**indefenso| impotente**
	adj	Without women, the beginning of our life would be helpless; the middle,
	[ˈhɛlpləs]	devoid of pleasure; and the end, of consolation.
		-Sin las mujeres, el comienzo de nuestra vida estaría privado de auxilio, el medio de placeres, y el fin de consolación.

3174	**resource**	**el recurso**
	ss	I use the Internet as a resource for my research.
	[ˈrisɔrs]	-Uso internet como fuente para mi investigación.

3175	**sixty**	**sesenta; las sesenta**
	adj; ss	Add sixty grams of grated cheese.
	[ˈsɪksti]	-Añada sesenta gramos de queso rallado.

3176	**melody**	**la melodía**
	ss	I tried to learn the melody by heart.
	[ˈmɛlədi]	-Intenté aprender la melodía de memoria.

3177	**pillow**	**la almohada; apoyar sobre la almohada**
	ss; vb	Jim covered his head with his pillow.
	[ˈpɪloʊ]	-Jim se cubrió la cabeza con la almohada.

3178	**expose**	**exponer| desenmascarar**
	vb	He had the courage to expose the scandal.
	[ɪkˈspoʊz]	-Él tuvo el valor de exponer el escándalo.

3179	**outer**	**exterior| extremo**
	adj	The vulva is the outer part of the vagina.
	[ˈaʊtər]	-La vulva es la parte externa de la vagina.

3180	**stream**	**la corriente| el torrente; fluir**
	ss; vb	If this organization is left as it is, it will soon go bankrupt; its recovery is as difficult as swapping horses while crossing a stream.
	[strim]	-Si se deja esta organización como está, pronto estará en bancarrota; su recuperación es tan difícil como intercambiarse los caballos mientras se cruza un arroyo.

3181	**bald**	**calvo**
	adj	I will be bald soon.
	[bɔld]	-Estaré calvo pronto.

3182	**beware**	**tener cuidado**
	vb	Beware! There's a car coming!
	[bɪˈwɛr]	-¡Cuidado! ¡Viene un carro!

3183	**quote**	**citar; la cita**
	vb; ss	It's a quote from a book.
	[kwoʊt]	-Es una cita de un libro.

3184	**bearing** ss; adj [ˈbɛrɪŋ]	**el cojinete| el soporte; que produce** It has some bearing on this problem. -Tiene cierta relación con este problema.
3185	**facility** ss [fəˈsɪlɪti]	**la facilidad** Great music is that which penetrates the ear with facility and leaves the memory with difficulty. Magical music never leaves the memory. -La buena música es la que penetra en el oído con facilidad y deja el recuerdo con dificultad. Música mágica nunca sale de la memoria.
3186	**misunderstanding** ss [ˌmɪsəndərˈstændɪŋ]	**el malentendido| el error** I think it was a misunderstanding. -Creo que fue un malentendido.
3187	**overnight** adv [ˈoʊvərˈnaɪt]	**durante la noche** The stocks fell in value overnight. -Las acciones perdieron valor de la noche a la mañana.
3188	**era** ss [ˈɛrə]	**la era| el siglo** She likes composers of the classical era, such as Mozart or Beethoven. -A ella le gustan los compositores de la era clásica como Mozart o Beethoven.
3189	**tub** ss; vb [tʌb]	**la tina| la bañera; tomar un baño** Anita washes the tub. -Anita lava la tina.
3190	**establish** vb [ɪˈstæblɪʃ]	**establecer| crear** You can't establish a company without people. -No puedes fundar una compañía sin gente.
3191	**sector** ss [ˈsɛktər]	**el sector** The health sector is one of the biggest problems for the country. -El sector de la salud es uno de los más problemáticos del país.
3192	**straighten** vb [ˈstreɪtən]	**enderezar| enderezarse** Straighten up. -Ponte bien.
3193	**p.m.** abr [piˈɛm.]	**p.m.** He said that the last bus leaves at 10:50 p.m. -Él dijo que el último autobús sale a las 10:50 p.m.
3194	**chess** ss [tʃɛs]	**el ajedrez** He won the first prize at the chess tournament. -Él ganó el primer premio en el torneo de ajedrez.
3195	**dentist** ss [ˈdɛntəst]	**dentista** Mr. Jones made Ana go to the dentist. -El Sr. Jones hizo ir a Ana al dentista.
3196	**attract** vb [əˈtrækt]	**atraer** If I was left alone on the elevator at four in the morning, I'd shout to attract the neighbors' attention. -Si me quedara solo en el ascensor a las cuatro de la madrugada, gritaría para atraer la atención de los vecinos.
3197	**seventh** adj; ss [ˈsɛvənθ]	**séptimo; el séptimo** India is the seventh largest country in the world. -India es el séptimo país más grande del mundo.

3198	**nanny**	**la niñera**
	ss	I will have the nanny bring him down.
	['næni]	-Haré que la nana lo traiga.
3199	**envelope**	**el sobre**
	ss	Place this questionnaire in postage paid envelope.
	['ɛnvəˌloʊp]	-Coloca este cuestionario en el sobre de franqueo pagado.
3200	**dummy**	**el maniquí; falso**
	ss; adj	I'm no dummy.
	['dʌmi]	-No soy un idiota.
3201	**belief**	**la creencia| la fe**
	ss	Be not afraid of life. Believe that life is worth living, and your belief will help create the fact.
	[bɪ'lif]	-No tengas miedo de la vida. Cree que la vida merece ser vivida, y tu creencia ayudará a crear el hecho.
3202	**wizard**	**el mago**
	ss	Are you a wizard?
	['wɪzərd]	-¿Eres mago?
3203	**lance**	**la lanza; lancear**
	ss; vb	Alban has chosen lance and axe.
	[læns]	-Alban ha escogido la lanza y un hacha.
3204	**element**	**el elemento| la parte**
	ss	There is one very noteworthy element in this stage.
	['ɛləmənt]	-Hay un elemento muy notable en esta etapa.
3205	**psychiatrist**	**psiquiatra**
	ss	She phoned the psychiatrist.
	[sə'kaɪətrəst]	-Ella llamó al psiquiatra.
3206	**bench**	**el banco; exhibir**
	ss; vb	Someone has left a bag on the bench.
	[bɛntʃ]	-Alguien se ha dejado una bolsa en el banco.
3207	**ceiling**	**el techo**
	ss	The lamp hung from the ceiling.
	['silɪŋ]	-La lámpara colgaba del techo.
3208	**warehouse**	**el almacén| la bodega**
	ss	There's a lot of dangerous stuff in this warehouse.
	['wɛrˌhaʊs]	-Hay muchas cosas peligrosas en esta bodega.
3209	**dial**	**marcar; la esfera**
	vb; ss	In case of an emergency, dial 110.
	['daɪəl]	-En caso de emergencia, marque 110.
3210	**practicing**	**la práctica| el ejercicio; practicante**
	ss; adj	Ideal for practicing surfing and windsurfing.
	['præktəsɪŋ]	-Ideal para la práctica del surf y del windsurf.
3211	**publish**	**publicar**
	vb	Or are there photographs so obscene that you can't publish them?
	['pʌblɪʃ]	-¿O hay fotografías tan obscenas que no se pueden publicar?
3212	**improve**	**mejorar| aumentar**
	vb	I'd like to study in China to improve the level of my Chinese.
	[ɪm'pruv]	-Me gustaría ir a China a estudiar para mejorar mi nivel de chino.

3213	**magical**	**mágico**
	adj	Kissing her was a magical, unforgettable moment.
	[ˈmædʒɪkəl]	-Besarla fue un momento mágico e inolvidable.

3214	**monitor**	**el monitor; controlar**
	ss; vb	It's hard for me, reading letters on the monitor.
	[ˈmɑnətər]	-Me cuesta leer las letras en el monitor.

3215	**mill**	**el molino; moler**
	ss; vb	Mame uses a coffee mill to grind coffee beans.
	[mɪl]	-Mamá usa un molinillo de café para moler los granos de café.

3216	**creepy**	**horripilante**
	adj	This is very creepy.
	[ˈkripi]	-Esto es muy escalofriante.

3217	**unexpected**	**inesperado**
	adj	I will be able to see you tomorrow unless something unexpected turns up.
	[ˌʌnɪkˈspɛktɪd]	-Si no ocurre nada imprevisto, mañana podré verte.

3218	**acid**	**ácido| mordaz; el ácido**
	adj; ss	The decay of the shrine is due, in part, to acid rain.
	[ˈæsəd]	-El deterioro del templo se debe en parte a la lluvia ácida.

3219	**lung**	**el pulmón**
	ss	He broke two ribs and punctured his lung.
	[lʌŋ]	-Él se rompió dos costillas y se perforó el pulmón.

3220	**lunatic**	**lunático; demente**
	adj; ss	He acted like a lunatic.
	[ˈlunəˌtɪk]	-Él actuó como un lunático.

3221	**conflict**	**el conflicto; estar en conflicto**
	ss; vb	It is impossible to resolve the conflict.
	[ˈkɑnflɪkt]	-No es posible resolver el conflicto.

3222	**genuine**	**genuino| sincero**
	adj	He's a genuine aristocrat.
	[ˈdʒɛnjəwən]	-Él es un auténtico aristócrata.

3223	**jewelry**	**la joyería**
	ss	The woman wants jewelry.
	[ˈdʒuəlri]	-La mujer quiere joyas.

3224	**cooperate**	**cooperar**
	vb	Similarly, countries often choose not to cooperate.
	[koʊˈɑpəˌreɪt]	-De la misma manera, los países suelen optar por no cooperar.

3225	**conclusion**	**la conclusión**
	ss	Logic is a systematic method of coming to the wrong conclusion with confidence.
	[kənˈkluʒən]	-La lógica es un método sistemático de llegar a la conclusión incorrecta con seguridad.

3226	**instrument**	**el instrumento; instrumentar**
	ss; vb	Is the citar a hard instrument to learn?
	[ˈɪnstrəmənt]	-¿Es la cítara un instrumento difícil de aprender?

3227	**chorus**	**el coro; cantar de coro**
	ss; vb	We sang songs in chorus.
	[ˈkɔrəs]	-Cantamos canciones en coro.

3228	**author**	**el autor**
	ss	The author, in his work, must be like God in the Universe, present everywhere and visible nowhere.
	[ˈɔθər]	-El autor, en su obra, debe ser como Dios en el universo, presente en todas partes y en ninguna parte visible.
3229	**visual**	**visual**
	adj	I don't know what is that "visual memory" about.
	[ˈvɪʒəwəl]	-No sé de qué se trata esa "memoria visual".
3230	**adore**	**adorar**
	vb	We adore picnics.
	[əˈdɔr]	-Nos encantan los picnics.
3231	**arrow**	**la flecha**
	ss	There are three things that won't come back in life: the shot arrow, the pronounced word, and the missed chance.
	[ˈæroʊ]	-En la vida hay tres cosas que nunca regresan: la flecha lanzada, la palabra pronunciada y la oportunidad perdida.
3232	**skipper**	**capitán; capitanear**
	ss; vb	That's inside Cuban territorial waters, skipper.
	[ˈskɪpər]	-Está dentro de aguas territoriales cubanas, capitán.
3233	**helmet**	**el casco**
	ss	You're playing with fire if you insist on riding your motorcycle without a helmet on.
	[ˈhɛlmət]	-Estás jugando con fuego si seguís andando en moto sin casco.
3234	**random**	**el azar; aleatorio**
	ss; adj	This is a random sentence.
	[ˈrændəm]	-Esta es una frase aleatoria.
3235	**expense**	**los gastos| el coste**
	ss	Sex: the pleasure is momentary, the position ridiculous, and the expense damnable.
	[ɪkˈspɛns]	-Sexo: el placer es momentáneo, la postura ridícula, y el costo detestable.
3236	**administration**	**la administración**
	ss	The administration makes important decisions.
	[ædˌmɪnɪˈstreɪʃən]	-La administración toma importantes decisiones.
3237	**deer**	**el ciervo**
	ss	The hunter shot at a deer.
	[dɪr]	-El cazador le disparó a un ciervo.
3238	**dedicated**	**dedicado**
	adj	Hardware RAID is not managed directly by the operating system but by a dedicated card, called a RAID controller.
	[ˈdɛdəkeɪtəd]	-Un hardware RAID no es administrado directamente por el sistema operativo sino por una tarjeta especializada, llamada controlador RAID.
3239	**entitle**	**dar derecho| titular**
	vb	Capital gains on a principal residence may also entitle an exemption from personal income tax for some homeowners.
	[ɛnˈtaɪtəl]	-La plusvalía de una residencia principal también pueden dar derecho a que algunos propietarios gocen de una exención del impuesto sobre la renta de las personas físicas.
3240	**regard**	**considerar| mirar; el respecto**

	vb; ss	The students hold their teacher in high regard.
	[rəˈgɑrd]	-Los estudiantes tienen a su maestro en gran estima.
3241	**tribe**	**la tribu**
	ss	The Zulu tribe in South Africa has its own language.
	[traɪb]	-La tribu Zulu de Sudáfrica tiene su propia lengua.
3242	**fortunate**	**afortunado**
	adj	I was fortunate to make his acquaintance.
	[ˈfɔrtʃənət]	-Tuve la fortuna de conocerlo.
3243	**respected**	**respetado**
	adj	He is respected by his friends.
	[rɪˈspɛktɪd]	-Él es respetado por sus amigos.
3244	**blond**	**rubio; el rubio**
	adj; ss	We are blond.
	[blɑnd]	-Somos rubias.
3245	**broadcast**	**la emisión; transmitir**
	ss; vb	That program will be broadcast throughout America.
	[ˈbrɔdˌkæst]	-Esa emisión será difundida a toda América.
3246	**tide**	**la marea; arrastrar con la marea**
	ss; vb	The tide rises approximately every six hours.
	[taɪd]	-Aproximadamente cada seis horas sube la marea.
3247	**butterfly**	**la mariposa**
	ss	Oh, there's a butterfly!
	[ˈbʌtərˌflaɪ]	-¡Ah, allí hay una mariposa!
3248	**gig**	**el concierto| el calesín**
	ss	I got the computer store gig.
	[gɪg]	-Tengo el concierto en la tienda de informática.
3249	**assign**	**asignar| ceder; el cesionario**
	vb; ss	Pop-Pop's purview to simply assign ownership.
	[əˈsaɪn]	-La competencia de Pop-Pop para simplemente asignar la propiedad.
3250	**bold**	**audaz| intrépido**
	adj	Be bold!
	[boʊld]	-¡Sé intrépido!
3251	**oblige**	**obligar**
	vb	I do not oblige you to an excess payment.
	[əˈblaɪdʒ]	-No te obligo a un pago excesivo.
3252	**seed**	**la semilla| la simiente; sembrar**
	ss; vb	What is the Kingdom of God like? To what shall I compare it? It is like a grain of mustard seed, which a man took, and put in his own garden. It grew, and became a large tree, and the birds of the sky lodged in its branches.
	[sid]	-¿A qué es semejante el reino de Dios, y con qué lo compararé? Es semejante al grano de mostaza, que un hombre tomó y sembró en su huerto; y creció, y se hizo árbol grande, y las aves del cielo anidaron en sus ramas.
3253	**severe**	**grave| severo**
	adj	Ana suffered from severe postnatal depression after the birth of her first child.
	[səˈvɪr]	-Ana sufrió una severa depresión posparto después del nacimiento de su primer hijo.

3254	**nap**	**la siesta	el flojel; dormir la siesta**
	ss; vb	I may give up soon and just take a nap.
	[næp]	-Puede que me rinda pronto y simplemente me eche una siesta.
3255	**hatch**	**la escotilla	el portón; tramar**
	ss; vb	Close the hatch.
	[hætʃ]	-Cierra la escotilla.
3256	**alternative**	**la alternativa; alternativo**
	ss; adj	I have no alternative.
	[ɔlˈtɜrnətɪv]	-No tengo alternativa.
3257	**prosecutor**	**el fiscal	el acusador**
	ss	The prosecutor could defer indictment and request mediation.
	[ˈprɑsɪˌkjutər]	-El fiscal tiene la posibilidad de aplazar la acusación y de solicitar soluciones de mediación.
3258	**panties**	**las bragas**
	ss	The girl was wearing pink panties.
	[ˈpæntiz]	-La chica usaba bragas rosas.
3259	**amusing**	**divertido	entretenido**
	adj	He knows many amusing magic tricks.
	[əmˈjuzɪŋ]	-Él se sabe muchos trucos de magia divertidos.
3260	**sailing**	**la navegación	la vela**
	ss	I saw a white cloud sailing across the sky.
	[ˈseɪlɪŋ]	-Vi una nube blanca flotar a través del cielo.
3261	**gossip**	**los chismes	el chismorreo; chismear**
	ss; vb	My neighbor on the second floor told me some juicy gossip you're not going
	[ˈɡɑsəp]	to believe it!
		-La vecina del segundo me acaba de contar un chisme... ¡Menudo bombazo!
3262	**cruise**	**el crucero; navegar**
	ss; vb	Have you ever been on a cruise ship?
	[kruz]	-¿Alguna vez has estado en un crucero?
3263	**triple**	**triple; el triple; triplicar**
	adj; ss; vb	Access agreements present a triple threat to local communities.
	[ˈtrɪpəl]	-Los acuerdos de acceso a las zonas pesqueras representan una triple amenaza para las comunidades locales.
3264	**hawk**	**el halcón; pregonar**
	ss; vb	I felt naked in a strange world. I felt as perhaps a bird may feel in the clear
	[hɔk]	air, knowing the hawk wings above and will swoop.
		-Me sentía desnuda en un mundo extraño. Sentí como tal vez un pájaro puede sentir en el aire despejado, conociendo las alas del halcón por encima y que se lanzará.
3265	**elect**	**el electo	el elegido; elegir**
	ss; vb	They elect their representatives in a voting booth.
	[ɪˈlɛkt]	-Ellos eligen a sus representantes en una cabina de votación.
3266	**hockey**	**el hockey**
	ss	Those headaches weren't from hockey.
	[ˈhɑki]	-Los dolores de cabeza no eran del hockey.
3267	**shepherd**	**el pastor; cuidar de**
	ss; vb	I was not made for the life of a shepherd.
	[ˈʃɛpərd]	-No nací para la vida de un pastor.

3268	**vanish**	**desaparecer**
	vb	Always wondering what'll vanish next.
	[ˈvænɪʃ]	-Siempre pienso en qué será lo próximo en desaparecer.

3269	**technical**	**técnico**
	adj	She advises me on technical matters.
	[ˈtɛknɪkəl]	-Ella me asesora en asuntos técnicos.

3270	**clothing**	**la ropa| los vestidos**
	ss	I made this clothing myself.
	[ˈkloʊðɪŋ]	-Yo misma hice esta prenda.

3271	**poverty**	**la pobreza| la escasez**
	ss	It is said that the silversmiths of that town ate silver due to extreme poverty.
	[ˈpɑvərti]	-Se dice que los plateros de aquel barrio comían plata debido a la pobreza extrema.

3272	**registered**	**registrado| matriculado**
	adj	The thermometer registered minus ten last night.
	[ˈrɛʤɪstərd]	-El termómetro registró menos diez la noche pasada.

3273	**sympathy**	**la simpatía**
	ss	Jim felt sympathy for Ana.
	[ˈsɪmpəθi]	-Jim sintió simpatía hacia Ana.

3274	**overcome**	**superar| salvar**
	vb	He helped me to overcome the difficulties.
	[ˈoʊvərˌkʌm]	-Él me ayudó a superar las dificultades.

3275	**institute**	**el instituto; instituir**
	ss; vb	The education in that institute is simply pathetic.
	[ˈɪnstəˌtut]	-La educación en ese instituto es simplemente patética.

3276	**lame**	**cojo; lisiar**
	adj; vb	He had gone barely half a mile when he met a lame Fox and a blind Cat, walking together like two good friends. The lame Fox leaned on the Cat, and the blind Cat let the Fox lead him along.
	[leɪm]	-Se había alejado apenas media milla, cuando se encontró con un zorro cojo y un gato ciego, caminando juntos como dos buenos amigos. El zorro cojo se apoyaba en el gato y el gato ciego dejaba que el zorro le guiase hacia delante.

3277	**guardian**	**el guardián| el tutor**
	ss	Forever in darkness... a guardian devil.
	[ˈgɑrdiən]	-Por siempre, en la oscuridad... un demonio guardián.

3278	**maniac**	**maníaco; el maníaco**
	adj; ss	There's a homicidal maniac on the loose!
	[ˈmeɪniˌæk]	-¡Hay un maniático homicida suelto!

3279	**brat**	**mocoso**
	ss	She named that brat after me...
	[bræt]	-Ella llamó a ese mocoso como a mí...

3280	**greedy**	**codicioso**
	adj	Jim shouldn't be so greedy.
	[ˈgridi]	-Jim no debería ser tan codicioso.

3281	**bacon**	**el tocino**

	ss	Sausage and some good crisp bacon.
	[ˈbeɪkən]	-Huevos... salchicha... y un poco de tocino crujiente.
3282	**galaxy**	**la galaxia**
	ss	Someday I'll travel all around the galaxy, in a giant bucket.
	[ˈgæləksi]	-Algún día recorreré toda la galaxia, en un balde gigante.
3283	**depth**	**la profundidad**
	ss	That shows the depth of his love for his family.
	[dɛpθ]	-Eso demuestra la profundidad de su amor por su familia.
3284	**tournament**	**el torneo**
	ss	The foreigners are having a tennis tournament. Do you want to go?
	[ˈtʊrnəmənt]	-Los extranjeros están participando en un torneo de tenis, ¿quieres ir?
3285	**sensible**	**sensato**
	adj	That's very sensible.
	[ˈsɛnsəbəl]	-Eso es muy razonable.
3286	**bicycle**	**la bicicleta; ir en bicicleta**
	ss; vb	I had my bicycle fixed by my brother.
	[ˈbaɪsɪkəl]	-Mi hermano me reparó la bicicleta.
3287	**mid**	**medio**
	adj	The mid-term exams are just around the corner.
	[mɪd]	-Las pruebas de mediado de año están a la vuelta de la esquina.
3288	**despair**	**la desesperación; desesperar**
	ss; vb	Do not despair, all is not yet lost.
	[dɪˈspɛr]	-No desesperes, todavía no está todo perdido.
3289	**trailer**	**el tráiler| el avance**
	ss	In this parking place, the trailer would bump into the roof.
	[ˈtreɪlər]	-En este aparcamiento la caravana pegará en el techo.
3290	**ape**	**el mono| el simio; imitar a**
	ss; vb	A slumlord ape set on murder.
	[eɪp]	-Un simio propietario de una casa a punto de matar a alguien.
3291	**fortunately**	**afortunadamente**
	adv	Fortunately he didn't die in the accident.
	[ˈfɔrtʃənətli]	-Afortunadamente él no murió en el accidente.
3292	**educate**	**educar| instruir**
	vb	You must educate your tongue to distinguish good coffee from bad.
	[ˈɛdʒəˌkeɪt]	-Debes educar a tu lengua a distinguir el buen café del malo.
3293	**pencil**	**el lápiz; escribir con lápiz**
	ss; vb	Sue picked up a pencil off the floor.
	[ˈpɛnsəl]	-Sue recogió un lápiz del suelo.
3294	**residence**	**la residencia| la permanencia**
	ss	Let us know if you change your residence.
	[ˈrɛzɪdəns]	-Avise usted si cambia de domicilio.
3295	**fingerprint**	**la huella dactilar**
	ss	Jim's fingerprint was evidence that he was there.
	[ˈfɪŋgərˌprɪnt]	-La huella digital de Jim era evidencia de que él estaba ahí.
3296	**flood**	**inundar; la inundación**
	vb; ss	The people were evacuated because of the flood.
	[flʌd]	-La gente fue evacuada a causa de la inundación.

3297 jolly — **alegre| terrible; muy; engatusar**
adj; adv; vb — Well, Santa is usually considered more jolly, but...
['ʤɑli] — -Bueno, Papá Noel normalmente es más alegre, pero...

3298 cargo — **la carga**
ss — It's a cargo ship.
['kɑrˌgoʊ] — -Es un barco de carga.

3299 beam — **el haz| la viga; emitir**
ss; vb — A beam of sunlight came through the clouds.
[bim] — -Un rayo de sol atravesó las nubes.

3300 banana — **el plátano**
ss — Have you ever slipped on a banana peel?
[bəˈnænə] — -¿Alguna vez te has resbalado en una cáscara de plátano?

3301 vault — **la bóveda; saltar**
ss; vb — We lose transmission in the vault.
[vɔlt] — -Está bien, se pierde la transmisión en la bóveda.

3302 illusion — **el espejismo**
ss — Difference between the past, present, and future is nothing but an
[ɪˈluʒən] — extremely widespread illusion.
-La diferencia entre el pasado, el presente y el futuro no es otra cosa que una ilusión extremadamente difundida.

3303 cheek — **la mejilla| el carrillo**
ss — A tear rolled down her cheek.
[ʧik] — -Una lágrima rodaba en su mejilla.

3304 portrait — **el retrato**
ss — The portrait does bea an uncanny resemblance to David.
['pɔrtrət] — -El retrato tiene en sí mismo una escalofriante similitud con David.

3305 crowded — **lleno de gente**
adj — It's completely crowded in there.
['kraʊdəd] — -Está repleto de gente allá adentro.

3306 technically — **técnicamente**
adv — Some of these provisions are technically impossible.
['tɛknɪkəli] — -Algunas de estas disposiciones son técnicamente imposibles de aplicar.

3307 regiment — **el regimiento; reglamentar**
ss; vb — Robert Sherrod is with the 6th Marine regiment.
['rɛʤəmənt] — -Robert Sherrod está con el 6to. Regimiento de Marines.

3308 association — **la asociación**
ss — The former president of a certain association has been arrested on suspicion
[əˌsoʊsiˈeɪʃən] — of breach of trust.
-El antiguo presidente de una cierta asociación ha sido arrestado bajo la sospecha de abuso de confianza.

3309 accompany — **acompañar**
vb — Did you accompany Peter to Munich?
[əˈkʌmpəni] — -¿Acompañaste a Peter hasta Múnich?

3310 turtle — **la tortuga**
ss — We found a turtle in the garden.
['tɜrtəl] — -Nosotros encontramos una tortuga en el jardín.

3311 ginger — **el jengibre; rojo**

	ss; adj	I even replicated some ginger for seasoning.
	[ˈʤɪnʤər]	-Incluso he replicado un poco de jengibre para condimentarlo.
3312	**rely**	**confiar**
	vb	However, we can always rely on its cowardice and craven surrender to the EU.
	[rɪˈlaɪ]	-Pero siempre podemos confiar en su cobardía y su rendición a los pies de la UE.
3313	**fag**	**el maricón**
	ss	This is fag and New Yorker.
	[fæg]	-Yo soy un marica y él un neoyorquino.
3314	**shotgun**	**la escopeta**
	ss	He got in with a shotgun in his hands.
	[ˈʃɑtˌgʌn]	-Él se subió con una escopeta en las manos.
3315	**display**	**mostrar| exhibir; la visualización**
	vb; ss	You need to filter the output of this command in order to display only the lines with "foo" inside.
	[dɪˈspleɪ]	-Necesitas filtrar la salida de este comando para mostrar sólo las líneas que contienen "foo".
3316	**coma**	**el coma**
	ss	Alex' mother lapsed into a coma not long before the fall of the Berlin Wall.
	[ˈkoʊmə]	-La madre de Alex cayó en coma no mucho antes de la caída del Muro de Berlín.
3317	**corps**	**el cuerpo**
	ss	Our town does not have a corps of firemen.
	[kɔr]	-Nuestra ciudad no tiene cuerpo de bomberos.
3318	**bloom**	**florecer; la floración**
	vb; ss	Different flowers bloom in each season.
	[blum]	-Distintas flores florecen en cada temporada.
3319	**infected**	**infectado**
	adj	The wound became infected.
	[ɪnˈfɛktəd]	-La herida se infectó.
3320	**narrow**	**reducir; estrecho; el estrecho**
	vb; adj; ss	Only a male intellect clouded by the sexual drive could call the stunted, narrow-shouldered, broad-hipped and short-legged sex the fair sex.
	[ˈnɛroʊ]	-Sólo un intelecto masculino nublado por el impulso sexual podría llamar al sexo atrofiado, de hombros estrechos, caderas anchas, y cortas piernas, el sexo débil.
3321	**serial**	**de serie; el serial**
	adj; ss	Jim had no idea that Ana was a serial killer.
	[ˈsɪˌriəl]	-Jim no tenía ni idea de que Ana fuera una asesina en serie.
3322	**heir**	**heredero; el heredero**
	adj; ss	Queen Elizabeth did not have any direct heir.
	[ɛr]	-La reina Isabel no tuvo ningún heredero directo.
3323	**fart**	**el pedo; tirarse un pedo**
	ss; vb	He says he doesn't eat beans because it makes him fart.
	[fɑrt]	-Dice que no come frijoles porque le da pedorrera.
3324	**hooker**	**la puta| la prostituta**

	ss	The hooker recognized you and Silien.
	[ˈhʊkər]	-La puta os reconoció a ti y a Silien.
3325	**gratitude**	**la gratitud**
	ss	I don't know how to express my gratitude.
	[ˈɡrætəˌtud]	-No sé cómo expresar mi gratitud.
3326	**volunteer**	**el voluntario; ofrecerse**
	ss; vb	I was hoping you'd volunteer.
	[ˌvɑlənˈtɪr]	-Esperaba que te ofrecieras voluntario.
3327	**greet**	**saludar**
	vb	People, old and young, all came out to greet the guests.
	[grit]	-Toda la gente, mayor y joven, salió a dar la bienvenida a los visitantes.
3328	**revolutionary**	**revolucionario; el revolucionario**
	adj; ss	The government was overthrown in a revolutionary coup.
	[ˌrɛvəˈluʃəˌnɛri]	-El gobierno fue derrocado en un golpe de estado revolucionario.
3329	**radiation**	**la radiación**
	ss	Exposition to radiation gives susceptibility to suffer mutations.
	[ˌreɪdiˈeɪʃən]	-La exposición a la radiación da propensión a sufrir mutaciones.
3330	**howl**	**el aullido| el alarido; aullar**
	ss; vb	This is going to be a night to howl.
	[haʊl]	-Esta será una noche para aullar.
3331	**gamble**	**jugar| arriesgarse; el riesgo**
	vb; ss	Is it true that you gamble?
	[ˈɡæmbəl]	-¿Es verdad que apuestas?
3332	**organ**	**el órgano**
	ss	When I got my driver's license renewed, I had to decide if I wanted to be an organ donor.
	[ˈɔrɡən]	-Cuando renové mi licencia de conductor tuve que decidir si quería ser donante de órganos.
3333	**gallery**	**la galería**
	ss	We walked through a long gallery.
	[ˈɡæləri]	-Caminamos a través de una larga galería.
3334	**react**	**reaccionar**
	vb	How did he react to the bad news?
	[riˈækt]	-¿Cómo reaccionó a la mala noticia?
3335	**endless**	**interminable**
	adj	Exploration will continue all evening thanks to the endless daylight.
	[ˈɛndləs]	-La exploración continuará durante todo el atardecer, gracias a la interminable luz del día.
3336	**smashed**	**colocado**
	adj	Somewhere in the night a window smashed.
	[smæʃt]	-En alguna parte de la noche se ha roto una ventana.
3337	**relieve**	**aliviar| relevar**
	vb	Many consider that euthanasia is a way to relieve a patient's sufferings.
	[rɪˈliv]	-Muchos consideran que la eutanasia es una forma de aliviar el dolor del paciente.
3338	**naive**	**ingenuo| cándido**

	adj	He was naive.
	[ˌnaɪˈiv]	-Él era ingenuo.
3339	**civilian**	**civil; el civil**
	adj; ss	A relationsipp between king and civilian.
	[səˈvɪljən]	-Una relación entre un rey y un civil.
3340	**income**	**los ingresos; de rentas**
	ss; adj	Jim has no income.
	[ˈɪnˌkʌm]	-Jim no tiene ingresos.
3341	**heroin**	**la heroína**
	ss	He is a heroin addict.
	[ˈhɛroʊən]	-Él es adicto a la heroína.
3342	**custom**	**la costumbre| la usanza**
	ss	I like this custom.
	[ˈkʌstəm]	-Me gusta esta costumbre.
3343	**gathering**	**la reunión| el acopio**
	ss	The rain compelled us to put off the gathering.
	[ˈgæðərɪŋ]	-La lluvia nos obligó a posponer la reunión.
3344	**honorable**	**honorable**
	adj	I would prefer an honorable death.
	[ˈɑnərəbəl]	-Preferiría una muerte honorable.
3345	**pirate**	**pirata; piratear**
	ss; vb	After torturing a fortune-teller by tickling him to death for several hours, Christopher Columbus placed the noob toy in a treasure chest with the inscription: "To the great pirate of the future Al-Sayib: Noobs always deserve it."
	[ˈpaɪrət]	-Después de torturar a un adivino haciéndole cosquillas una y otra vez durante horas, Cristóbal Colón puso el muñeco del novato en un cofre con la inscripción "al gran pirata del futuro Al-Sayib: los novatos siempre se lo merecen".
3346	**certificate**	**el certificado; dar un certificado**
	ss; vb	Do you need a doctor's certificate?
	[sərˈtɪfɪkət]	-¿Necesita usted un certificado médico?
3347	**tremendous**	**tremendo| formidable**
	adj	Vice-President Kinnock has tremendous enthusiasm for everything he does.
	[trəˈmɛndəs]	-El Vicepresidente Kinnock pone un entusiasmo tremendo en todo lo que hace.
3348	**bass**	**bajo; el bajo**
	adj; ss	She likes that bass.
	[beɪs]	-A ella le gusta ese bajo.
3349	**bandit**	**el bandido**
	ss	When the bandit finished with me...
	[ˈbændət]	-Cuando el bandido... se apartó de mí.
3350	**strict**	**estricto| terminante**
	adj	My father is very strict with me.
	[strɪkt]	-Mi padre es muy estricto conmigo.
3351	**slice**	**la rebanada| la rodaja; cortar**
	ss; vb	You want another slice of cake?
	[slaɪs]	-¿Quieres otro trozo de torta?

3352	**pervert**	**el pervertido; pervertir**
	ss; vb	Tell everybody the pervert is back.
	['pɜrvɜrt]	-Dile a todos que el pervertido ha vuelto.
3353	**smack**	**el golpe; oler**
	ss; vb	Kansas is smack dab in the middle of the US.
	[smæk]	-Kansas está justo en el centro de los E.U.
3354	**harsh**	**duro| áspero**
	adj	Perhaps I was too harsh on her.
	[hɑrʃ]	-Quizás fui demasiado severo con ella.
3355	**motorcycle**	**la motocicleta**
	ss	That motorcycle isn't expensive.
	['moʊtərˌsaɪkəl]	-Aquella moto no es cara.
3356	**roast**	**asado; el asado; asar**
	adj; ss; vb	A tender roast of pork with applesauce.
	[roʊst]	-Un tierno asado de cerdo con salsa de manzanas.
3357	**nearest**	**más cercano**
	adj	Contact your nearest European documentation centre for:
	['nɪrəst]	-Diríjase al centro de documentación europea más cercano para:
3358	**Switzerland**	**la Suiza**
	ss	Switzerland is located between France, Italy, Austria and Germany.
	['swɪtsərlənd]	-Suiza queda entre Francia, Italia, Austria y Alemania.
3359	**invasion**	**la invasión**
	ss	This book deals with the invasion of the Romans.
	[ɪn'veɪʒən]	-Este libro trata de la invasión de los Romanos.
3360	**slim**	**delgado| escaso; adelgazar**
	adj; vb	My uncle is slim, but my aunt is fat.
	[slɪm]	-Mi tío está delgado, pero mi tía está gorda.
3361	**confusion**	**la confusión**
	ss	Speaking the same language in between several cultures sometimes is a source of more confusion than to speak different languages, since we are less aware of the different meanings that the same words can entail.
	[kən'fjuʒən]	-Hablar el mismo idioma entre varias culturas es a veces una causa de más confusión que hablar idiomas diferentes, ya que estamos menos conscientes de los diferentes significados que pueden acarrear las mismas palabras.
3362	**lobby**	**el vestíbulo; presionar**
	ss; vb	I'll meet you in the lobby at three.
	['lɑbi]	-Te veo en el vestíbulo a las tres.
3363	**sickness**	**la enfermedad**
	ss	The doctor said that this sickness is irremediable.
	['sɪknəs]	-El doctor dijo que esta enfermedad es incurable.
3364	**platform**	**la plataforma**
	ss	At eleven thirty from platform number one.
	['plætˌfɔrm]	-A las once y media del andén número uno.
3365	**economic**	**económico**
	adj	Which is more important, economic development or environmental protection?
	[ˌɛkə'nɑmɪk]	

-¿Qué es más importante, desarrollo económico o protección medio ambiental?

3366	**exception**	**la excepción**
	ss	This is an exception to the rule.
	[ɪkˈsɛpʃən]	-Esta es una excepción a la regla.

3367 ignorant — ignorante
adj
[ˈɪgnərənt]

However, it's unlikely to expect that a government proposes to spread values that threaten its own interests, because it's better for them to keep society ignorant in order to manipulate them with ease.
-Sin embargo es inverosímil esperar que un gobierno proponga incentivar valores que atenten contra sus intereses, pues a ellos les conviene más mantener a la sociedad ignorante para poderla manipular con facilidad.

3368 formula — la fórmula
ss
[ˈfɔrmjələ]
There's really no formula for perfection.
-Esa realmente no es la fórmula para la perfección.

3369 liquid — líquido; el líquido
adj; ss
[ˈlɪkwəd]
The liquid flow submits the container to what we call tangential stress.
-El flujo de líquido somete al recipiente a lo que llamamos tensión tangencial.

3370 solo — el solo
ss
[ˈsoʊˌloʊ]
Charles Lindbergh made the first solo flight across the Atlantic Ocean in 1927.
-Charles Lindbergh realizó la primera travesía aérea en solitario del océano Atlántico en 1927.

3371 bounce — rebotar; el bote
vb; ss
[baʊns]
Solar radiation management would bounce a little sunlight back into space.
-El manejo de la radiación solar haría rebotar un poco de luz solar que volvería al espacio.

3372 bonus — la prima
ss
[ˈboʊnəs]
Europa Casino offers blackjack players like a welcome bonus.
-Europa Casino ofrece a los jugadores de blackjack como un bono de bienvenida.

3373 length — la longitud| la duración
ss
[lɛŋkθ]
What is the length of this piece of cloth?
-¿Cuál es el largo de ese trozo de tela?

3374 physics — la física
ss
[ˈfɪzɪks]
As usual, the physics teacher was late for class.
-Como de costumbre, el profesor de física llegó tarde a clase.

3375 paranoid — paranoico; el paranoico
adj; ss
[ˈpɛrəˌnɔɪd]
Don't get paranoid.
-No te vuelvas paranoico.

3376 bent — doblado; la facilidad
adj; ss
[bɛnt]
Jim dropped his pen and bent to pick it up.
-Jim botó su bolígrafo y se agachó a recogerlo.

3377 sweater — el suéter| la chompa
ss
[ˈswɛtər]
She knit him a sweater for his birthday.
-Ella le tejió un suéter por su compleaños.

3378 designer — el diseñador

	ss	Who's your favorite fashion designer?
	[dɪˈzaɪnər]	-¿Quién es tu diseñador de moda preferido?
3379	**instinct**	**el instinto**
	ss	Animals act on instinct.
	[ˈɪnstɪŋkt]	-Los animales actúan por instinto.
3380	**chapel**	**la capilla**
	ss	Jim was surprised to find Ana sitting all alone in the chapel.
	[ˈtʃæpəl]	-Jim estaba sorprendido de encontrar a Ana sentada completamente sola en la capilla.
3381	**analysis**	**el análisis**
	ss	Modern DNA analysis has exonerated many people on death row in the US.
	[əˈnæləsəs]	-Las nuevas pruebas de ADN han salvado a mucha gente de la pena de muerte en EEUU.
3382	**cloth**	**el paño| el mantel**
	ss	Mayuko wiped a table with a cloth.
	[klɔθ]	-Mayuko trapeó una mesa con un paño.
3383	**umbrella**	**el paraguas**
	ss	Aren't you going to shake the water off your umbrella before you put it down?
	[əmˈbrɛlə]	-¿No vas a sacudir el agua de tu paraguas antes de dejarlo?
3384	**occupy**	**ocupar| llenar**
	vb	Domestic workers often occupy a real position of trust.
	[ˈakjəˌpaɪ]	-Además, los trabajadores domésticos suelen ocupar una verdadera posición de confianza.
3385	**adopt**	**adoptar**
	vb	Globalization has gone mad: why transport Spanish cucumbers to exterminate the Northern Germans when half of them live in Mallorca? We need to rationalize all of that and adopt a more solid method of bacterial decontamination.
	[əˈdapt]	-La globalización se ha vuelto loca: ¿por qué transportar pepinos españoles para exterminar a los alemanes del norte cuando la mitad de ellos viven en Mayorca? Hay que racionalizar todo eso y adoptar un método de exterminación bacteriana más duradero.
3386	**congratulate**	**felicitar**
	vb	Therefore, I congratulate the Council.
	[kənˈgrætʃəˌleɪt]	-Por tanto, quisiera felicitar al Consejo por ello.
3387	**dice**	**los dados; jugar a los dados**
	ss; vb	Many games use dice as a random number generator.
	[daɪs]	-Muchos juegos utilizan dados como generadores de números aleatorios.
3388	**verdict**	**el veredicto| la sentencia**
	ss	The verdict was unfavorable.
	[ˈvɜrdɪkt]	-El fallo fue contrario.
3389	**yea**	**el sí; sí; ciertamente**
	ss; part; adv	Yea, would to God, I were among the roses, That lean to kiss you as you float between While on the lowest branch a bud uncloses A bud uncloses, to touch you, my queen.
	[jeɪ]	-Sí, volvería a Dios, que estuviera entre las rosas, que me inclinase para

besarte a medida que flotas entre ellas, Mientras que en la rama más baja está un brote sin cerrar Un brote sin cerrar, para tocarte, mi reina.

3390	**destination**	**el destino**
	ss	By the time the sun sets, we will arrive at the destination.
	[ˌdɛstəˈneɪʃən]	-Llegaremos a nuestro destino para cuando el sol se ponga.
3391	**electronic**	**electrónico**
	adj	The first electronic computers went into operation in 1945.
	[ɪˌlɛkˈtrɑnɪk]	-Los primeros ordenadores electrónicos se pusieron en funcionamiento en 1945.
3392	**cape**	**el cabo**
	ss	Was Ana wearing a cape?
	[keɪp]	-¿Ana llevaba una capa?
3393	**breed**	**la raza| la casta; criar**
	ss; vb	We are just an advanced breed of monkeys on a minor planet of a very average star. But we can understand the Universe. That makes us something very special.
	[brid]	-Somos solo una raza avanzada de monos en un planeta menor de una estrella muy mediana. Pero podemos entender el universo. Eso nos convierte en algo muy especial.
3394	**tango**	**el tango**
	ss	Once upon a time, there was a cat whose name was Tango.
	[ˈtæŋgoʊ]	-Había una vez, un gato que se llamaba Tango.
3395	**blackmail**	**el chantaje; hacer chantaje**
	ss; vb	You stole confidential reports as blackmail for revenge.
	[ˈblækˌmeɪl]	-Usted robó documentos de la compañía... informes confidenciales como chantaje para vengarse.
3396	**herd**	**la manada| el hato; guardar**
	ss; vb	Randall, stampede the herd through that gorge.
	[hɜrd]	-Randall, ahuyente la manada a través de ese desfiladero.
3397	**parole**	**la libertad condicional; liberar condicionalmente**
	ss; vb	Commissioner Ross signed his conditions of parole.
	[pəˈroʊl]	-La comisario Ross firmó las condiciones de su libertad condicional.
3398	**web**	**el web| el Internet**
	ss	So ultimately we are only building the foundations... to make the Internet a better place for language learning.
	[wɛb]	-Así que por último, estamos estableciendo los cimientos ... para hacer de Internet un lugar mejor para aprender idiomas.
3399	**priority**	**la prioridad**
	ss	Pay attention to priority!
	[praɪˈɔrəti]	-¡Presta atención a la prioridad!
3400	**tobacco**	**el tabaco; de tabaco**
	ss; adj	Is it true that you chewed tobacco?
	[təˈbæˌkoʊ]	-¿Es cierto que masticabas tabaco?
3401	**curiosity**	**la curiosidad**
	ss	His curiosity prompted him to ask questions.
	[ˌkjʊriˈɑsəti]	-Su curiosidad lo condujo a hacer preguntas.
3402	**businessman**	**el hombre de negocios**

	ss	My father is a businessman.
	[ˈbɪznəˌsmæn]	-Mi padre es un hombre de negocios.
3403	**essential**	**esencial| fundamental; el elemento necesario**
	adj; ss	That is essential.
	[ɪˈsɛnʃəl]	-Eso es indispensable.
3404	**nun**	**la monja**
	ss	Ana became a nun and opened an orphanage.
	[nʌn]	-Ana se hizo monja y abrió un orfanato.
3405	**addition**	**la adición**
	ss	In addition to being a famous physicist, he is a great novelist.
	[əˈdɪʃən]	-Además de ser un famoso físico, él es un gran novelista.
3406	**traditional**	**tradicional**
	adj	Sake is a traditional Japanese alcoholic drink.
	[trəˈdɪʃənəl]	-El sake es una bebida alcohólica tradicional japonesa.
3407	**disguise**	**la disfraz; disfrazar**
	ss; vb	The world is a grand masked ball, where everyone wears a disguise.
	[dɪsˈgaɪz]	-El mundo es una gran mascarada donde todos visten un disfraz.
3408	**den**	**la guarida| el estudio**
	ss	The world is a den of crazies.
	[dɛn]	-El mundo es una jaula de locos.
3409	**ditch**	**la zanja; abandonar**
	ss; vb	Jim jumped over the ditch.
	[dɪtʃ]	-Jim saltó por encima de la zanja.
3410	**elegant**	**elegante**
	adj	You are very elegant.
	[ˈɛləgənt]	-Estás muy elegante.
3411	**cabinet**	**el gabinete| el armario**
	ss	They say the Cabinet will resign.
	[ˈkæbənət]	-Se dice que el gabinete renunciará.
3412	**inspire**	**inspirar| dar animación**
	vb	What is failure but humiliation, when it doesn't inspire the genius to overcome old barriers?
	[ɪnˈspaɪr]	-¿Qué es el fracaso sino una humillación si no impulsa el ingenio para superar las viejas barreras?
3413	**convention**	**la convención**
	ss	Mr White said that because of the convention, there were no rooms available.
	[kənˈvɛnʃən]	-El señor White dijo que debido a la convención, no había habitaciones disponibles.
3414	**missile**	**el misil**
	ss	RX intercontinental, radar-sneaky, multi-warheaded, nuclear missile.
	[ˈmɪsəl]	-RX intercontinental, un misil nuclear, multi-cabeza, capaz de eludir radares.
3415	**pub**	**el pub**
	ss	I got along so well with the guy sitting next to me at the pub that we ended up drinking together till dawn.
	[pʌb]	-Me llevé tan bien con el sujeto sentado al lado mío en el pub, que terminamos tomando juntos hasta el amanecer.
3416	**noodle**	**la cabeza**

	ss	Look more like a limp noodle to me.
	[ˈnudəl]	-Se me parece más a un fideo blando.
3417	**locate**	**localizar**
	vb	We couldn't locate Jim.
	[ˈloʊˌkeɪt]	-No pudimos localizar a Jim.
3418	**chew**	**masticar; la masticación**
	vb; ss	Chew your food well so it can be digested properly.
	[tʃu]	-Mastica bien tu comida para que se pueda digerir bien.
3419	**razor**	**la navaja; rasurar**
	ss; vb	He shaves with an electric razor every morning.
	[ˈreɪzər]	-Se afeita con una maquinilla eléctrica todas las mañanas.
3420	**narrate**	**narrar| referir**
	vb	Gianna Lynn wrote a letter to Penthouse to narrate her adventures.
	[ˈnɛˌreɪt]	-Gianna Lynn escribió una carta a Penthouse de narrar sus aventuras.
3421	**harmless**	**inofensivo**
	adj	Most snakes on this island are harmless.
	[ˈhɑrmləs]	-La mayoría de las serpientes de esta isla son inofensivas.
3422	**sucking**	**la succión; chupante**
	ss; adj	He has a habit of sucking his pencil.
	[ˈsʌkɪŋ]	-Tiene la costumbre de chupar el lápiz.
3423	**maximum**	**máximo; el máximo**
	adj; ss	She received the maximum sentence of ten years.
	[ˈmæksəməm]	-Ella recibió la pena máxima de diez años.
3424	**salesman**	**el vendedor| representante**
	ss	He's a salesman too.
	[ˈseɪlzmən]	-Él también es un vendedor.
3425	**sausage**	**la salchicha**
	ss	The second course has chickpeas, chicken, meat, sausage and potato.
	[ˈsɔsədʒ]	-El segundo plato lleva garbanzos, pollo, carne, chorizo y patatas.
3426	**valentine**	**el enamorado**
	ss	I hate being alone on Valentine's Day.
	[ˈvælənˌtaɪn]	-Odio pasar el día de San Valentín solo.
3427	**commitment**	**el compromiso**
	ss	Brazil is a young country without a commitment to the past.
	[kəˈmɪtmənt]	-Brasil es un país joven y sin compromiso con el pasado.
3428	**furious**	**furioso**
	adj	My mother was furious.
	[ˈfjʊriəs]	-Mi madre estaba furiosa.
3429	**comic**	**el cómic; cómico**
	ss; adj	I gave her a comic book to read.
	[ˈkɑmɪk]	-Le di un comic para que lea.
3430	**slam**	**el golpe; cerrar de golpe**
	ss; vb	Excuse me, Reverend, that was a grand slam.
	[slæm]	-Perdóneme, Reverendo, eso fue un grand slam.
3431	**brass**	**el latón**
	ss	I belong to the brass band.
	[bræs]	-Pertenezco a la banda de bronces.

3432	**directions**	**las instrucciones**
	ss	For download directions using Musicsoft Downloader, click here.
	[dəˈrɛkʃənz]	-Si desea obtener instrucciones de descarga utilizando Musicsoft Downloader, haga clic aquí.

3433	**aggressive**	**agresivo; la ofensiva**
	adj; ss	She is aggressive.
	[əˈgrɛsɪv]	-Ella es agresiva.

3434	**doom**	**condenar| predestinar; la perdición**
	vb; ss	Doom has been ported to a calculator.
	[dum]	-Doom ha trabajado con un contador.

3435	**minimum**	**mínimo; el mínimo**
	adj; ss	The mandatory minimum sentence is 10 years.
	[ˈmɪnəməm]	-La pena mínima obligatoria es de diez años.

3436	**autumn**	**el otoño**
	ss	Ana looked at the starry sky, with a quarter moon that illuminated that autumn night.
	[ˈɔtəm]	-Ana miraba al cielo estrellado, con la luna en cuarto creciente que la iluminaba aquella noche otoñal.

3437	**assassin**	**el asesino**
	ss	Jim was killed by a hired assassin.
	[əˈsæsən]	-A Jim le mató un asesino a sueldo.

3438	**politician**	**el político**
	ss	He's just a politician.
	[ˌpɑləˈtɪʃən]	-Es solo un político.

3439	**withdraw**	**retirar| retirarse**
	vb	We can only hope that the government decides to withdraw its troops.
	[wɪðˈdrɔ]	-Sólo podemos esperar que el Gobierno decida retirar sus tropas.

3440	**frighten**	**asustar| amedrentar**
	vb	Horror movies frighten me.
	[ˈfraɪtən]	-Me dan miedo las películas de terror.

3441	**swine**	**el cerdo**
	ss	Tyson called Suzanna a double-crossing swine.
	[swaɪn]	-Tyson llamó a Suzanna un cerdo de doble cruce.

3442	**application**	**la aplicación| la solicitud**
	ss	He sent in his application to the office.
	[ˌæpləˈkeɪʃən]	-Él envió su solicitud a la oficina.

3443	**pace**	**el paso; ir al paso**
	ss; vb	When I started learning languages, it was hard to assimilate new words and keep a pace to study, but now, after having practiced for several years I do my routine unconsciously.
	[peɪs]	-Cuando comencé a estudiar idiomas era difícil comprender las palabras nuevas y mantener el ritmo de estudio, pero ahora luego de un par de años de práctica cumplo con mi rutina de manera inconsciente.

3444	**preacher**	**el predicador| el pastor**
	ss	I hate being a preacher's son.
	[ˈpritʃər]	-Odio ser el hijo de un predicador.

3445	**bloke**	**el tipo de**

	ss		Definitely what that shop bloke's after.
	[bloʊk]		-Definitivamente, es lo que el tipo de la tienda está buscando.

3446 convenient — **conveniente**

adj — Please come when it is convenient.

[kənˈvinjənt] — -Por favor, venga cuando lo crea conveniente.

3447 tension — **la tensión| la tirantez**

ss — There was a lot of tension between Jim and Ana.

[ˈtɛnʃən] — -Había mucha tensión entre Jim y Ana.

3448 wooden — **de madera**

adj — I have a wooden comb.

[ˈwʊdən] — -Tengo un peine de madera.

3449 welfare — **el bienestar; de asistencia social**

ss; adj — We the People of the United States, in Order to form a more perfect Union, establish Justice, insure domestic Tranquility, provide for the common defence, promote the general Welfare, and secure the Blessings of Liberty to ourselves and our Posterity, do ordain and establish this Constitution for the United States of America.

[ˈwɛlˌfɛr] — -Nosotros, la gente de los Estados Unidos, a fin de formar una unión más perfecta, establecer la justicia, asegurar la seguridad doméstica, proveer defensa al común, promover el bienestar común, y asegurar las bendiciones de la libertad a nosotros mismos como a nuestra posteridad, se decrete y establezca esta constitución para los Estados Unidos de América.

3450 devote — **dedicar| dar a**

vb — I intend to devote a few hours a day to the study of English.

[dɪˈvoʊt] — -Pretendo dedicar un par de horas al día a estudiar inglés.

3451 assumed — **ficticio**

adj — I assumed because we're brothers that I could trust you.

[əˈsumd] — -Asumí que podía confiar en ti porque somos hermanos.

3452 scoundrel — **sinvergüenza| el canalla**

ss — Patriotism is the last refuge of a scoundrel.

[ˈskaʊndrəl] — -El patriotismo es el último refugio de los canallas.

3453 survivor — **sobreviviente**

ss — He's the only survivor in the village.

[sərˈvaɪvər] — -Él es el único superviviente del pueblo.

3454 murmur — **el murmullo| el susurro; murmurar**

ss; vb — From the many rooms came a murmur of excited voices.

[ˈmɜrmər] — -De los muchos cuartos venía un murmullo de voces entusiasmadas.

3455 vessel — **el buque| el recipiente**

ss — Arteries, veins, and capillaries are the three main types of blood vessel.

[ˈvɛsəl] — -Las arterias, venas y vasos capilares son las tres clases principales de vaso sanguíneo.

3456 drain — **drenar| escurrir; el desagüe**

vb; ss — I hate it when hair clogs the drain.

[dreɪn] — -Odio cuando el pelo tapa el drenaje.

3457 pond — **el estanque**

ss — The pond dried up last summer.

[pɑnd] — -La laguna se secó el verano pasado.

3458 fiction — **la ficción| la novelística**

	ss	The real is for me, but fiction.
	[ˈfɪkʃən]	-Lo real no es para mí más que ficción.
3459	**gangster**	**el gángster**
	ss	Sarang isn't an ordinary gangster.
	[ˈɡæŋstər]	-Sarang no es un gángster común y corriente.
3460	**butler**	**el mayordomo**
	ss	What a striking resemblance between you and the butler.
	[ˈbʌtlər]	-Lo que me llama la atención es la similitud entre usted y el mayordomo.
3461	**wade**	**vadear**
	vb	No pterosaurs, encumbered by their skinny wings, could wade like flamingos.
	[weɪd]	-Los pterosaurios, limitados por sus degadas alas, no podrían vadear como flamencos.
3462	**bin**	**el compartimiento**
	ss	Friday is bin day in England.
	[bɪn]	-El viernes es el día de la basura en Inglaterra.
3463	**shrink**	**el encogimiento| psiquiatra; encoger**
	ss; vb	He had but one desire: to shrink away and live among the lights and shadows.
	[ʃrɪŋk]	-Él solo tenía un deseo. Huir y vivir entre las luces y las sombras.
3464	**flee**	**huir de| escapar**
	vb	Potential recruits who attempt to flee are sometimes summarily shot.
	[fli]	-Podía suceder que los reclutas potenciales que intentaban huir fueran ejecutados sumariamente.
3465	**dam**	**la presa| la represa; represar**
	ss; vb	This is the first time I've ever fished at the dam.
	[dæm]	-Es la primera vez que pesco en el la represa.
3466	**alibi**	**la coartada; presentar una coartada**
	ss; vb	Jim doesn't exactly have an airtight alibi.
	[ˈæləˌbaɪ]	-Jim no tiene exactamente una coartada hermética.
3467	**cafe**	**la cafetería**
	ss	I often drink coffee at that cafe.
	[kəˈfeɪ]	-A menudo bebo café en esa cafetería.
3468	**harvest**	**la cosecha| la recolección; cosechar**
	ss; vb	Because of the poor harvest, wheat prices have gone up in the last six months.
	[ˈhɑrvəst]	-Los precios del trigo han subido durante los últimos seis meses debido a las malas cosechas.
3469	**chow**	**comido**
	ss	Tomorrow or maybe Sunday after chow.
	[tʃaʊ]	-Mañana o quizás el domingo después de la comida.
3470	**collapse**	**el colapso; derrumbarse**
	ss; vb	The house seemed about to collapse at any moment.
	[kəˈlæps]	-La casa parecía estar a punto de colapsar en cualquier momento.
3471	**imperial**	**imperial; el imperio**
	adj; ss	I took him to the Kyoto Imperial Palace.
	[ɪmˈpɪriəl]	-Yo lo llevé al Palacio Imperial de Kyoto.
3472	**spinning**	**el hilado; de hilar**

		ss; adj	Have you ever seen a spider spinning its web?
		[ˈspɪnɪŋ]	-¿Alguna vez has visto a una araña tejiendo su tela?

3473 ambition — **la ambición**

ss
[æmˈbɪʃən]

Ambition is the germ from which all growth of nobleness proceeds.
-La ambición es el germen del que procede todo brote de nobleza.

3474 communicate — **comunicar**

vb
[kəmˈjunəˌkeɪt]

We use gestures as well as words to communicate with others.
-Usamos tanto gestos, como palabras, para comunicarnos con los demás.

3475 corporation — **la corporación**

ss
[ˌkɔrpəˈreɪʃən]

Departmental disagreements led the corporation to split into five separate companies.
-Desacuerdos departamentales llevaron a que la corporación se dividiera en cinco compañías separadas.

3476 harmony — **la armonía**

ss
[ˈhɑrməni]

I may be helping to bring harmony between people through my music.
-Tal vez esté ayudando a llevar la armonía entre las personas con mi música.

3477 rum — **el ron; raro**

ss; adj
[rʌm]

Other major commodities include rum and watches.
-Otros productos importantes son el ron y los relojes.

3478 theirs — **suyo**

prn
[ðɛrz]

Our school is larger than theirs.
-Nuestra escuela es más grande que la suya.

3479 speaker — **el altavoz**

ss
[ˈspikər]

You don't have to sound like a native speaker in order to communicate.
-No necesitas sonar como un nativo para comunicarte.

3480 violin — **el violín**

ss
[vaɪəˈlɪn]

When was the last time you played violin?
-¿Cuándo fue la última vez que tocaste violín?

3481 absence — **la ausencia**

ss
[ˈæbsəns]

I cannot account for her absence from school.
-No puedo explicar su ausencia de la escuela.

3482 gracious — **gracioso**

adj
[ˈgreɪʃəs]

She is a most gracious neighbor.
-Ella es una vecina de lo más amable.

3483 behold — **observar**

vb
[bɪˈhoʊld]

The word of God is the creation we behold and it is in this word, which no human invention can counterfeit or alter, that God speaketh universally to man.
-La palabra de Dios es la creación que contemplamos, y es en esta palabra, que ninguna invención humana puede imitar o adulterar, que Dios habla universalmente al hombre.

3484 alliance — **la alianza**

ss
[əˈlaɪəns]

Germany made an alliance with Italy.
-Alemania hizo una alianza con Italia.

3485 companion — **el compañero| el ayudante; ser compañero**

ss; vb
[kəmˈpænjən]

A surgeon lives with Death, his inseparable companion - I walk hand in hand with him.

-Un cirujano vive con la muerte, es su compañera inseparable, con ella me voy de la mano.

3486	**literature**	**la literatura**
	ss	Ana likes reading English literature.
	[ˈlɪtərətʃər]	-A Ana le gusta leer literatura inglesa.
3487	**rebel**	**rebelde; rebelarse**
	ss; vb	Forget about how Tsi became a rebel...
	[ˈrɛbəl]	-Olvidemos que Tsi se ha convertido en un rebelde...
3488	**moonlight**	**la luz de la luna; estar pluriempleado**
	ss; vb	A thief doesn't like the moonlight, a villain doesn't like a good man.
	[ˈmunˌlaɪt]	-Al ladrón no le agrada la luz de la luna, a un villano no le agrada un buen hombre.
3489	**fatal**	**fatal**
	adj	You have made a fatal mistake.
	[ˈfeɪtəl]	-Has cometido un error fatal.
3490	**march**	**la marcha; marchar**
	ss; vb	I was born on 23 March 1969 in Barcelona.
	[mɑrtʃ]	-Nací el 23 de marzo de 1969 en Barcelona.
3491	**Atlantic**	**atlántico; el atlántico**
	adj; ss	"The economy has opened up a faultline in the Atlantic," announces La Stampa, reporting on the impact of recent remarks by Barack Obama which imply that the poor management of the Eurozone crisis is to blame for the feeble outlook for growth in the US.
	[ətˈlæntɪk]	-"La economía distancia las dos orillas del Atlántico", así resume La Stampa las repercusiones de las recientes declaraciones de Barack Obama, según las cuales las débiles perspectivas de crecimiento en Estados Unidos se deben a la mala gestión de la crisis de la zona euro.
3492	**menu**	**el menú| la lista de platos**
	ss	Please let me take a look at the menu.
	[ˈmɛnju]	-Por favor, déjame echar una mirada al menú.
3493	**electrical**	**eléctrico**
	adj	He has an electrical equipment factory.
	[ɪˈlɛktrɪkəl]	-Tiene una fábrica de material eléctrico.
3494	**pimp**	**el chulo; alcahuetear**
	ss; vb	I found out that he was a pimp.
	[pɪmp]	-Me enteré de que era fiolo.
3495	**orphan**	**huérfano; el huérfano; dejar huérfano**
	adj; ss; vb	Jim is an orphan.
	[ˈɔrfən]	-Jim es un huérfano.
3496	**unpleasant**	**desagradable**
	adj	You should enjoy your life without making others' lives unpleasant.
	[ənˈplɛzənt]	-Deberías disfrutar tu vida sin hacer desagradable la vida de los otros.
3497	**physically**	**físicamente**
	adv	Persons where fingerprinting is physically impossible.
	[ˈfɪzɪkəli]	-Personas de las que sea físicamente imposible tomar las huellas dactilares.
3498	**luxury**	**el lujo**
	ss	She was brought up in the lap of luxury.
	[ˈlʌgʒəri]	-Ella fue educada en una vida de lujo.

3499	**Ahem!**	**¡Ejem!**
	int	Ahem! Nilda honey, come here a second.
	[Ahem!]	-Ahem! Nilda cariño ven aquí un segundo
3500	**fare**	**la tarifa| la comida; ir bien o mal a uno**
	ss; vb	Pay your fare here.
	[fɛr]	-Paga tu billete aquí.
3501	**rabbi**	**el rabino**
	ss	A little Christmas Eve chat with their rabbi.
	[ˈræˌbaɪ]	-Una pequeña charla de víspera de navidad con su rabino.
3502	**nevertheless**	**sin embargo; con todo**
	con; adv	It is nevertheless a good sentence.
	[ˌnɛvərðəˈlɛs]	-Es, sin embargo, una buena oración.
3503	**vicious**	**vicioso| cruel**
	adj	The answer leads us to a vicious circle.
	[ˈvɪʃəs]	-La respuesta nos lleva a un círculo vicioso.
3504	**candidate**	**el candidato| los examinado**
	ss	Jim and Ana are planning to vote for the same candidate.
	[ˈkændədeɪt]	-Jim y Ana están planeando votar al mismo candidato.
3505	**prostitute**	**la prostituta; prostituir**
	ss; vb	I wanna ask you a few questions about Antoine Laconte... known gigolo,
	[ˈprɑstəˌtut]	male prostitute.
		-Quiero hacerle algunas preguntas sobre Antoine Laconte, conocido gigoló,
		prostituto.
3506	**respectable**	**respetable**
	adj	They were of a respectable family in the north of England.
	[rɪˈspɛktəbəl]	-Eran de una familia respetable del norte de Inglaterra.
3507	**work in**	**introducir poco a poco**
	vb	I've wanted to work in publishing forever, and he...
	[wɜrk ɪn]	-Siempre he querido trabajar en el mundo editorial y él...
3508	**rascal**	**el bribón| el pillo**
	ss	And first of all repay that rascal.
	[ˈræskəl]	-Y primero que nada, devuélvele el dinero a ese bribón.
3509	**consciousness**	**el conocimiento**
	ss	Life is a series of sensations connected to different states of consciousness.
	[ˈkɑnʃəsnəs]	-La vida es una serie de sensaciones conectadas a diferentes estados de
		conciencia.
3510	**February**	**el febrero**
	ss	This monument was erected in February, 1985.
	[ˈfɛbjəˌwɛri]	-Esto monumento se erigió en febrero de 1985.
3511	**formal**	**formal| convencional**
	adj	He's quite formal when he meets a stranger.
	[ˈfɔrməl]	-Es muy ceremonioso cuando le presentan una persona desconocida.
3512	**photography**	**la fotografía**
	ss	Photography is now considered a new form of art.
	[fəˈtɑgrəfi]	-La fotografía ahora es considerada una nueva forma de arte.
3513	**undercover**	**clandestino**

	adj [ˌʌndərˈkʌvər]	Bloom was SO10's most decorated, longest-serving undercover. -Bloom fue el agente del SO10 más condecorado, por el más largo servicio encubierto.
3514	**compliment** ss; vb [ˈkɑmpləmənt]	**el cumplido; añadir** I do not know whether to take it as a compliment or an insult. -No sé si tomarlo como un cumplido o un insulto.
3515	**cocaine** ss [koʊˈkeɪn]	**la cocaína** He is addicted to cocaine. -Él es adicto a la cocaína.
3516	**gesture** ss; vb [ˈdʒɛstʃər]	**el gesto| la muestra; hacer un ademán** The airline provided free accommodation to stranded passengers as a goodwill gesture. -La aerolínea ofreció alojamiento gratuito a los pasajeros atrapados como un gesto de buena voluntad.
3517	**risky** adj [ˈrɪski]	**arriesgado** It's very risky. -Es muy arriesgado.
3518	**institution** ss [ˌɪnstɪˈtuʃən]	**la institución** The world already has a peace-maintaining institution. -El mundo ya tiene una institución encargada de mantener la paz.
3519	**depression** ss [dɪˈprɛʃən]	**la depresión** They can help ease your depression or anxiety. -Pueden ayudar a aliviar la depresión o la ansiedad y a dormir mejor.
3520	**salute** ss; vb [səˈlut]	**el saludo; saludar** Those who are about to die salute you. -Los que van a morir te saludan.
3521	**reservation** ss [ˌrɛzərˈveɪʃən]	**la reserva| la reservación** Do you have a reservation? -¿Tienen una reserva?
3522	**salvation** ss [sælˈveɪʃən]	**la salvación** Its sacrifice to the flames begins our salvation. -Su sacrificio en las llamas da inicio a nuestra salvación.
3523	**amateur** adj; ss [ˈæməˌtɜr]	**aficionado; el aficionado** Again this year a lot of concerts are being given by amateur musicians. -Este año vuelven a dar un montón de conciertos músicos aficionados.
3524	**riot** ss; vb [ˈraɪət]	**el motín; amotinarse** The prisoners panicked and started a riot. -Los presos entraron en pánico y empezaron un motín.
3525	**corporate** adj [ˈkɔrpərət]	**corporativo** The company moved its corporate domicile to Hong Kong for tax purposes. -La empresa trasladó su domicilio empresarial a Hong Kong con fines tributarios.
3526	**racket** ss; vb [ˈrækɪt]	**la raqueta| la estafa; hacer ruido** Pardon me, but that is my racket. -Disculpame, pero esa es mi raqueta.
3527	**tasty**	**sabroso**

	adj	Wow, that looks tasty.
	['teɪsti]	-¡Caramba!, ¡qué sabroso se ve eso!
3528	**concrete**	**el hormigón; concreto**
	ss; adj	Benevolence is abstract, a good deed is concrete.
	['kɑnkrit]	-La bondad es abstracta, una buena acción es concreta.
3529	**theft**	**el robo**
	ss	Property is theft.
	[θɛft]	-La propiedad es un robo.
3530	**swamp**	**el pantano| la marisma; inundar**
	ss; vb	He lives alone in a little cottage in the swamp.
	[swɑmp]	-Él vive solo en una cabaña en el pantano.
3531	**Yankee**	**yanqui**
	ss	Yankee Zulu X-ray requesting 10,500 for weather.
	['jæŋki]	-Yanqui Zulú Xilofón solicita 10.500 debido a mal tiempo.
3532	**vegetable**	**vegetal; el vegetal**
	adj; ss	She cooked vegetable soup last night.
	['vɛʤtəbəl]	-Ella preparó sopa de verduras anoche.
3533	**voyage**	**el viaje**
	ss	It was in 1912 that the Titanic sank during her first voyage.
	['vɔɪəʤ]	-Fue en 1912 que el Titanic se hundió durante su primer viaje.
3534	**saddle**	**el sillín; ensillar**
	ss; vb	It's lonely in the saddle since the horse died.
	['sædəl]	-Es solitario en la silla desde que el caballo murió.
3535	**musician**	**el músico**
	ss	Jim is a good musician.
	[mju'zɪʃən]	-Jim es un buen músico.
3536	**lawn**	**el césped**
	ss	Do you have a lawn mower I could borrow?
	[lɔn]	-¿Tenés una cortadora de pasto para prestarme?
3537	**ritual**	**ritual| consagrado; el ritual**
	adj; ss	There's also the initiation ritual.
	['rɪtʃuəl]	-También está el rito de iniciación.
3538	**brutal**	**brutal**
	adj	The international energy-technology market is brutal and competitive.
	['brutəl]	-El mercado internacional de la tecnología es brutal y competitivo.
3539	**heavenly**	**celestial| paradisíaco**
	adj	There are countless heavenly bodies in space.
	['hɛvənli]	-Hay un número incalculable de cuerpos celestes en el espacio.
3540	**cleaner**	**el limpiador**
	ss	I'd like to send my dress to a dry cleaner.
	['klinər]	-Me gustaría enviar mi vestido a una tintorería.
3541	**ammunition**	**la munición**
	ss	Guns and ammunition are already packed.
	[ˌæmjə'nɪʃən]	-Los fusiles y la munición ya están embalados.
3542	**rarely**	**raramente**
	adv	I'm such a coward that I rarely visit the dentist.
	['rɛrli]	-Soy tan cobarde que al dentista sólo voy muy de vez en cuando.

3543	**oven**	**el horno**
	ss	She baked bread and cakes in the oven.
	[ˈʌvən]	-Ella cocinó pan y bizcochuelos en el horno.
3544	**hay**	**el heno; tomar heno**
	ss; vb	Make hay while the sun shines.
	[heɪ]	-No dejes pasar una buena oportunidad.
3545	**petty**	**pequeño**
	adj	I can be vindictive and petty.
	[ˈpɛti]	-Puedo llegar a ser de lo más vengativo y mezquino.
3546	**waitress**	**la camarera**
	ss	Ask the waitress for the menu.
	[ˈweɪtrəs]	-Pídale el menú a la camarera.
3547	**wealthy**	**rico**
	adj	She wasn't wealthy enough to feed her dog meat every day.
	[ˈwɛlθi]	-Ella no era tan adinerada como para darle de comer carne a su perro todos los días.
3548	**Arab**	**árabe; árabe**
	adj; ss	Japan depends on Arab countries for oil.
	[ˈærəb]	-Japón depende de los países árabes para el petróleo.
3549	**modest**	**modesto**
	adj	Jim has a modest two-bedroom house in Boston.
	[ˈmɑdəst]	-Jim tiene una casa modesta con dos dormitorios en Boston.
3550	**sentimental**	**sentimental**
	adj	What? - This is a sentimental song.
	[ˌsɛntəˈmɛntəl]	-Ni siquiera me lavaré la cara - ¿Qué haces? - Es una canción sentimental.
3551	**horny**	**córneo| caliente**
	adj	I guess I was pretty horny.
	[ˈhɔrni]	-Lo sé. Supongo que estaba bastante caliente.
3552	**chirp**	**el chirrido; piar**
	ss; vb	That little chirp followed by two chirps is now switched on.
	[ʧɜrp]	-Ese pequeño chirrido seguido por otros 2, es que ahora está encendido.
3553	**grain**	**el grano; cristalizar**
	ss; vb	Rye was called the grain of poverty.
	[greɪn]	-El centeno fue llamado el grano de la pobreza.
3554	**injury**	**la lesión| el prejuicio**
	ss	The soldier had a leg injury and couldn't move.
	[ˈɪnʤəri]	-El soldado estaba herido en la pierna y no podía moverse.
3555	**Swiss**	**suizo; el suizo**
	adj; ss	The Swiss keyboard doesn't have the letter ß.
	[swɪs]	-El teclado suizo no tiene ß.
3556	**anonymous**	**anónimo**
	adj	"John Doe" is a nickname for an anonymous person.
	[əˈnɑnəməs]	-Fulano de Tal es un apelativo para una persona anónima.
3557	**sixteen**	**dieciséis**
	num	In Spanish six has no accent, but sixteen has one.
	[sɪkˈstin]	-En español seis no lleva acento, pero dieciséis sí.
3558	**bombing**	**el bombardeo**

ss
['bɑmɪŋ]

That bombing runs for five days...
-Ese bombardeo tiene una duración de cinco días...

3559 **expedition** **la expedición**

ss
[ˌɛkspəˈdɪʃən]

Who was the leader of the expedition?
-¿Quién era el líder de la expedición?

3560 **stadium** **el estadio**

ss
['steɪdiəm]

How did you get to the stadium?
-¿Cómo llegasteis al estadio?

3561 **bachelor** **el soltero**

ss
['bætʃələr]

He remained a bachelor all his life.
-Él estuvo soltero toda la vida.

3562 **possess** **poseer| haber**

vb
[pəˈzɛs]

Ghosts can possess people.
-Los fantasmas pueden poseer personas.

3563 **debate** **el debate; debatir**

ss; vb
[dəˈbeɪt]

Declare your position in a debate.
-Declara tu postura en un debate.

3564 **draft** **el borrador; preparar**

ss; vb
[dræft]

A strong draft's blowing in through that window.
-Por esa ventana entra un chiflón muy fuerte.

3565 **savage** **salvaje| feroz; el salvaje; embestir**

adj; ss; vb
['sævədʒ]

They say that music soothes the savage beast, but for me personally, it neither relaxes me nor calms me.
-Dicen que la música amansa a las fieras pero a mí personalmente ni me relaja ni me calma.

3566 **Arabic** **árabe; árabe**

adj; ss
['ærəbɪk]

I love Arabic.
-Me encanta el árabe.

3567 **ransom** **el rescate; rescatar**

ss; vb
['rænsəm]

The man on the phone told me that if I don't pay the ransom, I'll never see my little Johnny again!
-¡El hombre del teléfono me ha dicho que si no pago el rescate no volveré a ver a mi pequeño Johnny!

3568 **whatsoever** **lo que**

prn
[ˌwʌtsoʊˈɛvər]

There's no bread whatsoever in this house.
-No hay nada de pan en esta casa.

3569 **repay** **pagar| reintegrar**

vb
[riˈpeɪ]

I only wish there was some way I could repay you.
-Ojalá pudiera devolverte el favor que me hiciste.

3570 **persuade** **persuadir**

vb
[pərˈsweɪd]

It's no use trying to persuade Jim.
-No merece la pena intentar convencer a Jim.

3571 **spill** **derramar; el vertido**

vb; ss
[spɪl]

I'll try not to spill anything.
-Trataré de no derramar nada.

3572 **wit** **el ingenio| el saber**

	ss	Brevity is the soul of wit.
	[wɪt]	-Lo bueno, si breve, dos veces bueno.
3573	**leaf**	**la hoja; hojear**
	ss; vb	Wrap the pastry with a banana leaf.
	[lif]	-Envolvé la masa en una hoja de banano.
3574	**roommate**	**el compañero de cuarto**
	ss	I'm having trouble with my roommate. He eats all my food.
	[ˈruˌmeɪt]	-Tengo problemas con mi compañero de cuarto. Él se come toda mi comida.
3575	**delightful**	**encantador**
	adj	I suppose society is wonderfully delightful. To be in it is merely a bore. But to be out of it is simply a tragedy.
	[dɪˈlaɪtfəl]	-Yo supongo que la sociedad es maravillosamente encantadora. Estar en ella es solamente un aburrimiento. Pero estar fuera de ella es simplemente una tragedia.
3576	**divide**	**dividir| dividirse; la divisoria**
	vb; ss	Divide and conquer.
	[dɪˈvaɪd]	-Divide y vencerás.
3577	**dock**	**el muelle| el dique; atracar**
	ss; vb	Jim likes to sit on the dock with his feet dangling in the water.
	[dɑk]	-A Jim le gusta sentarse en el muelle con sus pies colgando en el agua.
3578	**loudly**	**en voz alta**
	adv	He snored loudly during his sleep.
	[ˈlaʊdli]	-Roncaba ruidosamente mientras dormía.
3579	**crow**	**el cuervo; graznar**
	ss; vb	The crow spread his wings.
	[kroʊ]	-El cuervo extendió sus alas.
3580	**advertising**	**la publicidad**
	ss	In France, advertising of mobile phones directed at children 12 and under is prohibited.
	[ˈædvərˌtaɪzɪŋ]	-En Francia, la propaganda sobre celulares destinada a los niños de más de doce años está prohibida.
3581	**choir**	**el coro; cantar a coro**
	ss; vb	When the king came in, the choir began intoning praises.
	[ˈkwaɪər]	-Al entrar el rey, el coro comenzó a entonar alabanzas.
3582	**conscious**	**consciente**
	adj	It is, I think, an indisputable fact that Americans are, as Americans, the most self-conscious people in the world, and the most addicted to the belief that the other nations of the earth are in a conspiracy to undervalue them.
	[ˈkɑnʃəs]	-Es un hecho indiscutible, creo, que los estadounidenses son, como estadounidenses, la gente más consciente de su propia incomodidad social en el mundo, y los más adictos a creer que las demás naciones de la Tierra están en una conspiración para subestimarlos.
3583	**suspicion**	**la sospecha**
	ss	Am I under suspicion?
	[səˈspɪʃən]	-¿Estoy bajo sospecha?
3584	**congressman**	**congresista**
	ss	The congressman kept objecting to the defense counsel.
	[ˈkɑŋɡrəsmən]	-El congresista no estuvo de acuerdo con la defensa anterior.

3585	**counselor**	**el consejero| el abogado**
	ss	The counselor helped patients identify personal circumstances that disrupt their medication schedule.
	[ˈkaʊnsələr]	-El consejero ayudó a los pacientes a identificar las circunstancias personales que afectaban su rutina de medicamentos.
3586	**inspiration**	**la inspiración**
	ss	Lack of inspiration is the worst enemy of creativity.
	[ˌɪnspəˈreɪʃən]	-La falta de inspiración es el peor enemigo de la creatividad.
3587	**paperwork**	**el papeleo**
	ss	What certificates and paperwork are needed to apply for a passport?
	[ˈpeɪpərˌwɜrk]	-¿Qué certificados y trámites hacen falta solicitar un pasaporte para el extranjero?
3588	**footage**	**la distancia en pies**
	ss	Well, what about footage from Achilles' birthday party...
	[ˈfʊtɪdʒ]	-Bien, ¿qué le parece esta grabación de la fiesta de cumpleaños de Achilles...
3589	**generally**	**generalmente**
	adv	The theory is generally accepted.
	[ˈdʒɛnərəli]	-La teoría es generalmente aceptada.
3590	**surprising**	**sorprendente**
	adj	It was surprising that she said that.
	[sərˈpraɪzɪŋ]	-Me sorprendió que dijese eso.
3591	**tick**	**la garrapata| el tictac; marcar**
	ss; vb	It is so quiet one can hear the the clock tick behind the wall.
	[tɪk]	-Está tan tranquilo que uno puede oír el tictac del reloj detrás de la pared.
3592	**ski**	**el esquí; esquiar**
	ss; vb	Jim got his neck broken in a ski accident.
	[ski]	-A Jim se le rompió el cuello en un accidente de esquí.
3593	**currently**	**corrientemente**
	adv	Jim currently doesn't have a job.
	[ˈkɜrəntli]	-Actualmente, Jim no tiene empleo.
3594	**weigh**	**pesar**
	vb	How much does a soccer ball weigh?
	[weɪ]	-¿Cuánto pesa una pelota de fútbol?
3595	**prey**	**la presa; aprovecharse de**
	ss; vb	Hawks are birds of prey.
	[preɪ]	-Los halcones son aves de presa.
3596	**luckily**	**por suerte**
	adv	Luckily, he won the game.
	[ˈlʌkəli]	-Afortunadamente, él ganó el partido.
3597	**bugger**	**el tío; sodomizar**
	ss; vb	Fast little bugger came out of nowhere.
	[ˈbʌgər]	-Ese rápido y pequeño cabrón salió de la nada.
3598	**on-line**	**en línea**
	adj	Amazon proposes using on-line applications and data-hosting.
	[ɑn-laɪn]	-Amazon propone la utilización de las aplicaciones en línea y del alojamiento de datos.
3599	**scholarship**	**la beca**

	ss	He is likely to win the scholarship.
	['skalər,ʃɪp]	-Es probable que consiga la beca.
3600	**accomplished**	**consumado| realizado**
	adj	He accomplished his mission.
	[əˈkamplɪʃt]	-Él cumplió con su misión.
3601	**demonstration**	**la demostración| la manifestación**
	ss	Nearly a thousand people participated in the demonstration.
	[ˌdɛmənˈstreɪʃən]	-Cerca de mil personas participaron en la manifestación.
3602	**lottery**	**la lotería**
	ss	Did Jerry really win a lottery?
	[ˈlatəri]	-¿De verdad Jerry ganó una lotería?
3603	**honesty**	**la honestidad| la franqueza**
	ss	Americans admire Lincoln for his honesty.
	[ˈanəsti]	-Los estadounidenses admiran a Lincoln por su honestidad.
3604	**jealousy**	**los celos**
	ss	Jealousy is a disease; love is a healthy condition. The immature mind often confuses one for the other, or assumes the greater the love, the greater the jealousy. In fact they are almost incompatible; both at once produce unbearable turmoil.
	[ˈdʒɛləsi]	-Los celos son una enfermedad; el amor es una condición sana. La mente inmadura a menudo confunde uno con el otro, o asume que cuanto mayor es el amor, mayores son los celos. De hecho son casi incompatibles; ambos a la vez producen una agitación insoportable.
3605	**whine**	**el gimoteo; gimotear**
	ss; vb	Someone else can listen to her whine.
	[waɪn]	-Bueno, alguien más puede escucharla lloriquear.
3606	**bubble**	**la burbuja; burbujear**
	ss; vb	Jim's problem is that he lives in his own bubble.
	[ˈbʌbəl]	-El problema de Jim es que él vive en su propia burbuja.
3607	**echo**	**el eco| la repetición; repetir**
	ss; vb	If you shout from the top of a cliff, you can hear the echo of your voice.
	[ˈɛkoʊ]	-Si gritas de la punta de un precipicio, puedes oír el eco de tu voz.
3608	**assured**	**seguro**
	adj	You may rest assured that we shall do all we can.
	[əˈʃʊrd]	-Confíe en que nosotros haremos todo lo que esté en nuestras manos.
3609	**kilometer**	**el kilómetro**
	ss	Maximum diameter is a little over a kilometer.
	[kəˈlamətər]	-El diámetro máximo es un poco más de un kilómetro.
3610	**balcony**	**el balcón**
	ss	I'll move the solar panel from the balcony to the roof in due course.
	[ˈbælkəni]	-Moveré el panel solar del balcón al techo en su debido momento.
3611	**adorable**	**adorable**
	adj	That's adorable.
	[əˈdɔrəbəl]	-Es adorable.
3612	**suspend**	**suspender**
	vb	Among so many actions committed by dictators, we can mention that: they suspend political activity, they suspend the rights of workers, they forbid strikes, they destroy the Supreme Court of Justice, they shutdown nighttime
	[səˈspɛnd]	

places of business, they censure the mass media, they burn thousands of books and magazines considered dangerous.

-Entre las tantas acciones cometidas por los dictadores, podemos mencionar que: suspenden la actividad política, suspenden los derechos de los trabajadores, prohíben las huelgas, destituyen la Corte Suprema de Justicia, clausuran locales nocturnos, censuran los medios de comunicación, queman miles de libros y revistas considerados peligrosos.

3613	**stove**	**la estufa**
	ss	The kettle is whistling on the stove.
	[stoʊv]	-La tetera está sonando en la cocina.
3614	**primary**	**primario; el primario**
	adj; ss	Remember "Wacky Races"? Watch the US primary, it's its spitting image!
	[ˈpraɪˌmɛri]	-¿Recuerdas "los autos locos"? Mira las primarias americanas, son su vivo retrato.
3615	**tolerate**	**tolerar**
	vb	Life does not tolerate delays.
	[ˈtɑləˌreɪt]	-La vida no tolera dilaciones.
3616	**dot**	**el punto; puntear**
	ss; vb	The cats are curious about the red dot on the wall.
	[dɑt]	-Los gatos están curiosos con el punto rojo en la pared.
3617	**mansion**	**el palacio**
	ss	Compared to our house, yours is a mansion.
	[ˈmænʃən]	-Comparada a nuestra casa, la suya es un palacio.
3618	**retirement**	**la jubilación**
	ss	Jim has announced his retirement.
	[rɪˈtaɪərmənt]	-Jim ha anunciado su retiro.
3619	**autograph**	**el autógrafo; firmar**
	ss; vb	Could I get your autograph?
	[ˈɔtəˌgræf]	-¿Me puede dar un autógrafo?
3620	**wax**	**la cera; encerar; encerado**
	ss; vb; adj	Burning the candle at both ends reduces the candle to wax in a hurry - just
	[wæks]	like a playboy having a pretty girl on each arm.
		-Quemar la vela por ambos extremos la reduce a cera muy deprisa - igual que un mujeriego que tuviese una mujer atractiva en cada brazo.
3621	**precise**	**preciso| exacto**
	adj	Be more precise.
	[prɪˈsaɪs]	-Sé más preciso.
3622	**Muslim**	**musulmán**
	adj	She's a blue-eyed Chinese Muslim.
	[ˈmʌzləm]	-Es una china musulmana de ojos azules.
3623	**eager**	**ansioso**
	adj	Jim is eager to buy a new car.
	[ˈigər]	-Jim está ansioso por comprarse un coche nuevo.
3624	**scent**	**el olor| el perfume; perfumar**
	ss; vb	This flower has a strong scent, can you smell it?
	[sɛnt]	-Esta flor tiene un fuerte olor, ¿puedes olerla?
3625	**negotiate**	**negociar**

	vb	The two countries will negotiate a settlement to the crisis.
	[nəˈgoʊʃiˌeɪt]	-Los dos países negociarán una solución a la crisis.
3626	**scheme**	**el esquema; proyectar**
	ss; vb	Your scheme is like a house built on the sand.
	[skim]	-Tu plan es como una casa construida sobre arena.
3627	**arrogant**	**arrogante**
	adj	That girl is arrogant because of her beauty.
	[ˈɛrəgənt]	-Esa chica es arrogante debido a su belleza.
3628	**secretly**	**secretamente**
	adv	He secretly showed me her photograph.
	[ˈsikrɪtli]	-Él me mostró su fotografía en secreto.
3629	**growth**	**el crecimiento| el desarrollo**
	ss	More money for education will spur economic growth.
	[groʊθ]	-Más dinero para la educación estimulará el crecimiento económico.
3630	**platoon**	**el pelotón**
	ss	Fourth platoon goes to Cabrillo beach Ahora.
	[pləˈtun]	-El Cuarto Pelotón va a la Playa Cabrillo ahora.
3631	**laboratory**	**el laboratorio**
	ss	He is carrying out experiments in his laboratory.
	[ˈlæbrəˌtɔri]	-Está llevando a cabo experimentos en su laboratorio.
3632	**tricky**	**difícil**
	adj	It's a bit tricky.
	[ˈtrɪki]	-Es un asunto algo engorroso.
3633	**wrist**	**la muñeca**
	ss	My wrist and forearm hurt, I think I might be suffering from carpal tunnel syndrome.
	[rɪst]	-Me duelen la muñeca y el antebrazo, pienso que puedo estar padeciendo del síndrome del túnel carpiano.
3634	**pension**	**la pensión| el retiro; pensionar**
	ss; vb	Shorter periods reduce the pension proportionally.
	[ˈpɛnʃən]	-Si los períodos son más breves la pensión se reduce en proporción.
3635	**corridor**	**el corredor| el pasadizo**
	ss	This multimodal corridor includes the Rhine as inland waterway.
	[ˈkɔrədər]	-Este corredor multimodal incluye el Rin como vía de navegación interior.
3636	**triumph**	**el triunfo| la gloria; triunfar**
	ss; vb	The most important thing in the Olympic Games is not to win but to take part, just as the most important thing in life is not the triumph but the struggle. The essential thing is not to have conquered but to have fought well.
	[ˈtraɪəmf]	-Lo más importante en los Juegos Olímpicos no es ganar sino participar, al igual que la cosa más importante en la vida no es el triunfo sino la lucha. Lo esencial no es haber vencido sino haber luchado bien.
3637	**sadness**	**la tristeza**
	ss	Her face reflects disgust and sadness, rather than anger.
	[ˈsædnəs]	-Su rostro refleja indignación y tristeza en vez de ira.
3638	**automatic**	**automático; la arma automática**
	adj; ss	This is an automatic door.
	[ˌɔtəˈmætɪk]	-Esta es una puerta automática.

3639 **Ms.**   **Sra.**
abr   Ms. Takada accused the boy of copying another student's homework.
[mɪz.]   -La Sra. Takada acusó al muchacho de copiar la tarea de otro estudiante.

3640 **asylum**   **el asilo**
ss   Jim was sent away to an insane asylum.
[əˈsaɪləm]   -Jim fue internado en un manicomio.

3641 **creek**   **la cala**
ss   Michelle was found floating in a small creek just outside of carrollton.
[krik]   -Michelle fue hallada flotando en un arroyo, en las afueras de Carrollton.

3642 **majority**   **la mayoría**
ss   The majority of big banks are introducing this system.
[məˈdʒɔrəti]   -La mayoría de los grandes bancos están introduciendo este sistema.

3643 **conquer**   **conquistar| vencer**
vb   It took us six years to conquer Constantinople.
[ˈkɑŋkər]   -Nos llevó seis años conquistar Constantinopla.

3644 **briefcase**   **el maletín**
ss   "How did you fit a briefcase into your pocket?!" the woman asked, stunned.
[ˈbrifˌkeɪs]   -- ¡¿Cómo ha conseguido meter una maleta dentro de su bolsillo?! -preguntó la mujer anonadada.

3645 **lipstick**   **el lápiz labial**
ss   That's what makes your lipstick waterproof.
[ˈlɪpˌstɪk]   -Eso es lo que hace a tú lápiz labial a prueba de agua.

3646 **household**   **la casa| el menaje; doméstico**
ss; adj   I'd love to be able to spend less time doing household chores.
[ˈhaʊsˌhoʊld]   -Me encantaría ser capaz de pasar menos tiempo haciendo las tareas del hogar.

3647 **kneel**   **arrodillarse**
vb   Kneel!
[nil]   -¡Arrodíllate!

3648 **rattle**   **el traqueteo; sonar**
ss; vb   I want my Indian teeth rattle back.
[ˈrætəl]   -Quiero mi sonajero con dientes indios de vuelta.

3649 **ash**   **la ceniza**
ss   An ash-colored rabbit appeared and as soon as I drew near, it hopped and
[æʃ]   ran into the woods again.
     -Un conejo color ceniza apareció y tan pronto me acerqué, saltó y corrió hacia el bosque de nuevo.

3650 **affected**   **afectado**
adj   Smoking has affected his health.
[əˈfɛktəd]   -Fumar le ha afectado su salud.

3651 **concentration**   **la concentración**
ss   The concentration of ascorbic acid in the tablet is very low.
[ˌkɑnsənˈtreɪʃən]   -La concentración de ácido ascórbico de la tableta está muy baja.

3652 **satisfaction**   **la satisfacción**
ss   Our business is your perfect satisfaction.
[ˌsætəˈsfækʃən]   -Nuestro negocio es que usted quede completamente satisfecho.

3653 **snore**   **el ronquido; roncar**

	ss; vb	Jim started to snore.
	[snɔr]	-Jim empezó a roncar.
3654	**mule**	**la mula**
	ss	This mule can't carry a heavier load.
	[mjul]	-Este mulo no puede llevar más carga.
3655	**cocktail**	**el cóctel**
	ss	The prawn cocktail was delicious.
	[ˈkɑkˌteɪl]	-El cóctel de gambas estaba delicioso.
3656	**fold**	**el doblez| el pliegue; doblar**
	ss; vb	Fold the sheet in half.
	[foʊld]	-Plega la hoja por la mitad.
3657	**occupation**	**la ocupación**
	ss	Thanks for understanding the drama of my homeland, which is, like Pablo Neruda would say, a silent Vietnam; there aren't occupation troops, nor powerful planes clouding the clean skies of my land, we're under financial blockade, we have no credits, we can't buy spare parts, we have no means to buy foods and we need medicines...
	[ˌɑkjəˈpeɪʃən]	-Gracias por comprender el drama de mi patria, que es como dijera Pablo Neruda, un Vietnam silencioso; no hay tropas de ocupación, ni poderosos aviones nublan los cielos limpios de mi tierra, pero estamos bloqueados económicamente, pero no tenemos créditos, pero no podemos comprar repuestos, pero no tenemos cómo comprar alimentos y nos faltan medicamentos...
3658	**cavalry**	**la caballería**
	ss	The enemy cavalry crossed the river by an unknown ford.
	[ˈkævəlri]	-La caballería enemiga cruzó el río por un vado desconocido.
3659	**logical**	**lógico**
	adj	His reply was logical.
	[ˈlɑdʒɪkəl]	-Su respuesta fue lógica.
3660	**senate**	**el senado**
	ss	It seemed clear the Senate would reject the treaty.
	[ˈsɛnət]	-Parecía claro que el Senado rechazaría el tratado.
3661	**thrill**	**la emoción| la sensación; emocionar**
	ss; vb	The visit to the circus was a big thrill for the children.
	[θrɪl]	-La visita al circo fue muy emocionante para los niños.
3662	**haunt**	**la guarida| el nidal; perseguir**
	ss; vb	My past indiscretions are coming back to haunt me.
	[hɔnt]	-Mis pasadas indiscreciones están regresando para perseguirme.
3663	**cycle**	**el ciclo; ir en bicicleta**
	ss; vb	Usually I cycle or get the bus to work.
	[ˈsaɪkəl]	-Normalmente voy en bici o en autobús al trabajo.
3664	**volume**	**el volumen| la cantidad; de volumen**
	ss; adj	My son? He doesn't seem interested in classical music. I can't tell whether it's techno or electro, but he's always listening to music at a loud volume.
	[ˈvɑljum]	-¿Mi hijo dices? Parece que no tiene interés en la música clásica. No se si será tecno o electrónica, pero siempre escucha música muy fuerte.
3665	**spray**	**la pulverización| el spray; rociar**

		ss; vb	That's the rainstorm body spray.
		[spreɪ]	-Eso es el spray corporal "Tormenta".
3666	**invention**		**la invención| la inventiva**
		ss	The washing machine is a wonderful invention.
		[ɪnˈvɛnʃən]	-La lavadora es un invento maravilloso.
3667	**psychic**		**psíquico; el médium**
		adj; ss	Ladies and gentlemen, it's psychic showdown.
		[ˈsaɪkɪk]	-Damas y caballeros, esto es "Enfrentamiento Psíquico".
3668	**confuse**		**confundir| aturdir**
		vb	Never confuse pity with love.
		[kənˈfjuz]	-Nunca confundas lástima con amor.
3669	**condemn**		**condenar**
		vb	In this country we condemn child exploitation.
		[kənˈdɛm]	-En este país condenamos la explotación infantil.
3670	**sole**		**único| exclusivo; la suela**
		adj; ss	That's my sole concern.
		[soʊl]	-Es mi única preocupación.
3671	**troubled**		**preocupado| turbado**
		adj	I am sorry to have troubled you.
		[ˈtrʌbəld]	-Disculpame por haberte molestado.
3672	**bully**		**el matón; tiranizar; formidable**
		ss; vb; adj	He just loves to bully people.
		[ˈbʊli]	-Él adora acosar a la gente.
3673	**Gypsy**		**gitano; el gitano**
		adj; ss	Liars aren't welcome in Gypsy Town...
		[ˈdʒɪpsi]	-Los mentirosos nos son bien venidos al barrio gitano.
3674	**feather**		**la pluma; emplumar**
		ss; vb	I am as light as a feather, I am as happy as an angel, I am as merry as a
		[ˈfɛðər]	school-boy. I am as giddy as a drunken man. A merry Christmas to everybody! A happy New Year to all the world.
			-Soy tan ligero como una pluma, tan feliz como un ángel, tan alegre como un niño de escuela. Estoy tan eufórico como un borracho. ¡Una feliz Navidad a todos! Un feliz Año Nuevo a todo el mundo.
3675	**slaughter**		**el sacrificio| la matanza; matar**
		ss; vb	Where did you slaughter them?
		[ˈslɔtər]	-¿Dónde los masacraste?
3676	**forehead**		**la frente**
		ss	Jim had a big bruise on his forehead after he walked into the door.
		[ˈfɔrhɛd]	-Jim tenía un gran moretón en la frente después de que chocó contra la puerta.
3677	**submarine**		**submarino; el submarino**
		adj; ss	A submarine cable was laid between the two countries.
		[ˈsʌbməˌrin]	-Un cable submarino fue puesto en medio de los dos países.
3678	**intimate**		**íntimo; intimar; el amigo íntimo**
		adj; vb; ss	The instruction of neuro-pressure is a very intimate act.
		[ˈɪntəmət]	-La enseñanza de la neuro-presión es... un acto muy íntimo.
3679	**examination**		**el examen**

ss
[ɪɡˌzæməˈneɪʃən]

He did splendidly in the examination.
-Se lució en el examen.

3680 **classical**
adj
[ˈklæsɪkəl]

clásico

I like music, especially classical music.
-Me gusta la música, especialmente la música clásica.

3681 **mini-**
pfj
[ˈmɪni-]

mini-

a. Design, development and use of mini- and micro-satellites for space research;
-a. El diseño, la fabricación y la utilización de minisatélites y microsatélites para las investigaciones espaciales;

3682 **presume**
vb
[prɪˈzum]

presumir

Let's presume you're right.
-Supongamos que llevas razón.

3683 **deceased**
adj; ss
[dɪˈsist]

fallecido; el fallecido

He got down on his knees and prayed for the souls of the deceased.
-Él se arrodilló y rogó por las almas de los caídos.

3684 **phrase**
ss; vb
[freɪz]

la frase| la expresión; expresar

The phrase 'honest politician' is an oxymoron.
-La frase 'político honesto' es un oxímoron.

3685 **vulnerable**
adj
[ˈvʌlnərəbəl]

vulnerable

You're still vulnerable.
-Todavía eres vulnerable.

3686 **keen**
adj; ss; vb
[kin]

afilado; el lamento fúnebre; lamentar fúnebre

Are you very keen about going with them?
-¿Estás tú muy interesado en salir con ellos?

3687 **static**
adj
[ˈstætɪk]

estático

Breathing dissipates static electricity and makes it easier to cut.
-Al respirar, la electricidad estática se disipa y es más fácil hacer la incisión.

3688 **spoon**
ss; vb
[spun]

la cuchara; cucharear

She stirred the soup with a spoon.
-Ella revolvió la sopa con una cuchara.

3689 **specifically**
adv
[spəˈsɪfɪkli]

específicamente

Implants except as specifically stated in Covered Restorative Care Expenses.
-Implantes excepto según lo que se indica específicamente en la sección de Costos Cubiertos de Cuidado Restaurativo.

3690 **earthquake**
ss
[ˈɜrθˌkweɪk]

el terremoto

Yesterday there was an earthquake.
-Hubo un terremoto ayer.

3691 **disco**
ss
[ˈdɪskoʊ]

el disco

They don't allow us to go to disco.
-No nos permiten ir a la discoteca.

3692 **magician**
ss
[məˈdʒɪʃən]

el mago

Do you really believe that this guy is a magician?
-¿Realmente crees que este sujeto es un mago?

3693 **opponent**
ss; adj
[əˈpoʊnənt]

el adversario| el contrario; contrario

Mickey Conners made mincemeat of his opponent in the ring.
-Mickey Conners hizo picadillo a su oponente en el ring.

3694	**beautifully**	**hermosamente**
	adv	It's hard to find someone who writes Chinese as beautifully as he.
	[ˈbjutəfli]	-Es difícil encontrar a alguien que escriba en chino tan bonito como él.
3695	**associate**	**asociar| unirse; asociado; el socio**
	vb; adj; ss	We associate Einstein with the theory of relativity.
	[əˈsoʊsiət]	-Asociamos a Einstein con la teoría de la relatividad.
3696	**clearing**	**el claro**
	ss	Thank you for clearing up the misunderstanding.
	[ˈklɪrɪŋ]	-Gracias por esclarecer el malentendido.
3697	**cane**	**la caña; azotar**
	ss; vb	Arrest him and confiscate the cane as evidence.
	[keɪn]	-Arréstalo y guarda el bastón como prueba.
3698	**tourist**	**turístico; turista**
	adj; ss	I have a tourist visa.
	[ˈtʊrəst]	-Tengo una visa de turista.
3699	**virtue**	**la virtud**
	ss	Discretion is a rare and important virtue.
	[ˈvɜrtʃu]	-La discreción es una virtud rara e importante.
3700	**password**	**la contraseña**
	ss	I've forgotten my password.
	[ˈpæˌswɜrd]	-Olvidé mi contraseña.
3701	**via**	**vía**
	prp	Would you please send me details of your products via e-mail as an attachment?
	[ˈvaɪə]	-Por favor, ¿podría enviarme detalles sobre sus productos como adjuntos en un correo electrónico?
3702	**shooter**	**el tirador**
	ss	He is a sharp-shooter.
	[ˈʃutər]	-Él es un tirador agudo.
3703	**fragile**	**frágil**
	adj	The label warns that the contents of the box are fragile.
	[ˈfrædʒəl]	-La etiqueta advierte que el contenido de la caja es frágil.
3704	**reject**	**rechazar| desestimar; la cosa rechazada**
	vb; ss	The Commission must reject Amendment No 6.
	[ˈridʒɛkt]	-La Comisión tiene que rechazar la enmienda nº 6.
3705	**creak**	**crujir; el crujido**
	vb; ss	The room started to sway, to shiver and creak.
	[krik]	-El cuarto comenzó a sacudirse, a temblar y a crujir.
3706	**dated**	**anticuado**
	adj	Her family had a history of genetic diseases that dated back several centuries.
	[ˈdeɪtɪd]	-Su familia arrastraba un historial de enfermedades genéticas que se remontaba a muchos siglos atrás.
3707	**proposition**	**la proposición| el propósito; hacer proposiciones**
	ss; vb	I absolutely cannot approve the proposition.
	[ˌprɑpəˈzɪʃən]	-Absolutamente no puedo aprobar la proposición.
3708	**enterprise**	**la empresa**

	ss [ˈɛntərˌpraɪz]	It's that spirit — a faith in reason, and enterprise, and the primacy of right over might — that allowed us to resist the lure of fascism and tyranny during the Great Depression; that allowed us to build a post-World War II order with other democracies, an order based not just on military power or national affiliations but built on principles — the rule of law, human rights, freedom of religion, and speech, and assembly, and an independent press. -Es ese espíritu -una fe en la razón y en la empresa, y la primacía del derecho sobre el poder- lo que nos permitió resistir el atractivo del fascismo y la tiranía durante la Gran Depresión; eso nos permitió construir un orden posterior a la Segunda Guerra Mundial con otras democracias, un orden basado no sólo en el poder militar o en las afiliaciones nacionales, sino en principios: el imperio de la ley, los derechos humanos, la libertad religiosa, de expresión y de reunión y una prensa independiente.
3709	**tan** vb; ss; adj [tæn]	**broncearse; el bronceado; color canela** Judging by that great tan, it looks like you spent most of your vacation on the beach. -Viendo lo moreno que estás, parece que has pasado la mayor parte de tus vacaciones en la playa.
3710	**sincere** adj [sɪnˈsɪr]	**sincero** I owe you a sincere apology. -Le debo una sincera disculpa.
3711	**legally** adv [ˈligəli]	**legalmente** I was legally entitled to it. -Legalmente, yo tenía derecho a ese dinero.
3712	**cooperation** ss [koʊˌapəˈreɪʃən]	**la cooperación** Nuclear safety cooperation is also important. -También reviste importancia la cooperación en el ámbito de la seguridad nuclear.
3713	**hesitate** vb [ˈhɛzəˌteɪt]	**vacilar| titubear** If there's anything I can do for you, don't hesitate to let me know. -Si hay algo que pueda hacer por usted, no vacile en avisarme.
3714	**mature** adj; vb [məˈtʃʊr]	**maduro; madurar** Girls mature faster than boys. -Las niñas maduran antes que los niños.
3715	**sofa** ss [ˈsoʊfə]	**el sofá** Jim fell asleep on the sofa. -Jim se quedó dormido en el sofá.
3716	**compete** vb [kəmˈpit]	**competir** I had to compete with him for promotion. -Tuve que competir con él por un aumento.
3717	**prophet** ss [ˈprɑfət]	**el profeta** Hussein, the grandson of Prophet Mohammad, was martyred in Karbala in the year 680. -Hussein, el nieto del profeta Muhammed, fue martirizado en Karbala en el año 680.
3718	**stir** vb; ss [stɜr]	**revolver| remover; la agitación** Stir the soup until it boils. -Mueva usted la sopa hasta que hierva.

3719	**bartender**	**el barman**
	ss	The bartender threw Jim out of the bar.
	[ˈbɑrˌtɛndər]	-El camarero lo echó a Jim fuera del bar.
3720	**originally**	**originalmente**
	adv	This poem was originally written in French.
	[əˈrɪʤənəli]	-Este poema fue escrito originalmente en francés.
3721	**pine**	**el pino; languidecer**
	ss; vb	There used to be a big pine tree in front of my house.
	[paɪn]	-Solía haber un gran pino en frente de mi casa.
3722	**joker**	**bromista**
	ss	We got a joker in the audience there.
	[ˈʤoʊkər]	-Tenemos a un bromista en el público.
3723	**armor**	**la armadura; blindar**
	ss; vb	Its armor is comprised of a titanium-platinum alloy.
	[ˈɑrmər]	-Su armadura está compuesta de una aleación de titanio y platino.
3724	**mutter**	**murmurar; el murmullo**
	vb; ss	The most important thing is not to mutter anything.
	[ˈmʌtər]	-Lo más importante es no murmurar nada.
3725	**balloon**	**el globo; hincharse**
	ss; vb	Jim is inflating a balloon.
	[bəˈlun]	-Jim está inflando un globo.
3726	**momma**	**la mamá**
	ss	But I don't want to become like my momma.
	[ˈmɑmə]	-Pero no quiero ser como mamá.
3727	**vengeance**	**la venganza**
	ss	Hatred is degrading and vengeance demeaning.
	[ˈvɛnʤəns]	-El odio es degradante y la venganza denigrante.
3728	**fiancée**	**la novia**
	ss	Depriving your fiancée of her dream wedding.
	[fiancéi]	-Privando a tu prometida de su boda de ensueño.
3729	**peanut**	**el maní**
	ss	Many children enjoy eating peanut butter sandwiches.
	[ˈpinət]	-A muchos niños les gusta comer sándwiches de mantequilla de maní.
3730	**receipt**	**la recepción| el comprobante; dar recibo por**
	ss; vb	Here's my receipt.
	[rɪˈsit]	-Aquí está mi recibo.
3731	**altogether**	**en total**
	adv	That's altogether wrong.
	[ˌɔltəˈgɛðər]	-Eso está todo malo.
3732	**abortion**	**el aborto provocado**
	ss	"You do know that drinking that can cause you an abortion?" "Son, men
	[əˈbɔrʃən]	don't have abortions."
		-"¿Sabes que beber eso te puede provocar un aborto?" "Hijo, los hombres
		no tenemos abortos."
3733	**immortal**	**inmortal; el inmortal**
	adj; ss	"Dostoyevsky is dead." "I object! Dostoyevsky's immortal!"
	[ɪˈmɔrtəl]	-"Dostoyevski ha muerto" "¡Protesto! ¡Dostoyevski es inmortal!"

3734	**mafia** ss [ˈmɑfiə]	**la mafia** The Lithuanian mafia is constantly growing stronger in this country. -La mafia lituana es constantemente cada vez más fuerte en este país.
3735	**innocence** ss [ˈɪnəsəns]	**la inocencia** The evidence convinced us of his innocence. -La evidencia nos convenció de su inocencia.
3736	**climate** ss [ˈklaɪmət]	**el clima** This country has a harsh climate. -Este pais tiene un clima áspero.
3737	**capacity** ss [kəˈpæsəti]	**la capacidad** We aren't born with the capacity to carry out a happy coexistence. -No nacemos con la capacidad de llevar una convivencia feliz.
3738	**multiple** adj; ss [ˈmʌltəpəl]	**múltiple; el múltiplo** This sentence allows for multiple interpretations that I had to consider when translating. -Esta frase permite muchas interpretacion que tengo que considerar cuando traduzco.
3739	**madman** ss [ˈmædˌmæn]	**el loco** He behaved like a madman. -Él actuó como un lunático.
3740	**perspective** ss; adj [pərˈspɛktɪv]	**la perspectiva; perspectivo** The picture looks strange because it has no perspective. -La imagen se ve extraña, porque no tiene ninguna perspectiva.
3741	**objective** adj; ss [əbˈdʒɛktɪv]	**objetivo; el objetivo** Be objective. -Sé objetivo.
3742	**awhile** adv [əˈwaɪl]	**un rato** Probably take awhile for our folks to refocus. -Probablemente a nuestros compañeros les lleve un rato volver a concentrarse.
3743	**logic** ss; adj [ˈlɑdʒɪk]	**la lógica; lógico** The rules of logic are to mathematics what those of structure are to architecture. -Las reglas de la lógica son para las matemáticas lo que las de la estructura son para la arquitectura.
3744	**consent** ss; vb [kənˈsɛnt]	**el consentimiento; consentir** I interpreted their silence as consent. -Interpreté su silencio como consentimiento.
3745	**manual** adj; ss [ˈmænjuəl]	**manual; el manual** A qipao in the traditional style is made entirely by hand and requires labour-intensive manual tailoring techniques to enhance and exhibit every unique female form. -A qipao al estilo tradicional se hace totalmente a mano, y las técnicas de confección manual requieren mucha mano de obra para resaltar y exhibir cada una de las figuras femeninas.
3746	**ink** ss; vb [ɪŋk]	**la tinta; entintar** The pen has run out of ink. -La lapicera se quedó sin tinta.

3747	**snack**	**el bocadillo**
	ss	She fixed us a snack.
	[snæk]	-Ella nos preparó una botana.
3748	**pledge**	**el compromiso| la prenda; prometer**
	ss; vb	I give my pledge that I will quit smoking.
	[plɛdʒ]	-Te doy mi palabra de que dejaré de fumar.
3749	**crook**	**el ladrón; encorvarse**
	ss; vb	One crook plus one crook is equal to zero crooks.
	[krʊk]	-Un ladrón más un ladrón es igual a cero ladrones.
3750	**approval**	**la aprobación**
	ss	Your approval is important to me.
	[əˈpruvəl]	-Tu aprobación es importante para mí.
3751	**laser**	**el láser; lasérico**
	ss; adj	Laser rays are used in the restoration of ancient works.
	[ˈleɪzər]	-Los rayos láser son utilizados en la restauración de obras antiguas.
3752	**autopsy**	**la autopsia; autopsiar**
	ss; vb	Most of his posthumous fame came from his autopsy results.
	[ˈɔˌtɑpsi]	-Gran parte de su fama póstuma vino de los resultados de su autopsia.
3753	**haircut**	**el corte de pelo**
	ss	Jim just got a haircut.
	[ˈhɛrˌkʌt]	-Jim se acaba de cortar el pelo.
3754	**courtesy**	**la cortesía**
	ss	The President did me the courtesy of replying to my letter.
	[ˈkɜrtəsi]	-El Presidente me hizo la cortesía de responder mi carta.
3755	**regulation**	**la regulación| el reglamento; de reglamento**
	ss; adj	We should do away with this regulation.
	[ˌrɛgjəˈleɪʃən]	-Deberíamos eliminar esa regulación.
3756	**hamlet**	**la aldea**
	ss	Staley bought this strategic hamlet from Nhu.
	[ˈhæmlət]	-Staley adquirió la idea de la aldea estrategia de Nhu.
3757	**evolution**	**la evolución**
	ss	Without the random mutation of genes there would be no evolution.
	[ˌɛvəˈluʃən]	-Sin la mutación aleatoria de genes no habría evolución.
3758	**endure**	**soportar| perdurar**
	vb	How much more suffering can they endure?
	[ɛnˈdjʊr]	-¿Cuánto más sufrimiento pueden soportar?
3759	**shade**	**la sombra| el tono; sombrear**
	ss; vb	We had a rest in the shade.
	[ʃeɪd]	-Nosotros descansamos en la sombra.
3760	**stamp**	**el sello| la estampilla; sellar**
	ss; vb	He gave me his stamp of approval.
	[stæmp]	-Él me dio su sello de aprobación.
3761	**peculiar**	**peculiar| extraño**
	adj	Your point of view is certainly peculiar.
	[pəˈkjuljər]	-Su punto de vista es ciertamente peculiar.
3762	**orphanage**	**el orfanato**

	ss	Jim grew up in an orphanage.
	[ˈɔrfənədʒ]	-Jim creció en un orfanato.
3763	**peasant**	**el campesino**
	ss	A peasant like me surely would be lost in a city so big.
	[ˈpɛzənt]	-Una campesina como yo seguramente se perdería en una ciudad tan grande.
3764	**rainbow**	**los arco iris; multicolor**
	ss; adj	A rainbow is one of the most beautiful phenomena of nature.
	[ˈreɪnˌboʊ]	-El arcoíris es uno de los fenómenos naturales más hermosos.
3765	**qualify**	**calificar| clasificarse**
	vb	How early do I have to make a reservation to qualify for the discount?
	[ˈkwɑləˌfaɪ]	-¿Con cuanta antelación tengo que reservar para obtener el descuento?
3766	**wrestle**	**luchar**
	vb	And then you and I can wrestle each other.
	[ˈrɛsəl]	-Y así podemos luchar entre nosotros.
3767	**accountant**	**el contador**
	ss	Jim was an accountant.
	[əˈkaʊntənt]	-Jim era contador.
3768	**dolly**	**la muñequita; ser muñequita**
	ss; vb	Him and his dolly were looking for her too.
	[ˈdɑli]	-Él y su muñeco también la buscaban.
3769	**delta**	**las delta**
	ss	Cunadelbluesdel delta y del distrito francés.
	[ˈdɛltə]	-Home to the delta blues and the French quarter.
3770	**orbit**	**la órbita**
	ss	We came fearfully close to the Sun's orbit because we launched from the wrong side of Mercury.
	[ˈɔrbət]	-Nosotros estuvimos aterradoramente cerca de la órbita del sol porque despegamos del lado incorrecto de Mercurio.
3771	**colored**	**de colores**
	adj	She has coffee-colored shoes.
	[ˈkʌlərd]	-Tiene zapatos cafés.
3772	**treason**	**la traición**
	ss	Some even accused him of treason.
	[ˈtrizən]	-Algunos incluso le acusaron de traición.
3773	**fork**	**el tenedor; bifurcarse**
	ss; vb	A fork fell off the table.
	[fɔrk]	-Se cayó un tenedor de la mesa.
3774	**hostile**	**hostil**
	adj	Iran's leaders should begin by shunning hostile rhetoric.
	[ˈhɑstəl]	-Los líderes de Irán deberían empezar por evitar la retórica hostil.
3775	**campus**	**el campus**
	ss	Everyone on this campus is nuts.
	[ˈkæmpəs]	-Todo el mundo en este campus está loco.
3776	**rig**	**el aparejo; aparejar**
	ss; vb	We're approaching "Charlie" rig now.
	[rɪg]	-Nos acercamos a la plataforma "Charlie" en este momento.

3777	**dodge**	**esquivar| evadir; el regate**
	vb; ss	Let's play dodge ball.
	[dɑʤ]	-Juguemos a las quemadas.
3778	**ally**	**el aliado; aliarse**
	ss; vb	I want to be your ally, not your enemy.
	[ˈælaɪ]	-Quiero ser tu aliado, no tu enemigo.
3779	**hereby**	**por la presente**
	adv	I hereby exercise my right to challenge.
	[hɪrˈbaɪ]	-Por la presente, ejerzo mi derecho a desafiar.
3780	**restless**	**inquieto| intranquilo**
	adj	The natives are getting restless.
	[ˈrɛstləs]	-Los nativos se están poniendo intranquilos.
3781	**wig**	**la peluca**
	ss	It will take a little time to get used to wearing a wig.
	[wɪg]	-Llevará un tiempo acostumbrarse a llevar una peluca.
3782	**Alas!**	**¡Ay!**
	int	Until the day... Alas! I provoked and killed my best friend...
	[əˈlæs!]	-Hasta el día, por desgracia, en que me dejé provocar y maté a mi mejor amigo.
3783	**maker**	**fabricante**
	ss	It's my maker's fault.
	[ˈmeɪkər]	-Es defecto de mi creador, y ese no es Dios.
3784	**hobby**	**la afición**
	ss	My father's hobby is fishing.
	[ˈhɑbi]	-El pasatiempo de mi padre es la pesca.
3785	**blare**	**el estruendo; sonar**
	ss; vb	The blare of the radio burst upon our ears.
	[blɛr]	-El estruendo de la radio estalló en nuestros oídos.
3786	**reference**	**la referencia; de referencia; poner referencias**
	ss; adj; vb	With reference to your request, I will support.
	[ˈrɛfərəns]	-En referencia a tu solicitud, yo quiero brindar mi apoyo.
3787	**fourteen**	**catorce**
	num	My brother Jacques is fourteen years old.
	[ˈfɔrˈtin]	-Mi hermano Jacques tiene catorce años.
3788	**reliable**	**seguro**
	adj	Jim seems like a reliable person.
	[rɪˈlaɪəbəl]	-Jim parece ser una persona seria.
3789	**squeal**	**el chillido| el grito agudo; chillar**
	ss; vb	Sorry, I didn't mean to squeal like that in public.
	[skwil]	-Perdona, no quería chillar así en público.
3790	**eighteen**	**los dieciocho**
	num	Ana has had the same boyfriend since she was eighteen.
	[eɪˈtin]	-Ana ha tenido al mismo novio desde que tenía dieciocho años.
3791	**suitable**	**adecuado| apto**
	adj	I'm not sure that's suitable.
	[ˈsutəbəl]	-No creo que sea apropiado.
3792	**graduation**	**la graduación**

	ss	Jim attended Ana's graduation ceremony.
	[ˌgrædʒuˈeɪʃən]	-Jim asistió a la ceremonia de graduación de Ana.
3793	**screech**	**el chillido; chirriar**
	ss; vb	We do have bats that tend to screech around the clock.
	[skritʃ]	-Tenemos murciélagos que tienden a chillar todo el día.
3794	**nickel**	**el níquel; niquelar**
	ss; vb	New Caledonia's economy is dominated by the nickel industry.
	[ˈnɪkəl]	-La industria del níquel es el sector más importante de la economía de Nueva Caledonia.
3795	**auto**	**el auto**
	ss	The auto industry is hiring again.
	[ˈɔtoʊ]	-La industria automovilística está contratando nuevamente.
3796	**notion**	**la noción**
	ss	I've lost notion of time.
	[ˈnoʊʃən]	-Perdí la noción del tiempo.
3797	**flush**	**enjuagar; el rubor; a ras; a nivel**
	vb; ss; adj; adv	Never flush medicines down the toilet.
	[flʌʃ]	-Nunca tires medicamentos por el inodoro.
3798	**battalion**	**el batallón**
	ss	The battalion surrendered to the enemy.
	[bəˈtæljən]	-El batallón se entregó al enemigo.
3799	**straw**	**la paja; de paja**
	ss; adj	That's the last straw.
	[strɔ]	-Eso es el colmo.
3800	**foreigner**	**el extranjero**
	ss	The foreigner is mocking our court.
	[ˈfɔrənər]	-El extranjero se está burlando del tribunal popular.
3801	**stunt**	**atrofiar; la payasada**
	vb; ss	Apologize again for that cancer stunt.
	[stʌnt]	-Me disculpo de nuevo por el truco del cáncer.
3802	**vein**	**la vena**
	ss	The umbilical vein is catheterized with a fluid-filled catheter.
	[veɪn]	-Se cateteriza la vena umbilical con un catéter lleno de líquido.
3803	**pursuit**	**la búsqueda| la persecución**
	ss	The witch saw there was no help to be got from her old servants, and that the best thing she could do was to mount on her broom and set off in pursuit of the children.
	[pərˈsut]	-La bruja vio que no había ayuda que pudiera obtener de sus viejas criadas, y que lo mejor que podía hacer era montar en su escoba y partir en busca de los niños.
3804	**Turkish**	**turco; el turco**
	adj; ss	I am learning Turkish.
	[ˈtɜrkɪʃ]	-Estoy aprendiendo turco.
3805	**translation**	**la traducción**
	ss	This is not a free translation. It's a nonsense translation.
	[trænˈzleɪʃən]	-Esta no es una traducción libre. Es una traducción absurda.
3806	**maiden**	**la doncella; virginal**

	ss; adj	What is your maiden name?
	[ˈmeɪdən]	-¿Cuál es tu nombre de soltera?
3807	**preserve**	**preservar| conservar; el coto**
	vb; ss	Hundreds of billions have been spent to preserve these dysfunctional institutions.
	[prəˈzɜrv]	-Se invirtieron cientos de miles de millones de dólares para preservar estas instituciones disfuncionales.
3808	**whack**	**golpear| vapulear; el porrazo**
	vb; ss	I'll whack you so hard...
	[wæk]	-Te voy a golpear tan duro...
3809	**universal**	**universal**
	adj	Vedanta teaches that consciousness is singular, all happenings are played out in one universal consciousness and there is no multiplicity of selves.
	[ˌjunəˈvɜrsəl]	-El Vedanta enseña que la conciencia es singular, que todos los eventos se llevan a cabo, de principio a fin, dentro de una sola conciencia universal, y que no hay una multiplicidad de seres.
3810	**satisfy**	**satisfacer| cumplir con**
	vb	The art of teaching is only the art of awakening the natural curiosity of young minds to satisfy it afterwards.
	[ˈsætəˌsfaɪ]	-El arte de enseñar es tan sólo el arte de despertar la curiosidad natural en las mentes jóvenes para más tarde satisfacerla.
3811	**approximately**	**aproximadamente**
	adv	Disconnect the power cable from the modem, wait for approximately one minute, then reconnect the cable.
	[əˈprɑksəmətli]	-Desconecte el cable de poder del modem, espere aproximadamente un minuto, luego vuelva a conectar el cable.
3812	**thirteen**	**trece**
	num	I ran away from home when I was thirteen.
	[ˈθɜrˈtin]	-Yo huí de casa cuando tenía trece años.
3813	**owl**	**el búho**
	ss	What's the difference between an owl and a barn owl?
	[aʊl]	-¿Cuál es la diferencia entre un búho y una lechuza?
3814	**Swedish**	**sueco; el sueco**
	adj; ss	I write short sentences in Swedish.
	[ˈswidɪʃ]	-Escribo frases cortas en sueco.
3815	**homeland**	**la patria**
	ss	I love my homeland.
	[ˈhoʊmˌlænd]	-Yo amo a mi patria.
3816	**rally**	**la reunión; recuperarse**
	ss; vb	We were teammates in the Corsica rally.
	[ˈræli]	-Estuvimos juntos en el mismo equipo en el Rally de Córcega.
3817	**seize**	**aprovechar| apoderarse de**
	vb	Seize the moment.
	[siz]	-Coge el momento.
3818	**canyon**	**el cañón**
	ss	The path through the canyon seems steep.
	[ˈkænjən]	-El camino a través del cañón parece empinado.
3819	**AI**	**IA**

	ss	AI means Artificial Intelligence.
	[aɪ]	-IA quiere decir Inteligencia Artificial.
3820	**shuttle**	**la lanzadera; ir y venir**
	ss; vb	Is there a shuttle bus between the hotel and airport?
	[ˈʃʌtəl]	-¿Hay algún autobús lanzadera entre el hotel y el aeropuerto?
3821	**explosive**	**explosivo; el explosivo**
	adj; ss	The most important conclusions derived from this explosive process are very instructive.
	[ɪkˈsploʊsɪv]	-Las conclusiones más importantes que se derivan de este proceso explosivo son muy instructivas.
3822	**barber**	**el barbero**
	ss	I usually go to the barber once a month.
	[ˈbɑrbər]	-Suelo ir a la peluquería una vez al mes.
3823	**weep**	**llorar**
	vb	I weep for my lost youth.
	[wip]	-Lloro por mi juventud perdida.
3824	**symptom**	**el síntoma**
	ss	Symptoms: Hair loss is usually the only symptom.
	[ˈsɪmptəm]	-Síntomas: La pérdida de cabello generalmente es el único síntoma.
3825	**cottage**	**la cabaña**
	ss	My friend likes to live in the city, but his wife prefers to live in their little cottage in the country.
	[ˈkɑtədʒ]	-A mi amigo le gusta vivir en la ciudad, pero su mujer prefiere vivir en su pequeña choza campestre.
3826	**phony**	**falso; farsante**
	adj; ss	You fed me this phony melodrama.
	[ˈfoʊni]	-Usted me dieron de comer este melodrama falso.
3827	**cheerful**	**alegre**
	adj	Those children are cheerful.
	[ˈtʃɪrfəl]	-Esos niños son felices.
3828	**jeep**	**el jeep**
	ss	That jeep is partial compensation for services rendered.
	[dʒip]	-Ese jeep es una compensación parcial por prestación de servicios.
3829	**burger**	**la hamburguesa**
	ss	Nowhere to find a good burger after midnight.
	[ˈbɜrgər]	-En ningún lugar para encontrar una buena hamburguesa después de la medianoche.
3830	**haul**	**el recorrido| el botín; arrastrar**
	ss; vb	Nice haul, cracking that strong box.
	[hɔl]	-Menudo botín abriendo esa caja fuerte.
3831	**accurate**	**preciso| correcto**
	adj	He made an accurate report of the incident.
	[ˈækjərət]	-Él hizo un informe exacto del caso.
3832	**myth**	**el mito**
	ss	That's a myth.
	[mɪθ]	-Eso es un mito.
3833	**barrack**	**la barraca; acuartelar**

	ss; vb	A thousand people in a barrack.
	[ˈbærək]	-Un millar de personas en una barraca.
3834	**recovery**	**la recuperación**
	ss	We are hoping for your quick recovery.
	[rɪˈkʌvri]	-Esperamos que te recuperes pronto.
3835	**duel**	**el duelo; batirse en duelo**
	ss; vb	This is the decisive duel.
	[ˈduəl]	-Este es el duelo decisivo.
3836	**sour**	**amargar| agriarse; agrio**
	vb; adj	The grapes are sour.
	[ˈsaʊər]	-Las uvas están ácidas.
3837	**exclusive**	**exclusivo**
	adj	We have the exclusive right to sell them.
	[ɪkˈsklusɪv]	-Nosotros tenemos el derecho exclusivo de venderlos.
3838	**seventy**	**setenta; los setenta**
	adj; ss	Ten, twenty, thirty, forty, fifty, sixty, seventy, eighty, ninety, one hundred.
	[ˈsɛvənti]	-Diez, veinte, treinta, cuarenta, cincuenta, sesenta, setenta, ochenta, noventa, cien.
3839	**transmission**	**la transmisión**
	ss	Can you operate a manual transmission?
	[trænˈsmɪʃən]	-¿Puedes operar una transmisión manual?
3840	**spike**	**la espiga; clavar**
	ss; vb	Dave Duncan killed my husband with a railroad spike through his head.
	[spaɪk]	-Dave Duncan mató a mi marido atravesándole la cabeza con un pico de ferrocarril.
3841	**stall**	**el puesto; pararse**
	ss; vb	The horse never refuses to gallop to its stall.
	[stɔl]	-El caballo nunca se niega a galopar a su caseta.
3842	**rug**	**la manta**
	ss	When I didn't have any money, I only had a rug for a bed.
	[rʌg]	-Cuando no tenía plata, solo tenía una alfombra como cama.
3843	**robe**	**la túnica; vestir**
	ss; vb	Put on a robe.
	[roʊb]	-Ponte una bata.
3844	**departure**	**la salida| la partida**
	ss	His departure means that there will be peace in the house.
	[dɪˈpɑrtʃər]	-Su partida significa que habrá paz en la casa.
3845	**childish**	**infantil**
	adj	We regarded his behavior as childish.
	[ˈtʃaɪldɪʃ]	-Su comportamiento nos pareció infantil.
3846	**ninety**	**noventa**
	num	Ninety-nine always makes me laugh.
	[ˈnaɪnti]	-El noventa y nueve siempre me hace reír.
3847	**gladly**	**con alegría**
	adv	We gladly accept your offer.
	[ˈglædli]	-Aceptamos con gusto su propuesta.
3848	**assembly**	**el montaje| la asamblea**

ss
[əˈsɛmbli]

Everyone has the right to freedom of peaceful assembly and association.
-Toda persona tiene derecho a la libertad de reunión y de asociación pacíficas.

3849 Holland
ss
[ˈhɑlənd]

las Holanda
Holland is a small country.
-Holanda es un país pequeño.

3850 pierce
vb
[pɪrs]

atravesar
Sharpened bamboo could easily pierce a skull.
-El bambú afilado podría perforar fácilmente un cráneo.

3851 fountain
ss
[ˈfaʊntən]

la fuente
No one has yet found the fountain of youth.
-Nadie ha encontrado aún la fuente de la juventud.

3852 Asia
ss
[ˈeɪʒə]

la Asia
There are many people in Asia.
-Hay mucha gente en Asia.

3853 ego
ss
[ˈigoʊ]

el ego
What an ego!
-¡Qué ego!

3854 tissue
ss
[ˈtɪsˌju]

el tejido
I think I'm gonna sneeze. Give me a tissue.
-Creo que voy a estornudar... Dame un pañuelo.

3855 tramp
ss; vb
[træmp]

el vagabundo| la fulana; recorrer
The Time Traveller devoted his attention to his dinner, and displayed the appetite of a tramp.
-El Viajero del Tiempo dedicaba toda su atención a su cena, y mostraba el apetito de un mendigo.

3856 independence
ss
[ˌɪndɪˈpɛndəns]

la independencia
Happy Independence Day!
-¡Feliz día de la independencia!

3857 ranger
ss
[ˈreɪndʒər]

el guardabosque
It's exactly like the ranger described.
-Es como lo describió el guardabosque.

3858 sherry
ss
[ˈʃɛri]

el jerez
Champagne after sherry makes tummy grow wary.
-Champaña después de jerez hace que tu pancita tenga acidez.

3859 scissor
vb; ss
[ˈsɪzər]

cortar con tijeras; la tijera
The first scissor cut into a fresh piece of construction paper.
-El primer corte de tijera en una nueva hoja de papel.

3860 wretched
adj
[ˈrɛtʃɪd]

miserable
The wretched spirit that inhabits you must be excised.
-El miserable espíritu que habita dentro de ti debe ser extraído.

3861 karate
ss
[kəˈrɑti]

el kárate
Jim is a karate expert.
-Jim es un experto en karate.

3862 compassion
ss; vb
[kəmˈpæʃən]

la compasión; tener piedad de
For 40 years, compassion in politics receded.
-Durante cuarenta años, la compasión en la política retrocedió.

3863	**choke**	**el ahogo; ahogar**
	ss; vb	He tried to choke him.
	[tʃoʊk]	-Trató de ahogarle.
3864	**convict**	**condenar; el convicto**
	vb; ss	The escaped convict is armed and dangerous.
	[ˈkɑnvɪkt]	-El convicto fugado está armado y es peligroso.
3865	**vow**	**el voto| la promesa; prometer**
	ss; vb	As a result, the vow of celibacy has become an unworkable anachronism.
	[vaʊ]	-A consecuencia de ello, el voto de celibato ha llegado a ser un anacronismo impracticable.
3866	**cue**	**la señal**
	ss	That's my cue.
	[kju]	-Esa es mi señal.
3867	**curly**	**rizado**
	adj	Her hair is naturally curly.
	[ˈkɜrli]	-Sus rulos son naturales.
3868	**hysterical**	**histérico**
	adj	He devoted a whole poem to the blueness of his victim's eyes, which the
	[hɪˈstɛrɪkəl]	two policemen read out loud to one another through hysterical, tearful laughter.
		-Él dedicó un poema entero al azul de los ojos de su víctima, el cual los dos policías leyeron en voz alta el uno al otro en medio de histéricas y tristes lágrimas.
3869	**landlord**	**el propietario| el casero**
	ss	When the landlord's away, the tenants will play.
	[ˈlænˌdlɔrd]	-Cuando el casero no está, los inquilinos juegan.
3870	**shiny**	**brillante**
	adj	I don't like this paper. It's too shiny.
	[ˈʃaɪni]	-No me gusta este papel; es muy brillante.
3871	**isolate**	**aislar**
	vb	We cannot isolate unemployment from the other great decisions.
	[ˈaɪsəˌleɪt]	-No podemos aislar el desempleo del conjunto de las otras grandes decisiones.
3872	**camel**	**el camello**
	ss	He knows how to ride a camel.
	[ˈkæməl]	-Él sabe montar a camello.
3873	**outrageous**	**indignante| escandaloso**
	adj	She can tell the most outrageous lie without batting an eye.
	[aʊˈtreɪdʒəs]	-Ella puede soltar la más atroz mentira sin pestañear los ojos.
3874	**offensive**	**la ofensiva; ofensivo**
	ss; adj	The smell was offensive.
	[əˈfɛnsɪv]	-El olor era desagradable.
3875	**prior**	**anterior; el prior**
	adj; ss	The defendant has no prior convictions.
	[ˈpraɪər]	-El acusado no tiene condenas anteriores.
3876	**melt**	**fundir**
	vb	This year, Lake Inari won't melt until the beginning of May.
	[mɛlt]	-Este año, el lago Inari no se derretirá hasta el comienzo de Mayo.

3877	**countryside**	**el campo**
	ss	I like watching the countryside.
	[ˈkʌntriˌsaɪd]	-Me gusta observar el campo.
3878	**passionate**	**apasionado**
	adj	I am passionate about technology.
	[ˈpæʃənət]	-Me apasiona la tecnología.
3879	**drunken**	**borracho**
	adj	Jim served five days in jail last year after pleading guilty to drunken driving.
	[ˈdrʌŋkən]	-El año pasado Jim pasó cinco días en la cárcel, después de haber sido declarado culpable de conducir borracho.
3880	**deliberately**	**deliberadamente**
	adv	She deliberately ignored me on the street.
	[dɪˈlɪbərətli]	-Ella deliberadamente me ignoró por la calle.
3881	**cultural**	**cultural**
	adj	Furthermore, I still don't think this a huge cultural difference.
	[ˈkʌltʃərəl]	-Además, aún así pienso que esto no es una diferencia cultural enorme.
3882	**anchor**	**la ancla| la áncora; anclar**
	ss; vb	The ship dropped anchor.
	[ˈæŋkər]	-El barco echó anclas.
3883	**zip**	**la cremallera| el cierre; cerrar**
	ss; vb	Ana asked Jim to zip up her dress.
	[zɪp]	-Ana le pidió a Jim que le subiera la cremallera de su vestido.
3884	**morgue**	**los morgue**
	ss	That white building is a morgue.
	[mɔrg]	-Ese edificio blanco es una morgue.
3885	**quarrel**	**la pelea| la camorra; pelear**
	ss; vb	What was the cause of your quarrel?
	[ˈkwɔrəl]	-¿Cuál fue la causa de la discusión?
3886	**pose**	**la pose| la actitud; plantear**
	ss; vb	If you're serious about solving the problem, then you cannot pose it as a Catch-22.
	[poʊz]	-Si realmente quieres resolver el problema, entonces no puedes plantearlo como algo sin solución.
3887	**difficulty**	**la dificultad| el aprieto**
	ss	I had no difficulty breaking the lock.
	[ˈdɪfəkəlti]	-No tuve problemas para romper el candado.
3888	**shocking**	**chocante| escandaloso; muy**
	adj; adv	The statistics are shocking.
	[ˈʃakɪŋ]	-Las estadísticas son alarmantes.
3889	**domestic**	**nacional; el doméstico**
	adj; ss	Today, foreign relations and domestic affairs are in close contact.
	[dəˈmɛstɪk]	-Hoy en día, las relaciones internacionales y los asuntos internos están estrechamente relacionados.
3890	**carbon**	**el carbón; carbono**
	ss; adj	Carbon monoxide is a poisonous substance formed by the incomplete combustion of carbon compounds.
	[ˈkarbən]	-El monóxido de carbono es una sustancia venenosa formada a partir de la combustión incompleta de compuestos de carbono.

3891	**pony**	**el poni**
	ss	You know what else? My daughter wants a pony and my husband wants a yacht.
	[ˈpoʊˌni]	-¿Sabes qué? Mi hija quiere un pony y mi esposo quiere un yate.
3892	**specialist**	**especialista; especializado**
	ss; adj	Her doctor wants to send her to a specialist.
	[ˈspɛʃələst]	-Su médico quiere mandarla a un especialista.
3893	**assist**	**ayudar| presenciar**
	vb	I would like you to assist me with my gardening.
	[əˈsɪst]	-Me gustaría que me ayudases a cuidar del jardín.
3894	**altar**	**el altar**
	ss	The recent scandals involving altar boys and religious leaders have undermined the faith people have in the Church.
	[ˈɔltər]	-Los recientes escándalos relacionados a los monaguillos y los líderes religiosos, socavaron la fe que la gente tiene en la Iglesia.
3895	**observation**	**la observación| la indicación**
	ss	Empirical data is based solely on observation.
	[ˌɑbzərˈveɪʃən]	-Los datos empíricos se basan únicamente en la observación.
3896	**significant**	**significativo**
	adj	He studied the scientists considered to be the most significant of the 19th century.
	[səgˈnɪfɪkənt]	-Él estudió a los científicos considerados como los más significativos del siglo XIX.
3897	**untie**	**desatar**
	vb	I can't untie this knot.
	[ənˈtaɪ]	-No puedo deshacer este nudo.
3898	**thud**	**el ruido sordo; caer con ruido sordo**
	ss; vb	The downstairs neighbor heard a thud.
	[θʌd]	-La vecina de abajo escuchó un ruido sordo.
3899	**oppose**	**oponerse a**
	vb	The city government wants to set up special cycle lanes. However, a lot of drivers oppose the idea.
	[əˈpoʊz]	-El gobierno municipal quiere instalar carriles bici especiales. Sin embargo, un montón de conductores se oponen a la idea.
3900	**ensure**	**asegurar**
	vb	Please ensure the genitals are obscured by a mosaic effect.
	[ɛnˈʃʊr]	-Asegúrese de que los genitales están ocultos con un efecto mosaico.
3901	**mainly**	**principalmente**
	adv	Fork-users are mainly in Europe, North America, and Latin America; chopstick-users in eastern Asia and finger-users in Africa, the Middle East, Indonesia, and India.
	[ˈmeɪnli]	-Las personas que usan tenedores mayormente son de Europa, América del Norte y Sur; los que usan palillos son del este de Asia y los que usan sus dedos son de África, Medio Oriente, Indonesia e India.
3902	**circuit**	**el circuito; rodear**
	ss; vb	You must switch off the power before checking the circuit.
	[ˈsɜrkət]	-Usted debe desconectar la alimentación antes de comprobar el circuito.
3903	**fiancé**	**el novio**

	ss	Brémont's daughter introduced me to her fiancé.
	[fiancé]	-La hija de los Brémont, vino a presentarme a su prometido.
3904	**infection**	**la infección**
	ss	My doctor said that this sore throat is a streptococcal infection.
	[ɪnˈfɛkʃən]	-Mi doctor ha dicho que esta inflamación de la garganta es una infección de estreptococos.
3905	**ashore**	**en tierra**
	adv	The oil and gas are pumped ashore or loaded onto ships.
	[əˈʃɔr]	-El petróleo y el gas se bombean a tierra o se cargan en buques.
3906	**psychological**	**psicológico**
	adj	Jim has psychological problems.
	[ˌsaɪkəˈlɑdʒɪkəl]	-Jim tiene problemas psicológicos.
3907	**jar**	**el tarro| el frasco; mover**
	ss; vb	As he was about to leave the dining hall, his eyes were drawn to a cinnamon jar standing lonely on the table.
	[dʒɑr]	-A punto de salir del comedor, sus ojos fueron atraídos por una única jarra de canela sobre la mesa.
3908	**appoint**	**nombrar| equipar**
	vb	The ALDE's core amendment has been to appoint a European Patients Ombudsman.
	[əˈpɔɪnt]	-El centro de la enmienda de ALDE consiste en nombrar un Defensor del Paciente Europeo.
3909	**resign**	**renunciar| dimitir**
	vb	He has no choice but to resign.
	[rɪˈzaɪn]	-Él no tiene más opción que renunciar.
3910	**chopper**	**el helicóptero**
	ss	Requesting confirmation on a standby chopper for bomb team.
	[ˈtʃɑpər]	-Pidiendo confirmación de un helicóptero de emergencia para un equipo antibombas.
3911	**violet**	**violeta; la violeta**
	adj; ss	I like the color violet.
	[ˈvaɪəlɪt]	-Me gusta el color violeta.
3912	**butch**	**marimacho; los marimacho**
	adj; ss	I didn't think it was possible to make you more butch.
	[bʊtʃ]	-No pensé que fuera posible hacerte más macho.
3913	**copper**	**el cobre; de cobre; realizar caldera**
	ss; adj; vb	Copper conducts electricity well.
	[ˈkɑpər]	-El cobre conduce bien la electricidad.
3914	**corrupt**	**corrupto; corromper**
	adj; vb	This government is corrupt.
	[kəˈrʌpt]	-Este gobierno es corrupto.
3915	**scan**	**escanear; la tomografía**
	vb; ss	He's a strange doctor. He said that a full diagnosis would require him to scan the patient's body in other dimensions.
	[skæn]	-Es un doctor extraño. Dice que un diagnóstico completo le exigiría examinar el cuerpo del paciente en otros aspectos.
3916	**await**	**esperar**

	vb	We await the visit of our uncle with a happy heart.
	[əˈweɪt]	-Esperamos la visita de nuestro tío con el corazón alegre.
3917	**occasionally**	**de vez en cuando**
	adv	They visited me occasionally.
	[əˈkeɪʒənəli]	-Ellos me visitaban de vez en cuando.
3918	**freely**	**con libertad**
	adv	Everyone has the right to take part in the government of his country, directly
	[ˈfrili]	or through freely chosen representatives.
		-Toda persona tiene derecho a participar en el gobierno de su país, directamente o por medio de representantes libremente escogidos.
3919	**journal**	**la revista| el diario**
	ss	In footnotes, book titles and journal names are written in italics.
	[ˈdʒɜrnəl]	-En las notas a pie de página, los títulos de los libros y los nombres de las revistas se escriben en cursiva.
3920	**architect**	**el arquitecto**
	ss	That architect builds very modern houses.
	[ˈɑrkəˌtɛkt]	-Ese arquitecto construye casas muy modernas.
3921	**dip**	**la inmersión| el baño; mojar**
	ss; vb	Magic chips and toasted marshmallow dip.
	[dɪp]	-Papas fritas mágicas y salsa de malvavisco tostado.
3922	**ant**	**la hormiga**
	ss	Sysko works like an ant.
	[ænt]	-Sysko trabaja como hormiga.
3923	**hint**	**insinuar| dar un indicio; las indirecta**
	vb; ss	For the intelligent, a hint is sufficient.
	[hɪnt]	-Para el astuto, una pista es suficiente.
3924	**fade**	**descolorarse**
	vb	Flowers soon fade when they have been cut.
	[feɪd]	-Las flores se marchitan enseguida una vez las han cortado.
3925	**thanksgiving**	**las acción de gracias**
	ss	Happy Thanksgiving!
	[ˌθæŋksˈɡɪvɪŋ]	-¡Feliz día de acción de gracias!
3926	**ankle**	**el tobillo**
	ss	Jim twisted his ankle.
	[ˈæŋkəl]	-Jim se torció el tobillo.
3927	**spaghetti**	**los espaguetis**
	ss	Don't touch my spaghetti bridge! The glue is still hardening.
	[spəˈɡɛti]	-¡No toques mi puente de espaguetis! El pegamento todavía se está secando.
3928	**bizarre**	**extraño**
	adj	What a bizarre tale!
	[bəˈzɑr]	-¡Qué historia tan rara!
3929	**marijuana**	**la marijuana**
	ss	The police found boxes that contained marijuana and other drugs inside the
	[ˌmɛrəˈwɑnə]	trunk of the car.
		-La policía encontró cajas que contenían marihuana y otras drogas en el maletero del coche.
3930	**encounter**	**el encuentro| el tropezado; encontrar**

	ss; vb	That was our first encounter.
	[ɪnˈkaʊntər]	-Ese fue nuestro primer encuentro.
3931	**stew**	**el guiso; guisar**
	ss; vb	Don't forget to stir the stew.
	[stu]	-No olvides revolver el estofado.
3932	**urge**	**el impulso| la ansia; instar**
	ss; vb	He felt a sudden urge to write a novel.
	[ɝdʒ]	-De pronto él se sintió instado a escribir una novela.
3933	**strongly**	**fuertemente**
	adv	I strongly believe that human imagination is limitless.
	[ˈstrɔŋli]	-Creo sinceramente que la imaginación humana no tiene límites.
3934	**ping**	**el silbido; picar**
	ss; vb	Jim and Ana are still playing ping pong.
	[pɪŋ]	-Jim y Ana todavía están jugando a pimpón.
3935	**identification**	**la identificación**
	ss	Digital identification information was easily transmitted internationally.
	[aɪˌdɛntəfəˈkeɪʃən]	-La información de identificación digital se podía transmitir con facilidad a todo el mundo.
3936	**attic**	**ático; el ático**
	adj; ss	I keep it in the attic.
	[ˈætɪk]	-Lo guardo en el ático.
3937	**jaw**	**la mandíbula| la mordaza; charlar**
	ss; vb	My jaw is sore.
	[dʒɔ]	-Mi mandíbula me duele.
3938	**boil**	**hervir; el hervor**
	vb; ss	The water will come to a boil in 5 minutes or so.
	[bɔɪl]	-El agua hervirá en unos 5 minutos.
3939	**porch**	**el porche**
	ss	Let's sun ourselves on the sun porch.
	[pɔrtʃ]	-Vamos a tomar el sol en la galería.
3940	**anxiety**	**la ansiedad| la ansia**
	ss	I hope to cure my social anxiety one day.
	[æŋˈzaɪəti]	-Espero un día curar mi ansiedad social.
3941	**exhibition**	**la exposición**
	ss	My friend told me that this coming Monday an exhibition about Spanish history is opening.
	[ˌɛksəˈbɪʃən]	-Mi amiga me dijo que el lunes que viene se inaugura una exposición sobre historia de España.
3942	**noisy**	**ruidoso**
	adj	I told the children to be quiet, but they just kept on being noisy.
	[ˈnɔɪzi]	-Les dije a los niños que estuvieran en silencio, pero ellos siguieron haciendo ruido.
3943	**spectacular**	**espectacular**
	adj	The celebrations culminated in a spectacular fireworks display.
	[spɛkˈtækjələr]	-El festival terminó con una espectacular exhibición de fuegos artificiales.
3944	**storage**	**el almacenamiento**

	ss		It also has facilities for gas storage and regasification.
	['stɔrədʒ]		-También contamos con instalaciones para el almacenamiento de gas y la regasificación.
3945	**fulfill**		**cumplir**
	vb		He couldn't fulfill the promise he made to his father.
	[fʊlˈfɪl]		-Él no pudo cumplir la promesa que hizo a su padre.
3946	**eighty**		**ochenta**
	num		The lady is over eighty.
	[ˈeɪti]		-La mujer tiene más de ochenta años.
3947	**farther**		**más lejos| más allá; más lejano; adelantar**
	adv; adj; vb		The school is farther than the station.
	[ˈfɑrðər]		-La escuela está más lejos que la estación.
3948	**correctly**		**correctamente**
	adv		Did you read the sign correctly?
	[kəˈrɛktli]		-¿Leyó usted bien la muestra?
3949	**origin**		**el origen**
	ss		He was mainly interested in the origin of the universe and evolution.
	[ˈɔrədʒən]		-Él estaba interesado fundamentalmente en el origen del universo y la evolución.
3950	**mutual**		**mutuo**
	adj		The feeling is mutual.
	[ˈmjutʃuəl]		-El sentimiento es mutuo.
3951	**genetic**		**genético**
	adj		Yet the people inside Africa have more genetic variation.
	[dʒəˈnɛtɪk]		-Sin embargo, las personas de África tienen más variación genética.
3952	**righteous**		**justo**
	adj		The righteous Starfleet captain finally released you.
	[ˈraɪtʃəs]		-Finalmente, el justo Capitán de la Armada te libero.
3953	**convent**		**el convento**
	ss		At the Carmelite convent to twelve.
	[ˈkɑnvənt]		-En el convento de las Carmelitas, a las doce.
3954	**pastor**		**el pastor**
	ss		The girl closed her eyes and listened to the pastor.
	[ˈpæstər]		-La chica cerró los ojos y escuchó al pastor.
3955	**massacre**		**la masacre; masacrar**
	ss; vb		On the 2nd of September 1792 when the general massacre of the prisoners took place at Paris, M. Sombreuil was on the point of being sacrificed when he was rescued from the hands of the assassins by the heroic conduct of his daughter, though on the dreadful condition that she would drink success to the republic in a goblet of blood!
	[ˈmæsəkər]		-El 2 de septiembre de 1792, cuando tuvo lugar en París la masacre general de los prisioneros, M. Sombreuil estaba a punto de ser ejecutado cuando fue rescatado de las manos de sus asesinos por la heroica conducta de su hija, ¡aunque con la terrible condición de que ella bebería por el éxito de la república en una copa de sangre!
3956	**underwater**		**submarino**
	adj		He was underwater for three minutes.
	[ˈʌndərˌwɔtər‚]		-Él estuvo tres minutos bajo el agua.

3957	**sperm**	**el esperma**
	ss	A sperm whale is the biggest toothed whale.
	[spɜrm]	-Un cachalote es la mayor ballena con dientes.
3958	**tease**	**molestar| embromar; el embromador**
	vb; ss	But you only know how to tease the others.
	[tiz]	-Ustedes sólo piensan en burlarse de la gente.
3959	**contain**	**contener**
	vb	He likes salads that contain sour cream.
	[kənˈteɪn]	-A él le gustan las ensaladas con crema agria.
3960	**dagger**	**la daga; odiarse a muerte**
	ss; vb	After the battle, Tus asked for this dagger as tribute.
	[ˈdægər]	-Después de la batalla, Tus me pidió la daga como tributo Yo no le di importancia, Pero ahora lo entiendo.
3961	**organize**	**organizar**
	vb	I have to organize my schedule before the end of the month.
	[ˈɔrgəˌnaɪz]	-Tengo que organizar mi horario antes de fin de mes.
3962	**stereo**	**el estéreo**
	ss	DJ like a pro with these super-small stereo speakers.
	[ˈstɛriˌoʊ]	-Pasa música como un profesional con estos altavoces estéreo súper pequeños.
3963	**sniff**	**oler| esnifar; la inhalación**
	vb; ss	Bee needs a sniff of honey to keep him buzzing around.
	[snɪf]	-La abeja necesita oler miel para seguir zumbando.
3964	**rack**	**el estante; atormentar**
	ss; vb	Put the suitcases carefully on the rack.
	[ræk]	-Acomode bien las maletas en el portaequipajes.
3965	**gown**	**el vestido| la toga; ponerse**
	ss; vb	I thought the evening gown looked...
	[gaʊn]	-Pienso que el vestido de la mañana se veía...
3966	**stark**	**rígido**
	adj	He's stark naked.
	[stɑrk]	-Está totalmente desnudo.
3967	**hairy**	**peludo**
	adj	Jim has a hairy chest.
	[ˈhɛri]	-Jim tiene el pecho peludo.
3968	**eliminate**	**eliminar**
	vb	If mankind doesn't take care of the environment, the environment may eliminate mankind.
	[ɪˈlɪməˌneɪt]	-Si la humanidad no cuida el medio ambiente, el medio ambiente podría eliminar a la humanidad.
3969	**leap**	**el salto; saltar**
	ss; vb	Mercury is a quantum leap in our communications security.
	[lip]	-Mercurio es un gran salto en la seguridad de nuestras comunicaciones.
3970	**posted**	**al corriente**
	adj	This practice obviously produces numerous mistakes in the content posted there.
	[ˈpoʊstɪd]	-Obviamente, esta práctica lleva a numerosos errores en el contenido allí publicado.

3971 n.d.   **sin fecha**

abr

[ɛn.di.]   Numerous reviews have demonstrated that, overall, coordination processes give inadequate attention to gender equality (Zuckerman 2002, UNICEF n.d.; Mondesire 2002).

-Numerosos exámenes han demostrado que, en general, en los procesos de coordinación se presta insuficiente atención a la igualdad de género (Zuckerman 2002, UNICEF sin fecha; Mondesire 2002).

3972 plead   **alegar| abogar**

vb

[plid]   How do you plead?

-¿Cómo se declara?

3973 sting   **la picadura| el aguijón; picar**

ss; vb

[stɪŋ]   Where did the bee sting you?

-¿Dónde te picó la abeja?

3974 inevitable   **inevitable**

adj

[ɪˈnɛvətəbəl]   Under the circumstances, bankruptcy is inevitable.

-Bajo las circunstancias, la bancarrota es inevitable.

3975 Portuguese   **portugués; el portugués**

adj; ss

[ˈpɔrtʃəˌgiz]   The Portuguese pronoun "eu" came from Latin "ego".

-El pronombre "eu" de uso común en la lengua portuguesa tiene su origen en la locución latina "ego":

3976 railway   **el ferrocarril**

ss

[ˈreɪlˌweɪ]   A new means of communication was developed — the railway.

-Se ha desarrollado un nuevo medio de comunicación - el ferrocarril.

3977 hallway   **el vestíbulo**

ss

[ˈhɔlˌweɪ]   This hallway keeps narrowing as I go farther and farther in.

-Este recibidor se va estrechando a medida que me adentro cada vez más en él.

3978 lordship   **el señorío| el señor**

ss

[ˈlɔrdʃɪp]   My lordship, this is a baseless appeal.

-Mi señoría, esto es un recurso de casación carece de fundamento.

3979 clumsy   **torpe| desmañado; el ñango**

adj; ss

[ˈklʌmzi]   You are really clumsy, aren't you!

-Eres muy torpe, ¿verdad?

3980 villain   **el villano**

ss

[ˈvɪlən]   Who's your favorite movie villain?

-¿Quién es tu villano de película favorito?

3981 wage   **el salario; librar; salarial**

ss; vb; adj

[weɪdʒ]   If you want your workers to be happy, you need to pay them a decent wage.

-Si quieres que tus empleados estén contentos tienes que pagarles un sueldo aceptable.

3982 squadron   **el escuadrón**

ss

[ˈskwɑdrən]   Drazi blockade squadron to Centauri transports and warships.

-Escuadrón de bloqueo Drazi a transporte y nave de guerra Centauri.

3983 mortgage   **la hipoteca; hipotecar**

ss; vb

[ˈmɔrgədʒ]   Some households face particularly heavy mortgage payments.

-Algunas familias deben hacer frente a pagos de hipoteca particularmente onerosos.

3984 cord   **el cable| el cordón; hacer una cuerda**

	ss; vb
	[kɔrd]

Start here and the anterior spinal artery could rupture... cord could die.
-Desde aquí, la arteria espinal anterior puede romperse... y el cordón moriría.

3985 **despise** — **despreciar**
vb
[dɪˈspaɪz]
I despise Jim.
-Yo desprecio a Jim.

3986 **diving** — **el buceo**
ss
[ˈdaɪvɪŋ]
Have you ever tried scuba diving?
-¿Has tratado de bucear alguna vez?

3987 **obsession** — **la obsesión**
ss
[əbˈsɛʃən]
Vance's obsession outlived Samuel however.
-Pero la obsesión de Vance sobrevivió a Samuel.

3988 **Sweden** — **las Suecia**
ss
[ˈswidən]
Other countries might find Sweden's system worth studying.
-Otros países podrían considerar digno de estudio el sistema de Suecia.

3989 **previously** — **previamente**
adv
[ˈpriviəsli]
Previously people believed the earth was flat.
-Antiguamente se pensaba que la Tierra era plana.

3990 **lust** — **la lujuria; codiciar**
ss; vb
[lʌst]
Why is it that, as soon as someone says the word love, lust metamorphoses into passion?
-¿Por qué será que en cuanto alguien dice la palabra amor, el deseo se convierte en pasión?

3991 **bollocks** — **los cojones**
ss
[bollocks]
I used to think this kind of stuff was bollocks.
-Solía pensar que este tipo de cosas eran gilipolleces.

3992 **puzzle** — **el rompecabezas| la puzzle; desconcertar**
ss; vb
[ˈpʌzəl]
He was immersed in the puzzle.
-Él estaba inmerso en el rompecabezas.

3993 **legitimate** — **legítimo| justo; legitimar**
adj; vb
[ləˈdʒɪtəmət]
Which prince is the legitimate heir to the throne?
-¿Cuál príncipe es el legítimo sucesor al trono?

3994 **ferry** — **transportar; el transbordador**
vb; ss
[ˈfɛri]
We can catch the 4.30 ferry.
-¡Sí! Si nos apuramos podemos alcanzar el ferry.

3995 **puke** — **el vómito; vomitar a uno**
ss; vb
[pjuk]
It made me want to puke.
-Me dio ganas de vomitar.

3996 **bolt** — **el tornillo| el cerrojo; empernar**
ss; vb
[boʊlt]
I didn't know you were a lightning bolt.
-Tenía el presentimiento de que trabajabas rápido pero no sabía que lo hacías a la velocidad del rayo.

3997 **bra** — **el sostén**
ss
[brɑ]
She's walking around in panties and bra.
-Ella está caminando por ahí en ropa interior.

3998 **label** — **la etiqueta| el rótulo; etiquetar**

ss; vb
['leɪbəl]

Jim thought his violin was a Stradivarius because the name Stradivarius was on the label inside his violin.

-Jim pensó que su violín era Stradivarius porque el nombre Stradivarius estaba en la etiqueta dentro del violín.

3999 **classified**   **clasificado**

adj
['klæsə,faɪd]

In Colombia, the population is classified into social strata ranging from one to six, one being the poorest and six being the richest.

-En Colombia la población se clasifica en estratos sociales que van del uno al seis, siendo el estrato uno el más pobre y el seis el más rico.

4000 **godfather**   **el padrino; apadrinar**

ss; vb
['gɑd,fɑðər]

My godfather gave me that red shirt.

-Mi padrino me dio esa camisa roja.

4001 **foreman**   **el capataz**

ss
['fɔrmən]

His father was the farm foreman.

-Su padre era el capataz de la finca.

4002 **handkerchief**   **el pañuelo**

ss
['hæŋkərtʃɪf]

This handkerchief is made of paper.

-Este pañuelo está hecho de papel.

4003 **tomato**   **el tomate**

ss
[tə'meɪ,toʊ]

Is a tomato a fruit or a vegetable?

-¿El tomate es una fruta o un vegetal?

4004 **shorty**   **el retaco**

ss
['ʃɔrti]

He got mad at me for calling him shorty.

-Él se enojó conmigo por llamarlo petiso.

4005 **inspection**   **la inspección**

ss
[ɪn'spɛkʃən]

A Tenant Association may request a building-wide inspection.

-Una asociación de inquilinos puede solicitar una inspección por todo el edificio.

4006 **colony**   **la colonia**

ss
['kɑləni]

At one time Nigeria was a British colony.

-Antiguamente, Nigeria era una colonia británica.

4007 **industrial**   **industrial**

adj
[ɪn'dʌstriəl]

The firefighters could not put out the fire at the industrial plant.

-Los bomberos no pudieron apagar el fuego de la nave industrial.

4008 **bowling**   **los bolos**

ss
['boʊlɪŋ]

I think it's highly unlikely that Jim will go bowling.

-Creo que es altamente improbable que Jim vaya a jugar bolos.

4009 **sneaking**   **furtivo**

adj
['snikɪŋ]

Somebody's been sneaking the cider.

-Alguien ha estado furtivamente la sidra.

4010 **explore**   **explorar| investigar**

vb
[ɪk'splɔr]

We're about to explore some uncharted territory.

-Estamos a punto de explorar territorio virgen.

4011 **filth**   **la inmundicia**

ss
[fɪlθ]

We simply didn't expect to see such filth on the family shopping site.

-Sencillamente, no esperábamos ver tanta suciedad en el sitio de compras de la familia.

4012 **tuck**   **el pliegue; comer**

	ss; vb		When finished, it'll tuck itself into the space.
	[tʌk]		-Cuando haya terminado, se va a meter en el mismo espacio.
4013	**ghetto**		**el ghetto**
	ss		This, sadly, is a road to the ghetto.
	[ˈgɛtoʊ]		-Lamentablemente, ése es un camino para el gueto.
4014	**submit**		**presentar| someter**
	vb		He decided to submit his resignation.
	[səbˈmɪt]		-Él decidió presentar su renuncia.
4015	**torch**		**la antorcha**
	ss		The sun is the torch, the lamp of the universe; if it is situated in the central region it's because this is the best place to illuminate the planets.
	[tɔrtʃ]		-El sol es la antorcha, la lámpara del universo; si se halla en la región central es porque ésta es la mejor ubicación para iluminar los planetas.
4016	**avenge**		**vengar**
	vb		He killed him to avenge his dead father.
	[əˈvɛndʒ]		-Él lo mató para vengar a su padre.
4017	**engineering**		**la ingeniería**
	ss		I would love to do an engineering course.
	[ˈɛndʒəˈnɪrɪŋ]		-Me encantaría hacer un curso de ingeniería.
4018	**bounty**		**la generosidad**
	ss		10 silver stags seems a generous bounty.
	[ˈbaʊnti]		-10 ciervos de plata, parece una generosa recompensa.
4019	**parliament**		**el parlamento**
	ss		Parliament has its beginnings in 14th-century England.
	[ˈpɑrləmənt]		-El parlamento tuvo su origen en la Inglaterra del siglo XIV.
4020	**trumpet**		**la trompeta; pregonar; trompetazo**
	ss; vb; adj		Elephants trumpet when they are scared and when they are angry.
	[ˈtrʌmpət]		-Los elefantes barritan cuando están asustados y cuando se enfadan.
4021	**Negro**		**negro; el negro**
	adj; ss		Arroz negro tastes inky because it's made with squid ink.
	[ˈnigroʊ]		-El arroz negro sabe a tinta porque está hecho con tinta de calamar.
4022	**compromise**		**el compromiso; comprometer**
	ss; vb		The two sides finally agreed on a compromise.
	[ˈkɑmprəˌmaɪz]		-Las dos partes finalmente se pusieron de acuerdo.
4023	**chemistry**		**la química**
	ss		I majored in chemistry.
	[ˈkɛməstri]		-Cursé mi carrera con énfasis en química.
4024	**outstanding**		**excepcional| sobresaliente**
	adj		Jim was an outstanding coach.
	[ˌaʊtˈstændɪŋ]		-Jim fue un excelente entrenador.
4025	**puppet**		**la marioneta; fantoche**
	ss; adj		This puppet is my only friend.
	[ˈpʌpət]		-Este títere es mi único amigo.
4026	**merciful**		**misericordioso**
	adj		Be wise and pray to a merciful god.
	[ˈmɜrsɪfəl]		-Sé prudente y ora a un dios piadoso.
4027	**distinguished**		**distinguido**

	adj	Our family has some distinguished ancestors.
	[dɪˈstɪŋgwɪʃt]	-Nuestra familia tiene unos antepasados ilustres.
4028	**Egyptian**	**egipcio; el egipcio**
	adj; ss	I would like to know more about the technology which was used in the construction of the Egyptian pyramids.
	[ɪˈdʒɪpʃən]	-Quiero saber más sobre la tecnología usada en la construcción de las pirámides egipcias.
4029	**mole**	**el topo; cavar**
	ss; vb	The dead body was identified by a mole on the cheek.
	[moʊl]	-El cadáver fue identificado por un lunar en la mejilla.
4030	**lively**	**animado| alegre; animadamente**
	adj; adv	My grandfather is 90 years old and very lively.
	[ˈlaɪvli]	-Mi abuelo tiene noventa años y está muy sano.
4031	**resort**	**el recurso**
	ss	Don't resort to violence.
	[rɪˈzɔrt]	-No recurras a la violencia.
4032	**translate**	**traducir| trasladar**
	vb	But where do we get those sentences? And how do we translate them?
	[trænˈzleɪt]	-¿Pero de dónde sacamos estas oraciones? ¿Y cómo las traducimos?
4033	**waltz**	**el vals**
	ss	History is like a waltz, eternally following the three steps of war, peace and revolution.
	[wɔlts]	-La historia es como un vals, que sigue eternamente los tres pasos de guerra, paz y revolución.
4034	**corruption**	**la corrupción**
	ss	Jason, who was in charge of the project, was dismissed for corruption.
	[kəˈrʌpʃən]	-Jason, quien estaba a cargo del proyecto, fue echado por corrupción.
4035	**pursue**	**perseguir| seguir**
	vb	The police will pursue her for a long time.
	[pərˈsu]	-La policía la perseguirá por mucho tiempo.
4036	**strain**	**la tensión; colar**
	ss; vb	The collaboration between these somewhat eccentric men was filled with strain and compromise on both sides, but in the end they appear to have gotten on well.
	[streɪn]	-La colaboración entre esos hombres un tanto excéntricos estuvo llena de tensión y acuerdo entre ambas partes, pero al fin y al cabo, parecen haberse llevado bien.
4037	**consideration**	**la consideración**
	ss	I've taken everything into consideration.
	[kənˌsɪdəˈreɪʃən]	-Tomé todo en consideración.
4038	**civilized**	**civilizado**
	adj	The missionaries civilized the natives.
	[ˈsɪvəˌlaɪzd]	-Los misioneros civilizaron a los indígenas.
4039	**aspirin**	**la aspirina**
	ss	My doctor told me to quit taking aspirin.
	[ˈæsprɪn]	-Mi médico me dijo que dejara de tomar aspirina.
4040	**fascist**	**fascista; fascista**

	adj; ss	Jim is a fascist.
	['fæʃɪst]	-Jim es un fascista.
4041	**perimeter**	**el perímetro**
	ss	Keep your men out of sight along the perimeter.
	[pəˈrɪmətər]	-Ponga a sus hombres fuera de la vista a lo largo del perímetro.
4042	**disagree**	**discrepar**
	vb	This is the reason I disagree with you.
	[dɪsəˈgri]	-Esta es la razón por la que estoy en desacuerdo contigo.
4043	**recipe**	**la receta**
	ss	My grandmother had a delicious recipe of cod.
	[ˈrɛsəpi]	-Mi abuela tenía una receta deliciosa de bacalao.
4044	**iris**	**el iris**
	ss	Fingerprint and/or iris were defined as possible additional identifiers.
	[ˈaɪrəs]	-Las huellas dactilares y el iris se definieron como posibles identificadores secundarios.
4045	**rooster**	**el gallo**
	ss	They set out at the rooster's call.
	[ˈrustər]	-Ellos comenzaron la jornada con el canto del gallo.
4046	**breakdown**	**el desglose**
	ss	For children up to 5 years old, family breakdown can be difficult to understand.
	[ˈbreɪkˌdaʊn]	-Para los niños de hasta 5 años de edad, la ruptura de la familia puede ser difícil de entender.
4047	**scattered**	**disperso**
	adj	Empty cans were scattered about the place.
	[ˈskætərd]	-Había latas vacías esparcidas por todo el lugar.
4048	**glue**	**el pegamento; pegar**
	ss; vb	Seal the box with glue, and not with tape.
	[glu]	-Cierre la caja con cola, y no con cinta.
4049	**villager**	**el aldeano**
	ss	The villager was never seen again.
	[ˈvɪlɪʤər]	-El aldeano nunca más volvió a ser visto.
4050	**annual**	**anual; el anuario**
	adj; ss	I don't know my father's annual income.
	[ˈænjuəl]	-No conozco los ingresos anuales de mi padre.
4051	**jelly**	**la gelatina; gelatinar**
	ss; vb	I want coffee, toast, and jelly.
	[ˈʤɛli]	-Deseo café, tostadas y jalea.
4052	**hunch**	**la corazonada| el pálpito; encorvar**
	ss; vb	I have a hunch that the show will be cancelled; they haven't sold many tickets.
	[hʌnʧ]	-Sospecho que el espectáculo será cancelado; ellos no han vendido muchas entradas.
4053	**loneliness**	**la soledad**
	ss	His loneliness was as deep as the blue of the ocean around his dugout canoe.
	[ˈloʊnlinəs]	-Su soledad era tan profunda como el azul del océano que rodeaba a su canoa.

4054	**entertain**	**entretener| agasajar**
	vb	Now let me entertain you with music.
	[ˌɛntərˈteɪn]	-Ahora permíteme entretenerte con música.
4055	**mug**	**la jarra**
	ss	This beer mug holds a pint. But how much is that?
	[mʌg]	-Esta jarra de cerveza contiene una pinta. Pero ¿cuánto es eso?
4056	**amaze**	**el asombro; asombrar**
	ss; vb	A new talent that is going to amaze the world.
	[əˈmeɪz]	-Un nuevo talento que va a sorprender al mundo.
4057	**intellectual**	**intelectual; el sabio**
	adj; ss	Chess is a highly intellectual game.
	[ˌɪntəˈlɛktʃuəl]	-El ajedrez es un juego altamente intelectual.
4058	**ridge**	**la cresta**
	ss	Is this the bus for Park Ridge?
	[rɪdʒ]	-¿Este es el bus hacia Park Ridge?
4059	**sophisticated**	**sofisticado**
	adj	She is sophisticated.
	[səˈfɪstəˌkeɪtɪd]	-Ella tiene mundo.
4060	**sissy**	**el marica**
	ss	Little Percy calls his aunt... and squeals like a schoolroom sissy.
	[ˈsɪsi]	-El niño Percy llama a su tía... y se chiva como el afeminado de la clase.
4061	**atomic**	**atómico**
	adj	The atomic number for iron is 26.
	[əˈtɑmɪk]	-El número atómico del hierro es 26.
4062	**nickname**	**el apodo; apodar**
	ss; vb	Your nickname is quite lovely.
	[ˈnɪkˌneɪm]	-Tu seudónimo es adorable.
4063	**hence**	**por lo tanto**
	adv	Hence, loathed melancholy.
	[hɛns]	-Por lo tanto, odiaba la melancolía.
4064	**baggage**	**el equipaje| el bagaje**
	ss	Don't carry too much baggage when you travel.
	[ˈbægədʒ]	-No lleves demasiado equipaje cuando viajes.
4065	**democratic**	**democrático**
	adj	Introducing democratic ideas into that country will be a slow process.
	[ˌdɛməˈkrætɪk]	-Introducir ideas democráticas en aquel país será un proceso lento.
4066	**desperately**	**desesperadamente**
	adv	Indeed, Mubarak's strategic vision is desperately narrow.
	[ˈdɛspərətli]	-Por cierto, la visión estratégica de Mubarak es desesperadamente estrecha.
4067	**thread**	**el hilo| la rosca; enhebrar**
	ss; vb	My hands were shaking too much to thread the needle.
	[θrɛd]	-Mis manos temblaban demasiado para enhebrar la aguja.
4068	**missy**	**la señorita**
	ss	I apologize for what happened to Missy.
	[ˈmɪsi]	-Me disculpo por lo que le ocurrió a Señorita.
4069	**alcoholic**	**alcohólico| alcoholizado; el alcohólico**

		adj; ss [ˌælkəˈhɑlɪk]	Jim has a wife who's an alcoholic. -Jim tiene una esposa alcohólica.

4070	**erase** vb [ɪˈreɪs]	**borrar** You can't erase the past. -El pasado no se puede borrar.
4071	**salmon** ss; adj [ˈsæmən]	**el salmón; color salmón** I think I'll have the salmon. -Creo que tendré el salmón.
4072	**wardrobe** ss [ˈwɔrˌdroʊb]	**el armario** A woman's wardrobe isn't complete without a little black dress. -El armario de una mujer no está completo sin un pequeño vestido negro.
4073	**boxer** ss [ˈbɑksər]	**el bóxer| el boxeador** A boxer regained his consciousness ten minutes after he was knocked-out. -Un boxeador recobró la consciencia diez minutos después de que le dejaran KO.
4074	**patty** ss [ˈpæti]	**la empanada** Lamb patty, garlic, paprika. -Hamburguesa de cordero, ajo, pimentón dulce.
4075	**pudding** ss [ˈpʊdɪŋ]	**el pudín** I had some custard pudding for an afternoon snack. -Tengo algo de pudin de natillas para la merienda.
4076	**buzzer** ss [ˈbʌzər]	**el zumbador** Please push the buzzer. -Pulse el timbre.
4077	**mechanic** adj; ss [məˈkænɪk]	**mecánico; el mecánico** The mechanic repaired the damage without delay. -El mecánico arregló la avería sin demora.
4078	**hike** ss; vb [haɪk]	**la caminata; ir de excursión** We are to go on a hike tomorrow. -Vamos a ir de excursión mañana.
4079	**unlikely** adj [ənˈlaɪkli]	**improbable** I still think it's unlikely that we'll find any evidence to prove John's guilt. -Sigo pensando que es poco probable que encontremos alguna evidencia para demostrar la culpabilidad de John.
4080	**artistic** adj [ɑrˈtɪstɪk]	**artístico** Everyone has the right to the protection of the moral and material interests resulting from any scientific, literary or artistic production of which he is the author. -Toda persona tiene derecho a la protección de los intereses morales y materiales que le correspondan por razón de las producciones científicas, literarias o artísticas de que sea autora.
4081	**scarf** ss; vb [skɑrf]	**la bufanda; empalmar** I bought a tie for Dan and I'll buy a scarf for Elena. -Compré una corbata para Dan y compraré una bufanda para Elena.
4082	**globe** ss [gloʊb]	**el globo** The globe is similar in shape to an orange. -El planeta tiene una forma parecida a la de una naranja.
4083	**supervisor**	**el supervisor**

	ss	You must act under the leadership of your supervisor.
	[ˈsupərˌvaɪzər]	-Tienes que actuar según te indique el director.
4084	reduce	reducir| bajar
	vb	If you don't reduce consumer taxes, we've got no deal.
	[rəˈdus]	-Si no reducen los impuestos al consumidor, no hay acuerdo.
4085	USA	EE.UU.
	abr	What language is spoken in the USA?
	[ˈjuˈɛˈseɪ]	-¿Qué idioma se habla en los Estados Unidos?
4086	swan	el cisne
	ss	This swan is black.
	[swɑn]	-Este cisne es negro.
4087	conductor	el conductor
	ss	A conductor directs an orchestra.
	[kənˈdʌktər]	-Un director conduce una orquesta.
4088	expel	expulsar
	vb	The children have returned to expel their elders.
	[ɪkˈspɛl]	-Los jóvenes volvieron para expulsar a los viejos que antes fueron expulsados.
4089	reflection	la reflexión| el reflejo
	ss	Jim stared at his reflection in the window.
	[rəˈflɛkʃən]	-Jim miró fijamente su reflejo en la ventana.
4090	restore	restaurar
	vb	They can restore balance in global policies.
	[rɪˈstɔr]	-Ellos pueden restablecer el equilibrio en las políticas mundiales.
4091	humiliate	humillar
	vb	I didn't want to humiliate her.
	[hjuˈmɪliˌeɪt]	-No quise humillarla.
4092	constitution	la constitución
	ss	He has a strong constitution.
	[ˌkɑnstəˈtuʃən]	-Es un hombre de una constitución muy fuerte.
4093	encourage	fomentar| alentar
	vb	I will go to encourage him.
	[ɛnˈkɜrɪdʒ]	-Iré a animarle.
4094	squeak	el chirrido| el crujido; chirriar
	ss; vb	"Squeak", said the mouse.
	[skwik]	-"Chilla", dijo el ratón.
4095	seventeen	diecisiete
	num	She got married at the age of seventeen.
	[ˈsɛvənˈtin]	-Ella se casó a la edad de 17 años.
4096	accidentally	accidentalmente
	adv	Jim accidentally set fire to the curtain.
	[ˌæksəˈdɛntəli]	-Jim le prendió fuego accidentalmente a la cortina.
4097	comb	el peine| la peineta; peinar
	ss; vb	She knows how to comb her hair.
	[koʊm]	-Sabe cómo tiene que peinarse el cabello.
4098	eighth	octavo| octavo; la parte octava

	adj; ss	It's on the eighth floor.
	[eɪtθ]	-Está en el octavo piso.
4099	**hiss**	**el silbido; silbar**
	ss; vb	Not just some background hiss... but a methodical series of pulses.
	[hɪs]	-No es sólo un silbido de fondo... sino una serie metódica de pulsos.
4100	**breach**	**el incumplimiento| la violación; violar**
	ss; vb	That's simple breach of contract.
	[briʧ]	-Eso es simplemente una rotura del contrato.
4101	**delight**	**el deleite| la delicia; deleitar**
	ss; vb	Music is the universal language of mankind — poetry their universal pastime and delight.
	[dɪˈlaɪt]	-La música es el lenguaje universal de la humanidad — la poesía, su pasatiempo y deleite universales.
4102	**canal**	**el canal; bajar el canal**
	ss; vb	The Panama Canal connects the Atlantic with the Pacific.
	[kəˈnæl]	-El Canal de Panamá conecta el Atlántico con el Pacífico.
4103	**dispatch**	**el envío| el despacho; enviar**
	ss; vb	Final date for dispatch of invitations to tender.
	[dɪˈspæʧ]	-Fecha límite de envío de las invitaciones a presentar propuestas.
4104	**representative**	**representante; representativo**
	ss; adj	Representative democracy is one form of government.
	[ˌrɛprəˈzɛntətɪv]	-La democracia representativa es una forma de gobierno.
4105	**pronounce**	**pronunciar| dar su opinión**
	vb	I'm not sure how to pronounce the word.
	[prəˈnaʊns]	-No estoy seguro de cómo pronunciar la palabra.
4106	**runner**	**el corredor**
	ss	Jim is the best runner.
	[ˈrʌnər]	-Jim es el mejor corredor.
4107	**messy**	**confuso**
	adj	My room's a little messy.
	[ˈmɛsi]	-Mi habitación está un poco desordenada.
4108	**subtle**	**sutil| delicado**
	adj	There is a subtle difference between the two words.
	[ˈsʌtəl]	-Hay una sutil diferencia entre las dos palabras.
4109	**historical**	**histórico**
	adj	Once more, the fundamentalist ideologies oppose to the great historical advances.
	[hɪˈstɔrɪkəl]	-Una vez más, las ideologías fundamentalistas se oponen a los grandes avances históricos.
4110	**wheat**	**el trigo**
	ss	Russia imported wheat from the United States.
	[wit]	-Rusia importaba trigo de los Estados Unidos.
4111	**peach**	**el melocotón; de color melocotón; chivarse**
	ss; adj; vb	Jim planted three apple trees and a peach tree in his yard.
	[piʧ]	-Jim plantó tres manzanos y un melocotonero en su jardín.
4112	**shrimp**	**el camarón; pescar camarones**

		ss; vb [ʃrɪmp]	Jim shelled the shrimp. -Jim desconchó el camarón.
4113	**rib**	ss; vb [rɪb]	**la costilla; tomar el pelo** Our neighbor has broken a rib. -Nuestro vecino se rompió una costilla.
4114	**evacuate**	vb [ɪˈvækjəˌeɪt]	**evacuar** We must evacuate. -Debemos evacuar.
4115	**essence**	ss [ˈɛsəns]	**la esencia** That is the essence of the matter. -Esa es la esencia del asunto.
4116	**handful**	ss [ˈhændˌfʊl]	**el puñado** All I have is my wounded body and a handful of bad memories. -Todo lo que tengo es mi cuerpo herido y un puñado de malos recuerdos.
4117	**millionaire**	ss [ˌmɪljəˈnɛr]	**el millonario** I'd like to be a millionaire. -Yo querría ser millonario.
4118	**retarded**	adj [rɪˈtardɪd]	**retardado** Your retarded brother kidnapped my wife. -El retrasado de tu hermano secuestró a mi esposa.
4119	**fierce**	adj [fɪrs]	**feroz| fuerte** Be careful. It's a fierce bull. -Cuidado, es un toro bravo.
4120	**indicate**	vb [ˈɪndəˌkeɪt]	**indicar| demostrar** Your making propaganda seems to indicate that you care greatly what other people think. -Tu propaganda de fabricación parece indicar que te preocupa enormemente lo que otras personas piensan.
4121	**fuse**	ss; vb [fjuz]	**el fusible; fusionar** The fuse has blown. -Se han fundido los fusibles.
4122	**banker**	ss [ˈbæŋkər]	**el banquero** Jim looks like a banker. -Jim luce como un banquero.
4123	**quest**	ss; vb [kwɛst]	**la búsqueda; buscar** Abu al-Husayn ibn al-Rawandi, already in the ninth century, held that reason is man's exclusive guide to truth, a quest in which revelation is of no help. -Abu al-Husayn ibn al-Rawandi, ya en el siglo nueve, sostuvo que la razón es la guía exclusiva de los hombres a la verdad, una búsqueda en la que la revelación no es de ayuda.
4124	**spark**	ss; vb [spark]	**la chispa; chispear** Maybe you give the necessary spark. -Tal vez le dé a este chispa necesaria.
4125	**bodyguard**	ss [ˈbadiˌgard]	**los guardaespaldas** You will need a bodyguard. -Vas a necesitar un guardaespalda.
4126	**ox**		**el buey**

ss
[ɑks]
From the old ox, the young one learns to plow.
-Del buey viejo aprende a arar el novillo.

4127 **bracelet** **la pulsera**

ss
[ˈbreɪslət]
Whenever an accident happens, the first thing the doctors look for is a bracelet, a necklace, or some accessory that can provide some information about the patient.
-Al sufrir cualquier tipo de accidente lo primero que buscan los médicos es un brazalete, collar o algún accesorio que pueda brindar cierta información sobre el paciente.

4128 **warmth** **el calor**

ss
[wɔrmθ]
External heat and cold had little influence on Scrooge. No warmth could warm, no wintry weather chill him.
-Calor y frío externos tenían poca influencia sobre Scrooge. Ninguna calidez podría calentarlo, ningún clima invernal podría enfriarlo.

4129 **screenplay** **el guión**

ss
[ˈskrinˌpleɪ]
Others point the finger at Coppola's screenplay.
-Algunos culpan a la dirección de Clayton... otros señalan con el dedo al guión de Coppola.

4130 **clatter** **el estrépito; traquetear**

ss; vb
[ˈklætər]
(Objects clatter) ...predict he may rival Nixon and Romney...
-(Objetos ruido) ... predecir que puede rivalizar con Nixon y Romney...

4131 **sunlight** **la luz del sol**

ss
[ˈsʌnˌlaɪt]
Water glitters in the sunlight.
-El agua brilla a la luz del sol.

4132 **shelf** **el estante**

ss
[ʃɛlf]
Put your toys back into the box and then put the box on the shelf.
-Pon tus juguetes de vuelta en la caja y pon la caja en la repisa.

4133 **peak** **el pico; llegar al máximo**

ss; vb
[pik]
Mt. Everest is the highest peak in the world.
-El Monte Everest es el pico más alto del mundo.

4134 **shaft** **el eje**

ss
[ʃæft]
Something chewed through the connections in the utility shaft.
-Algo masticó a través de la conexión del eje de utilería.

4135 **rupee** **la rupia**

ss
[ruˈpi]
Already the value of the Indian rupee has fallen.
-Ya ha bajado el valor de la rupia india.

4136 **rash** **la erupción| el salpullido; temerario**

ss; adj
[ræʃ]
A rash broke out on her neck.
-Una erupción reventó en su cuello.

4137 **carnival** **el carnaval**

ss
[ˈkɑrnəvəl]
If we had been in Venice a month prior, we could have taken part in the carnival.
-Si hubiésemos estado en Venecia un mes antes, podríamos haber participado en el carnaval.

4138 **empress** **la emperatriz**

ss
[ˈɛmprɛs]
That belonged to Napoleon's empress.
-Eso le perteneció a la emperatriz de Napoleón.

4139 **glow** **el brillo| la incandescencia; brillar**

	ss; vb	The children have glow sticks.
	[gloʊ]	-Los niños tienen palos que brillan.
4140	**phantom**	**fantasma; el fantasma**
	adj; ss	The Phantom slowly, gravely, silently, approached.
	[ˈfæntəm]	-El Fantasma lentamente, con gravedad, en silencio, se acercó.
4141	**crab**	**el cangrejo**
	ss	Soft-shell crab season's almost over.
	[kræb]	-Mullida temporada de cangrejo a punto de terminar.
4142	**unlucky**	**desafortunado**
	adj	Lucky at cards, unlucky in love.
	[ənˈlʌki]	-Suertudo con las cartas, sin suerte en el amor.
4143	**sip**	**el sorbo; sorber**
	ss; vb	Jim took a sip from his beer can.
	[sɪp]	-Jim bebió un sorbo de su lata de cerveza.
4144	**beggar**	**el mendigo; arruinar**
	ss; vb	I'm not a beggar.
	[ˈbɛgər]	-No soy un mendigo.
4145	**fortress**	**la fortaleza**
	ss	One thousand two hundred and fifty-six soldiers destroyed the fortress of Alamut.
	[ˈfɔrtrəs]	-Mil doscientos cincuenta y seis soldados destruyeron la fortaleza de Alamut.
4146	**artillery**	**la artillería**
	ss	Pastures and orchards are pocked with artillery craters.
	[ɑrˈtɪləri]	-Los pastizales y los huertos están salpicados de cráteres de artillería.
4147	**cope**	**la capa pluvial; hacer frente a**
	ss; vb	We have to be prepared to cope with violent storms.
	[koʊp]	-Debemos estar preparados para enfrentarnos a tormentas violentas.
4148	**pinch**	**el pellizco| la pizca; pellizcar**
	ss; vb	This time, Chopin was seasoned with a pinch of Arsène Lupin.
	[pɪntʃ]	-Esta vez, Chopin está aderezado con una pizca de Arsène Lupin.
4149	**pumpkin**	**la calabaza**
	ss	Jim baked his wife a pumpkin pie.
	[ˈpʌmpkɪn]	-Jim le horneó una tarta de calabaza a su esposa.
4150	**clip**	**acortar| recortar; la presilla**
	vb; ss	The Vector arrow clip is pure iconic Parker.
	[klɪp]	-El clip Vector en forma de flecha constituye el emblema de Parker.
4151	**vagina**	**la vagina**
	ss	That is not art. That is a vagina with teeth.
	[vəˈdʒaɪnə]	-Eso no es arte. Eso es una vagina con dientes.
4152	**pad**	**la almohadilla; acolchar**
	ss; vb	Clear a path to landing pad A.
	[pæd]	-Despeje un camino hasta la plataforma de aterrizaje A.
4153	**ninth**	**noveno; el noveno**
	adj; ss	Health education is taught to ninth graders.
	[naɪnθ]	-La educación para la salud se imparte a los alumnos de noveno grado.
4154	**duchess**	**la duquesa**

	ss	A duchess who talks only of revolution.
	[ˈdʌtʃəs]	-Es una duquesa que sólo habla de la revolución.
4155	**Canadian**	**canadiense; canadiense**
	adj; ss	Jim pretended to be Canadian.
	[kəˈneɪdiən]	-Jim se hizo pasar por canadiense.
4156	**unnecessary**	**innecesario**
	adj	I want to avoid unnecessary risks.
	[ənˈnɛsəˌsɛri]	-Quiero evitar riesgos innecesarios.
4157	**variety**	**la variedad| la diversidad**
	ss	I raise a variety of roses in the garden.
	[vəˈraɪəti]	-Estoy cultivando rosas en el jardín.
4158	**casualty**	**la víctima| el accidente**
	ss	The Inter-Library Loan scheme might become an accidental casualty of change.
	[ˈkæʒəwəlti]	-El sistema de préstamos entre bibliotecas podría ser una víctima accidental del cambio.
4159	**pentagon**	**el pentágono**
	ss	A pentagon is a shape with five sides.
	[ˈpɛntɪˌgɑn]	-Un pentágono es una figura de cinco lados.
4160	**mentally**	**mentalmente**
	adv	This woman is mentally challenged.
	[ˈmɛntəli]	-Esta mujer tiene problemas mentales.
4161	**acquaintance**	**el conocido**
	ss	I'm very pleased to make your acquaintance.
	[əˈkweɪntəns]	-Estoy encantado de conocerte.
4162	**transportation**	**el transporte**
	ss	In the desert, camels are more important than cars for transportation.
	[ˌtrænspərˈteɪʃən]	-En el desierto, los camellos son más importantes que los autos para transportarse.
4163	**courtroom**	**la sala de justicia**
	ss	Justice is found in a courtroom.
	[ˈkɔrˌtrum]	-La justicia se encuentra en la corte.
4164	**cricket**	**el cricket; jugar al criquet**
	ss; vb	A caged cricket eats just as much as a free cricket.
	[ˈkrɪkət]	-Un grillo enjaulado come tanto como un grillo libre.
4165	**interior**	**interior; el interior**
	adj; ss	He studied interior decoration.
	[ɪnˈtɪriər]	-Él estudió decoración de interiores.
4166	**lodge**	**presentar| alojar; la logia**
	vb; ss	Museum exhibit of the Grand lodge in Havana.
	[lɑdʒ]	-Objeto en exposición del museo de la Gran Logia en La Habana.
4167	**frequency**	**la frecuencia**
	ss	The recent frequency of earthquakes makes us nervous.
	[ˈfrikwənsi]	-La reciente frecuencia de sismos nos pone nerviosos.
4168	**celebrity**	**la celebridad**
	ss	Jim is a celebrity.
	[səˈlɛbrɪti]	-Jim es una celebridad.

4169 **maintenance**   **el mantenimiento**

ss

['meɪntənəns]   Education shall promote understanding, tolerance and friendship among all nations, racial or religious groups, and shall further the activities of the United Nations for the maintenance of peace.

-La educación favorecerá la comprensión, la tolerancia y la amistad entre todas las naciones y todos los grupos étnicos o religiosos, y promoverá el desarrollo de las actividades de las Naciones Unidas para el mantenimiento de la paz.

4170 **terrorism**   **el terrorismo**

ss

['tɛrəˌrɪzəm]   I hate terrorism.

-Odio el terrorismo.

4171 **hack**   **cortar| piratear; el corte; mercenario**

vb; ss; adj

[hæk]   I never thought it'd be this easy to hack into your website.

-Nunca pensé que sería así de fácil infiltrarme en tu sitio web.

4172 **backyard**   **el patio interior**

ss

['bæˌkjɑrd]   I was abducted and impregnated by wolves who landed their flying saucer in my backyard.

-Fui abducida e inseminada por unos lobos que aterrizaron con su platillo volante en mi jardín de atrás.

4173 **yacht**   **el yate| el velero; navegar en yate**

ss; vb

[jɑt]   Our yacht club has ten members.

-Nuestro club náutico tiene diez miembros.

4174 **greed**   **la codicia**

ss

[grid]   He's not beaten by the rain, he's not beaten by the wind, neither the snow nor the heat of the summer will beat him, his body is robust, without greed, he never angers, but is always serenely smiling.

-Tiene un cuerpo fuerte que ni se deja vencer por la lluvia, ni se deja vencer por el viento, ni se deja vencer por la nieve o por el calor del verano, no siente avaricia, nunca se enfurece, siempre sonríe con serenidad.

4175 **feature**   **la característica| la prestación; ofrecer**

ss; vb

['fitʃər]   The language autodetection feature on Tatoeba hardly ever works, but you can count on other users to set you straight.

-La función de autodetección de idiomas que tiene Taoteba casi nunca funciona, pero puedes contar con que los otros usuarios te corrijan.

4176 **hen**   **la gallina; de mujeres**

ss; adj

[hɛn]   The hen hatched five eggs.

-La gallina puso cinco huevos.

4177 **disorder**   **el trastorno| el desorden; desordenar**

ss; vb

[dɪˈsɔrdər]   Jim thinks Ana may have an eating disorder.

-Jim piensa que quizá Ana tenga un desorden alimenticio.

4178 **robber**   **el ladrón**

ss

['rɑbər]   They are pursuing the robber.

-Ellos están persiguiendo al ladrón.

4179 **disposal**   **la disposición| la enajenación**

ss

[dɪˈspoʊzəl]   My car is at your disposal.

-Mi coche está a tu disposición.

4180 **sunrise**   **la salida del sol**

	ss	That day begins again at sunrise.
	[ˈsʌnˌraɪz]	-Sí. Y ese día empieza otra vez al amanecer.
4181	**merchant**	**comerciante; mercante**
	ss; adj	The merchant bribed the politician.
	[ˈmɜrtʃənt]	-El comerciante sobornó al político.
4182	**yuan**	**el yuan**
	ss	5000 yuan is a lot of money.
	[juˈɑn]	-5.000 yuanes es mucho dinero.
4183	**auction**	**subasta; subastar**
	ss; vb	I have no doubt in my mind that Jim will show up at the auction.
	[ˈɑkʃən]	-No tengo ni la más mínima duda de que Jim se aparecerá en el remate.
4184	**attraction**	**la atracción**
	ss	Even though a daughter rarely likes her mother's lover, a mother always has
	[əˈtrækʃən]	a certain attraction for her daughter's lover.
		-Aunque a una hija rara vez le gusta el amante de su madre, una madre siempre siente cierta atracción por el amante de su hija.
4185	**rider**	**el jinete| motociclista**
	ss	Jim is a great motocross rider.
	[ˈraɪdər]	-Jim es un gran motociclista.
4186	**generator**	**el generador**
	ss	Every prison has a backup generator.
	[ˈdʒɛnəˌreɪtər]	-Todas las prisiones tienen un generador de reserva.
4187	**finance**	**financiar; las finanzas**
	vb; ss	He claimed to be an expert in finance.
	[fəˈnæns]	-Él sostenía ser un experto en finanzas.
4188	**mamma**	**la mamá**
	ss	Thanks mamma, for all your sacrifices.
	[ˈmɑmə]	-Gracias mamá por todos los sacrificios que has hecho.
4189	**starboard**	**el estribor; de estribor**
	ss; adj	That was 2,000 meters to starboard.
	[ˈstɑrbərd]	-Eso fue a dos mil metros a estribor.
4190	**coordinate**	**coordinar; la coordenada; coordinado**
	vb; ss; adj	USSOUTHCOM has helped coordinate communications, intelligence and
	[koʊˈɔrdənət]	operational procedures.
		-El Comando Sur ha ayudado a coordinar comunicaciones, inteligencia y procedimientos operacionales.
4191	**stern**	**la popa| el culo; severo**
	ss; adj	Her stern look got him to quit talking.
	[stɜrn]	-La mirada severa de ella lo hizo callarse.
4192	**agenda**	**la orden del día**
	ss	I apologize for the delay in sending the agenda.
	[əˈdʒɛndə]	-Pido disculpas por la demora en enviar la agenda.
4193	**resume**	**reanudar; el currículum**
	vb; ss	Let's resume reading where we left off last week.
	[rɪˈzum]	-Sigamos leyendo donde nos detuvimos la semana pasada.
4194	**infinite**	**infinito; el infinito**

	adj; ss	Infinite points exist in a plane.
	[ˈɪnfənət]	-En un plano existen infinitos puntos.
4195	**definite**	**definido| determinado**
	adj	It is definite that he will go to America.
	[ˈdɛfənət]	-Está decidido que él ira a América.
4196	**flowing**	**fluido| flujo**
	adj	A free flowing powder will avalanche almost continuously, never building a significant peak.
	[ˈfloʊɪŋ]	-Un polvo en flujo libre se deslizará casi constantemente, sin formar nunca un pico significativo.
4197	**distress**	**la angustia| el peligro; angustiar**
	ss; vb	The distress call of a young dolphin has been used to lure a large pod of the animals to safety.
	[dɪˈstrɛs]	-La llamada de socorro de un joven delfín se ha utilizado para atraer una gran bandada de animales a la seguridad.
4198	**primitive**	**primitivo; el primitivo**
	adj; ss	If you are a member of a primitive community and you wish to produce, say, food, there are two things that you must do.
	[ˈprɪmətɪv]	-Si eres miembro de una comunidad primitiva y quieres producir, por ejemplo, comida, hay dos cosas que debes hacer.
4199	**drift**	**la deriva| la corriente; ir a la deriva**
	ss; vb	Many people drift through life without a purpose.
	[drɪft]	-Mucha gente vaga por la vida sin una meta.
4200	**misfortune**	**la desgracia| el infortunio**
	ss	He had the misfortune to lose his son.
	[mɪsˈfɔrtʃən]	-Él tuvo la desgracia de perder a su hijo.
4201	**thirst**	**la sed**
	ss	Sharks are notorious for having a thirst for blood.
	[θɜrst]	-Los tiburones son conocidos por tener una sed de sangre.
4202	**equally**	**igualmente**
	adv	All men dream, but not equally.
	[ˈikwəli]	-Todos los hombres sueñan, pero no por igual.
4203	**temptation**	**la tentación**
	ss	He never gave in to temptation.
	[tɛmˈteɪʃən]	-Él jamás cedió a la tentación.
4204	**leadership**	**el liderazgo| el liderato**
	ss	Moral leadership is more powerful than any weapon.
	[ˈlidərˌʃɪp]	-El liderazgo moral es más fuerte que cualquier arma.
4205	**vulgar**	**vulgar| chabacano**
	adj	As long as war is regarded as wicked, it will always have its fascination. When it is looked upon as vulgar, it will cease to be popular.
	[ˈvʌlgər]	-Mientras la guerra sea considerada como perversa, ella siempre tendrá su fascinación. Cuando se considere vulgar, ella va a cesar de ser popular.
4206	**promote**	**promover| promocionar**
	vb	He worked hard to promote peace.
	[prəˈmoʊt]	-Él trabajó duro por promover la paz.
4207	**waist**	**la cintura**

	ss	He was bare to the waist.
	[weɪst]	-Él estaba desnudo de cintura hacia arriba.
4208	**distracted**	**distraído**
	adj	The noise distracted him from studying.
	[dɪˈstræktəd]	-El ruido lo distrajo de estudiar.
4209	**grasp**	**agarrar| comprender; la comprensión**
	vb; ss	He has a good grasp of English.
	[græsp]	-Tiene un buen manejo del inglés.
4210	**bedtime**	**la hora de acostarse**
	ss	He reads before bedtime.
	[ˈbɛdˌtaɪm]	-Él lee antes de dormir.
4211	**utterly**	**absolutamente**
	adv	I utterly despise formal writing!
	[ˈʌtərli]	-¡Aborrezco profundamente la escritura formal!
4212	**perfection**	**la perfección**
	ss	Is perfection boring?
	[pərˈfɛkʃən]	-¿Es aburrida la perfección?
4213	**allergic**	**alérgico**
	adj	He is allergic to house dust.
	[əˈlɜrdʒɪk]	-Él es alérgico al polvo del hogar.
4214	**calendar**	**el calendario; inventariar**
	ss; vb	The calendar is hanging on the wall.
	[ˈkæləndər]	-El calendario está colgado en la pared.
4215	**heroic**	**heroico**
	adj	That doesn't seem very heroic.
	[hɪˈroʊɪk]	-Eso no parece ser muy heroico.
4216	**cardinal**	**el cardenal; cardinal**
	ss; adj	Cardinal Jorge Mario Bergoglio has been elected pope.
	[ˈkɑrdənəl]	-El cardenal Jorge Mario Bergoglio fue electo como papa.
4217	**therapist**	**la terapeuta**
	ss	Do you really think I should see a therapist?
	[ˈθɛrəpəst]	-¿Realmente crees que debería ver a un terapeuta?
4218	**guidance**	**la dirección**
	ss	Training, guidance and advisory services are planned also.
	[ˈgaɪdəns]	-También están previstas algunas acciones de formación, orientación y asesoramiento.
4219	**onion**	**la cebolla; condimentar con cebolla**
	ss; vb	There's nothing better than a good onion soup to drive away the hangover after a night of drinking.
	[ˈʌnjən]	-No hay nada mejor para librarse de la resaca de una noche de borrachera que una buena sopa de cebolla.
4220	**barbecue**	**la barbacoa; asar**
	ss; vb	I haven't had a barbecue for a long time.
	[ˈbɑrbɪˌkju]	-Hace mucho que no hago una barbacoa.
4221	**whereabouts**	**el paradero**
	ss	The whereabouts of the suspect is still unknown.
	[ˈwɛrəˌbaʊts]	-Todavía no se conoce el paradero del sospechoso.

4222	**sultan**	**el sultán**
	ss	The sultan was flattered and paid what Nasrudin asked.
	[ˈsʌltən]	-El sultán, lisonjeado, pagó lo que Nasrudin le pedía.

4223	**extend**	**ampliar| extenderse**
	vb	I'd like to extend my stay through Sunday.
	[ɪkˈstɛnd]	-Me gustaría extender mi estancia hasta el domingo.

4224	**bake**	**la cocción; endurecer**
	ss; vb	Jim called Ana to ask her to help at the bake sale.
	[beɪk]	-Jim llamó a Ana para pedirle ayuda en la venta de pastelitos.

4225	**superintendent**	**superintendente**
	ss	Actually, we agree with the superintendent's analysis.
	[ˌsupərənˈtɛndənt]	-En realidad, estamos de acuerdo con el análisis del superintendente.

4226	**horizon**	**el horizonte**
	ss	The ship appeared on the horizon.
	[həˈraɪzən]	-El barco apareció en el horizonte.

4227	**shack**	**la choza**
	ss	Geraldine's little shack in the country.
	[ʃæk]	-En una pequeña choza de Geraldine en el campo.

4228	**gaze**	**la mirada; mirar con fijeza**
	ss; vb	Don't look into the abyss. Otherwise, the abyss will gaze into you.
	[geɪz]	-No mires al abismo, si no el abismo te mirará a ti.

4229	**guinea**	**la guinea**
	ss	The northern half of what is today Papua New Guinea was a German colony.
	[ˈgɪni]	-La mitad norte de lo que hoy en día es Papúa Nueva Guinea era una colonia alemana.

4230	**sensation**	**la sensación**
	ss	One who listens to their recorded voice has the sensation of listening to a stranger.
	[sɛnˈseɪʃən]	-El que escucha por primera vez su voz grabada, tiene la sensación de estar escuchando a un extraño.

4231	**artificial**	**artificial| sintético**
	adj	Benson and Holmes analyzed the psychological effect of artificial insemination on parents.
	[ˌɑrtəˈfɪʃəl]	-Benson y Holmes analizan el efecto psicológico de la inseminación artificial en los padres.

4232	**crucial**	**crucial**
	adj	This protein is crucial for the organism to function properly.
	[ˈkruʃəl]	-Esta proteína es importantísima para el buen funcionamiento del organismo.

4233	**chart**	**la tabla| el gráfico; trazar un mapa**
	ss; vb	He made a hole big enough to put inside a chart-load of pebbles
	[tʃɑrt]	-Hizo un gran agujero, lo bastante grande para poner en él un carro lleno de piedras.

4234	**tidy**	**ordenado| limpio; poner en orden**
	adj; vb	She always keeps her room neat and tidy.
	[ˈtaɪdi]	-Ella siempre tiene ordenada su pieza.

4235	**constable**	**el alguacil**

	ss	The constable is our protector, Bela.
	['kɑnstəbəl]	-El agente es nuestro protector, Bela.
4236	**sufficient**	**suficiente; la cantidad suficiente**
	adj; ss	He has a sufficient income to support his family.
	[sə'fɪʃənt]	-Él tiene suficiente ingreso para mantener a su familia.
4237	**select**	**seleccionar; selecto**
	vb; adj	I shall select the perfect volunteer.
	[sə'lɛkt]	-¡Oh, oh, Elíjame! -Debo seleccionar al voluntario perfecto.
4238	**mustache**	**el bigote**
	ss	My older sister has a mustache.
	['mʌˌstæʃ]	-Mi hermana mayor tiene bigote.
4239	**unbearable**	**inaguantable**
	adj	This heat is unbearable.
	[ən'bɛrəbəl]	-Este calor es insoportable.
4240	**lyric**	**la lírica; lírico**
	ss; adj	Like a lyric she never pronounced... pure love.
	['lɪrɪk]	-Como una letra que ella nunca escribió... puro amor.
4241	**insanity**	**la locura| la demencia**
	ss	Insanity is repeating the same mistakes and expecting different results.
	[ɪn'sænəti]	-La locura es repetir los mismos errores y esperar resultados diferentes.
4242	**memorial**	**el memorial; conmemorativo**
	ss; adj	Student council made them for after the memorial.
	[mə'mɔriəl]	-El consejo de estudiantes los hizo para después del memorial.
4243	**province**	**la provincia| la jurisdicción**
	ss	The capital of Ecuador is Quito, in the mountainous province of Pichincha.
	['prɑvəns]	-La capital de Ecuador es Quito, en la provincia montañosa de Pichincha.
4244	**fax**	**el fax; faxear**
	ss; vb	I got your fax the other day.
	[fæks]	-Recibí su fax el otro día.
4245	**greatly**	**enormamente| muy**
	adv	His actions greatly angered Mexican leaders.
	['greɪtli]	-Sus acciones enfadaron enormemente a los líderes mexicanos.
4246	**shoo**	**espantar**
	vb	Don't shoo me as though I were a dog.
	[ʃu]	-No me espantes como si fuera un perro.
4247	**vacuum**	**el vacío; pasar la aspiradora**
	ss; vb	I got this vacuum cleaner for nothing.
	['vækjum]	-Yo conseguí esta aspiradora para nada.
4248	**prosecution**	**el enjuiciamiento**
	ss	The prosecution will fall at committal.
	[ˌprɑsə'kjuʃən]	-La fiscalía va a caer en el compromiso.
4249	**notify**	**notificar**
	vb	In such a case, notify his family.
	['noʊtəˌfaɪ]	-En tal caso avise a su familia.
4250	**bribe**	**el soborno; sobornar**
	ss; vb	Jim denied that he had accepted the bribe.
	[braɪb]	-Jim negó haber aceptado el soborno.

4251	**mock**	**burlarse de; simulado**
	vb; adj	Do you believe you can mock me and get away with it?
	[mɑk]	-¿Crees que puedes burlarte de mí y salirte con la tuya?
4252	**plea**	**la súplica| el alegato**
	ss	Please don't do translations if you're crap at it. This is a plea from the English
	[pli]	translation clients.
		-Por favor, no hagas traducciones si no eres bueno en ello. Esta es una
		petición de los clientes de traducción al inglés.
4253	**flint**	**el pedernal**
	ss	He shaved half the magnesium off the flint.
	[flɪnt]	-Quitó la mitad del magnesio del pedernal.
4254	**frost**	**la helada; escarchar**
	ss; vb	We might have frost next week.
	[frɔst]	-Puede que hiele la próxima semana.
4255	**strawberry**	**la fresa**
	ss	Do you want a strawberry? Here, take the one that pleases you most.
	[ˈstrɔˌbɛri]	-¿Quieres una fresa? Toma, coge la que más te guste.
4256	**clap**	**aplaudir; la palmada**
	vb; ss	We gave the performer a clap.
	[klæp]	-Nosotros le dimos un aplauso al intérprete.
4257	**compartment**	**el compartimiento| la sección**
	ss	I bet a compartment is empty.
	[kəmˈpɑrtmənt]	-Me apuesto a que un compartimento está vacío.
4258	**trauma**	**el trauma**
	ss	The French never really recovered from that trauma.
	[ˈtrɔmə]	-Los franceses nunca se recuperaron de verdad de aquel trauma.
4259	**confidential**	**confidencial**
	adj	I can see why it's confidential.
	[ˌkɑnfəˈdɛnʃəl]	-Puedo ver por qué es confidencial.
4260	**stoned**	**drogado**
	adj	How horrible! They stoned the man to death.
	[stoʊnd]	-¡Que horrible! Ellos apedrearon al hombre hasta la muerte.
4261	**parrot**	**el loro; repetir como un loro**
	ss; vb	Christopher Columbus once decided to burn absolutely everything in an
	[ˈpɛrət]	entire village after one of the natives stole his parrot. He was disappointed
		that he couldn't burn their water. So he invented fluorine.
		-Cristóbal Colón decidió una vez reducir toda una aldea a cenizas después
		de que uno de los nativos le robase su loro. Estaba decepcionado por no
		poder quemar el agua, así que inventó el flúor.
4262	**grenade**	**la granada**
	ss	Mommy, I want you to buy me a grenade!
	[grəˈneɪd]	-¡Mamá, quiero que me compres una granada!
4263	**stray**	**extraviado; perderse**
	adj; vb	We found the stray dog and decided to keep it.
	[streɪ]	-Encontramos al perro abandonado y decidimos quedarnos con él.
4264	**ax**	**las hacha; cortar**

		ss; vb	The Canadian chopped down the tree with an ax.
		[æks]	-El canadiense taló el árbol con un hacha.
4265	**heartbeat**		**el latido del corazón**
		ss	She lay her head on my chest so she could listen to my heartbeat.
		[ˈhɑrtˌbit]	-Ella puso su cabeza sobre mi pecho para escuchar los latidos de mi corazón.
4266	**boob**		**la teta**
		ss	Sorry. You were smushing my boob.
		[bub]	-Perdona, me estabas aplastando la teta.
4267	**discount**		**el descuento| la rebaja; descontar**
		ss; vb	Is there a student discount?
		[dɪˈskaʊnt]	-¿Hay descuento por ser estudiante?
4268	**terminal**		**terminal| trimestral; el terminal**
		adj; ss	Go out of the terminal and turn right.
		[ˈtɜrmənəl]	-Sal de la terminal y gira a la derecha.
4269	**refer**		**referir**
		vb	What does it refer to?
		[rəˈfɜr]	-¿A qué se refiere?
4270	**herb**		**la hierba**
		ss	Feverfew is a popular herb for migraines.
		[ɜrb]	-La matricaria es una hierba popular para las migrañas.
4271	**ambitious**		**ambicioso**
		adj	Kazuo is an ambitious young man.
		[æmˈbɪʃəs]	-Kazuo es un ambicioso joven.
4272	**crop**		**el cultivo| la cosecha; cortar**
		ss; vb	Corn is the most highly subsidized crop in America.
		[krɑp]	-El maíz es el cultivo más subsidiado en Estados unidos.
4273	**flu**		**la gripe**
		ss	I have the flu and I'm tired.
		[flu]	-Tengo gripe y estoy cansado.
4274	**garlic**		**el ajo**
		ss	I love garlic.
		[ˈgɑrlɪk]	-Yo amo el ajo.
4275	**kin**		**el parentesco; de parientes**
		ss; adj	Supposed to be some sort of kin to her.
		[kɪn]	-Parece que era pariente de ella.
4276	**veil**		**el velo; velar**
		ss; vb	She wears a veil to hide her wounds.
		[veɪl]	-Ella lleva puesto un velo para ocultar sus heridas.
4277	**purchase**		**la compra| el agarre; comprar**
		ss; vb	To purchase a ticket, you need to enter your personal details.
		[ˈpɜrtʃəs]	-Para comprar una entrada, hay que entrar tus detalles personales.
4278	**wheelchair**		**la silla de ruedas**
		ss	He is condemned to live on a wheelchair.
		[ˈwilˌtʃɛr]	-Está condenado a vivir en una silla de ruedas.
4279	**involve**		**involucrar| implicar**

	vb	I didn't want to involve her.
	[ɪnˈvɑlv]	-No la quise involucrar.
4280	**setup**	**la disposición| el tinglado**
	ss	They require a software CMOS setup program.
	[ˈsɛˌtʌp]	-Éstos requieren un programa de configuración de CMOS por software.
4281	**kilo**	**el kilo**
	ss	How much does the kilo of onions cost?
	[ˈkɪˌloʊ]	-¿Cuánto cuesta el kilo de cebollas?
4282	**meaningless**	**sin sentido**
	adj	The world sometimes seems meaningless.
	[ˈminɪŋləs]	-A veces el mundo parece no tener sentido.
4283	**integrity**	**la integridad**
	ss	This symbol stands for strength and integrity.
	[ɪnˈtɛgrəti]	-Este símbolo representa fuerza e integridad.
4284	**sew**	**coser**
	vb	Ana can sew very well.
	[soʊ]	-Ana puede coser muy bien.
4285	**initial**	**inicial; el inicial**
	adj; ss	This includes the preliminary diagnostic work-up and initial banding.
	[ɪˈnɪʃəl]	-Esto incluye el asesoramiento diagnóstico preliminar y la fijación inicial de bandas.
4286	**thoroughly**	**a fondo**
	adv	It is impossible to enjoy idling thoroughly unless one has plenty of work to do.
	[ˈθɜroʊli]	-Es imposible disfrutar completamente del tiempo libre a menos que uno tenga mucho trabajo que hacer.
4287	**reform**	**la reforma; reformar**
	ss; vb	More than ever, a reform of the health care system is needed.
	[riˈfɔrm]	-Más que nunca, se requiere una reforma al área de salud.
4288	**dearly**	**caro**
	adv	It's a grave mistake... which cost us dearly.
	[ˈdɪrli]	-Fue un error grave que nos costó mucho.
4289	**junkie**	**el drogadicto**
	ss	He's a bread junkie.
	[ˈdʒʌŋki]	-Él es adicto al pan.
4290	**brigade**	**la brigada; formar una brigada con**
	ss; vb	The brigade staff officer is coming.
	[brəˈgeɪd]	-La brigada del oficial del estado mayor está llegando.
4291	**presentation**	**la presentación| la entrega**
	ss	I had been up all night trying to finish the presentation.
	[ˌprɛzənˈteɪʃən]	-He estado toda la noche levantado tratando de terminar la presentación.
4292	**intact**	**intacto**
	adj	Our commitment to non-proliferation remains intact.
	[ɪnˈtækt]	-Nuestro compromiso con la no proliferación se mantiene intacto.
4293	**agony**	**la agonía| el dolor**
	ss	He lay in agony until the doctor arrived.
	[ˈægəni]	-Él yació agonizante hasta que llegó el médico.

4294	**overtime**	**la horas extras; fuera de hora**
	ss; adj	Jim didn't want to work overtime on Christmas Eve.
	[ˈoʊvərˌtaɪm]	-Jim no quería trabajar horas extra en Noche Buena.
4295	**stack**	**apilar; el montón**
	vb; ss	BlueZ provides the official Linux Bluetooth stack.
	[stæk]	-BlueZ proporciona la pila oficial del Bluetooth de Linux.
4296	**cripple**	**el lisiado; lisiar**
	ss; vb	Better than that cripple you bring home.
	[ˈkrɪpəl]	-Mejor que el lisiado que traes a casa.
4297	**oak**	**el roble; de roble**
	ss; adj	The oak tree remained standing after the storm.
	[oʊk]	-El roble siguió erguido después de la tormenta.
4298	**stain**	**manchar| mancharse; la mancha**
	vb; ss	I couldn't scrub the stain out.
	[steɪn]	-No pude quitar la mancha.
4299	**continent**	**continente; el continente**
	adj; ss	No man is an island, entire of itself; every man is a piece of the continent.
	[ˈkɑntənənt]	-Ningún hombre es una isla, completo en sí mismo; cada hombre es un pedazo del continente.
4300	**accomplish**	**lograr| cumplir**
	vb	I hope they don't resort to violence to accomplish their goals.
	[əˈkɑmplɪʃ]	-Espero que ellos no recurran a la violencia para conseguir sus objetivos.
4301	**ultimately**	**al final**
	adv	The argument is rigorous and coherent but ultimately unconvincing.
	[ˈʌltəmətli]	-El argumento es riguroso y coherente pero a fin de cuentas poco convincente.
4302	**reunion**	**la reunión**
	ss	She's the reunion committee chair.
	[riˈunjən]	-Ella es la presidenta del comité de reunión.
4303	**pier**	**el muelle**
	ss	She pushed him off the pier.
	[pɪr]	-Ella lo empujó desde el muelle.
4304	**deceive**	**engañar| engañarse**
	vb	He knows very well how to deceive people.
	[dɪˈsiv]	-Él sabe muy bien cómo engañar a la gente.
4305	**terrifying**	**espantoso**
	adj	Something terrifying happened that day.
	[ˈtɛrəˌfaɪɪŋ]	-Aquel día sucedió algo espeluznante.
4306	**formation**	**la formación**
	ss	Math has been used to calculate how would the Universe formation had been just before and after the Big Bang.
	[fɔrˈmeɪʃən]	-Han utilizado las matemáticas para calcular cómo habría sido la formación del Universo inmediatamente antes y después del Big Bang.
4307	**loosen**	**aflojar| aflojarse**
	vb	Loosen the screws and remove the lamp cover.
	[ˈlusən]	-Suelta los tornillos y quita la cubierta de la lámpara.
4308	**comet**	**el cometa**

	ss	Halley's Comet will come back in 2061.
	[ˈkɑmət]	-El cometa Halley volverá el 2061.
4309	**obtain**	**obtener| prevalecer**
	vb	These items are rather hard to obtain.
	[əbˈteɪn]	-Estos artículos son bastante difíciles de conseguir.
4310	**whereas**	**mientras**
	con	She loves classical music, whereas I prefer jazz.
	[wɛˈræz]	-A ella le encanta la música clásica, mientras que yo prefiero el jazz.
4311	**souvenir**	**el recuerdo**
	ss	Is there any souvenir shop around here?
	[ˌsuvəˈnɪr]	-¿Hay alguna tienda de souvenirs por aquí?
4312	**radical**	**radical; el radical**
	adj; ss	The government watched the activities of radical groups carefully.
	[ˈrædəkəl]	-El gobierno vigilaba atentamente las actividades de grupos radicales.
4313	**piggy**	**el cerdito**
	ss	This piggy kid in a rabbit outfit...
	[ˈpɪgi]	-Ese niño cerdito vestido de conejo...
4314	**roller**	**el rodillo**
	ss	Can we roller-skate in this park?
	[ˈroʊlər]	-¿Podemos andar en patines en este parque?
4315	**documentary**	**documental; el documental**
	adj; ss	That documentary about the environmental crisis was a real eye-opener.
	[ˌdɑkjəˈmɛntəri]	-Ese documental acerca de la crisis medioambiental me hizo abrir los ojos.
4316	**granddaughter**	**la nieta**
	ss	Gema's grandmother always tells her granddaughter that she's going to be
	[ˈgrænˌdɔtər]	left on the shelf when the latter tells her that she's waiting for Mr. Right.
		-La abuela de Gema siempre le dice que va a quedarse para vestir santos
		cuando esta le comenta que está esperando a su hombre ideal.
4317	**refuge**	**el refugio; albergar**
	ss; vb	Consistency is the last refuge of the unimaginative.
	[ˈrɛfjudʒ]	-La consistencia es el último refugio del poco imaginativo.
4318	**employment**	**el empleo**
	ss	He came to Tokyo in search of employment.
	[ɛmˈplɔɪmənt]	-Él vino a Tokio en busca de empleo.
4319	**rag**	**el trapo; dar guerra a**
	ss; vb	An Icelandic snowflake rag wool sweater.
	[ræg]	-Un copo de nieve islandés trapo jerseys de lana.
4320	**vile**	**vil**
	adj	And you resembling that vile Rasputin...
	[vaɪl]	-¿Y usted que se asemeja a ese vil Rasputín...
4321	**prescription**	**la prescripción**
	ss	Let me see your prescription.
	[prəˈskrɪpʃən]	-Déjame ver tu receta médica.
4322	**scram**	**largarse**
	vb	Helps if I know why she decided to scram.
	[scram]	-Sería de ayuda saber por qué decidió largarse.
4323	**maestro**	**el maestro**

	ss	Awarded a poetry prize by the maestro.
	['maɪstroʊ]	-Recibió un premio de poesía de manos del maestro.
4324	**registration**	**el registro| la matriculación**
	ss	What is your registration number?
	[ˌrɛdʒɪ'streɪʃən]	-¿Cuál es su número de matrícula?
4325	**exotic**	**exótico**
	adj	I like exotic foods.
	[ɪg'zɑtɪk]	-Me gusta la comida exótica.
4326	**dusty**	**polvoriento**
	adj	A dusty retirement home for cultural hand-me-downs, historical bric-a-brac.
	['dʌsti]	-Un polvoriento hogar para objetos culturales de segunda mano, chucherías históricas.
4327	**hospitality**	**la hospitalidad**
	ss	First of all, I would like to thank you for your hospitality.
	[ˌhɑspə'tæləti]	-En primer lugar me gustaría agradecerles su hospitalidad.
4328	**peel**	**pelar| pelarse; la piel**
	vb; ss	Peel the orange and give me a piece.
	[pil]	-Pele la naranja y déme un gajo.
4329	**monastery**	**el monasterio**
	ss	Everybody back at the monastery gets jealous.
	['mɑnəˌstɛri]	-Todos lo que vuelven al monasterio se pone celoso.
4330	**heap**	**el montón| el rimero; amontonar**
	ss; vb	Before us lies a garbage heap.
	[hip]	-Ante nosotros se encuentra un montón de basura.
4331	**shipment**	**el envío| el embarque**
	ss	That shipment's been very much delayed.
	['ʃɪpmənt]	-Se ha retrasado mucho el despacho de esa mercancía.
4332	**gasoline**	**la gasolina**
	ss	The cost of gasoline keeps on going up.
	['gæsəˌlin]	-El coste de la gasolina sigue subiendo.
4333	**destine**	**destinar**
	vb	The express that it crosses the city with I destine to the industries Bigweld is leaving.
	[destine]	-El expreso que atraviesa la ciudad con destino a industrias Gran Soldador está saliendo.
4334	**ungrateful**	**desagradecido**
	adj	Somehow, replacing the arm seems... ungrateful.
	[ən'greɪtfəl]	-En cierto modo, implantarme otro brazo sería... ser desagradecido.
4335	**pasta**	**las pastas**
	ss	I overcooked the pasta.
	['pɑstə]	-Cociné demasiado la pasta.
4336	**obligation**	**la obligación| el compromiso**
	ss	You are under no obligation whatsoever to share this information.
	[ˌɑblə'geɪʃən]	-No tienes ninguna obligación en absoluto de compartir esta información.
4337	**versus**	**versus**

		prp	Sidwell Investment Group versus Sanders International.
		['vɜrsəs]	-Siguiente en la lista, el Grupo de Inversión Sidwell contra Sanders Internacional.
4338	sincerely		sinceramente
		adv	I sincerely apologize for the previous time.
		[sɪnˈsɪrli]	-Me disculpo sinceramente por lo de la vez pasada.
4339	surf		navegar; las olas
		vb; ss	His cries for help were drowned by the roar of the surf.
		[sɜrf]	-Sus gritos de auxilio fueron ahogados por el rugido de las olas.
4340	missus		la señora
		ss	You should see Freeman's missus.
		[ˈmɪsɪz]	-Deberías ver a la mujer de Freeman.
4341	antique		la antigüedad| el antiguo; antiguo
		ss; adj	I'm looking for information on the Anderson Antique Shop in London.
		[ænˈtik]	-Estoy buscando información de la Tienda de Antigüedades Anderson en Londres.
4342	efficient		eficiente| competente
		adj	You're efficient, aren't you?
		[ɪˈfɪʃənt]	-Tú eres eficiente, ¿no es así?
4343	grease		la grasa; engrasar
		ss; vb	The wheel that squeaks the loudest is the one that gets the grease.
		[gris]	-La rueda que chirría más fuerte es la que se lleva la grasa.
4344	replacement		el reemplazo
		ss	Your replacement has already been chosen.
		[rɪˈpleɪsmənt]	-Tu sucesor ya ha sido escogido.
4345	hurricane		el huracán; de huracán
		ss; adj	In spite of the hurricane, the ship reached port.
		[ˈhɜrəˌkeɪn]	-A pesar del huracán la nave llegó al puerto.
4346	separation		la separación
		ss	In the past, separation and divorce were frowned upon by everyone.
		[ˌsɛpəˈreɪʃən]	-Antiguamente la separación o el divorcio eran muy mal vistos por todos.
4347	drawing		el dibujo
		ss	Painting, drawing and sculpting competitions.
		[ˈdrɔɪŋ]	-Los concursos se relacionan a pintura, dibujo y talleres.
4348	shovel		la pala; mover con la pala
		ss; vb	Do you have a shovel I can borrow?
		[ˈʃʌvəl]	-¿Acaso tienes una pala que me puedas prestar?
4349	mourning		el luto; de luto
		ss; adj	Today is a day of mourning for the whole nation.
		[ˈmɔrnɪŋ]	-Hoy es un día de luto para la nación entera.
4350	instantly		instantáneamente
		adv	Jim responded instantly.
		[ˈɪnstəntli]	-Jim respondió inmediatamente.
4351	visible		visible
		adj	The scars are barely visible.
		[ˈvɪzəbəl]	-Las cicatrices son casi invisibles.
4352	ambush		la emboscada; tender una emboscada

	ss; vb [ˈæmˌbʊʃ]	We've just received intelligence that the enemy is waiting in ambush two miles down the road. -Acabamos de recibir noticias de que el enemigo está esperando emboscado a dos millas por la carretera.
4353	**edition** ss [əˈdɪʃən]	**la edición** Christopher Columbus's happy meal toy was a limited edition clumsy noob waiter toy that whenever is set to walk, trips and falls on its face. -El juguete del "Happy Meal" de Cristóbal Colón era un camarero novato de edición limitada que, cuando le ponías a andar, tropezaba y caía de cara.
4354	**superb** adj [sʊˈpɜrb]	**magnífico| soberbio** Her technique is superb, but she needs to play with more expression. -Su técnica es excelente, pero ella necesita tocar con más expresión.
4355	**hollow** adj; ss; vb; adv [ˈhɑloʊ]	**hueco| vacío; el hueco; ahuecar; a hueco** My life is hollow without him. -Mi vida está vacía sin él.
4356	**pawn** vb; ss [pɔn]	**empeñar| pignorar; el peón** He had to pawn his watch. -Tuvo que empeñar su reloj.
4357	**rendezvous** ss; vb [ˈrɑndɪˌvu]	**la cita; reunirse con** Then may be a secret rendezvous. -En ese caso debe ser tal vez una cita secreta.
4358	**jingle** ss; vb [ˈdʒɪŋgəl]	**el tintineo; tintinear** I shake the money box to hear it jingle. -Agito la hucha para oír su tintineo.
4359	**slit** ss; vb [slɪt]	**la abertura; rajar** Jim and his buddies slit the throats of eleven men and women. -Jim y sus compinches degollaron a once hombres y mujeres.
4360	**moose** ss [mus]	**el alce** After finding the nearest moose head removal service... -Después de encontrar el servicio removedor de cabezas de alce más cercano...
4361	**healing** ss; adj [ˈhilɪŋ]	**la curación; curativo** Jim's leg is healing. -La pierna de Jim se está sanando.
4362	**violation** ss [vaɪəˈleɪʃən]	**la violación** All are equal before the law and are entitled without any discrimination to equal protection of the law. All are entitled to equal protection against all types of discrimination in violation of this Declaration and against any incitement to any form of discrimination. -Todos son iguales ante la ley y tienen, sin distinción, derecho a igual protección de la ley. Todos tienen derecho a igual protección contra toda discriminación que infrinja esta Declaración y contra toda provocación a tal discriminación.
4363	**pregnancy** ss [ˈprɛgnənsi]	**el embarazo** Birth control is cheaper than pregnancy. -La anticoncepción es más barata que el embarazo.
4364	**terrace**	**la terraza; terraplenar**

	ss; vb	You can only smoke on the terrace.
	[ˈtɛrəs]	-Solo puedes fumar en la terraza.
4365	**knot**	**el nudo| el grupo; anudar**
	ss; vb	That was a 'cutting the Gordian knot' type of solution.
	[nɑt]	-Esa fue una solución del tipo "cortar el nudo gordiano".
4366	**phenomenon**	**el fenómeno**
	ss	In its home country, France, Tatoeba became a social and cultural phenomenon.
	[fəˈnɑməˌnɑn]	-En su país natal, Francia, Tatoeba se convirtió en un fenómeno social y cultural.
4367	**topic**	**el tema; temático**
	ss; adj	Our topic of the week is: Donald Trump.
	[ˈtɑpɪk]	-Nuestro tema de la semana es: Donald Trump.
4368	**depressing**	**deprimente**
	adj	This is so depressing.
	[dɪˈprɛsɪŋ]	-Esto es tan deprimente.
4369	**handcuff**	**esposar**
	vb	I don't want to handcuff my own father.
	[ˈhændˌkʌf]	-No quiero esposar a mi propio padre.
4370	**sexually**	**sexualmente**
	adv	Prithvi promised to make her canditate.. for three years he sexually exploited her.
	[ˈsɛkʃuəli]	-Prithvi le prometió hacerla candidata... y durante tres años mantuvo relaciones con ella.
4371	**hustle**	**el ajetreo| el bullicio; darse prisa**
	ss; vb	Jim has to hustle.
	[ˈhʌsəl]	-Jim tiene que darse prisa.
4372	**mute**	**mudo; el mudo; apagar**
	adj; ss; vb	People that can't hear or speak are deaf-mute. Various devices currently exist that can help to correct this problem.
	[mjut]	-Las personas que no pueden ni oír ni hablar son sordomudas. Actualmente existen varios dispositivos que pueden ayudar a corregir este problema.
4373	**organic**	**orgánico**
	adj	Even the briefest exposure is devastating to organic tissue.
	[ɔrˈgænɪk]	-Aún la más mínima exposición es devastadora para el tejido orgánico.
4374	**metro**	**el metro**
	ss	Where's the nearest metro station?
	[ˈmɛˌtroʊ]	-¿Dónde está la estación de metro más cercana?
4375	**dash**	**el guión| la pizca; precipitarse**
	ss; vb	His record is a new world record in the 100-meter dash.
	[dæʃ]	-Su récord es un nuevo récord mundial en la carrera de cien metros.
4376	**detention**	**la detención| el arresto**
	ss	Therefore this prolonged detention is illegal.
	[dɪˈtɛnʃən]	-Por eso, esta detención prolongada es ilegal.
4377	**settlement**	**la solución| la liquidación**
	ss	The settlement is a matter of time.
	[ˈsɛtəlmənt]	-El acuerdo es cuestión de tiempo.
4378	**peek**	**las ojeada; echar una ojeada**

	ss; vb		What a cute baby! Peek-a-boo!
	[pɪk]		-¡Qué bebé más adorable! ¡Cuchi, cuchi!
4379	**deadline**		**la fecha tope**
	ss		The deadline is 2:30 on Monday.
	[ˈdɛˌdlaɪn]		-El plazo acaba a las dos y media del lunes.
4380	**etc.**		**etcétera**
	abr		If you have any opinions concerning traffic calming devices (humps, curb extensions, etc.) please write them.
	[ˌɛtˈsɛtərə.]		-Si tienes alguna opinión sobre dispositivos para reducir la velocidad del tráfico (badenes, extensiones de bordillo, etc.), por favor, escríbalos.
4381	**landscape**		**el paisaje; paisajista; ajardinar**
	ss; adj; vb		Those trees hide the landscape.
	[ˈlændˌskeɪp]		-Estos árboles esconden el paisaje.
4382	**supermarket**		**el supermercado**
	ss		Jim works at the supermarket.
	[ˈsupərˌmɑrkɪt]		-Jim trabaja en el supermercado.
4383	**burial**		**el entierro**
	ss		With burial records, identification should be pretty straightforward.
	[ˈbɛriəl]		-Con los registros de entierro, la identificación debería ser mas sencilla.
4384	**Cuban**		**cubano; el cubano**
	adj; ss		I am smoking a Cuban cigar.
	[ˈkjubən]		-Estoy fumando un cigarro cubano.
4385	**quid**		**la libra**
	ss		Kisses for a quid. Yes.
	[kwɪd]		-A libra el beso, sí.
4386	**gag**		**la mordaza| la broma; amordazar**
	ss; vb		It's a great gag.
	[gæg]		-Es un gran chiste.
4387	**regardless**		**a pesar de todo; insensible**
	adv; adj		Regardless how loud you scream "Oo-oo!", you won't turn into a wolf.
	[rəˈgɑrdləs]		-No importa cuánto grites "¡auuuu!", no te vas a transformar en un lobo.
4388	**keeper**		**el guardián| el cuidador**
	ss		He's a goal keeper.
	[ˈkipər]		-Él es portero.
4389	**notebook**		**el cuaderno**
	ss		I got my notebook stolen.
	[ˈnoʊtˌbʊk]		-Me robaron el ordenador portátil.
4390	**factor**		**el factor| el hecho**
	ss		One new factor influencing water supplies is rising global temperature.
	[ˈfæktər]		-Un nuevo factor que influye en las reservas de agua es la elevación de la temperatura global.
4391	**graveyard**		**el cementerio**
	ss		They buried him in the graveyard by the church.
	[ˈgreɪˌvjɑrd]		-Ellos lo enterraron en el cementerio al lado de la iglesia.
4392	**spear**		**la lanza; alancear**
	ss; vb		Leaning on his bone-tipped spear for support, Jim rises to his feet.
	[spɪr]		-Apoyándose en su lanza con punta de hueso, Jim se levantó.

4393	**torment**	**el tormento| el suplicio; atormentar**
	ss; vb	I don't want to torment you any longer.
	[ˈtɔrˌmɛnt]	-No quiero atormentarte más.
4394	**shin**	**la espinilla**
	ss	Next time, try blocking with your shin.
	[ʃɪn]	-La próxima vez, trate de bloquear con su espinilla.
4395	**flatter**	**halagar**
	vb	Don't flatter yourself.
	[ˈflætər]	-No te halagues.
4396	**sleeve**	**la manga**
	ss	In the summer, I wear short-sleeve shirts.
	[sliv]	-En el verano llevo camisas de mangas cortas.
4397	**fitting**	**adecuado| oportuno; la prueba**
	adj; ss	The fitting room over there is unoccupied.
	[ˈfɪtɪŋ]	-El probador de allá está desocupado.
4398	**contempt**	**el desprecio**
	ss	I feel nothing but contempt for such dishonest behavior.
	[kənˈtɛmpt]	-No siento nada más que desprecio por semejante conducta deshonesta.
4399	**bunk**	**la litera; acostarse**
	ss; vb	Jim slept on the top bunk.
	[bʌŋk]	-Jim se durmió en la litera de arriba.
4400	**assassination**	**el asesinato**
	ss	Older people still remember the Kennedy assassination.
	[əˌsæsəˈneɪʃən]	-La gente mayor todavía recuerda el asesinato de Kennedy.
4401	**unemployed**	**los desempleados; desempleado**
	ss; adj	Many young people in Spain are unemployed.
	[ˌʌnɛmˈplɔɪd]	-Muchos jóvenes en España son desempleados.
4402	**naval**	**naval**
	adj	Above all, European leaders must promote increased naval cooperation.
	[ˈneɪvəl]	-Por sobre todo, los líderes europeos deben promover una mayor cooperación naval.
4403	**cunning**	**astuto| ladino; la astucia**
	adj; ss	She's a cunning linguist.
	[ˈkʌnɪŋ]	-Ella es una sagaz lingüista.
4404	**careless**	**descuidado**
	adj	Keeping Mario in a state in which he can throw fireballs is a delicate process; that newfound power sometimes makes one cocky and careless.
	[ˈkɛrləs]	-Mantener a Mario en un estado en el que pueda tirar bolas de fuego es un proceso delicado: ese poder recién adquirido a veces hace que uno se vuelva gallito y descuidado.
4405	**boogie**	**mover el esqueleto**
	vb	Or do you want to boogie at double O discotheque.
	[ˈbugi]	-O quieres bailar en la discoteca doble 0.
4406	**hose**	**la manguera; regar con manguera**
	ss; vb	Too much information was presented all at once. Taking it in was like drinking from a fire hose.
	[hoʊz]	-Demasiada información se presentó de una sola vez. Asimilarla fue como beber de una manguera para incendios.

4407 decade
ss
[dɛˈkeɪd]

la década
We have experienced many changes over the last decade.
-Hemos experimentado muchos cambios en las últimas décadas.

4408 software
ss
[ˈsɔfˌtwɛr]

el software
What's your favorite image editing software?
-¿Cuál es tu editor de imágenes favorito?

4409 printed
adj
[ˈprɪntəd]

impreso
Program's been printed everywhere correctly.
-El programa ha sido impreso en todos lados correctamente.

4410 physician
ss
[fəˈzɪʃən]

el médico
The word doctor refers to a person with the highest university degree, and colloquially to a physician.
-La palabra doctor hace referencia a una persona con la máxima titulación académica y coloquialmente a un médico.

4411 instructor
ss
[ɪnˈstrʌktər]

el instructor
At the present time, she is a yoga instructor.
-Ahora mismo es profesora de yoga.

4412 flour
ss; vb
[ˈflaʊər]

la harina; enharinar
Bread is made from flour, water and yeast.
-El pan se hace con harina, agua y levadura.

4413 acknowledge
vb
[ækˈnɑlɪdʒ]

reconocer| agradecer
We acknowledge receipt of your letter.
-Acusamos recibo de su carta.

4414 resolve
vb; ss
[riˈzɑlv]

resolver; la resolución
It's a truly difficult problem to resolve.
-Es un problema verdaderamente difícil de resolver.

4415 nan
ss
[næn]

la yaya
We had sausage rolls when my nan died.
-Nos dieron rollos de salchicha cuando mi nana murió.

4416 identical
adj
[aɪˈdɛntɪkəl]

idéntico
Jim and I aren't identical twins.
-Jim y yo no somos gemelos idénticos.

4417 womb
ss
[wum]

la matriz| el útero
When I was inside my mother's womb, I looked through my mother's navel at the house where I would be born and I thought: "This won't do".
-Cuando estaba dentro del vientre de mi madre, miré a través de su ombligo a la casa donde yo nacería y pensé: "Esto no me gusta".

4418 treaty
ss
[ˈtriti]

el tratado
The treaty demarcated territory, including Takeshima.
-El tratado delimitaba territorios, incluyendo el de Takeshima.

4419 carpenter
ss; vb
[ˈkɑrpəntər]

el carpintero; dedicarse a carpintería
He is a good carpenter.
-Él es buen carpintero.

4420 weary
adj; vb
[ˈwɪri]

cansado| fatigado; cansar
In the evening they came to a large forest, and they were so weary with sorrow and hunger and the long walk, that they lay down in a hollow tree and fell asleep.
-Por la noche llegaron a un gran bosque, y estaban tan cansados por el

dolor, el hambre y la caminata, que se acostaron en un árbol hueco y se durmieron.

4421	**preferred**	**privilegiado**
	adj	It isn't my preferred theme.
	[prəˈfɜrd]	-No es mi tema preferido.
4422	**nude**	**desnudo; el desnudo**
	adj; ss	Jim sleeps in the nude in the summer.
	[nud]	-Jim duerme desnudo en verano.
4423	**opposition**	**la oposición**
	ss	That dictator gags the opposition parties.
	[ˌɑpəˈzɪʃən]	-Ese dictador amordaza a los partidos de la oposición.
4424	**mattress**	**el colchón**
	ss	Ana raised the mattress in order to change the sheets.
	[ˈmætrəs]	-Ana levantó el colchón para cambiar las sábanas.
4425	**blossom**	**la flor; florecer**
	ss; vb	Lord, you can make flowers blossom.
	[ˈblɑsəm]	-Tú puedes hacer florecer las flores.
4426	**substance**	**la sustancia| la parte**
	ss	If you swallow a dangerous substance, it depends on the substance which measures need to be taken.
	[ˈsʌbstəns]	-Cuando alguien se ha tragado un objeto peligroso, dependerá del tipo de objeto la medida a tomar.
4427	**spine**	**la espina**
	ss	So, severed spine equals foul play.
	[spaɪn]	-Entonces, espina seccionada, es igual a crimen.
4428	**lightly**	**ligeramente**
	adv	I got off lightly.
	[ˈlaɪtli]	-La saqué barata.
4429	**sadly**	**con tristeza**
	adv	The little mermaid sighed and looked sadly at her fish tail.
	[ˈsædli]	-La Sirenita suspiró y con tristeza miró su cola de pez.
4430	**zombie**	**el zombi**
	ss	Our morgue zombie was using it.
	[ˈzɑmbi]	-Nuestro zombi de la morgue la estaba usando.
4431	**caution**	**la precaución| la prudencia; advertir**
	ss; vb	Better to err on the side of caution.
	[ˈkaʃən]	-Mejor pasarse de cauto.
4432	**gardener**	**el jardinero**
	ss	The gardener cuts back the bushes with shears and the grass with a scythe.
	[ˈgɑrdənər]	-El jardinero poda las matas con tijeras y el césped con guadañadora.
4433	**bliss**	**la dicha| la beatitud**
	ss	If time is not real, then the dividing line between this world and eternity, between suffering and bliss, between good and evil, is also an illusion.
	[blɪs]	-Si el tiempo no es real, entonces la línea divisoria entre este mundo y la eternidad, entre el sufrimiento y la felicidad, entre el bien y el mal, es también una ilusión.
4434	**saloon**	**el salón| la taberna**

| | ss
[səˈlun] | You will get all saloon names and addresses.
-Usted recibirá todos los nombres de salón y las direcciones. |

4435 verse
ss; adj
[vɜrs]

el versículo| el verso; en verso
Nothing says Christmas like animal fables in verse.
-Pues nada como las fábulas de animales en verso para Navidad.

4436 magnetic
adj
[mægˈnɛtɪk]

magnético
I sit in front of a computer screen all day, so I get pretty heavily bombarded by electro-magnetic waves.
-Me siento frente a la pantalla de un computador el día entero, así que sí resulto enormemente bombardeado por ondas electromagnéticas.

4437 reign
ss; vb
[reɪn]

el reinado| el dominio; reinar
It is generally believed that Buddhism first came to China in 67 A.D. during the reign of Emperor Mingdi of the Eastern Han Dynasty.
-Es una creencia generalizada que el budismo llegó por primera vez a China en el 67 d. C. durante el reinado del Emperador Ming de la dinastía Han Oriental.

4438 purely
adv
[ˈpjʊrli]

puramente
In a purely romantic relationship cheating would just be like having a boyfriend who considers himself in love with another girl and he goes and sees her and kisses her and cuddles with her and tells her he loves her.
-En una relación puramente romántica, ser infiel sería como tener un novio que esté enamorado de otra chica y vaya a verla y la bese y la acaricie y le diga que la ama.

4439 republican
ss
[rɪˈpʌblɪkən]

el republicano
Jim is a republican.
-Jim es un republicano.

4440 biting
adj
[ˈbaɪtɪŋ]

mordaz
Stop biting your nails.
-Deja de comerte las uñas.

4441 inherit
vb
[ɪnˈhɛrət]

heredar
A son who could not learn to paddle his own canoe does not deserve to inherit his father's fortune.
-Un hijo que no aprenda a remar su propia canoa, no merece heredar la fortuna de su padre.

4442 mustard
adj; ss
[ˈmʌstərd]

mostaza; la mostaza
I'll have two hot dogs with mustard and ketchup.
-Llevaré dos hot dogs con mostaza y ketchup.

4443 mechanical
adj
[məˈkænɪkəl]

mecánico
The aim of jazz is the mechanical reproduction of a regressive moment, a castration symbolism. 'Give up your masculinity, let yourself be castrated,' the eunuchlike sound of the jazz band both mocks and proclaims, 'and you will be rewarded, accepted into a fraternity which shares the mystery of impotence with you, a mystery revealed at the moment of the initiation rite.
-El objetivo del jazz es la reproducción mecánica de un momento regresivo, un simbolismo de la castración. 'Renuncia a tu masculinidad, déjate castrar', el sonido de eunuco de la banda de jazz se mofa y proclama a la vez, 'y serás recompensado, aceptado en una fraternidad que comparte contigo el misterio de la impotencia, un misterio revelado en el momento del rito de iniciación'.

4444	**grandchild**	**el nieto**
	ss	Maybe my grandchild will be the first person to set foot on Mars.
	[ˈɡrænd ˌtʃaɪld]	-Puede que mi nieto sea la primera persona que ponga los pies en Marte.

4445	**mushroom**	**la seta; de hongos; surgir como hongos**
	ss; adj; vb	A "shiitake" is a type of mushroom.
	[ˈmʌʃrum]	-El "Shiitake" es un tipo de hongo.

4446	**justify**	**justificar| alinear**
	vb	Does the end justify the means?
	[ˈdʒʌstəˌfaɪ]	-¿El fin justifica los medios?

4447	**strangely**	**extrañamente**
	adv	Strangely enough, he failed.
	[ˈstreɪndʒli]	-Aunque parezca extraño, falló.

4448	**cozy**	**acogedor**
	adj	Your house has a very cozy atmosphere.
	[ˈkoʊzi]	-Tu casa es muy acogedora.

4449	**token**	**simbólico| testimonial; la ficha**
	adj; ss	Please accept our token of appreciation.
	[ˈtoʊkən]	-Por favor, acepte nuestra muestra de agradecimiento.

4450	**archer**	**el arquero**
	ss	The archer killed the deer.
	[ˈɑrtʃər]	-El arquero mató al ciervo.

4451	**elite**	**la élite**
	ss	I don't want to belong to the elite at all. It's already enough for me to be the best.
	[ɪˈlit]	-No quiero en absoluto pertenecer a la élite. Ya es bastante para mí ser el mejor.

4452	**tray**	**la bandeja**
	ss	Do you want a tray with that?
	[treɪ]	-¿Quieres una bandeja con eso?

4453	**steer**	**el buey| el novillo; dirigir**
	ss; vb	Hey, steer clear of the boss today, he seems really ticked off about something.
	[stɪr]	-Oye, mantente alejado del jefe hoy, parece muy enfadado por algo.

4454	**craft**	**el arte**
	ss	Long-range scan indicates unknown craft approaching.
	[kræft]	-El escaneo de largo alcance indica el acercamiento de una nave desconocida.

4455	**acquaint**	**familiarizar**
	vb	I must acquaint myself with the details of the new plan.
	[əˈkweɪnt]	-Tengo que familiarizarme con los detalles del nuevo plan.

4456	**flock**	**el rebaño| la bandada; afluir**
	ss; vb	An artist is a sheep that strays from the flock.
	[flɑk]	-Un artista es una oveja que se separa del rebaño.

4457	**ripe**	**maduro**
	adj	These plums are ripe.
	[raɪp]	-Estas ciruelas están maduras.

| 4458 | **handwriting** | **la escritura** |

ss
['hæn,draɪtɪŋ]

My mother has good handwriting.
-Mi madre tiene buena letra.

4459 **hideous**

adj
['hɪdiəs]

horrible| repulsivo

A hideous monster used to live there.
-Ahí solía vivir un monstruo espantoso.

4460 **volcano**

ss
[vɑl'keɪnoʊ]

el volcán

The volcano has become active again.
-El volcán se ha activado de nuevo.

4461 **addict**

ss; vb
['ædɪkt]

el adicto; ser adicto

I'm not a drug addict.
-No soy un adicto a las drogas.

4462 **barrier**

ss
['bæriər]

la barrera| el escollo

Scientists say more than half of Australia's Great Barrier Reef has been
destroyed in the past 30 years.
-Los científicos dicen que más de la mitad de la Gran Barrera de Coral de
Australia ha sido destruida en los últimos 30 años.

4463 **marquis**

ss
[,mɑr'ki]

el marqués

The ruined marquis married Madame D'Argères.
-El arruinado marqués se casa con Madame D'Argères.

4464 **microphone**

ss
['maɪkrə,foʊn]

el micrófono

Jim took the microphone away from Ana.
-Jim le arrebató el micrófono a Ana.

4465 **coop**

ss
[kup]

la cooperativa| el gallinero

He built a coop up here for them.
-Él construyó un gallinero aquí para ellos.

4466 **trophy**

ss
['troʊfi]

el trofeo

He held the trophy up high.
-El levantó el trofeo a lo alto.

4467 **coroner**

ss
['kɔrənər]

el juez de instrucción

The coroner said Martinelli was strangled.
-Según el forense, han estrangulado a Martinelli.

4468 **martini**

ss
[mɑr'tini]

el martini

Relájese con un dirty martini de firma y conozca a otros huéspedes.
-Unwind and flirt with Audrey's signature dirty martini.

4469 **chauffeur**

ss
[ʃoʊ'fɜr]

el chofer

Jim is a chauffeur.
-Jim es chofer.

4470 **lonesome**

adj
['loʊnsəm]

solitario

You feel lonesome, don't you?
-Te sientes solo, ¿verdad?

4471 **popcorn**

ss
['pɑp,kɔrn]

las palomitas de maíz

Jim grabbed a handful of popcorn out of the bag and then handed it to Ana.
-Jim agarró un puñado de palomitas de maíz de la bolsa y después se le
pasó a Ana.

4472 **psychology**

ss
[saɪ'kɑlədʒi]

la psicología

I study psychology.
-Estudio psicología.

4473	**ruler**	**la regla**
	ss	I need a ruler.
	[ˈrulər]	-Necesito una regla.
4474	**brute**	**bruto; los bruto**
	adj; ss	Don't be a brute.
	[brut]	-No seas bruto.
4475	**hog**	**el cerdo| el chancho; acaparar**
	ss; vb	Don't hog the road.
	[hɑg]	-No seas un cerdo en la carretera.
4476	**lease**	**el arrendamiento; arrendar**
	ss; vb	Las soluciones financieras como formas de compra y transacciones de "lease
	[lis]	back" se ofrecerán directamente a las líneas aéreas chinas.
		-The financing solutions such as purchase and lease back transactions will
		be provided directly to Chinese airlines.
4477	**pancake**	**el crepe; desplomarse**
	ss; vb	1891 found our fortunes flat as a pancake.
	[ˈpænˌkeɪk]	-1891 halló nuestras fortunas delgadas como un panqueque.
4478	**lobster**	**la langosta**
	ss	You eat lobster for Christmas? Are you serious?
	[ˈlɑbstər]	-¿En serio? ¿Comes langosta en Navidad?
4479	**potion**	**la poción| la pócima**
	ss	They fell madly in love after drinking a love potion.
	[ˈpoʊʃən]	-Se enamoraron profundamente después de beber una poción del amor.
4480	**pointless**	**inútil**
	adj	He thinks his job is pointless.
	[ˈpɔɪntləs]	-Él piensa que su trabajo no tiene sentido.
4481	**authorized**	**autorizado; laboral**
	adj; adj	Only Administrator Chellick is authorized to communicate with alien species.
	[ˈɔθəˌraɪzd]	-Sólo el Administrador Chellick... está autorizado a comunicarse con
		especies alienígenas.
4482	**grape**	**la uva**
	ss	Ivo saw the grape.
	[greɪp]	-Ivo vio la uva.
4483	**tuna**	**el atún**
	ss	Jim opened a can of tuna fish.
	[ˈtunə]	-Jim abrió una lata de atún.
4484	**misunderstand**	**entender mal**
	vb	It appears to me that we misunderstand him.
	[ˌmɪsəndərˈstænd]	-Me parece que no lo estamos entendiendo bien.
4485	**dwarf**	**el enano| el pequeño; empequeñecer**
	ss; vb	Once upon a time there was a dwarf who lived in the woods.
	[dwɔrf]	-Había una vez un enano que vivía en el bosque.
4486	**lounge**	**el salón| la sala; gandulear**
	ss; vb	Students may not enter the faculty lounge.
	[laʊndʒ]	-Los estudiantes no pueden entrar en la sala de profesores.
4487	**invest**	**invertir| investir**

	vb	Americans who had money were afraid to invest it.	
	[ɪnˈvɛst]	-Los estadounidenses que tenían dinero temían invertirlo.	

4488 **thankful** — **agradecido**

adj
[ˈθæŋkfəl]

I am thankful for my friends.
-Estoy agradecido por mis amigos.

4489 **rogue** — **el pícaro**

ss
[roʊg]

In the late 20th century, Yugoslavia was considered a rogue state by the United States.
-A finales del siglo 20, Yugoslavia era considerado un estado canalla por los Estados Unidos.

4490 **nuisance** — **la molestia| el fastidio**

ss
[ˈnusəns]

The noise was a nuisance.
-El ruido era una lata.

4491 **insect** — **el insecto**

ss
[ˈɪnˌsɛkt]

The body of an insect is divided into head, thorax and abdomen.
-Los insectos presentan el cuerpo dividido en cabeza, tórax y abdomen.

4492 **fluid** — **fluido; el fluido**

adj; ss
[ˈfluəd]

Blood is the fluid responsible for the circulation of nutrients.
-La sangre es el fluido responsable de la circulación de los nutrientes.

4493 **Asian** — **asiático; el asiático**

adj; ss
[ˈeɪʒən]

He's attracted to Asian girls.
-A él lo atraen las chicas asiáticas.

4494 **spice** — **condimentar; la especia**

vb; ss
[spaɪs]

Please tell us where there is a spice shop.
-Por favor, díganos dónde hay una tienda de comestibles.

4495 **whoop** — **gritar**

vb
[wup]

"Real exciting", then whoop like a cheer.
-Tú sabes, emoción real y un grito, como una porrista.

4496 **fisherman** — **el pescador**

ss
[ˈfɪʃərˌmæn]

My father is a skilled fisherman.
-Mi padre es un hábil pescador.

4497 **poster** — **el póster**

ss
[ˈpoʊstər]

I bought a poster at the Arab World Institute in Paris and I had it framed.
-Compré un poster del Instituto del Mundo Árabe en Paris y lo tuve enmarcado.

4498 **shatter** — **romper| destruir**

vb
[ˈʃætər]

I heard the window shatter upstairs.
-Oí el piso de arriba romper la ventana.

4499 **liable** — **responsable**

adj
[ˈlaɪəbəl]

Therefore, it leaving the turtle liable.
-Por lo tanto, eso deja como responsable a la tortuga.

4500 **venture** — **el riesgo| la empresa; aventurarse**

ss; vb
[ˈvɛntʃər]

It's not because things are difficult that we dare not venture. It's because we dare not venture that they are difficult.
-No es porque las cosas son difíciles que no nos atrevemos; es porque no nos atrevemos que son difíciles.

4501 **additional** — **adicional**

	adj	Our plan has lots of additional advantages.
	[əˈdɪʃənəl]	-Nuestro plan tiene muchas ventajas adicionales.
4502	**rail**	**el carril| el riel**
	ss	This also applies to regional rail services.
	[reɪl]	-No es diferente el enfoque adoptado frente al transporte ferroviario regional.
4503	**Thai**	**tailandés; el tailandés**
	adj; ss	Thai is the official language of Thailand.
	[taɪ]	-El tailandés es la lengua oficial de Tailandia.
4504	**timer**	**el minutero**
	ss	The button battery in the PC's internal timer has gone flat.
	[ˈtaɪmər]	-La pila de botón del reloj interno del PC se ha agotado.
4505	**altitude**	**la altitud**
	ss	At that altitude the weather can change rapidly without warning.
	[ˈæltəˌtud]	-A esa altura el clima puede cambiar rápidamente sin aviso.
4506	**toxic**	**tóxico; el tóxico**
	adj; ss	Is hexane toxic?
	[ˈtɑksɪk]	-¿Es el hexano tóxico?
4507	**socialist**	**socialista; socialista**
	adj; ss	Jim is a socialist.
	[ˈsoʊʃələst]	-Jim es un socialista.
4508	**lethal**	**letal**
	adj	Somebody gave Vick Johnston a lethal dose of steroids.
	[ˈliθəl]	-Alguien le dio a Vick Johnston una dosis letal de esteroides.
4509	**ruthless**	**implacable| despiadado**
	adj	Hasani is notoriously ruthless, even by Balkan standards.
	[ˈruθləs]	-Hasani es notablemente despiadado, incluso para los estándares de los Balcanes.
4510	**automobile**	**el automóvil**
	ss	I want to buy an automobile.
	[ˈɔtəmoʊˌbil]	-Me dan ganas de comprar un automóvil.
4511	**strangle**	**estrangular**
	vb	I keep thinking someone's trying to strangle me.
	[ˈstræŋgəl]	-Estoy pensando que alguien me quiere estrangular.
4512	**bathtub**	**la bañera| la tina de baño**
	ss	The bathtub overflowed while she was talking on the phone.
	[ˈbæθtəb]	-La bañera rebosó mientras estaba al teléfono.
4513	**striking**	**llamativo**
	adj	It was a bright cold day in April, and the clocks were striking thirteen.
	[ˈstraɪkɪŋ]	-Era un día frío y luminoso de abril, y los relojes marcaban la una de la tarde.
4514	**parlor**	**el salón**
	ss	Tell me when the body gets to the funerary parlor.
	[ˈpɑrlər]	-Avisame cuando llegue el cuerpo a la funeraria.
4515	**sticky**	**pegajoso**
	adj	Natto is sticky.
	[ˈstɪki]	-Natto es pegajoso.

4516	**vomit**	**vomitar; el vómito**
	vb; ss	I started to vomit.
	[ˈvɑmət]	-Me puse a vomitar.
4517	**impatient**	**impaciente**
	adj	Children are often impatient and restless.
	[ɪmˈpeɪʃənt]	-Los niños a menudo están impacientes e inquietos.
4518	**specialty**	**la especialidad**
	ss	Let's order the lobster! I've heard that's the specialty dish here.
	[ˈspɛʃəlti]	-¡Pidamos la langosta! He oído decir que es la especialidad de aquí.
4519	**sane**	**cuerdo**
	adj	Truth is pure, but truth is painful. No sane, selfish person would ever accept
	[seɪn]	things for what they are. Such is the masochism inherent in "truth".
		-La verdad es pura, pero dolorosa. Ninguna persona cuerda y egoísta aceptaría nunca las cosas como son. Ése es el masoquismo inherente a la "verdad".
4520	**rainy**	**lluvioso**
	adj	The weather is rainy.
	[ˈreɪni]	-El tiempo está lluvioso.
4521	**dose**	**las dosis; dosificar**
	ss; vb	Somebody gave Vick Johnston a lethal dose of steroids.
	[doʊs]	-Alguien le dio a Vick Johnston una dosis letal de esteroides.
4522	**kidney**	**el riñón; renal; gritar**
	ss; adj; vb	Therefore kidney was considered the tissue determining the withdrawal period.
	[ˈkɪdni]	-Por lo tanto, se consideró el riñón como tejido determinante del período de espera.
4523	**gutter**	**el canal; irse consumiendo**
	ss; vb	In the sewer gutter with Oscar Vibenius.
	[ˈgʌtər]	-En lo más bajo, la alcantarilla, con Oscar Vibenius.
4524	**legacy**	**el legado**
	ss	But Friedman also produced a less felicitous legacy.
	[ˈlɛgəsi]	-Sin embargo, Friedman también dejo un legado menos feliz.
4525	**selection**	**la selección| el surtido**
	ss	Our random selection has chosen you as a possible winner!
	[səˈlɛkʃən]	-¡Nuestro generador aleatorio lo ha elegido a usted como posible ganador!
4526	**refrigerator**	**el refrigerador**
	ss	There is little food in the refrigerator.
	[rəˈfrɪdʒəˌreɪtər]	-Hay poca comida en la heladera.
4527	**reckless**	**temerario**
	adj	Making davis bloome front-page news every day is reckless.
	[ˈrɛkləs]	-Hacer de Davis Bloom una noticia de primera plana todos los días es imprudente.
4528	**enthusiasm**	**el entusiasmo**
	ss	Jim glows with enthusiasm.
	[ɪnˈθuziˌæzəm]	-Jim rebosa con entusiasmo.
4529	**earring**	**el pendiente**
	ss	You know, that way we can be earring buddies.
	[ˈɪrɪŋ]	-Ya sabes, así podremos ser colegas de pendiente.

4530	**absent**	**ausente; ausentarse**
	adj; vb	Why were you absent from school yesterday?
	[ˈæbsənt]	-¿Por qué faltaste a clases ayer?
4531	**lid**	**la tapa**
	ss	We haven't any lid for a box that big.
	[lɪd]	-No tenemos tapa para una caja tan grande.
4532	**irresponsible**	**irresponsable**
	adj	I am alarmed by your irresponsible attitude.
	[ɪrəˈspɑnsəbəl]	-Me inquieta tu actitud irresponsable.
4533	**distract**	**distraer| entretener**
	vb	Don't distract me from studying.
	[dɪˈstrækt]	-No me distraigas de estudiar.
4534	**biological**	**biológico**
	adj	I want to know more about John's biological parents.
	[ˌbaɪəˈlɑdʒɪkəl]	-Quiero saber más sobre los padres biológicos de John.
4535	**unlock**	**descubrir**
	vb	Unlock the door.
	[ənˈlɑk]	-Destraba la puerta.
4536	**discreet**	**discreto**
	adj	It was discreet of you to keep it a secret from him.
	[dɪˈskrit]	-Fue considerado de ti mantenerle eso en secreto.
4537	**poke**	**meter| empujar; el codazo**
	vb; ss	Poke the fire. It's going out.
	[poʊk]	-Atice usted el fuego que se apaga.
4538	**panel**	**el panel| el grupo; artesonar**
	ss; vb	Repeat blood count and chem panel.
	[ˈpænəl]	-Repite el recuento sanguíneo y el panel químico.
4539	**gap**	**la brecha| la diferencia**
	ss	The gap between the haves and the have nots is widening.
	[gæp]	-La brecha entre ricos y pobres se está ampliando.
4540	**probation**	**la libertad condicional**
	ss	The increase reflects efforts to strengthen probation services.
	[proʊˈbeɪʃən]	-Este incremento está relacionado con el fortalecimiento de los servicios de libertad condicional.
4541	**squirrel**	**la ardilla**
	ss	Jim has only one squirrel.
	[ˈskwərəl]	-Jim tiene sólo una ardilla.
4542	**demonstrate**	**demostrar| hacer una manifestación**
	vb	There's still a lot to demonstrate.
	[ˈdɛmənˌstreɪt]	-Aún queda mucho por demostrar.
4543	**condom**	**el condón**
	ss	Do you have a condom?
	[ˈkɑndəm]	-¿Llevas condones?
4544	**slipper**	**la zapatilla**
	ss	Raccoon nesting in Gordie's slipper.
	[ˈslɪpər]	-El anidamiento del mapache está en la zapatilla de Gordie.
4545	**jackass**	**el burro**

	ss	What she is trying to say is that you're a jackass.
	[ˈdʒæˌkæs]	-Lo que ella quiere decir es que eres un idiota.
4546	**visa**	**la visa**
	ss	Can I pay with my VISA?
	[ˈvizə]	-¿Puedo pagar con mi tarjeta VISA?
4547	**tailor**	**el sastre; entallar**
	ss; vb	The father is a tailor.
	[ˈteɪlər]	-El padre es sastre.
4548	**accomplice**	**cómplice**
	ss	The night is my accomplice.
	[əˈkɑmpləs]	-La noche es mi cómplice.
4549	**stripe**	**la raya**
	ss	You just got yourself another stripe.
	[straɪp]	-Acabas de llegar a ti mismo otra raya.
4550	**scenario**	**el guión**
	ss	Are you ready for the worst-case scenario?
	[sɪˈnɛrioʊ]	-¿Estás preparado para lo peor?
4551	**milord**	**el milord**
	ss	First course for milord's rage.
	[milord]	-Haced entrar a Sims, primer plato para la ira de milord.
4552	**ignorance**	**la ignorancia**
	ss	Freedom begins where ignorance ends.
	[ˈɪgnərəns]	-La libertad comienza donde la ignorancia termina.
4553	**participate**	**participar**
	vb	Everyone has the right freely to participate in the cultural life of the
	[parˈtɪsəˌpeɪt]	community, to enjoy the arts and to share in scientific advancement and its benefits.
		-Toda persona tiene derecho a tomar parte libremente en la vida cultural de la comunidad, a gozar de las artes y a participar en el progreso científico y en los beneficios que de él resulten.
4554	**carrier**	**el portador| transportista**
	ss	The old German mail carrier did not want to touch the package marked "gift."
	[ˈkæriər]	-El viejo cartero alemán no quiso tocar el paquete marcado como "regalo".
4555	**ark**	**las arca**
	ss	How many animals of each species were there on Moses' ark?
	[ɑrk]	-¿Cuántos animales de cada especie había en el arca de Moisés?
4556	**flute**	**la flauta; acanalar**
	ss; vb	I hope you practiced your flute solo!
	[flut]	-¡Espero que hayas practicado tu solo de flauta!
4557	**conviction**	**la convicción| la condena**
	ss	Part of this conviction is rooted in my own experience.
	[kənˈvɪkʃən]	-Una parte de esta convicción se enraíza en mi propia experiencia.
4558	**diner**	**el comedor**
	ss	No toilet paper, diner napkins.
	[ˈdaɪnər]	-Nada de papel higiénico, servilletas del restaurante.
4559	**acre**	**el acre**

	ss	Van Garrett set him up with an acre and a broken-down cottage.
	[ˈeɪkər]	-Van Garrett le ofreció un acre y una casita medio derruida.
4560	**nursing**	**la enfermería**
	ss	24 hour medical and nursing attention.
	[ˈnɜrsɪŋ]	-Atención médica y de enfermería las 24 horas.
4561	**rival**	**rival| opuesto; el rival; rivalizar con**
	adj; ss; vb	I cannot understand the implacable hatred that he still feels for his old rival.
	[ˈraɪvəl]	-No puedo entender el odio implacable que él todavía siente por su viejo rival.
4562	**profound**	**profundo; las profundidades**
	adj; ss	The opposite of a fact is falsehood, but the opposite of one profound truth may very well be another profound truth.
	[proʊˈfaʊnd]	-Lo contrario de un hecho es falsedad, pero lo contrario de una verdad profunda puede ser muy bien otra verdad profunda.
4563	**puff**	**el soplo; soplar**
	ss; vb	Give me another puff on your cigarette.
	[pʌf]	-Dame otra calada de tu cigarrillo.
4564	**establishment**	**el establecimiento| la organización**
	ss	Future Inns Hotel Cardiff is a non-smoking establishment.
	[ɪˈstæblɪʃmənt]	-Future Inns Hotel Cardiff es un establecimiento libre de humos.
4565	**overboard**	**al agua**
	adv	He went overboard for his daughter's wedding.
	[ˈoʊvərˌbɔrd]	-Tiró la casa por la ventana para la boda de su hija.
4566	**banner**	**la bandera| la pancarta**
	ss	This banner can suit certain types of logo.
	[ˈbænər]	-Este banner puede ser adecuado para ciertos tipos de logotipo.
4567	**dislike**	**la aversión; no gustar**
	ss; vb	For people who dislike the idea of giving money, a gift certificate is a good idea.
	[dɪˈslaɪk]	-Para la gente que no le guste la idea de dar dinero una buena idea es una tarjeta-regalo.
4568	**solitary**	**solitario**
	adj	After wandering aimlessly through the desert for months, we discovered a solitary oasis.
	[ˈsɑləˌtɛri]	-Tras deambular sin rumbo por el desierto durante meses, descubrimos un solitario oasis.
4569	**longing**	**el anhelo; anhelante**
	ss; adj	The rescued refugees were longing for freedom.
	[ˈlɔŋɪŋ]	-Los refugiados sobrevivientes añoraban libertad.
4570	**protocol**	**el protocolo; protocolar**
	ss; vb	It should be noted that Dole did not intend to change the configuration of the communication protocol.
	[ˈproʊtəˌkɑl]	-Debe observarse que Dole no pretendía cambiar la configuración del protocolo de comunicaciones.
4571	**inheritance**	**la herencia**
	ss	They defend their errors as if they were defending their inheritance.
	[ɪnˈhɛrətəns]	-Ellas defienden sus errores como si estuvieran defendiendo su herencia.
4572	**exhibit**	**la exposición| el objeto expuesto; exhibir**

	ss; vb	There's a special exhibit of Picasso's sketches.
	[ɪgˈzɪbɪt]	-Hay una exposición de los dibujos de Picasso.
4573	**supposedly**	**supuestamente**
	adv	Supposedly, his father once betrayed China.
	[səˈpoʊzədli]	-Supuestamente, su padre traicionó a China una vez.
4574	**injection**	**la inyección**
	ss	Steroid injection is another treatment option.
	[ɪnˈdʒɛkʃən]	-La inyección de esteroides es otra opción de tratamiento.
4575	**evolve**	**evolucionar**
	vb	The rules of grammar and spelling have to be broken in order for a language to evolve.
	[ɪˈvɑlv]	-Las reglas de gramática y ortografía se tienen que romper para que una lengua evolucione.
4576	**blink**	**el parpadeo; parpadear**
	ss; vb	Newscasters blink once every second.
	[blɪŋk]	-Los presentadores de noticias parpadean una vez por segundo.
4577	**sway**	**la influencia; balancearse**
	ss; vb	Though he is no longer president, he still holds considerable sway among the political elite.
	[sweɪ]	-Aunque ya no es presidente, aún ejerce mucha influencia entre el elite político.
4578	**vest**	**el chaleco| la camiseta; conferir**
	ss; vb	This riding vest inflates when you fall.
	[vɛst]	-Este chaleco de montar se infla cuando te caes.
4579	**sketch**	**el bosquejo| el dibujo; dibujar**
	ss; vb	Ask him to sketch out his plan.
	[skɛtʃ]	-Pídele que cuente por encima su plan.
4580	**soak**	**empapar| empaparse; el borrachín**
	vb; ss	In a pink plastic bowl you place three pairs of socks to soak.
	[soʊk]	-En una palangana de plástico rosa pones a remojar 3 pares de calcetines.
4581	**rehearse**	**ensayar**
	vb	I think you should rehearse with those headlines.
	[riˈhɜrs]	-Creo que deberías ensayar con los titulares.
4582	**claw**	**la garra; arañar**
	ss; vb	"I cannot claw my owner", said the cat.
	[klɔ]	-"No puedo arañar a mi dueño", dijo el gato.
4583	**equipped**	**equipado**
	adj	All the police cars were equipped with bulletproof glass.
	[ɪˈkwɪpt]	-Todos los vehículos policiales fueron equipados con vidrios blindados.
4584	**classroom**	**la aula**
	ss	I have never been inside this classroom.
	[ˈklæsˌrum]	-Nunca he estado dentro de esta sala.
4585	**pupil**	**la pupila**
	ss	Your pupil is blue and when you laugh, its muted clarity reminds me of the shimmering dazzling light of the morning that is reflected in the sea. Your pupil is blue and when you cry, I imagine the translucent tears as drops of dew on a violet. Your pupil is blue, and when, in its aura, like a point of light radiating an idea, it appears to me as a lost star in the evening sky.
	[ˈpjupəl]	

-Tu pupila es azul y, cuando ríes, su claridad suave me recuerda el trémulo fulgor de la mañana que en el mar se refleja. Tu pupila es azul y, cuando lloras, las transparentes lágrimas en ella se me figuran gotas de rocío sobre una violeta. Tu pupila es azul, y si en su fondo como un punto de luz radia una idea, me parece en el cielo de la tarde una perdida estrella.

4586	**look-out**	**el puesto de observación| las vigía**
	ss	I think she could've managed the lookout.
	[lʊk-aʊt]	-Creo que podría haber hecho de vigía.
4587	**casual**	**casual; la ropa deportiva**
	adj; ss	It was a casual meeting.
	[ˈkæʒəwəl]	-Fue un encuentro accidental.
4588	**acceptable**	**aceptable**
	adj	Would this be acceptable to you?
	[ækˈsɛptəbəl]	-¿Sería esto aceptable para ti?
4589	**interrogation**	**el interrogatorio**
	ss	Jim is in the interrogation room.
	[ɪnˌtɛrəˈgeɪʃən]	-Jim está en la sala de interrogación.
4590	**gorilla**	**la gorila**
	ss	Koko is a female gorilla.
	[gəˈrɪlə]	-Koko es una gorila hembra.
4591	**shithead**	**gilipollas**
	ss	Okay, shithead, here's the deal.
	[ˈʃɪtˌhɛd]	-Bien, imbécil, éste es el trato.
4592	**stud**	**el semental| el clavo; tachonar**
	ss; vb	Our Thracian is ready to stud.
	[stʌd]	-Nuestro Tracio está listo para hacer de semental.
4593	**salon**	**el salón**
	ss	The beauty salon is full on Saturdays.
	[səˈlɑn]	-El salón de belleza está lleno los sábados.
4594	**fabric**	**la tela| la estructura**
	ss	The dress is made of a thin fabric.
	[ˈfæbrɪk]	-El vestido está hecho de una tela fina.
4595	**skate**	**patinar; el patín**
	vb; ss	It is safe to skate on this lake.
	[skeɪt]	-Es seguro patinar en este lago.
4596	**sheer**	**escarpado| puro; completamente; la desviación; caer a pico**
	adj; adv; ss; vb	A calamity was avoided by sheer luck.
	[ʃɪr]	-Una calamidad fue eludida por pura suerte.
4597	**racist**	**racista**
	ss	Jim is a racist.
	[ˈreɪsɪst]	-Jim es un racista.
4598	**blackout**	**el apagón**
	ss	Put out the candle. The blackout is over.
	[ˈblæˌkaʊt]	-Apaga la vela. El corte de luz terminó.
4599	**rebellion**	**la rebelión**
	ss	He said the only answer was a slave rebellion.
	[rɪˈbɛljən]	-Él dijo que la única solución era una rebelión de esclavos.

4600	**heave**	**el tirón| las arcadas; levantar**
	ss; vb	I'm going to heave all over my desk.
	[hiv]	-Voy a vomitar todo el escritorio.
4601	**ale**	**la cerveza inglesa**
	ss	Especially now he's got some ale money in his pocket.
	[eɪl]	-Sobretodo ahora que tiene dinero para cerveza en el bolsillo.
4602	**lemonade**	**la limonada**
	ss	When life throws you a lemon, make lemonade!
	[ˈlɛməˈneɪd]	-Cuando la vida te lanza un limón, ¡haz limonada!
4603	**exile**	**el exilio; exiliar**
	ss; vb	"How dare you exile me at the end of this sentence?" asked John.
	[ˈɛɡˌzaɪl]	-«¿Cómo te atreves a exiliarme al final de esta frase?», preguntó John.
4604	**betrayal**	**la traición**
	ss	I personally thought it was betrayal.
	[bɪˈtreɪəl]	-En lo personal yo pensaba que era traición.
4605	**extent**	**el grado**
	ss	I agree with what you say to some extent.
	[ɪkˈstɛnt]	-Estoy de acuerdo con lo que dices hasta cierto punto.
4606	**fatty**	**graso; el gordinflón**
	adj; ss	It means a fatty with a beard and fits the suit.
	[ˈfæti]	-Esto significa que un gordo con una barba y se ajusta a la demanda.
4607	**hilarious**	**hilarante**
	adj	He is one of the most hilarious comedians.
	[hɪˈlɛriəs]	-Él es uno de los comediantes más graciosos.
4608	**alongside**	**junto a; al lado**
	prp; adv	Ducati Corse CEO considering ideas to reduce costs alongside other manufacturers.
	[əˈlɔŋˈsaɪd]	-El CEO de Ducati Corse está considerando ideas para reducir los costes, junto con otros fabricantes.
4609	**glance**	**los vistazo| las ojeada; mirar**
	ss; vb	Jim and Ana both glance at John.
	[glæns]	-Ambos, Jim y Ana, miran a John.
4610	**housing**	**el alojamiento| las viviendas**
	ss	Fifteen per cent of the housing will be affordable, so that low-income families will be able to buy or rent homes in the area.
	[ˈhaʊzɪŋ]	-El quince por ciento de las viviendas serán de bajo costo, para que las familias de bajos ingresos puedan comprar o alquilar casas en la zona.
4611	**disappointment**	**la decepción**
	ss	I tried to hide my disappointment.
	[ˌdɪsəˈpɔɪntmənt]	-Intenté ocultar mi decepción.
4612	**Brazilian**	**brasileño; el brasileño**
	adj; ss	She's Brazilian.
	[brəˈzɪljən]	-Es brasileña.
4613	**vet**	**el veterinario| excombatiente; examinar**
	ss; vb	My vet won't feed his dog commercial dog food.
	[vɛt]	-Mi veterinario no le da de comer a su perro comida de perros comercial.
4614	**hamburger**	**la hamburguesa**

	ss	It was a hamburger of epic dimensions!
	[ˈhæmbərgər]	-¡Se trataba de una hamburguesa de magnitudes épicas!
4615	**asset**	**la baza**
	ss	Public health is an important asset for any nation.
	[ˈæˌsɛt]	-La salud pública es un activo importante para todas las naciones.
4616	**inquiry**	**la investigación| la pregunta**
	ss	It should be accomplished independently of any judicial inquiry.
	[ɪnˈkwaɪri]	-Y debería lograrse con independencia de cualquier investigación de carácter judicial.
4617	**calf**	**el becerro**
	ss	I actually helped birth a calf.
	[kæf]	-De hecho ayudé al nacimiento de un ternero.
4618	**thug**	**el matón**
	ss	The small thug beat up the convenience store employee.
	[θʌg]	-El pequeño matón pegó una paliza al empleado de la tienda 24 horas.
4619	**realm**	**el reino| la esfera**
	ss	Actually, not our hallowed realm.
	[rɛlm]	-En realidad, no a nuestro Reino Santificado.
4620	**overseas**	**de ultramar; de ultramar**
	adj; adv	I lived overseas for ten years.
	[ˈoʊvərˈsiz]	-Viví en el extranjero durante diez años.
4621	**kitten**	**el gatito**
	ss	The tiger cub looked like a large kitten.
	[ˈkɪtən]	-El crío de tigre parecía ser un gran gatito.
4622	**teenage**	**joven**
	adj	The teenage actress has quite a few fans.
	[ˈtiˌneɪdʒ]	-La actriz adolescente tiene bastantes seguidores.
4623	**slick**	**la mancha| la capa; hábil**
	ss; adj	Getting pretty slick there, Sam.
	[slɪk]	-Te has vuelto muy hábil, Sam.
4624	**poppy**	**la amapola**
	ss	However, opium poppy cultivation reached unprecedented levels.
	[ˈpɑpi]	-Sin embargo, el cultivo de adormidera alcanzó niveles sin precedentes.
4625	**postcard**	**la tarjeta postal**
	ss	She sent me a postcard that said she hates the smell of animals.
	[ˈpoʊstˌkɑrd]	-Ella me envió una tarjeta postal que decía que odia el olor de los animales.
4626	**workshop**	**el taller**
	ss	I am working at the workshop.
	[ˈwɜrkˌʃɑp]	-Estoy trabajando en el taller.
4627	**buyer**	**el comprador**
	ss	They still haven't found a buyer for that house.
	[ˈbaɪər]	-Todavía no han encontrado comprador para esa casa.
4628	**strap**	**la correa; atar con correa**
	ss; vb	Launch of the first Sport watch with leather strap: St. Moritz.
	[stræp]	-La Casa lanza el primer reloj deportivo con correa de piel: St. Moritz.
4629	**bundle**	**el haz| el manojo; liar**

	ss; vb	Jim is a bundle of nerves.	
	['bʌndəl]	-Jim es un manojo de nervios.	
4630	**aunty**	**la tía**	
	ss	I said thank you Pepsi aunty.	
	[aunty]	-Gracias tía Pepsi. Hola, Salón de belleza "Dolly".	
4631	**toad**	**el sapo**	
	ss	I can't tell a frog from a toad.	
	[toʊd]	-No soy capaz de distinguir una rana de un sapo.	
4632	**cement**	**el cemento; cementar**	
	ss; vb	His wide-ranging stances on various issues cement him as a centrist.	
	[sə'mɛnt]	-Sus posiciones muy variadas en diversos temas lo pintan como centrista.	
4633	**seduce**	**seducir**	
	vb	Jim tried to seduce his secretary.	
	[sɪ'dus]	-Jim trató de seducir a su secretaria.	
4634	**shallow**	**superficial**	
	adj	She's materialistic and shallow.	
	['ʃæloʊ]	-Ella es superficial y materialista.	
4635	**stroll**	**el paseo; dar un paseo**	
	ss; vb	In a morning stroll, I was able to take excellent photos.	
	[stroʊl]	-En el paseo de esta mañana pude tomar excelentes fotos.	
4636	**collector**	**coleccionista**	
	ss	Jim is an avid art collector.	
	[kə'lɛktər]	-Jim es un entusiasta coleccionista de arte.	
4637	**utter**	**pronunciar| proferir; total**	
	vb; adj	That's utter nonsense.	
	['ʌtər]	-Eso es un completo sinsentido.	
4638	**classy**	**de buen tono**	
	adj	Dr Fried Rice and his classy restaurant.	
	['klæsi]	-Dr. Arroz Frito y su restaurante con clase.	
4639	**scrap**	**la chatarra| el trozo; desechar**	
	ss; vb	There wasn't a scrap of truth in the statement.	
	[skræp]	-En la frase no había ni una pizca de verdad.	
4640	**Apache**	**el apache**	
	ss	Then I dated this full-blooded Apache.	
	[ə'pætʃi]	-Y luego salí con este indio puro apache.	
4641	**hardy**	**resistente| robusto**	
	adj	They are a naturally hardy race.	
	['hɑrdi]	-'Ellos son, naturalmente, una raza resistente.	
4642	**yield**	**el rendimiento| la producción; producir**	
	ss; vb	I would not yield the chair.	
	[jild]	-Yo no cedería la silla.	
4643	**entertaining**	**entretenido**	
	adj	I think a movie is more entertaining than any book.	
	[ˌɛntər'teɪnɪŋ]	-Yo pienso que una película es más interesante que cualquier libro.	
4644	**shipping**	**el envío| el transporte**	
	ss	Certain shipping and product return policies may not apply.	
	['ʃɪpɪŋ]	-UU. no se apliquen ciertas políticas de envío y devolución de productos.	

4645	**thoughtful**	**pensativo| atento**
	adj	Thank you very much for your thoughtful present.
	[ˈθɔtfəl]	-Muchas gracias por su considerado obsequio.
4646	**runway**	**la pista**
	ss	Actual or potential taxiway or runway incursion.
	[ˈrʌnˌweɪ]	-Incursión real o potencial en calle de rodadura o pista.
4647	**torpedo**	**el torpedo**
	ss	Feels like a torpedo hit us.
	[tɔrˈpiˌdoʊ]	-Se siente como que nos impactó un torpedo.
4648	**lump**	**el terrón| la masa; global; englobar**
	ss; adj; vb	She felt a lump in the back of her throat and tears began to well in her eyes.
	[lʌmp]	-Sintió un nudo en la garganta y lágrimas comenzaron a fluir de sus ojos.
4649	**tow**	**remolcar; el remolque; de remolque**
	vb; ss; adj	You know, my stepson runs the tow service.
	[toʊ]	-Sabe, mi hijastro tiene el servicio de grúa.
4650	**compound**	**compuesto; el compuesto; componer**
	adj; ss; vb	If you increase the temperature, the compound will crystallize.
	[ˈkɑmpaʊnd]	-Si aumentas la temperatura el compuesto cristalizará.
4651	**cognac**	**el coñac**
	ss	I saw bottles of cognac arrive this morning.
	[ˈkoʊnˌjæk]	-Yo he visto esta mañana que traían botellas de coñac.
4652	**substitute**	**sustituir; el sustituto; suplente**
	vb; ss; adj	There's no substitute.
	[ˈsʌbstəˌtut]	-No hay sustituto.
4653	**unity**	**la unidad**
	ss	Strength through unity.
	[ˈjunəti]	-La unión hace la fuerza.
4654	**spaceship**	**la astronave**
	ss	That spaceship flying into Big Ben.
	[ˈspeɪˌʃɪp]	-Esa nave espacial estrellándose contra el Big Ben.
4655	**lone**	**solitario**
	adj	Like the lone contestant on Bizarro Jeopardy.
	[loʊn]	-Al igual que el concursante solitario en Bizarro Jeopardy.
4656	**cupboard**	**el armario**
	ss	I looked in the cupboard.
	[ˈkʌbərd]	-Miré en el armario.
4657	**whitey**	**las persona blanca**
	ss	Anyone seen a whitey go inside?
	[ˈwaɪˌti]	-¿Alguien vio entrar a un blanco?
4658	**define**	**definir| considerar**
	vb	Mountains that today help define the continents western edge.
	[dɪˈfaɪn]	-Montañas que hoy ayudan a definir el límite occidental del continente.
4659	**confirmation**	**la confirmación| la seguridad**
	ss	Many relatives came to the confirmation.
	[ˌkɑnfərˈmeɪʃən]	-Muchos parientes vinieron a la confirmación.
4660	**machinery**	**la maquinaria| el mecanismo**

	ss	An old worker was found repairing machinery in the workshop.
	[məˈʃinəri]	-Un viejo trabajador fue encontrado reparando maquinaria en el taller.
4661	**precinct**	**el recinto**
	ss	He called every precinct and hospital.
	[ˈpriˌsɪŋkt]	-Mi amigo llamó a cada comisaría y hospital de la zona.
4662	**grudge**	**escatimar**
	vb	Lisa bears a grudge against Stan.
	[grʌdʒ]	-Lisa tiene un resentimiento contra Stan.
4663	**sounding**	**el sondeo**
	ss	We want natural-sounding translations, not word-for-word direct translations.
	[ˈsaʊndɪŋ]	-Queremos oraciones que suenen naturales, no traducciones palabra por palabra.
4664	**specially**	**especialmente**
	adv	You know, specially that talking horse show.
	[ˈspɛʃəli]	-Usted sabe, especialmente esa demostración del caballo que habla.
4665	**sewer**	**la alcantarilla**
	ss	In the sewer gutter with Oscar Vibenius.
	[ˈsuər]	-En lo más bajo, la alcantarilla, con Oscar Vibenius.
4666	**wilderness**	**el desierto**
	ss	In the wild wilderness, a leopard mother caresses her cub, as Hagar did Ishmael; or a queen of France the dauphin.
	[ˈwɪldərnəs]	-En la jungla salvaje, una madre leopardo acaricia a su crío así como Hagar hizo a Ismael, o la reina de Francia al delfín.
4667	**Hungarian**	**húngaro; el húngaro**
	adj; ss	Does she speak Hungarian too?
	[həŋˈgɛriən]	-¿Habla húngaro también?
4668	**vase**	**el florero**
	ss	"Why did you break my vase?" "Tit for tat."
	[veɪs]	-"¿Por qué rompiste mi jarrón?" "Donde las dan las toman."
4669	**Hebrew**	**hebreo; el hebreo**
	adj; ss	I didn't know that this word came from Hebrew.
	[ˈhibru]	-No sabía que esta palabra venía del hebreo.
4670	**masterpiece**	**las obra maestra**
	ss	I like this picture, not just because it is famous, but because it really is a masterpiece.
	[ˈmæstərˌpis]	-Me gusta este cuadro, no sólo porque es famoso, sino también porque es un obra maestra.
4671	**realistic**	**realista**
	adj	I'm a realistic person.
	[ˌriəˈlɪstɪk]	-Soy un hombre realista.
4672	**merchandise**	**las mercancías; comerciar**
	ss; vb	Please do not touch the merchandise.
	[ˈmɜrtʃənˌdaɪz]	-No toque la mercancía, por favor.
4673	**parish**	**la parroquia**
	ss	My parish is at Holy Trinity Church Aberystwyth.
	[ˈpærɪʃ]	-Vivo en Fishguard. Mi parroquia está en la Holy Trinity Church Aberystwyth.

4674	**orgasm**	**el orgasmo**
	ss	The vibrating sensation helps some women achieve orgasm.
	[ˈɔrgæzəm]	-La sensación vibratorio ayuda a algunas mujeres a alcanzar el orgasmo.
4675	**grocery**	**la tienda de comestibles; mantequero**
	ss; adj	The store where you buy groceries is called a grocery store.
	[ˈgroʊsəri]	-A la tienda donde compras comestibles se le llama almacén.
4676	**blasted**	**maldito**
	adj	Get this blasted project underway at last.
	[ˈblæstəd]	-Ponga este maldito proyecto en marcha, por fin.
4677	**rapidly**	**rápidamente**
	adv	The fire spread rapidly.
	[ˈræpədli]	-El fuego se propagó rápidamente.
4678	**psychiatric**	**psiquiátrico**
	adj	After he was released from the psychiatric hospital, Dan continued to suffer severe mood swings and erratic behavior.
	[ˌsaɪkiˈætrɪk]	-Después de que fue dado de alta del hospital psiquiátrico, Dan siguió sufriendo fuertes altibajos emocionales y comportamiento errático.
4679	**housekeeper**	**la ama de llaves**
	ss	Mila was our housekeeper and most trusted confidante.
	[ˈhaʊˌskipər]	-Mila era nuestra ama de llaves y confidente más leal.
4680	**marble**	**el mármol; marmóreo; jaspear**
	ss; adj; vb	Marble floors are beautiful.
	[ˈmɑrbəl]	-Los pisos de mármol son hermosos.
4681	**savior**	**el salvador**
	ss	Jesus Christ is my Savior.
	[ˈseɪvjər]	-Jesús Cristo es mi Salvador.
4682	**raft**	**la balsa| la serie; embalsar**
	ss; vb	Jim floated down the river on a raft.
	[ræft]	-Jim flotó río abajo en una balsa.
4683	**holler**	**gritar**
	vb	Let me holler at you for a sec.
	[ˈhɑlər]	-Déjame gritar a usted por un segundo.
4684	**infantry**	**la infantería**
	ss	Contingent personnel does not include infantry.
	[ˈɪnfəntri]	-El personal de los contingentes no incluye a la infantería.
4685	**recorder**	**la grabadora**
	ss	This tape recorder is not new.
	[rɪˈkɔrdər]	-Esta grabadora no es nueva.
4686	**sustain**	**sostener| mantener**
	vb	So long as the human spirit thrives on this planet, music in some living form will accompany and sustain it and give it expressive meaning.
	[səˈsteɪn]	-En tanto que el espíritu humano prospere en este planeta, la música en alguna forma viviente se lo acompañará y sostenerá, dándole significado expresivo.
4687	**preach**	**predicar**
	vb	All the tales of miracles, with which the Old and New Testament are filled, are fit only for impostors to preach and fools to believe.
	[pritʃ]	-Todas las historias de milagros, que son contadas en el Antiguo y Nuevo

Testamento, sólo sirven para que los impostores las prediquen y los tontos lo crean.

4688	**combined**	**conjunto**
	adj	These developments have combined to improve African countries' macroeconomic performance dramatically.
	[kəmˈbaɪnd]	-Esas nuevas circunstancias se han combinado para mejorar espectacularmente los resultados macroeconómicos de los países africanos.
4689	**tab**	**la lengüeta; tabular**
	ss; vb	Who's picking up the tab?
	[tæb]	-¿Quién proveerá las bebidas?
4690	**nursery**	**el vivero**
	ss	I actually worked in a nursery.
	[ˈnɜrsəri]	-En realidad, yo trabajé en una guardería.
4691	**enforcement**	**la aplicación| la ejecución**
	ss	It is illegal in the United States for law enforcement to use torture to get information.
	[ɛnˈfɔrsmənt]	-Es ilegal en Estados Unidos por imposición de ley el usar la tortura para conseguir información.
4692	**tremble**	**temblar; el temblor**
	vb; ss	Men will always tremble at the thought of the hidden and fathomless worlds of strange life which may pulsate in the gulfs beyond the stars.
	[ˈtrɛmbəl]	-Los hombres siempre temblarán al pensar en los mundos ocultos e insondables de vida extraña que pueden palpitar en las brechas más allá de las estrellas.
4693	**mint**	**la menta; nuevo; acuñar**
	ss; adj; vb	It costs more to mint a penny than the penny itself is worth.
	[mɪnt]	-Cuesta más acuñar un centavo de lo que vale el centavo mismo.
4694	**partnership**	**la asociación| el consorcio**
	ss	I went into partnership with him.
	[ˈpartnərˌʃɪp]	-Él y yo cooperamos.
4695	**brace**	**la abrazadera| la llave; apuntalar**
	ss; vb	Europe must also brace itself for the impact of climate change.
	[breɪs]	-Europa también debe prepararse a sufrir el efecto del cambio climático.
4696	**coverage**	**la cobertura**
	ss	Extensions subject to satisfactory performance and budgetary coverage.
	[ˈkʌvərədʒ]	-Las prórrogas están supeditadas al desempeño satisfactorio del funcionario y a la disponibilidad de cobertura.
4697	**broom**	**la escoba; barrer**
	ss; vb	Beat him with the broom!
	[brum]	-¡Dale con la escoba!
4698	**on-board**	**de a bordo**
	adj	The Proposal appears to focus on monitoring on-board vessels.
	[ɑn-bɔrd]	-La propuesta parece centrarse en el seguimiento a bordo de buques.
4699	**arena**	**la arena**
	ss	Tibetan culture under government sponsorship is entering the world arena.
	[əˈrinə]	-Con el patrocinio del Estado, la cultura tibetana se está incorporando a la arena mundial.
4700	**legendary**	**legendario**

adj	To be one-on-one with the legendary Angelus.
[ˈlɛʤənˌdɛri]	-Para estar cara a cara con el legendario ángelus...
4701 **splash**	**el chapoteo; salpicar**
ss; vb	Where did you splash them?
[splæʃ]	-¿Donde los salpicastes?
4702 **intent**	**la intención| el intento; atento**
ss; adj	The only difference between a bad cook and a poisoner is the intent.
[ɪnˈtɛnt]	-La única diferencia entre una mala cocinera y un envenenador es la intención.
4703 **bourbon**	**el borbón**
ss	Jim poured himself another shot of bourbon.
[ˈbɜrbən]	-Jim se sirvio otro trago de bourbon.
4704 **referee**	**el árbitro| referí; evaluar**
ss; vb	The referee blew his whistle to end the match.
[ˌrɛfəˈri]	-El árbitro sopló su silbato para terminar el partido.
4705 **scoop**	**la cuchara**
ss	Get the latest inside scoop and behind-the-scenes highlights.
[skup]	-Entérate de la última primicia y los sucesos más destacados entre bastidores.
4706 **flirt**	**coquetear; la coqueta**
vb; ss	I remember the way you used to flirt with John.
[flɜrt]	-Recuerdo la forma en que tú solías flirtear con John.
4707 **woe**	**la aflicción**
ss	She broke into cries of woe.
[woʊ]	-Ella estalló en lamentos.
4708 **gradually**	**gradualmente**
adv	The storm has gradually abated.
[ˈgræʤuəli]	-La tormenta ha amainado gradualmente.
4709 **ivy**	**la hiedra**
ss	Very big on ivy, executioners.
[ˈaɪvi]	-Muy grandes en hiedra, los verdugos.
4710 **liberal**	**liberal| generoso; el liberal**
adj; ss	Senator Kerry was considered a liberal.
[ˈlɪbərəl]	-El senador Kerry era considerado un liberal.
4711 **importantly**	**en tono rimbombante**
adv	It's cute, and more importantly, of good quality.
[ɪmˈpɔrtəntli]	-Es linda, y aún más importante, tiene clase.
4712 **expectation**	**la expectativa**
ss	It fell short of my expectation.
[ˌɛkspɛkˈteɪʃən]	-Quedó por debajo de mis expectativas.
4713 **trainer**	**el entrenador**
ss	He's a personal trainer.
[ˈtreɪnər]	-Él es un entrenador personal.
4714 **cabbage**	**la col; usar repollo**
ss; vb	Cabbage can be eaten raw.
[ˈkæbəʤ]	-La col puede comerse cruda.
4715 **fright**	**el susto| el espanto**

	ss	What a fright I got when I opened the door!
	[fraɪt]	-¡Qué susto me llevé cuando abrí la puerta!
4716	**plumber**	**el fontanero**
	ss	If you can't fix the pipe, we'll have to call a plumber.
	[ˈplʌmər]	-Si usted no puede arreglar el caño, tendrá que llamar a un plomero.
4717	**repent**	**arrepentirse; rastrero**
	vb; adj	God blesses those who repent.
	[ˈripənt]	-Dios bendice a los que se arrepienten.
4718	**introduction**	**la introducción**
	ss	A market introduction program encourages the use of natural products.
	[ˌɪntrəˈdʌkʃən]	-Su programa de introducción en el mercado fomenta la utilización de productos procedentes de la naturaleza.
4719	**slavery**	**la esclavitud**
	ss	America did away with slavery in 1863.
	[ˈsleɪvəri]	-América abolió la esclavitud en 1863.
4720	**petrol**	**la gasolina**
	ss	Where is the petrol station?
	[ˈpɛtroʊl]	-¿Dónde está la estación de servicio?
4721	**devotion**	**la devoción| la entrega**
	ss	We are witnessing incredible, unprecedented scenes of quiet devotion.
	[dɪˈvoʊʃən]	-Estamos siendo testigos de increíbles, escenas sin precedentes de la devoción silenciosa.
4722	**digital**	**digital; el reloj**
	adj; ss	Montoya has a digital scale in the bathroom and uses it once a week to control his weight.
	[ˈdɪdʒətəl]	-Montoya tiene una báscula digital en el baño y la usa una vez por semana para controlar su peso.
4723	**velvet**	**el terciopelo**
	ss	He wore a jaunty coat of chocolate-colored velvet, with diamond buttons, and with two huge pockets which were always filled with bones, dropped there at dinner by his loving mistress.
	[ˈvɛlvət]	-Llevaba un alegre abrigo de terciopelo de color chocolate, con botones de diamante, y con dos enormes bolsillos que siempre estaban llenos de huesos, dejados allí durante la cena por su cariñosa amante.
4724	**resident**	**residente; residente**
	adj; ss	Springfield's oldest resident has died.
	[ˈrɛzɪdənt]	-El residente más viejo de Springfield ha muerto.
4725	**summon**	**convocar| llamar**
	vb	I'm going to try and summon their presence into the house.
	[ˈsʌmən]	-Voy a intentar convocar su presencia a la casa.
4726	**undress**	**el desnudo; desnudarse**
	ss; vb	I do not know how to undress a man.
	[ənˈdrɛs]	-No sé desvestir a un hombre.
4727	**audible**	**audible**
	adj	Well, the shot must have been audible.
	[ˈɑdəbəl]	-Bueno, el tiro debe haber sido audible.
4728	**gulf**	**el golfo; pasar de**

	ss; vb	What do you think about the Gulf War?
	[gʌlf]	-¿Qué pensás de la Guerra del Golfo?
4729	**probe**	**la sonda| el sondeo; sondear**
	ss; vb	I dare not probe too deeply, lest I uncover the awful truth!
	[proʊb]	-¡No me atrevo a investigar demasiado profundamente, para no descubrir la horrorosa verdad!
4730	**aisle**	**el pasillo**
	ss	His seat in the plane was on the aisle.
	[aɪl]	-Su asiento a bordo era del lado del pasillo.
4731	**clearance**	**el despeje**
	ss	Mean renal clearance is 10.3 l/hour.
	[ˈklɪrəns]	-El aclaramiento renal medio es de 10,3 l/ hora.
4732	**lens**	**la lente**
	ss	Jim found his contact lens near the table.
	[lɛnz]	-Jim encontró sus lentes de contacto cerca de la mesa.
4733	**hardware**	**el hardware**
	ss	There are many useful appliances in the hardware store.
	[ˈhɑrˌdwɛr]	-Hay muchos aparatos útiles en la ferretería.
4734	**legion**	**la legión**
	ss	He enlisted in the Foreign Legion.
	[ˈliʤən]	-Se alistó en la Legión Extranjera.
4735	**plaza**	**la plaza**
	ss	The plaza is packed with people.
	[ˈplɑzə]	-La plaza está abarrotada de gentes.
4736	**scholar**	**el erudito**
	ss	I read a lot of books in my youth; I am a scholar in my own way.
	[ˈskɑlər]	-He leído muchos libros en mi juventud; soy un erudito a mi manera.
4737	**discharge**	**la descarga| el descargo; descargar**
	ss; vb	He got his discharge from the army.
	[dɪsˈʧɑrʤ]	-Le dieron licencia absoluta del ejército.
4738	**magistrate**	**el magistrado| el pretor**
	ss	The permission of a magistrate is required to hold public meetings.
	[ˈmæʤəˌstreɪt]	-Para la realización de reuniones públicas se necesita la autorización de un magistrado.
4739	**incoming**	**entrante| siguiente**
	adj	Any incoming mail gets opened by myself.
	[ˈɪnˌkʌmɪŋ]	-Todo el correo entrante se abrió por mí mismo.
4740	**grim**	**severo| siniestro**
	adj	In the absence of a radical international initiative, they face a very grim future.
	[grɪm]	-En ausencia de una iniciativa internacional radical, se enfrentan a un futuro muy sombrío.
4741	**vanity**	**la vanidad**
	ss	A person may be proud without being vain. Pride relates more to our opinion of ourselves, vanity to what we would have others think of us.
	[ˈvænəti]	-Una persona puede ser orgullosa sin ser vanidosa. El orgullo está más relacionado con nuestra opinión de nosotros mismos, la vanidad con lo que querríamos que los otros pensaran de nosotros.

4742	**void** adj; ss; vb [vɔɪd]	**vacío| nulo; el vacío; anular** The will was declared void by the court. -El testamento fue declarado nulo por el tribunal.

4742 **void**
adj; ss; vb
[vɔɪd]
vacío\| nulo; el vacío; anular
The will was declared void by the court.
-El testamento fue declarado nulo por el tribunal.

4743 **ray**
ss; vb
[reɪ]
el rayo; radiar
Disqualified and losing planets are disintegrated by plasma ray.
-Los planetas perdedores y descalificados son desintegrados por un rayo de plasma.

4744 **idle**
adj; vb
[ˈaɪdəl]
ocioso\| libre; holgazanear
I see that he has not been idle in my absence.
-Veo que no ha estado ocioso en mi ausencia

4745 **stunning**
adj
[ˈstʌnɪŋ]
maravilloso\| pasmoso
Ana was a sight for sore eyes in her stunning, form-fitting red outfit.
-Ana estaba muy atractiva en su impresionante y ajustado conjunto rojo.

4746 **fang**
ss
[fæŋ]
el colmillo
Couple of fang marks in the abdomen there.
-Algunas marcas de colmillo en el abdomen.

4747 **federation**
ss
[ˌfɛdəˈreɪʃən]
la federación
The German honey production federation opposed this registration.
-La Federación alemana de la Miel se opuso a su registro.

4748 **nay**
part; adv; ss
[neɪ]
no; más aún; el voto en contra
We are casualties - nay, victims - of this external crisis not of our own making.
-Somos bajas - mejor dicho, víctimas - de esta crisis externa que no provocamos.

4749 **Psst!**
int
[Psst!]
¡Pst!
(Ollie, clapping loudly) Psst! (Hiccups) Come over here and help me push it.
-¡Psst! Ven aquí y ayudame a moverlo.

4750 **tactic**
ss
[ˈtæktɪk]
la táctica
But his tactic could easily backfire.
-Ahora bien, su táctica fácilmente podría tener un efecto contraproducente.

4751 **pickup**
ss
[ˈpɪˌkʌp]
la recolección
My alter stole a pickup once.
-Mi otra personalidad robó una vez una camioneta.

4752 **loop**
ss; vb
[lup]
el bucle\| el lazo; serpentear
I've been out of the loop for a while. Can you bring me up to speed?
-He estado fuera un tiempo. ¿Puedes ponerme al día?

4753 **lizard**
ss
[ˈlɪzərd]
el lagarto
A slow-worm is a limbless lizard, not a snake.
-Un lución es un lagarto sin patas, no una serpiente.

4754 **skiing**
ss
[ˈskiɪŋ]
el esquí
Shame he had that skiing accident.
-Una pena que tuviera ese accidente de esquí.

4755 **compass**
ss; vb
[ˈkʌmpəs]
la brújula; conseguir
I don't know how to use this compass.
-No sé cómo ocupar esta brújula.

4756 **injustice**
la injusticia

	ss	They considered it a great injustice.
	[ɪnˈdʒʌstɪs]	-Lo consideraron una gran injusticia.
4757	**tractor**	**el tractor**
	ss	When the chickens are flat as pancakes, then again the tractor must have been faster than them.
	[ˈtræktər]	-Si los pollos son tan planos como tortitas, entonces el tractor debe haber sido más rápido que ellos otra vez.
4758	**mumble**	**mascullar; el balbuceo**
	vb; ss	It's hard for me to mumble like this.
	[ˈmʌmbəl]	-Es difícil para mí murmurar de esta manera.
4759	**neutral**	**neutral; los neutral**
	adj; ss	A neutral country is a country that doesn't sell weapons to a warring country, unless you pay cash.
	[ˈnutrəl]	-Un país neutral es un país que no vende armas a un país en guerra, excepto si paga en metálico.
4760	**jurisdiction**	**la jurisdicción**
	ss	This case is outside my jurisdiction.
	[ˌdʒʊrəsˈdɪkʃən]	-Este caso no es de mi jurisdicción.
4761	**chancellor**	**el canciller**
	ss	The chancellor himself called him a man of honour.
	[ˈtʃænsələr]	-El Canciller en persona lo llamó un hombre de honor, un hermano.
4762	**layer**	**la capa**
	ss	The destruction of the ozone layer affects the environment.
	[ˈleɪər]	-La destrucción de la capa de ozono afecta al medio ambiente.
4763	**fury**	**la furia| el furor**
	ss	Hate and fury blackened my ink.
	[ˈfjʊri]	-El odio y la furia oscurecieron mi tinta.
4764	**marketing**	**el márketing**
	ss	The new camera our company has been marketing lately has a design different from any we've marketed before.
	[ˈmɑrkətɪŋ]	-La nueva cámara de la compañía ha sido más tarde vendida como un diseño único de cualquier otra que hayamos vendido antes.
4765	**semester**	**el semestre**
	ss	My grades have improved since first semester.
	[səˈmɛstər]	-Mis calificaciones se han mejorado desde el primer semestre.
4766	**cruelty**	**la crueldad**
	ss	They condemned him for his cruelty to animals.
	[ˈkrulti]	-Lo reprobaron por su crueldad a los animales.
4767	**shrine**	**el santuario**
	ss	Visits to the shrine require coordination by the Palestinian-Israeli Liaison Bureau.
	[ʃraɪn]	-Para visitar el santuario se requería la coordinación de la Oficina de Enlace Palestino-Israelí.
4768	**thorn**	**la espina**
	ss	There is no rose without a thorn.
	[θɔrn]	-No hay rosas sin espinas.
4769	**medic**	**médico; el médico**

		adj; ss [ˈmɛdɪk]	I need a medic. -Necesito a un doctor.
4770	**motto**	ss [ˈmɑtoʊ]	**el lema** "Freedom, Equality, Brotherhood" is also Haiti's motto. -"Libertad, igualdad, hermandad" es también el lema de Haití.
4771	**extension**	ss [ɪkˈstɛnʃən]	**la extensión| la ampliación** An extension is currently under construction. -Ahora hay una ampliación en construcción.
4772	**premise**	ss; vb [ˈprɛmɪs]	**la premisa; sentar como premisa** This premise has also informed further interpretation of the Genocide Convention. -Esa premisa también ha informado la interpretación posterior de la Convención sobre el Genocidio.
4773	**recognition**	ss [ˌrɛkəgˈnɪʃən]	**el reconocimiento** In the exercise of his rights and freedoms, everyone shall be subject only to such limitations as are determined by law solely for the purpose of securing due recognition and respect for the rights and freedoms of others and of meeting the just requirements of morality, public order and the general welfare in a democratic society. -En el ejercicio de sus derechos y en el disfrute de sus libertades, toda persona estará solamente sujeta a las limitaciones establecidas por la ley con el único fin de asegurar el reconocimiento y el respeto de los derechos y libertades de los demás, y de satisfacer las justas exigencias de la moral, del orden público y del bienestar general en una sociedad democrática.
4774	**gambler**	ss [ˈgæmblər]	**el jugador** Jim is a compulsive gambler, isn't he? -Jim es un jugador compulsivo, ¿no?
4775	**grid**	ss [grɪd]	**la red** Bypass communications through a secondary grid. -Desvíe las comunicaciones a través de una red secundaria.
4776	**bankrupt**	adj; ss; vb [ˈbæŋkrəpt]	**arruinado; el quebrado; arruinar** The company went bankrupt. -La compañía quebró.
4777	**pyramid**	ss [ˈpɪrəmɪd]	**la pirámide** It's not a pyramid scheme. -No es un sistema piramidal.
4778	**sewing**	adj; ss [ˈsoʊɪŋ]	**de coser; la costura** Ana is sewing baby clothes. -Ana está cosiendo ropa de bebé.
4779	**protective**	adj [prəˈtɛktɪv]	**protector** Jim took off his protective glasses. -Jim se quitó sus gafas de seguridad.
4780	**treasury**	ss; adj [ˈtrɛʒəri]	**la tesorería; del gobierno** The revised supplemental budget has been vetoed from department of treasury. -La revisión del presupuesto extra ha sido vetada por el departamento de tesorería.
4781	**swap**		**intercambiar| canjear; el intercambio**

	vb; ss	Would you like to swap jobs?
	[swɑp]	-¿Te gustaría que intercambiemos los trabajos?
4782	**janitor**	**el portero| el bedel**
	ss	Sorry the janitor couldn't come.
	[ˈdʒænətər]	-Excusen al conserje, que no pudo venir.
4783	**tequila**	**las tequila**
	ss	Three beers and a tequila please.
	[təˈkilə]	-Tres cervezas y un tequila por favor.
4784	**curve**	**la curva; curvar**
	ss; vb	A smile is the most beautiful curve on a woman's body.
	[kɜrv]	-La sonrisa es la curva más bella del cuerpo de una mujer.
4785	**sinner**	**el pecador**
	ss	Jim is an unrepentant sinner.
	[ˈsɪnər]	-Jim es un pecador impenitente.
4786	**contribution**	**la contribución**
	ss	Your contribution to the school is tax-deductible.
	[ˌkɑntrəˈbjuʃən]	-Su contribución a la escuela es deducible de impuestos.
4787	**booty**	**el botín**
	ss	All the ne'er-do-wells and scalawags divided up their booty there.
	[ˈbuti]	-Los pillos y los villanos se repartían allí el botín.
4788	**retard**	**retardar**
	vb	North Carolina plus other stuff. I can multitask, Adriana. I'm not a fucking retard.
	[rɪˈtɑrd]	-Lo de Carolina del Norte y todo lo demás... puedo hacer varios trabajos a la vez, no soy un puto retrasado.
4789	**reflect**	**reflejar| reflexionar**
	vb	It's time to reflect on your past.
	[rəˈflɛkt]	-Es hora de reflexionar sobre tu pasado.
4790	**skeleton**	**el esqueleto**
	ss	He's so thin that he looks like a skeleton.
	[ˈskɛlətən]	-Él está tan delgado que parece un saco de huesos.
4791	**presidential**	**presidencial**
	adj	He is one of the American presidential candidates.
	[ˌprɛzəˈdɛntʃəl]	-Él es uno de los candidatos presidenciales estadounidenses.
4792	**definition**	**la definición**
	ss	Note that we work with a slight generalization of the original definition.
	[ˌdɛfəˈnɪʃən]	-Nótese que trabajamos con una leve generalización de la definición original.
4793	**unstable**	**inestable**
	adj	The political situation was, to say the least, extremely unstable during the next ten years of his reign.
	[ənˈsteɪbəl]	-La situación política fue, por decir lo menos, extremadamente inestable durante los diez años siguientes de su reinado.
4794	**tenth**	**décimo; el décimo**
	adj; ss	Jack was born on August tenth.
	[tɛnθ]	-Jack nació el diez de agosto.
4795	**acquire**	**adquirir| aprender**

	vb [əˈkwaɪər]	In former days, men sold themselves to the Devil to acquire magical powers. Nowadays they acquire those powers from science, and find themselves compelled to become devils. -En el pasado, los hombres se vendían a sí mismos al Diablo para adquirir poderes mágicos. Hoy en día adquieren estos poderes de la ciencia, y se ven forzados a transformarse en demonios.
4796	**prophecy**	**la profecía**
	ss [ˈprɑfəsi]	Your prophecy has come true. -Tu profecía se ha cumplido.
4797	**yummy**	**sabroso**
	adj [ˈjʌmi]	Ooh! Chocolate mousse. Yummy. -¡Hum! Mousse de chocolate. Rico.
4798	**currency**	**la moneda**
	ss [ˈkɜrənsi]	The Euro is more than a currency. -El euro es más que una moneda.
4799	**dimension**	**la dimensión**
	ss [dɪˈmɛnʃən]	This adds a new dimension of complexity to the problem. -Esto suma una nueva dimensión de complejidad al problema.
4800	**elbow**	**el codo; dar codazos**
	ss; vb [ˈɛlˌboʊ]	She hurt her elbow when she fell down. -Se lastimó su codo cuando se cayó.
4801	**vegetarian**	**vegetariano; el vegetariano**
	adj; ss [ˌvɛdʒəˈtɛriən]	Even though my friend was a vegetarian, I didn't tell him that the soup had some meat in it. -Aún cuando mi amigo era vegetariano, yo no le dije que que la sopa llevaba algo de carne.
4802	**biology**	**la biología**
	ss [baɪˈɑlədʒi]	I never liked Biology. -Nunca me ha gustado la biología.
4803	**overhead**	**arriba; de arriba; los gastos generales**
	adv; adj; ss [ˈoʊvərˌhɛd]	Directly associated costs include the software development staff costs and the portion attributable to relevant overhead. -Los gastos asociados directamente incluyen los costos laborales del desarrollo de los programas y la parte imputable a los gastos generales correspondientes.
4804	**chimney**	**el tubo de lámpara**
	ss [ˈtʃɪmni]	He smokes like a chimney and drinks like a fish. -Él fuma como una chimenea y bebe como un pez.
4805	**reindeer**	**el reno**
	ss [ˈreɪnˌdɪr]	Christmas light reindeer still on the lawn. -Reno con luces de navidad aun en el césped.
4806	**skating**	**el patinaje**
	ss [ˈskeɪtɪŋ]	I love roller skating. -Me encanta el patinaje sobre ruedas.
4807	**doe**	**la gama**
	ss [doʊ]	Find me a suitable doe to raise Bambi. -Encuentra un buen ciervo para criar a Bambi.
4808	**newly**	**recién**

	adv	I wish you would make a list of the newly published books.
	['nuli]	-Desearía que pudierais hacer una lista de los libros recién publicados.
4809	**scrub**	**fregar; el matorral; achaparrado**
	vb; ss; adj	Jim asked Ana to scrub the toilet.
	[skrʌb]	-Jim le pidió a Ana que refregara el retrete.
4810	**rhyme**	**la rima; rimar**
	ss; vb	There's no rhyme or reason to that plan.
	[raɪm]	-Ese proyecto no tiene ni pies ni cabeza.
4811	**carrot**	**la zanahoria**
	ss	Add the shredded carrot to the stuffing.
	['kærət]	-Añade la zanahoria rallada al relleno.
4812	**morphine**	**la morfina**
	ss	He also took morphine, scopolamine hydrobromide and insulin syringes.
	['mɔrfin]	-También se llevó morfina, escopolamina, bromhidrato y jeringas de insulina.
4813	**resignation**	**la renuncia**
	ss	Jim decided to submit his resignation.
	[ˌrɛzəgˈneɪʃən]	-Jim decidió entregar su renuncia.
4814	**orderly**	**ordenado; la ordenanza**
	adj; ss	Even orderly migration requires coordinated and planned collective effort.
	['ɔrdərli]	-Incluso una migración ordenada requiere un esfuerzo colectivo coordinado y planificado.
4815	**audio**	**audio**
	adj	These include visual, audio and game settings.
	['ɑdiˌoʊ]	-Estas incluyen opciones visuales, de audio y de juego.
4816	**exceptional**	**excepcional**
	adj	This is an exceptional case.
	[ɪkˈsɛpʃənəl]	-Esto es un caso excepcional.
4817	**flavor**	**el sabor; condimentar**
	ss; vb	My favorite flavor is chocolate.
	['fleɪvər]	-Mi sabor favorito es chocolate.
4818	**regularly**	**regularmente**
	adv	Bhutan's national sport is archery, and contests are regularly organized in most towns.
	['rɛgjələrli]	-El deporte nacional de Bután es el tiro con arco, y se organizan concursos de forma regular en la mayoría de los pueblos.
4819	**exaggerate**	**exagerar**
	vb	She seems to have a tendency to exaggerate things.
	[ɪgˈzædʒəˌreɪt]	-Ella parece tender a exagerar las cosas.
4820	**crocodile**	**el cocodrilo**
	ss	Jim ate a crocodile.
	['krɑkəˌdaɪl]	-Jim se comió un cocodrilo.
4821	**consult**	**consultar**
	vb	You should consult a doctor if the symptoms get worse.
	[kənˈsʌlt]	-Deberías consultar a un doctor si los síntomas empeoran.
4822	**cradle**	**la cuna; mecer a un niño en brazos**

	ss; vb [ˈkreɪdəl]	Africa is the cradle of humanity. -África es la cuna de la humanidad.
4823	**ruling** ss; adj [ˈrulɪŋ]	**la decisión| el gobierno; dominante** The ruling class has figured out that a happy and productive population with free time on their hands is a danger. -La clase dominante ha supuesto que una feliz y productiva población con tiempo libre disponible es un peligro.
4824	**sniper** ss [ˈsnaɪpər]	**el francotirador** The sniper picked off his victims one by one. -El francotirador fue abatiendo sus víctimas una por una.
4825	**poisonous** adj [ˈpɔɪzənəs]	**venenoso** These plants are all poisonous. -Todas estas plantas son venenosas.
4826	**overwhelming** adj [ˌoʊvərˈwɛlmɪŋ]	**abrumador** Narcissists are often snobbish, disdainful and patronising of others' opinions, while, at the same time, having an overwhelming need for admiration and reassurance. -Los narcisistas son a menudo presuntuosos, menospreciativos, condescendientes con las opiniones de otros, mientras que al mismo tiempo, tienen una abrumadora necesidad de admiración y consuelo.
4827	**frustrated** adj [ˈfrʌˌstreɪtəd]	**frustrado** Ho's rebuff left Johnson frustrated and angry. -El desaire de Ho dejó a Johnson frustrado y enojado.
4828	**thrust** ss; vb [θrʌst]	**el empuje| la estocada; empujar** Combing trajectory analysis with force and thrust ratio. -Combinando análisis de trayectoria con fuerza y proporción de empuje.
4829	**elementary** adj [ˌɛləˈmɛntri]	**elemental** I went to elementary school in Nagoya. -Fui a la escuela primaria en Nagoya.
4830	**bunker** ss; vb [ˈbʌŋkər]	**el búnker; repostar** An underground bunker fortified with 12-inch cement blocks. -Un búnker subterráneo fortificado con bloques de cemento de 12 pulgadas.
4831	**mode** ss [moʊd]	**el modo| la modalidad** Jim knows how to operate practically any mode of transportation. -Jim sabe manejar prácticamente cualquier modo de transporte.
4832	**slack** adj; ss; vb [slæk]	**flojo; respiro; gandulear** Cut me some slack. -Dame un respiro.
4833	**garrison** ss; vb [ˈgærɪsən]	**la guarnición; guarnecer** Our garrison headquarters flying a Norwegian flag. -El cuartel general de nuestra guarnición ondea una bandera noruega.
4834	**nightclub** ss [ˈnaɪtˌklʌb]	**los club nocturno** You're a struggling nightclub singer. -Tu eres una cantante de club nocturno luchadora.
4835	**coup** ss [ku]	**el golpe| el ataque con los brazos** Right-wing religious groups in Pakistan warmly welcomed Musharraf's successful coup.

-Los grupos religiosos de derecha de Paquistán dieron una calurosa bienvenida al exitoso golpe de estado de Musharraf.

4836	**sponsor**	**el patrocinador| el promotor; patrocinar**
	ss; vb	The resolution's sponsor rejected it.
	[ˈspɑnsər]	-El patrocinador de la resolución lo ha rechazado.
4837	**funky**	**miedoso**
	adj	This is getting a little funky.
	[ˈfʌŋki]	-Esto se está poniendo un poco de funky.
4838	**cult**	**el culto**
	ss	The cult of performance is incompatible with social harmony.
	[kʌlt]	-El culto a la eficiencia es incompatible con la armonía social.
4839	**brotherhood**	**la fraternidad| la cofradía**
	ss	This is the brotherhood of men-at-arms.
	[ˈbrʌðərˌhʊd]	-Esta es la hermandad de los hombres armados.
4840	**pitiful**	**lamentable**
	adj	The little girl, deeply moved by the old man's pitiful story, burst into tears.
	[ˈpɪtəfəl]	-La niña pequeña, profundamente conmovida por la triste historia del viejo, estalló en lágrimas.
4841	**aspect**	**el aspecto**
	ss	Love is like some fresh spring, that leaves its cresses, its gravel bed and flowers to become first a stream and then a river, changing its aspect and its nature as it flows to plunge itself in some boundless ocean, where restricted natures only find monotony, but where great souls are engulfed in endless contemplation.
	[ˈæˌspɛkt]	-El amor es como un manantial fresco, que deja sus berros, su lecho de grava y sus flores para convertirse primero en arroyo y luego en un río, cambiando su aspecto y su naturaleza mientras fluye para sumergirse en un océano sin fin, donde las naturalezas restringidas sólo encuentran monotonía, pero donde las grandes almas son engullidas en contemplación perpetua.
4842	**interference**	**la interferencia**
	ss	No one shall be subjected to arbitrary interference with his privacy, family, home or correspondence, nor to attacks upon his honour and reputation. Everyone has the right to the protection of the law against such interference or attacks.
	[ˌɪntərˈfɪrəns]	-Nadie será objeto de injerencias arbitrarias en su vida privada, su familia, su domicilio o su correspondencia, ni de ataques a su honra o a su reputación. Toda persona tiene derecho a la protección de la ley contra tales injerencias o ataques.
4843	**rational**	**racional| lógico**
	adj	Parents aren't rational because love isn't rational.
	[ˈræʃənəl]	-Los padres no son racionales porque el amor no es racional.
4844	**bluff**	**el bluff; engañar; escarpado**
	ss; vb; adj	That's what's known as a bluff.
	[blʌf]	-Eso es lo que se conoce como un farol.
4845	**gifted**	**dotado**
	adj	Perhaps the Earth is not the only planet gifted with life.
	[ˈgɪftəd]	-Tal vez la Tierra no sea el único planeta dotado de vida.

4846	**karma**	**las karma**
	ss	But this goes way past karma.
	[ˈkɑrmə]	-Pero esto va camino de ser karma pasado.

4847	**investigator**	**el investigador**
	ss	She hired a private investigator.
	[ɪnˈvɛstəˌgeɪtər]	-Ella contrató a un detective privado.

4848	**activate**	**activar**
	vb	Alpha-47 authorisation required to activate security channel.
	[ˈæktəˌveɪt]	-Se requiere autorización Alfa 47 para activar el canal de seguridad.

4849	**fundamental**	**fundamental; el fundamental**
	adj; ss	The fundamental problem is that in the modern world the foolish are completely sure of themselves, while the smart are full of doubts.
	[ˌfʌndəˈmɛntəl]	-El problema fundamental es que en el mundo moderno el tonto está completamente seguro de sí, mientras que el listo está lleno de dudas.

4850	**disk**	**el disco; usar disco**
	ss; vb	I erased my hard disk by accident.
	[dɪsk]	-Borré mi disco duro por accidente.

4851	**decency**	**la decencia**
	ss	Only religious rites contrary to public decency are prohibited.
	[ˈdisənsi]	-Están prohibidos únicamente los ritos religiosos contrarios a la decencia pública.

4852	**sloppy**	**poco riguroso**
	adj	He's very sloppy in his dress.
	[ˈslɑpi]	-Es muy abandonado en su manera de vestir.

4853	**stocking**	**la media**
	ss	Fudge! My stocking's run.
	[ˈstɑkɪŋ]	-¡Joder! Mi media tiene una carrera.

4854	**wrath**	**la ira**
	ss	Jim read The Grapes of Wrath in high school.
	[ræθ]	-Jim leyó Las viñas de la ira en la secundaria.

4855	**tribute**	**el homenaje**
	ss	I pay sincere tribute to all involved.
	[ˈtrɪbjut]	-Vuelvo a decir que rindo un sincero homenaje a todos los que participaron.

4856	**rapid**	**rápido; el rápido**
	adj; ss	The doctor thought the patient's pulse was rather rapid.
	[ˈræpəd]	-El doctor pensó que el pulso del paciente era bastante rápido.

4857	**authentic**	**auténtico**
	adj	His scores could only be properly interpreted by authentic virtuosos.
	[əˈθɛntɪk]	-Sus partituras solo podían ser adecuadamente interpretadas por auténticos virtuosos.

4858	**airline**	**la aerolínea**
	ss	Dubenich is in charge of their commercial airline business.
	[ˈɛrˌlaɪn]	-Dubenich está a cargo de los negocios de la aerolínea comercial.

4859	**urban**	**urbano**
	adj	Public transport is only quicker than private transport in urban areas.
	[ˈɜrbən]	-El transporte público solo es más rápido que el individual en las zonas urbanas.

4860	**found**	**fundar| fundir**

		vb	When I came to, I found myself in the hospital.
		[faʊnd]	-Cuando recuperé la conciencia, estaba en el hospital.
4861	**walk in**		**entrar| zampar**
		vb	You can't just walk in here.
		[wɔk ɪn]	-No puede entrar aquí, estamos con un paciente.
4862	**outcome**		**el resultado| el desenlace**
		ss	The outcome depends entirely on your own efforts.
		[ˈaʊtˌkʌm]	-El éxito sólo depende de tu propio esfuerzo.
4863	**petition**		**la petición| la demanda; solicitar a**
		ss; vb	The petition is filed and available for signature.
		[pəˈtɪʃən]	-La petición está oficialmente archivada y disponible para las firmas de los miembros.
4864	**battlefield**		**el campo de batalla**
		ss	When you are on the battlefield, who you are fighting for is the man next to you.
		[ˈbætəlˌfild]	-Cuando estás en el campo de batalla por quien luchas es por el hombre que tienes a tu lado.
4865	**exquisite**		**exquisito| primoroso; el petimetre**
		adj; ss	This soup is exquisite.
		[ˈɛkskwəzət]	-Esta sopa está extraordinaria.
4866	**riddle**		**el enigma| la criba; acribillar**
		ss; vb	I tried to ask her a riddle.
		[ˈrɪdəl]	-Traté de hacerle un acertijo.
4867	**mild**		**leve| suave; el suave**
		adj; ss	The climate is mild in this country.
		[maɪld]	-El clima es suave en este país.
4868	**beau**		**el galán**
		ss	She comes here every Saturday at noon with 2 box-lunches and waits for her beau.
		[boʊ]	-Ella viene aquí todos los sábados a mediodía con dos cajas de comida y espera a su novio.
4869	**moss**		**el musgo**
		ss	The moss inside is half digested.
		[mɔs]	-El musgo en el interior es un medio digerido.
4870	**crippled**		**lisiado**
		adj	The pony was crippled, beyond saving.
		[ˈkrɪpəld]	-El poni estaba lisiado, no se podía curar.
4871	**poop**		**la mierda; recibir por la popa**
		ss; vb	I do not want to clean up dog poop.
		[pup]	-No quiero limpiar caca de perro.
4872	**evidently**		**evidentemente**
		adv	It's evidently necessary.
		[ˈɛvədəntli]	-Eso es evidentemente necesario.
4873	**pajamas**		**el pijama**
		ss	He is in pajamas.
		[pəˈdʒɑməz]	-Él está en pijamas.
4874	**predict**		**predecir**

	vb	It's impossible to predict earthquakes.
	[prɪˈdɪkt]	-Es imposible predecir los terremotos.
4875	**pause**	**la pausa| el silencio; hacer una pausa**
	ss; vb	Your words have given me pause.
	[pɔz]	-Tus palabras me han hecho recapacitar.
4876	**reconsider**	**reconsiderar**
	vb	I'm going to reconsider it.
	[ˌrikənˈsɪdər]	-Voy a reconsiderarlo.
4877	**milady**	**la miladi**
	ss	We are going to indulge in a freegan feast, milady.
	[milady]	-Vamos a disfrutar de una fiesta anticonsumista, Milady.
4878	**recommendation**	**la recomendación**
	ss	The recommendation from my boss made all the difference.
	[ˌrɛkəmənˈdeɪʃən]	-La recomendación de mi jefe fue sumamente importante.
4879	**bathe**	**bañarse; el baño**
	vb; ss	Did you know that in Japan, if you have a tattoo, you won't be allowed to
	[beɪð]	bathe in many of the hot spring resorts?
		-¿Sabías que en Japón, si llevas un tatuaje, no te permitirán que te bañes en muchos de los balnearios de aguas termales?
4880	**abort**	**abortar**
	vb	That is signal to abort mission.
	[əˈbɔrt]	-Esa es la señal de abortar la misión.
4881	**flashlight**	**el flash**
	ss	I groped around in the dark for my flashlight.
	[ˈflæ ʃlaɪt]	-Busqué mi linterna a tientas por los alrededores en la oscuridad.
4882	**defensive**	**defensivo; el defensivo**
	adj; ss	Most FSA groups initially adopted a defensive posture.
	[dɪˈfɛnsɪv]	-La mayoría de los grupos que forman parte del ELS adoptaron una posición defensiva.
4883	**tickle**	**las cosquillas; cosquillear**
	ss; vb	Where did you tickle them?
	[ˈtɪkəl]	-¿Dónde les hicistes las cosquillas?
4884	**chili**	**el chile**
	ss	You love chili, don't you?
	[ˈtʃɪli]	-Te encanta el chile, ¿verdad?
4885	**swat**	**aplastar; los golpe fuerte**
	vb; ss	It's hard to swat a fly with your bare hand.
	[swɑt]	-Es difícil aplastar una mosca con tus propias manos.
4886	**bomber**	**el bombardeo**
	ss	Jim was killed by a suicide bomber.
	[ˈbɑmər]	-A Jim le mató un bombardeo suicida.
4887	**Englishman**	**el inglés**
	ss	He mistook me for an Englishman.
	[ˈɪŋglɪʃmən]	-Él me tomó por un inglés.
4888	**flora**	**la flora**
	ss	Zaakros - galaxy's largest flora collection.
	[ˈflɔrə]	-Zaakros - la colección de flora más grande de la galaxia.

4889	**sabotage**	**el sabotaje; sabotear**
	ss; vb	You chose Tarrant to penetrate the sabotage ring.
	[ˈsæbəˌtɑʒ]	-Y usted eligió a Tarrant para infiltrarse en la red de sabotaje.
4890	**lifestyle**	**los estilo de vida**
	ss	More visible are changes in lifestyle.
	[ˈlaɪfˌstaɪl]	-Más visibles son los cambios en el estilo de vida.
4891	**employ**	**emplear| ocupar; el empleo**
	vb; ss	I will employ the girl, because she can speak French.
	[ɛmˈplɔɪ]	-Contrataré a la chica porque sabe hablar francés.
4892	**tempo**	**el tempo**
	ss	Overall, this mission has a high operational tempo.
	[ˈtɛmˌpoʊ]	-En líneas generales, esta misión tiene un tempo operativo alto.
4893	**grove**	**la arboleda**
	ss	There's a banana grove there now.
	[groʊv]	-Ahora allí, hay una arboleda de plátanos.
4894	**positively**	**afirmativamente**
	adv	From 2002 onwards the production volume evolved positively.
	[ˈpɑzətɪvli]	-A partir de este año, el volumen de producción evolucionó positivamente.
4895	**ecstasy**	**el éxtasis**
	ss	Right now you are experiencing the most beautiful ecstasy.
	[ˈɛkstəsi]	-En este momento usted está experimentando el éxtasis, se ve aun más hermosa.
4896	**courageous**	**valiente**
	adj	I'm not courageous.
	[kəˈreɪʤəs]	-No soy valiente.
4897	**sanctuary**	**el santuario| el sagrario**
	ss	Some believe the old sanctuary still exists somewhere...
	[ˈsæŋkʧuˌɛri]	-'Algunos creen que el viejo santuario sigue existiendo en algún lugar...
4898	**morality**	**la moralidad**
	ss	If religion were synonymous with morality, Brazil would be the most uncorrupted country in the world.
	[məˈræləti]	-Si la religión fuera sinónimo de moralidad, Brasil sería el país más incorruptible del mundo.
4899	**blouse**	**la blusa**
	ss	The blouse costs twelve libras.
	[blaʊs]	-La camisa cuesta doce libras.
4900	**disgust**	**el asco| el disgusto; disgustar**
	ss; vb	Jim glared at Ana with hatred and disgust.
	[dɪsˈgʌst]	-Jim miró sostenidamente a Ana con odio y asco.
4901	**numb**	**entumecido**
	adj	The swimmers were numb with cold.
	[nʌm]	-Los nadadores estaban entumecidos por el frío.
4902	**considerable**	**considerable| cuantioso**
	adj	Likewise, he expended considerable effort agitating against America's military draft.
	[kənˈsɪdərəbəl]	-De la misma manera, invirtió un esfuerzo considerable para pronunciarse en contra del servicio militar en Estados Unidos.

4903	**quack**	**el curandero; graznar; de curandero**

ss; vb; adj
[kwæk]

The cow goes "moo," the rooster goes "cock-a-doodle-doo," the pig goes "oink, oink," the duck goes "quack, quack" and the cat goes "meow."
-La vaca hace "mu", el gallo hace "quiquiriquí", el cerdo hace "oinc, oinc", el pato hace "cua, cua" y el gato hace "miau".

4904 publisher — **el editor**
ss
[ˈpʌblɪʃər]

The words Dr. Hawking was choosing this morning would be printed out and sent to the publisher of his book.
-Las palabras que el dr. Hawking escogía esta mañana serían imprimidas y enviadas a la editorial de su libro.

4905 arise — **surgir**
vb
[əˈraɪz]

What defines us is how well we arise after falling.
-Lo que nos define es lo bien que nos levantemos después de caer.

4906 invincible — **invencible**
adj
[ɪnˈvɪnsəbəl]

You're not invincible.
-No eres invencible.

4907 philosopher — **el filósofo**
ss
[fəˈlɑsəfər]

An immense monument was erected in honor of the eminent philosopher.
-Se erigió un inmenso monumento en honor al eminente filósofo.

4908 underestimate — **subestimar; la infravaloración**
vb; ss
[ˈʌndəˈrɛstəmət]

Don't underestimate her determination.
-No subestimes su determinación.

4909 piglet — **el cerdito**
ss
[ˈpɪglɪt]

It's going to cost $1,500 to save this piglet.
-Cuesta 1.500 dólares salvar a este cerdito.

4910 fugitive — **fugitivo; el fugitivo**
adj; ss
[ˈfjuʤətɪv]

Why did Kissinger flee Paris and make himself a fugitive from the French law?
-¿Por qué Kissinger huyó de París y se convirtió en prófugo de la justicia francesa?

4911 greatness — **la grandeza**
ss
[ˈɡreɪtnəs]

Shinichirō Watanabe once considered making an anime about Christopher Columbus, but came to the conclusion that not even anime was expressive enough to properly portray the surreal greatness of Columbus's exploits.
-Una vez, Shinichiro Watanabe pensó en hacer un anime sobre Cristóbal Colón, pero llegó a la conclusión de que ni siquiera el anime era lo suficientemente expresivo para retratar con fidelidad la genialidad surreal de las hazañas de Cristóbal Colón.

4912 freezer — **el congelador**
ss
[ˈfrizər]

The new employee locked herself in the freezer.
-La nueva empleada se encerró a sí misma en el congelador

4913 thine — **tus**
prn
[ðaɪn]

Thine eyes are as doves.
-Tus ojos son como palomas.

4914 ethic — **la ética; ético**
ss; adj
[ˈɛθɪk]

Barbadian society has always displayed the community ethic.
-La sociedad barbadense siempre ha hecho gala de una ética comunitaria.

4915 alter — **alterar| modificar**

	vb	I think he needs to alter his lifestyle.
	[ˈɔltər]	-Creo que él necesita alterar su estilo de vida.
4916	**catastrophe**	**la catástrofe**
	ss	A catastrophe has been averted.
	[kəˈtæstrəfi]	-Una catástrofe ha sido impedida.
4917	**cherish**	**apreciar**
	vb	We must cherish public access to our shared European culture and heritage.
	[ˈtʃɛrɪʃ]	-Debemos apreciar el acceso del público a la cultura y el patrimonio europeos que compartimos.
4918	**temporarily**	**temporalmente**
	adv	Can you fix it temporarily?
	[ˌtɛmpəˈrɛrəli]	-¿Puede usted componerlo por ahora?
4919	**refugee**	**el refugiado**
	ss	Sanitary conditions in the refugee camps were terrible.
	[ˈrɛfjudʒi]	-Las condiciones sanitarias en los campamentos de refugiados eran horribles.
4920	**lotus**	**el loto**
	ss	But the lotus valve is noninvasive.
	[ˈloʊtəs]	-Pero la válvula de loto no es invasiva.
4921	**liberation**	**la liberación**
	ss	We supported liberation movements against foreign occupation.
	[ˌlɪbəˈreɪʃən]	-Apoyamos a movimientos de liberación contra la ocupación extranjera.
4922	**wager**	**la apuesta; apostar**
	ss; vb	Perhaps you'd like to wager a sum for her maintenance.
	[ˈweɪdʒər]	-Quizás a usted le gustaría apostar una suma por su pensión.
4923	**doggy**	**el perrito; perruno**
	ss; adj	Daddy, you brought me a doggy.
	[ˈdɔgi]	-Papá, me has traído un perrito.
4924	**telescope**	**el telescopio**
	ss	I purchased a telescope and a book on astronomy.
	[ˈtɛləˌskoʊp]	-Compré un telescopio y un libro de astronomía.
4925	**fishy**	**sospechoso**
	adj	There's something very fishy about the man.
	[ˈfɪʃi]	-Hay algo sospechoso en ese hombre.
4926	**exposure**	**la exposición**
	ss	Systemic exposure increases with increasing treatment areas.
	[ɪkˈspoʊʒər]	-La exposición sistémica aumenta a medida que se incrementan las áreas de tratamiento.
4927	**feminine**	**femenino**
	adj	Every noun in Portuguese is either masculine or feminine.
	[ˈfɛmənən]	-Cada sustantivo en portugués es masculino o femenino.
4928	**curfew**	**el toque de queda**
	ss	I had a strict curfew at my house.
	[ˈkɜrfju]	-Tenía un estricto toque de queda en mi casa.
4929	**cathedral**	**la catedral**
	ss	The frescoes of the cathedral are very interesting.
	[kəˈθidrəl]	-Los frescos de la catedral son muy interesantes.

4930	**typewriter**	**la máquina de escribir**
	ss	Is this typewriter yours?
	[ˈtaɪˌpraɪtər]	-¿Esta máquina de escribir es tuya?
4931	**brothel**	**el burdel**
	ss	Quaid-e-Azam University has become a brothel.
	[ˈbrɑθəl]	-La Universidad Quaid-e-Azam se ha convertido en un burdel.
4932	**cautious**	**cauteloso**
	adj	Since his arrival in town, all the women have remained cautious about him.
	[ˈkɔʃəs]	-Desde su llegada al pueblo, todas las mujeres se quedaron cuidando de él.
4933	**virtually**	**prácticamente**
	adv	It's virtually impossible.
	[ˈvɜrtʃuəli]	-Es virtualmente imposible.
4934	**shriek**	**el grito| el chillido; gritar**
	ss; vb	Fortunately, my shriek coincided with the onstage murder of Gondalfo.
	[ʃrik]	-Afortunadamente, mi grito concidió con el asesinato de Gondalfo en el escenario.
4935	**essentially**	**esencialmente**
	adv	The war is essentially over.
	[ɪˈsɛnʃəli]	-La guerra prácticamente ha acabado.
4936	**vague**	**vago| incierto**
	adj	She made a few vague comments about the matter.
	[veɪg]	-Ella hizo algunos comentarios vagos sobre el asunto.
4937	**slug**	**la babosa; pegar**
	ss; vb	Recovered a nine-millimeter slug from his brain.
	[slʌg]	-Hemos recuperado una bala de nueve milímetros de su cerebro.
4938	**ironic**	**irónico**
	adj	In a cruelly ironic twist of fate, someday Tatoeba will make an example of us all.
	[aɪˈrɑnɪk]	-En un cruelmente irónico vuelco del destino, algún día Tatoeba hará un ejemplo de todos nosotros.
4939	**affirmative**	**afirmativo; los afirmativo**
	adj; ss	The affirmative answer seems to depend on two separate claims.
	[əˈfɜrmətɪv]	-La respuesta afirmativa parece depender de dos afirmaciones distintas.
4940	**lure**	**el señuelo| el atractivo; atraer**
	ss; vb	Maybe to lure someone else here.
	[lʊr]	-Tal vez para atraer a alguien más aquí.
4941	**cosmic**	**cósmico**
	adj	If the universe is a cosmic egg, who laid it then?
	[ˈkɑzmɪk]	-Si el universo es un huevo cósmico, ¿quién lo puso, entonces?
4942	**humiliation**	**la humillación**
	ss	Your character went bankrupt, suffered total public humiliation.
	[hjuˌmiliˈeɪʃən]	-Tu personaje quedó en bancarrota, sufriendo una humillación pública total.
4943	**turf**	**el césped; encespedar**
	ss; vb	Huff was killed on Low-Rider turf.
	[tɜrf]	-Huff fue asesinado en territorio de los Low-Rider.
4944	**propaganda**	**la propaganda**

	ss [ˌprɑpəˈgændə]	Simple propaganda lacks credibility and thus is counterproductive. -La simple propaganda carece de credibilidad y por lo tanto es contraproducente.
4945	**semi** adj; ss [ˈsɛmi]	**la casa semiseparada** Two semi detached houses placed in an very calm Residential Area. -Dos casas semi adosadas situadas en una zona Residencial muy tranquila.
4946	**hound** ss; vb [haʊnd]	**el sabueso| el podenco; perseguir** A pathologist is a blood hound by profession. -Un patólogo es como un sabueso profesional.
4947	**pint** ss [paɪnt]	**la pinta** Really, a pint is a lot. -Realmente, una pinta es mucho.
4948	**fearless** adj [ˈfɪrləs]	**audaz** When I met him, he was fearless. -Cuando lo conocí, era intrépido.
4949	**wretch** ss [rɛtʃ]	**el desgraciado** That man was a wretch. -Aquel hombre era un miserable.
4950	**seldom** adv [ˈsɛldəm]	**raramente** My father seldom smokes. -Mi padre no suele fumar.
4951	**loot** ss; vb [lut]	**el botín| el saqueo; saquear** Soldiers transported loot in military vehicles. -Los soldados transportaban el botín en vehículos militares.
4952	**diplomatic** adj [ˌdɪpləˈmætɪk]	**diplomático** Jim has a diplomatic passport. -Jim tiene un pasaporte diplomático.
4953	**partly** adv [ˈpɑrtli]	**en parte** I can't help but feel partly responsible. -No puedo ayudar pero me siento parcialmente responsable.
4954	**splitting** adj [ˈsplɪtɪŋ]	**terrible** Neither does compromise necessarily require splitting the difference between the parties. -La avenencia tampoco exige necesariamente una división de las diferencias entre las partes.
4955	**relevant** adj [ˈrɛləvənt]	**pertinente| aplicable** The time has come to debate the most relevant matters. -Ha llegado el momento de debatir los puntos más relevantes.
4956	**slippery** adj [ˈslɪpəri]	**resbaladizo** Ice, or oil, can make a road slippery. -El hielo o el aceite pueden hacer una carretera deslizante.
4957	**wool** ss [wʊl]	**la lana** Sheep are raised for their wool and meat. -Las ovejas son criadas por la lana y por la carne.
4958	**parallel** adj; ss; vb [ˈpɛrəˌlɛl]	**paralelo; el paralelo; comparar** The road runs parallel to the river. -El camino va paralelo al río.

4959	**wedding**	**la boda; nupcial**
	ss; adj	The church is decorated with flowers for the wedding.
	[ˈwɛdɪŋ]	-La iglesia está decorada con flores para la boda.
4960	**lynch**	**linchar**
	vb	They tried to lynch Charlie right in front of our eyes.
	[lɪntʃ]	-Quisieron linchar a Charlie delante de nosotros.
4961	**woof**	**los guau| la trama**
	ss	See, a woof ticket is like a threat.
	[wuf]	-Vea, un billete de trama es como una amenaza.
4962	**mechanism**	**el mecanismo**
	ss	Intergovernmental mechanism and clearing house are operational.
	[ˈmɛkəˌnɪzəm]	-Están en funcionamiento el mecanismo intergubernamental y el centro de intercambio de información.
4963	**glimpse**	**vislumbrar| otear; las vislumbre**
	vb; ss	We caught a glimpse of the castle from the window of our train.
	[glɪmps]	-Vislumbramos el castillo desde la ventana de nuestro tren.
4964	**irrelevant**	**irrelevante**
	adj	My opinion was irrelevant.
	[ɪˈrɛləvənt]	-Mi opinión era irrelevante.
4965	**disrespect**	**las falta de respeto; irrespetar**
	ss; vb	Interfering a funeral it's a great show of disrespect.
	[ˌdɪsrɪˈspɛkt]	-Interferir en un funeral es una grave falta de respeto.
4966	**thigh**	**el muslo**
	ss	And she's bruised the upper part of her thigh, here.
	[θaɪ]	-Y tiene amoratada la parte superior de su muslo, aquí.
4967	**trout**	**la trucha**
	ss	No respectable trout in this cove.
	[traʊt]	-No hay ninguna trucha respetable en esta cala.
4968	**noted**	**célebre| conocido**
	adj	I noted that her answer was incorrect.
	[ˈnoʊtəd]	-Noté que la respuesta de ella estaba equivocada.
4969	**embarrassment**	**la vergüenza| el embarazo**
	ss	"I need some money," Dima said, with a tone of embarrassment.
	[ɪmˈbɛrəsmənt]	-—Necesito algo de dinero –dijo Dima con tono avergonzado.
4970	**lighten**	**aligerar| aclarar**
	vb	For God's sake Bob, lighten up.
	[ˈlaɪtən]	-Por el amor de Dios, Bob, tómatelo con calma.
4971	**caviar**	**el caviar**
	ss	How often do you eat caviar?
	[ˈkæviˌɑr]	-¿Con qué frecuencia sueles comer caviar?
4972	**eldest**	**el mayor**
	adj	The king's eldest son is the heir to the throne.
	[ˈɛldəst]	-El primogénito del rey es el heredero del trono.
4973	**kindergarten**	**el kindergarten**
	ss	Dan has known Linda since kindergarten.
	[ˈkɪndərˌgɑrtən]	-Dan ha conocido a Linda desde la guardería.
4974	**observed**	**observado**

	adj	The change is too small to be observed.
	[əbˈzɜrvd]	-El cambio es demasiado pequeño para ser percibido.
4975	**ban**	**la prohibición| el bando; prohibir**
	ss; vb	His colleagues voted against that ban.
	[bæn]	-Sus colegas votaron en contra de la prohibición.
4976	**psychologist**	**el psicólogo**
	ss	Visualization, a favorite tool of the psychologist, cannot solve all problems, but many so-called positive thinkers seem to think that it can.
	[saɪˈkɑlədʒəst]	-La visualización, una de las herramientas favoritas del psicólogo, no puede resolver todos los problemas, pero pareciera que muchos de los proclamados pensadores positivos creen que sí puede.
4977	**sparrow**	**el gorrión**
	ss	It may be a sparrow, but it's still meat.
	[ˈspɛroʊ]	-Puede ser un gorrión, pero todavía es carne.
4978	**preparation**	**la preparación**
	ss	Each stage of life is a preparation for the next as well as a complete life in itself.
	[ˌprɛpəˈreɪʃən]	-Cada etapa de la vida es unpreparación para la siguiente, como también una vida entera por sí misma.
4979	**lifting**	**el levantamiento; subiente**
	ss; adj	When you're about to have exams, lifting weights really does relieve stress, and it's also good for your mind and body.
	[ˈlɪftɪŋ]	-Cuando estás a punto de tener exámenes, hacer pesas alivia la tensión, y es bueno además para la mente y el cuerpo.
4980	**tempt**	**tentar| seducir**
	vb	I don't want to tempt fate.
	[tɛmpt]	-No quiero tentar al destino.
4981	**resurrection**	**la resurrección**
	ss	Resurrection spells can be very tricky.
	[ˌrɛzəˈrɛkʃən]	-El hechizo de resurrección puede ser muy complicado.
4982	**banquet**	**el banquete; banquetear**
	ss; vb	Charming company turn lowly sandwich into rich banquet.
	[ˈbæŋkwət]	-Su compañía convertirá un humilde sándwich en un rico banquete.
4983	**dim**	**oscuro; oscurecer**
	adj; vb	I have a dim memory of my grandmother.
	[dɪm]	-Tengo un vago recuerdo de mi abuela.
4984	**website**	**los sitio web**
	ss	Dan has many friends on this website.
	[ˈwɛbˌsaɪt]	-Dan tiene muchos amigos en este sitio virtual.
4985	**chilly**	**frío| friolero; frioleramente**
	adj; adv	It's chilly.
	[ˈtʃɪli]	-Hace fresco.
4986	**impulse**	**el impulso| la impulsión; impulsar**
	ss; vb	It was hard to resist the impulse to wring John's neck.
	[ˈɪmpəls]	-Era difícil resistir el impulso de retorcerle el cuello a John.
4987	**fuzzy**	**borroso**
	adj	You were just a fuzzy bloke in the background.
	[ˈfʌzi]	-Sólo eras alguien borroso al fondo.

4988	**Hurray!**	**¡Viva!**
	int	Hurray for the Revolution... let's enjoy it!
	[həˈreɪ!]	-¡Que viva la Revolución... y vamos a gozarla!

4989	**shameless**	**desvergonzado; sinvergüenza**
	adj; ss	The boss of the company, who is a woman, seems shameless.
	[ˈʃeɪmləs]	-La jefa de la compañía parece ser sinvergüenza.

4990	**beaver**	**el castor**
	ss	Clearly I got my beaver trap merit badge.
	[ˈbivər]	-Es evidente que obtuve mi insignia de mérito de trampa de castor.

4991	**notorious**	**notorio**
	adj	Jim is a notorious procrastinator.
	[noʊˈtɔriəs]	-El hábito de Jim de retrasar las cosas es conocido.

4992	**convoy**	**el convoy; convoyar**
	ss; vb	The East India convoy is expected today.
	[ˈkɑnˌvɔɪ]	-Se espera hoy al convoy de las Indias Orientales.

4993	**birdie**	**el pajarito**
	ss	Nobody draw till the birdie cries.
	[ˈbɜrdi]	-Nadie puede desenfundar hasta que el pajarito cante.

4994	**historic**	**histórico**
	adj	County Meath is the historic capital of Ireland!
	[hɪˈstɔrɪk]	-¡Condado de Meath es la capital histórica de Irlanda!

4995	**nineteen**	**diecinueve**
	num	Ten, eleven, twelve, thirteen, fourteen, fifteen, sixteen, seventeen, eighteen, nineteen, twenty.
	[ˈnaɪnˈtin]	-Diez, once, doce, trece, catorce, quince, diez y seis, diez y siete, diez y ocho, diez y nueve, veinte.

4996	**frontier**	**la frontera**
	ss	Where the frontier of science once was is now the centre.
	[frənˈtɪr]	-Donde antes estaba la frontera de la ciencia, ahora se encuentra su centro.

4997	**commence**	**comenzar**
	vb	Implementation should commence with European Commission funding as soon as possible.
	[kəˈmɛns]	-Su aplicación debería comenzar, con financiación de la Comisión Europea, a la mayor brevedad posible.

4998	**headline**	**el titular**
	ss	That headline was extremely misleading.
	[ˈhɛˌdlaɪn]	-El encabezamiento fue extremadamente confuso.

4999	**scooter**	**los scooter**
	ss	My building security guard has found your scooter.
	[ˈskutər]	-El guardia de seguridad del edificio ha encontrado tu scooter.

5000	**snatch**	**arrebatar; la arrancada**
	vb; ss	In circumstances like this, most people hire a private detective to snatch the child back.
	[snætʃ]	-En circunstancias como esta, la mayoría de las personas contratan a un detective privado para arrebatar al niño de nuevo.

5001	**dent**	**las mella; mellar**
	ss; vb	Grab a broom and help us clean.
	[dɛnt]	-Coge una escoba y ayúdanos a limpiar.

5002	**bourgeois**	**burgués; el burgués**
	adj; ss	Flaubert writes about bourgeois loneliness and emptiness.
	[bʊərˈʒwɑ]	-Flaubert escribe sobre la soledad y el vacío burgués.
5003	**smuggling**	**el contrabando**
	ss	Tobacco smuggling, counterfeiting and other illegal practices should be
	[ˈsmʌɡlɪŋ]	combated.
		-Se debe combatir el contrabando de tabaco, la falsificación y otras
		prácticas ilegales.
5004	**unarmed**	**desarmado**
	adj	I was unarmed.
	[əˈnɑrmd]	-Estaba desarmado.
5005	**mutt**	**el chucho**
	ss	I'm actually a mutt.
	[mʌt]	-Soy un tonto de hecho.
5006	**reinforcement**	**el reforzamiento**
	ss	Further, common terminology could directly support coherence and mutual
	[ˌriɪnˈfɔrsmənt]	reinforcement.
		-Por otra parte, el uso de terminología común podría contribuir de modo
		directo a una mayor coherencia y al refuerzo mutuo.
5007	**sensational**	**sensacional**
	adj	Frankenstein did sensational business and garnered generally excellent
	[sɛnˈseɪʃənəl]	reviews.
		-Frankenstein fue un éxito sensacional de taquilla y, en general, de crítica.
5008	**bleep**	**emitir pitidos**
	vb; ss	Tell him to go [bleep] himself.
	[blip]	-Decirle que se vaya a [pitido] él mismo.
5009	**resent**	**resentirse de**
	vb	Because I depend on you and I resent it.
	[rɪˈzɛnt]	-Porque dependo de ti y me molesta.
5010	**follower**	**el seguidor| el discípulo**
	ss	Saul has become a follower of Jesus.
	[ˈfɑloʊər]	-Saúl se ha convertido en un seguidor de Jesús.
5011	**negotiation**	**la negociación**
	ss	After much negotiation, the two sides in the dispute reached a compromise.
	[nɪˌɡoʊʃiˈeɪʃən]	-Tras mucha negociación, los dos lados de la disputa llegaron a una
		solución.
5012	**lace**	**el cordón; guarnecer con encajes**
	ss; vb	She was wedged in between a stout lady in pink silk and a tall, scornful-
	[leɪs]	looking girl in a white-lace dress.
		-Estaba encajada entre una dama robusta en seda rosa y una chica alta, de
		aspecto despreciativo, con un vestido de encaje blanco.
5013	**calmly**	**tranquilamente**
	adv	The river flows calmly.
	[ˈkɑmli]	-El río fluye tranquilamente.
5014	**biscuit**	**la galleta**
	ss	Knocked him out with a laced biscuit.
	[ˈbɪskət]	-Le aturdí con una galleta envenenada.
5015	**memo**	**el memorándum**

	ss	This whole memo thing is bringing up this strange sensation.
	[ˈmɛˌmoʊ]	-Todo este asunto del memo Me esta dando una extraña sensación.
5016	**ribbon**	**la cinta; ceñir**
	ss; vb	The girl wore a yellow ribbon in her hair.
	[ˈrɪbən]	-La chica llevaba en el pelo un lazo amarillo.
5017	**midst**	**el medio; entre**
	ss; prp	True philosophy must start from the most immediate and comprehensive
	[mɪdst]	fact of consciousness: I am life that wants to live, in the midst of life that
		wants to live.
		-La verdadera filosofía debe partir de la realidad más inmediata y completa
		de la conciencia: Yo soy la vida que quiere vivir, en medio de la vida que
		quiere vivir.
5018	**juvenile**	**juvenil| de menores; el menor**
	adj; ss	Jim is a juvenile delinquent.
	[ˈdʒuvənəl]	-Jim es un delincuente juvenil.
5019	**edit**	**editar| redactar**
	vb	Click to edit!
	[ˈɛdət]	-¡Da click para editar!
5020	**condolence**	**la condolencia**
	ss	Please accept my sincerest condolences.
	[kənˈdoʊləns]	-Por favor acepte mis más sinceras condolencias.
5021	**dome**	**la cúpula**
	ss	The same computer system controls the dome.
	[doʊm]	-Es parte del mismo sistema de computadoras que controla la cúpula.
5022	**confront**	**confrontar**
	vb	I think it's time for me to confront that problem.
	[kənˈfrʌnt]	-Creo que ya es hora de que afronte ese problema.
5023	**tackle**	**la entrada| el aparejo; abordar**
	ss; vb	European research must also tackle fish breeding matters.
	[ˈtækəl]	-La investigación europea también debe abordar los asuntos relativos a la
		piscicultura.
5024	**reef**	**el arrecife; arrizar**
	ss; vb	The coral reef is the region's prime attraction.
	[rif]	-El arrecife de coral es la atracción principal de la región.
5025	**triangle**	**el triángulo**
	ss	Christopher Columbus was once quoted as saying that pirates were too
	[ˈtraɪˌæŋgəl]	"simple-minded". He created the Bermuda Triangle later that year.
		-Una vez citaron a Cristóbal Colón al decir que los piratas eran demasiado
		"ingenuos". Él creó el Triángulo de las Bermudas más tarde ese mismo año.

Adjetivos

2501	**native**-*adj; ss*	nativo| natal; el nativo
2502	**counter**-*vb; ss; adj; adv*	contrarrestar; el contador; contrario; en contra
2506	**pearl**-*ss; adj; vb*	la perla; de perlas; gotear
2509	**anxious**-*adj*	ansioso| deseoso
2511	**naughty**-*adj*	travieso
2513	**individual**-*adj; ss*	individual| particular; el individuo
2514	**communist**-*adj; ss*	comunista; comunista
2516	**timing**-*ss; adj*	la sincronización| el cronometraje; de distribución
2521	**enormous**-*adj*	enorme
2524	**brief**-*adj; ss; vb*	breve; el breve; informar
2534	**mobile**-*adj*	móvil
2535	**invisible**-*adj*	invisible
2539	**actual**-*adj*	real| actual
2544	**broad**-*adj; ss*	ancho; la anchura
2545	**gross**-*adj; ss*	bruto| grave; la gruesa
2548	**recording**-*ss; adj*	la grabación; de grabación
2549	**anniversary**-*adj; ss*	aniversario; el aniversario
2553	**crystal**-*ss; adj*	el cristal; de cristal
2554	**southern**-*adj*	del sur
2556	**labor**-*ss; adj; vb*	el trabajo| la mano de obra; laboral; trabajar
2558	**Soviet**-*ss; adj*	el soviet; soviético
2559	**adult**-*adj; ss*	adulto; el adulto
2561	**marvelous**-*adj*	maravilloso| enorme
2563	**olive**-*ss; adj*	la aceituna; oliváceo
2565	**upper**-*adj; ss*	superior| de arriba; la pala de calzado
2567	**alike**-*adj; adv; ss*	igual; igualmente; el parecido
2571	**festival**-*ss; adj*	el festival; festivo
2576	**extreme**-*adj; ss*	extremo| a ultranza; el extremo
2577	**fleet**-*ss; adj; vb*	la flota; veloz; pasear
2579	**unable**-*adj*	incapaz
2581	**clinic**-*ss; adj*	la clínica; clínico
2589	**jet**-*ss; adj; vb*	el chorro| el jet; a reacción; echar en chorro
2590	**corporal**-*adj; ss*	corporal; el corporal
2592	**polite**-*adj*	educado| atento
2594	**blah**-*ss; adj*	la paja; absurdo
2596	**minor**-*adj; ss*	menor| secundario; el menor
2598	**humble**-*adj; vb*	humilde; humillar
2600	**backup**-*ss; adj*	la reserva; de reserva
2603	**sore**-*ss; adj*	la llaga; dolorido
2604	**remarkable**-*adj*	notable| singular
2610	**sneak**-*adj; vb*	furtivo; robar a hurtadillas
2612	**typical**-*adj*	típico
2619	**depressed**-*adj*	deprimido
2624	**faithful**-*adj*	fiel
2628	**recent**-*adj*	reciente
2635	**pale**-*adj; vb; ss*	pálido; palidecer; los límites
2640	**skinny**-*adj*	flaco
2641	**torn**-*adj*	estropeado
2643	**cotton**-*ss; adj; vb*	el algodón; algodonero; ser algodonero
2649	**twin**-*adj; ss; vb*	gemelo; el gemelo; hermanar
2653	**Dutch**-*adj; ss*	holandés; el holandés
2655	**commercial**-*adj; ss*	comercial; el anuncio
2657	**remote**-*adj*	remoto| aislado
2659	**transport**-*ss; vb; adj*	el transporte; transportar; de carretera
2661	**separated**-*adj*	seperado
2663	**unfortunate**-*adj; ss*	desgraciado; el desgraciado
2667	**classic**-*adj; ss*	clásico; la obra clásica
2670	**musical**-*adj; ss*	musical; el musical
2692	**massive**-*adj*	macizo
2694	**rear**-*adj; ss; vb*	posterior; el trasero; criar
2696	**hopeless**-*adj*	sin esperanza
2702	**shocked**-*adj*	sorprendido
2706	**delicate**-*adj*	delicado| frágil
2711	**almighty**-*adj; adv*	todopoderoso; horriblemente
2716	**Mexican**-*adj; ss*	mexicano; el mexicano
2722	**tragic**-*adj*	trágico
2732	**executive**-*adj; ss*	ejecutivo; el ejecutivo
2734	**global**-*adj*	global
2738	**soccer**-*ss; adj*	el fútbol; de fútbol
2741	**stable**-*adj; ss*	estable| sólido; la cuadra

2744	**solar**-*adj*	solar	
2748	**talented**-*adj*	talentoso	
2749	**dull**-*adj; vb*	aburrido| sordo; embotar	
2755	**blanket**-*ss; adj; vb*	la manta| la cobija; general; cubrir	
2757	**unlike**-*adj; prp*	desemejante; diferente a	
2758	**kindly**-*adv; adj*	amablemente; bondadoso	
2774	**marine**-*ss; adj*	la marina; marino	
2777	**rusty**-*adj*	oxidado	
2778	**Irish**-*adj; ss*	irlandés; el irlandés	
2779	**rubber**-*ss; adj; vb*	el caucho| la goma; de goma; cubrir de goma	
2783	**faint**-*adj; vb; ss*	débil; desmayarse; el desmayado	
2793	**Pacific**-*ss; adj*	el Pacífico; pacífico	
2801	**sunny**-*adj*	soleado	
2803	**sixth**-*adj; ss*	sexto; el sexto	
2807	**previous**-*adj*	anterior| prematuro	
2810	**organized**-*adj*	organizado	
2819	**inner**-*adj*	interior	
2828	**November**-*ss; adj*	el noviembre; de noviembre	
2829	**vain**-*adj*	vano| vanidoso	
2830	**supreme**-*adj*	supremo	
2839	**tender**-*ss; adj; vb*	la oferta| la moneda; tierno; ofertar	
2842	**deadly**-*adj; adv*	mortal; mortalmente	
2850	**tin**-*ss; adj; vb*	el estaño| la lata; de estaño; estañar	
2857	**stiff**-*adj; ss*	rígido| fuerte; el fiambre	
2860	**European**-*adj; ss*	europeo; el europeo	
2861	**temporary**-*adj*	temporal| temporario	
2862	**practical**-*adj*	práctico	
2872	**flip**-*ss; adj; vb*	el capirotazo; poco serio; echar de un capirotazo	
2875	**various**-*adj*	vario| diferente	
2879	**glorious**-*adj*	glorioso	
2881	**disturbing**-*adj*	inquietante	
2882	**required**-*adj*	necesario	
2883	**bare**-*adj; vb*	desnudo| pelado; desnudar	
2884	**vast**-*adj*	vasto| extenso	
2892	**rank**-*ss; vb; adj*	el rango| la fila; clasificar; maloliente	
2895	**active**-*adj*	activo	
2896	**instant**-*ss; adj*	el instante| el poco tiempo; inmediato	
2908	**darn**-*adj; ss; vb*	maldito; el maldito; zurcir	
2915	**blank**-*ss; adj; vb*	el blanco| el impreso; en blanco; tachar	
2916	**uncomfortable**-*adj*	incómodo	
2918	**halfway**-*adv; adj*	a medio camino; intermedio	
2921	**unfair**-*adj; ss*	desleal; el juego sucio	
2926	**worthless**-*adj*	sin valor	
2927	**tense**-*adj; ss; vb*	tenso| rígido; el tiempo; tensar	
2928	**neat**-*adj; ss*	ordenado| puro; el buey	
2933	**ideal**-*adj; ss*	ideal| perfecto; el ideal	
2937	**steam**-*ss; adj; vb*	el vapor; de vapor; cocer al vapor	
2946	**shitty**-*adj*	de mierda	
2951	**effective**-*adj*	eficaz	
2956	**lean**-*vb; adj; ss*	apoyarse; magro; la carne magra	
2957	**awkward**-*adj; ss*	torpe| incómodo; el ñango	
2962	**dreadful**-*adj*	terrible| horroroso	
2966	**immediate**-*adj*	inmediato| inminente	
2969	**raw**-*adj; ss; vb*	crudo; las carne viva; despellejar	
2971	**internal**-*adj; ss*	interno; el interno	
2972	**northern**-*adj*	del norte	
2973	**disturbed**-*adj*	perturbado	
2975	**confident**-*ss; adj*	el confidente; seguro	
2982	**silk**-*ss; adj; vb*	la seda; de seda; madurar	
2983	**hooked**-*adj*	enganchado	
2987	**critical**-*adj*	crítico	
2989	**spiritual**-*adj; ss*	espiritual; el espiritual negro	
2993	**constant**-*adj; ss*	constante; la constante	
3006	**chemical**-*adj; ss*	químico; la sustancia química	
3022	**obsessed**-*adj*	obsesionado	
3026	**independent**-*adj; ss*	independiente; independiente	
3027	**content**-*ss; adj; vb*	el contenido| las cabida; contento; contentar	
3032	**reverse**-*adj; ss; vb*	inverso; el reverso; revocar	
3036	**appropriate**-*adj; vb*	apropiado| oportuno; apropiarse de	

3038	**eastern**-*adj; ss*	oriental; el oriental
3042	**permanent**-*adj; ss*	permanente| definitivo; la permanente
3043	**sleepy**-*adj*	soñoliento
3046	**mere**-*adj; ss*	mero| solo; el lago
3050	**sober**-*adj; vb*	sobrio; desembriagar
3053	**handy**-*adj*	práctico| a mano
3054	**root**-*ss; adj; vb*	la raíz; fundamental; arraigarse
3059	**aircraft**-*ss; adj*	la aeronave; de aviación
3068	**intense**-*adj*	intenso
3070	**boxing**-*ss; adj*	el boxeo| el embalaje; boxístico
3075	**limited**-*adj*	limitado
3083	**lemon**-*ss; adj*	el limón| el limonero; de limón
3091	**creative**-*adj*	creativo
3092	**purple**-*ss; adj; vb*	la púrpura; morado; purpurar
3097	**radar**-*ss; adj*	el radar; de radiolocalización
3113	**mortal**-*adj; ss*	mortal; mortal
3120	**motive**-*adj; ss; vb*	motivo| motor; el motivo; motivar
3121	**ultimate**-*adj*	último| definitivo
3129	**Korean**-*adj; ss*	coreano; el coreano
3137	**homeless**-*adj; ss*	sin hogar; el los sin techo
3139	**minus**-*adj; adv; prp; ss*	menos; menos; menos; el signo menos
3145	**dizzy**-*adj; vb*	mareado; tener vértigos
3146	**graduate**-*adj; ss; vb*	graduado; el graduado; graduar
3150	**kidnapping**-*adj; ss*	secuestro; el secuestro
3152	**unconscious**-*adj*	inconsciente
3156	**helpful**-*adj*	útil| servicial
3159	**ballet**-*ss; adj*	el ballet; balletístico
3160	**slight**-*adj; ss; vb*	leve| pequeño; el desaire; desairar
3161	**vital**-*adj*	vital| esencial
3163	**elder**-*adj; ss*	mayor; el mayor
3164	**damaged**-*adj*	estropeado
3173	**helpless**-*adj*	indefenso| impotente
3175	**sixty**-*adj; ss*	sesenta; las sesenta
3179	**outer**-*adj*	exterior| extremo
3181	**bald**-*adj*	calvo
3184	**bearing**-*ss; adj*	el cojinete| el soporte; que produce
3197	**seventh**-*adj; ss*	séptimo; el séptimo
3200	**dummy**-*ss; adj*	el maniquí; falso
3210	**practicing**-*ss; adj*	la práctica| el ejercicio; practicante
3213	**magical**-*adj*	mágico
3216	**creepy**-*adj*	horripilante
3217	**unexpected**-*adj*	inesperado
3218	**acid**-*adj; ss*	ácido| mordaz; el ácido
3220	**lunatic**-*adj; ss*	lunático; demente
3222	**genuine**-*adj*	genuino| sincero
3229	**visual**-*adj*	visual
3234	**random**-*ss; adj*	el azar; aleatorio
3238	**dedicated**-*adj*	dedicado
3242	**fortunate**-*adj*	afortunado
3243	**respected**-*adj*	respetado
3244	**blond**-*adj; ss*	rubio; el rubio
3250	**bold**-*adj*	audaz| intrépido
3253	**severe**-*adj*	grave| severo
3256	**alternative**-*ss; adj*	la alternativa; alternativo
3259	**amusing**-*adj*	divertido| entretenido
3263	**triple**-*adj; ss; vb*	triple; el triple; triplicar
3269	**technical**-*adj*	técnico
3272	**registered**-*adj*	registrado| matriculado
3276	**lame**-*adj; vb*	cojo; lisiar
3278	**maniac**-*adj; ss*	maníaco; el maníaco
3280	**greedy**-*adj*	codicioso
3285	**sensible**-*adj*	sensato
3287	**mid**-*adj*	medio
3297	**jolly**-*adj; adv; vb*	alegre| terrible; muy; engatusar
3305	**crowded**-*adj*	lleno de gente
3311	**ginger**-*ss; adj*	el jengibre; rojo
3319	**infected**-*adj*	infectado
3320	**narrow**-*vb; adj; ss*	reducir; estrecho; el estrecho
3321	**serial**-*adj; ss*	de serie; el serial
3322	**heir**-*adj; ss*	heredero; el heredero
3328	**revolutionary**-*adj; ss*	revolucionario; el revolucionario
3335	**endless**-*adj*	interminable
3336	**smashed**-*adj*	colocado
3338	**naive**-*adj*	ingenuo| cándido
3339	**civilian**-*adj; ss*	civil; el civil

3340	**income**-*ss; adj*	los ingresos; de rentas	
3344	**honorable**-*adj*	honorable	
3347	**tremendous**-*adj*	tremendo| formidable	
3348	**bass**-*adj; ss*	bajo; el bajo	
3350	**strict**-*adj*	estricto| terminante	
3354	**harsh**-*adj*	duro| áspero	
3356	**roast**-*adj; ss; vb*	asado; el asado; asar	
3357	**nearest**-*adj*	más cercano	
3360	**slim**-*adj; vb*	delgado| escaso; adelgazar	
3365	**economic**-*adj*	económico	
3367	**ignorant**-*adj*	ignorante	
3369	**liquid**-*adj; ss*	líquido; el líquido	
3375	**paranoid**-*adj; ss*	paranoico; el paranoico	
3376	**bent**-*adj; ss*	doblado; la facilidad	
3391	**electronic**-*adj*	electrónico	
3400	**tobacco**-*ss; adj*	el tabaco; de tabaco	
3403	**essential**-*adj; ss*	esencial| fundamental; el elemento necesario	
3406	**traditional**-*adj*	tradicional	
3410	**elegant**-*adj*	elegante	
3421	**harmless**-*adj*	inofensivo	
3422	**sucking**-*ss; adj*	la succión; chupante	
3423	**maximum**-*adj; ss*	máximo; el máximo	
3428	**furious**-*adj*	furioso	
3429	**comic**-*ss; adj*	el cómic; cómico	
3433	**aggressive**-*adj; ss*	agresivo; la ofensiva	
3435	**minimum**-*adj; ss*	mínimo; el mínimo	
3446	**convenient**-*adj*	conveniente	
3448	**wooden**-*adj*	de madera	
3449	**welfare**-*ss; adj*	el bienestar; de asistencia social	
3451	**assumed**-*adj*	ficticio	
3471	**imperial**-*adj; ss*	imperial; el imperio	
3472	**spinning**-*ss; adj*	el hilado; de hilar	
3477	**rum**-*ss; adj*	el ron; raro	
3482	**gracious**-*adj*	gracioso	
3489	**fatal**-*adj*	fatal	
3491	**Atlantic**-*adj; ss*	atlántico; el atlántico	
3493	**electrical**-*adj*	eléctrico	
3495	**orphan**-*adj; ss; vb*	huérfano; el huérfano; dejar huérfano	
3496	**unpleasant**-*adj*	desagradable	
3503	**vicious**-*adj*	vicioso| cruel	
3506	**respectable**-*adj*	respetable	
3511	**formal**-*adj*	formal| convencional	
3513	**undercover**-*adj*	clandestino	
3517	**risky**-*adj*	arriesgado	
3523	**amateur**-*adj; ss*	aficionado; el aficionado	
3525	**corporate**-*adj*	corporativo	
3527	**tasty**-*adj*	sabroso	
3528	**concrete**-*ss; adj*	el hormigón; concreto	
3532	**vegetable**-*adj; ss*	vegetal; el vegetal	
3537	**ritual**-*adj; ss*	ritual| consagrado; el ritual	
3538	**brutal**-*adj*	brutal	
3539	**heavenly**-*adj*	celestial| paradisíaco	
3545	**petty**-*adj*	pequeño	
3547	**wealthy**-*adj*	rico	
3548	**Arab**-*adj; ss*	árabe; árabe	
3549	**modest**-*adj*	modesto	
3550	**sentimental**-*adj*	sentimental	
3551	**horny**-*adj*	córneo| caliente	
3555	**Swiss**-*adj; ss*	suizo; el suizo	
3556	**anonymous**-*adj*	anónimo	
3565	**savage**-*adj; ss; vb*	salvaje| feroz; el salvaje; embestir	
3566	**Arabic**-*adj; ss*	árabe; árabe	
3575	**delightful**-*adj*	encantador	
3582	**conscious**-*adj*	consciente	
3590	**surprising**-*adj*	sorprendente	
3598	**on-line**-*adj*	en línea	
3600	**accomplished**-*adj*	consumado| realizado	
3608	**assured**-*adj*	seguro	
3611	**adorable**-*adj*	adorable	
3614	**primary**-*adj; ss*	primario; el primario	
3620	**wax**-*ss; vb; adj*	la cera; encerar; encerado	
3621	**precise**-*adj*	preciso| exacto	
3622	**Muslim**-*adj*	musulmán	
3623	**eager**-*adj*	ansioso	
3627	**arrogant**-*adj*	arrogante	
3632	**tricky**-*adj*	difícil	
3638	**automatic**-*adj; ss*	automático; la arma automática	
3646	**household**-*ss; adj*	la casa| el menaje; doméstico	
3650	**affected**-*adj*	afectado	
3659	**logical**-*adj*	lógico	
3664	**volume**-*ss; adj*	el volumen| la cantidad; de volumen	
3667	**psychic**-*adj; ss*	psíquico; el médium	
3670	**sole**-*adj; ss*	único| exclusivo; la suela	
3671	**troubled**-*adj*	preocupado| turbado	

3672	**bully**-*ss; vb; adj*	el matón; tiranizar; formidable
3673	**Gypsy**-*adj; ss*	gitano; el gitano
3677	**submarine**-*adj; ss*	submarino; el submarino
3678	**intimate**-*adj; vb; ss*	íntimo; intimar; el amigo íntimo
3680	**classical**-*adj*	clásico
3683	**deceased**-*adj; ss*	fallecido; el fallecido
3685	**vulnerable**-*adj*	vulnerable
3686	**keen**-*adj; ss; vb*	afilado; el lamento fúnebre; lamentar fúnebre
3687	**static**-*adj*	estático
3693	**opponent**-*ss; adj*	el adversario| el contrario; contrario
3695	**associate**-*vb; adj; ss*	asociar| unirse; asociado; el socio
3698	**tourist**-*adj; ss*	turístico; turista
3703	**fragile**-*adj*	frágil
3706	**dated**-*adj*	anticuado
3709	**tan**-*vb; ss; adj*	broncearse; el bronceado; color canela
3710	**sincere**-*adj*	sincero
3714	**mature**-*adj; vb*	maduro; madurar
3733	**immortal**-*adj; ss*	inmortal; el inmortal
3738	**multiple**-*adj; ss*	múltiple; el múltiplo
3740	**perspective**-*ss; adj*	la perspectiva; perspectivo
3741	**objective**-*adj; ss*	objetivo; el objetivo
3743	**logic**-*ss; adj*	la lógica; lógico
3745	**manual**-*adj; ss*	manual; el manual
3751	**laser**-*ss; adj*	el láser; lasérico
3755	**regulation**-*ss; adj*	la regulación| el reglamento; de reglamento
3761	**peculiar**-*adj*	peculiar| extraño
3764	**rainbow**-*ss; adj*	los arco iris; multicolor
3771	**colored**-*adj*	de colores
3774	**hostile**-*adj*	hostil
3780	**restless**-*adj*	inquieto| intranquilo
3786	**reference**-*ss; adj; vb*	la referencia; de referencia; poner referencias
3788	**reliable**-*adj*	seguro
3791	**suitable**-*adj*	adecuado| apto
3797	**flush**-*vb; ss; adj; adv*	enjuagar; el rubor; a ras; a nivel
3799	**straw**-*ss; adj*	la paja; de paja
3804	**Turkish**-*adj; ss*	turco; el turco
3806	**maiden**-*ss; adj*	la doncella; virginal
3809	**universal**-*adj*	universal
3814	**Swedish**-*adj; ss*	sueco; el sueco
3821	**explosive**-*adj; ss*	explosivo; el explosivo
3826	**phony**-*adj; ss*	falso; farsante
3827	**cheerful**-*adj*	alegre
3831	**accurate**-*adj*	preciso| correcto
3836	**sour**-*vb; adj*	amargar| agriarse; agrio
3837	**exclusive**-*adj*	exclusivo
3838	**seventy**-*adj; ss*	setenta; los setenta
3845	**childish**-*adj*	infantil
3860	**wretched**-*adj*	miserable
3867	**curly**-*adj*	rizado
3868	**hysterical**-*adj*	histérico
3870	**shiny**-*adj*	brillante
3873	**outrageous**-*adj*	indignante| escandaloso
3874	**offensive**-*ss; adj*	la ofensiva; ofensivo
3875	**prior**-*adj; ss*	anterior; el prior
3878	**passionate**-*adj*	apasionado
3879	**drunken**-*adj*	borracho
3881	**cultural**-*adj*	cultural
3888	**shocking**-*adj; adv*	chocante| escandaloso; muy
3889	**domestic**-*adj; ss*	nacional; el doméstico
3890	**carbon**-*ss; adj*	el carbón; carbono
3892	**specialist**-*ss; adj*	especialista; especializado
3896	**significant**-*adj*	significativo
3906	**psychological**-*adj*	psicológico
3911	**violet**-*adj; ss*	violeta; la violeta
3912	**butch**-*adj; ss*	marimacho; los marimacho
3913	**copper**-*ss; adj; vb*	el cobre; de cobre; realizar caldera
3914	**corrupt**-*adj; vb*	corrupto; corromper
3928	**bizarre**-*adj*	extraño
3936	**attic**-*adj; ss*	ático; el ático
3942	**noisy**-*adj*	ruidoso
3943	**spectacular**-*adj*	espectacular
3947	**farther**-*adv; adj; vb*	más lejos| más allá; más lejano; adelantar
3950	**mutual**-*adj*	mutuo
3951	**genetic**-*adj*	genético
3952	**righteous**-*adj*	justo

3956	**underwater**-*adj*	submarino
3966	**stark**-*adj*	rígido
3967	**hairy**-*adj*	peludo
3970	**posted**-*adj*	al corriente
3974	**inevitable**-*adj*	inevitable
3975	**Portuguese**-*adj; ss*	portugués; el portugués
3979	**clumsy**-*adj; ss*	torpe| desmañado; el ñango
3981	**wage**-*ss; vb; adj*	el salario; librar; salarial
3993	**legitimate**-*adj; vb*	legítimo| justo; legitimar
3999	**classified**-*adj*	clasificado
4007	**industrial**-*adj*	industrial
4009	**sneaking**-*adj*	furtivo
4020	**trumpet**-*ss; vb; adj*	la trompeta; pregonar; trompetazo
4021	**Negro**-*adj; ss*	negro; el negro
4024	**outstanding**-*adj*	excepcional| sobresaliente
4025	**puppet**-*ss; adj*	la marioneta; fantoche
4026	**merciful**-*adj*	misericordioso
4027	**distinguished**-*adj*	distinguido
4028	**Egyptian**-*adj; ss*	egipcio; el egipcio
4030	**lively**-*adj; adv*	animado| alegre; animadamente
4038	**civilized**-*adj*	civilizado
4040	**fascist**-*adj; ss*	fascista; fascista
4047	**scattered**-*adj*	disperso
4050	**annual**-*adj; ss*	anual; el anuario
4057	**intellectual**-*adj; ss*	intelectual; el sabio
4059	**sophisticated**-*adj*	sofisticado
4061	**atomic**-*adj*	atómico
4065	**democratic**-*adj*	democrático
4069	**alcoholic**-*adj; ss*	alcohólico| alcoholizado; el alcohólico
4071	**salmon**-*ss; adj*	el salmón; color salmón
4077	**mechanic**-*adj; ss*	mecánico; el mecánico
4079	**unlikely**-*adj*	improbable
4080	**artistic**-*adj*	artístico
4098	**eighth**-*adj; ss*	octavo| octavo; la parte octava
4104	**representative**-*ss; adj*	representante; representativo
4107	**messy**-*adj*	confuso
4108	**subtle**-*adj*	sutil| delicado
4109	**historical**-*adj*	histórico
4111	**peach**-*ss; adj; vb*	el melocotón; de color melocotón; chivarse
4118	**retarded**-*adj*	retardado
4119	**fierce**-*adj*	feroz| fuerte
4136	**rash**-*ss; adj*	la erupción| el salpullido; temerario
4140	**phantom**-*adj; ss*	fantasma; el fantasma
4142	**unlucky**-*adj*	desafortunado
4153	**ninth**-*adj; ss*	noveno; el noveno
4155	**Canadian**-*adj; ss*	canadiense; canadiense
4156	**unnecessary**-*adj*	innecesario
4165	**interior**-*adj; ss*	interior; el interior
4171	**hack**-*vb; ss; adj*	cortar| piratear; el corte; mercenario
4176	**hen**-*ss; adj*	la gallina; de mujeres
4181	**merchant**-*ss; adj*	comerciante; mercante
4189	**starboard**-*ss; adj*	el estribor; de estribor
4190	**coordinate**-*vb; ss; adj*	coordinar; la coordenada; coordinado
4191	**stern**-*ss; adj*	la popa| el culo; severo
4194	**infinite**-*adj; ss*	infinito; el infinito
4195	**definite**-*adj*	definido| determinado
4196	**flowing**-*adj*	fluido| flujo
4198	**primitive**-*adj; ss*	primitivo; el primitivo
4205	**vulgar**-*adj*	vulgar| chabacano
4208	**distracted**-*adj*	distraído
4213	**allergic**-*adj*	alérgico
4215	**heroic**-*adj*	heroico
4216	**cardinal**-*ss; adj*	el cardenal; cardinal
4231	**artificial**-*adj*	artificial| sintético
4232	**crucial**-*adj*	crucial
4234	**tidy**-*adj; vb*	ordenado| limpio; poner en orden
4236	**sufficient**-*adj; ss*	suficiente; la cantidad suficiente
4237	**select**-*vb; adj*	seleccionar; selecto
4239	**unbearable**-*adj*	inaguantable
4240	**lyric**-*ss; adj*	la lírica; lírico
4242	**memorial**-*ss; adj*	el memorial; conmemorativo
4251	**mock**-*vb; adj*	burlarse de; simulado
4259	**confidential**-*adj*	confidencial
4260	**stoned**-*adj*	drogado
4263	**stray**-*adj; vb*	extraviado; perderse
4268	**terminal**-*adj; ss*	terminal| trimestral; el terminal

4271	**ambitious**-*adj*	ambicioso	
4275	**kin**-*ss; adj*	el parentesco; de parientes	
4282	**meaningless**-*adj*	sin sentido	
4285	**initial**-*adj; ss*	inicial; el inicial	
4292	**intact**-*adj*	intacto	
4294	**overtime**-*ss; adj*	la horas extras; fuera de hora	
4297	**oak**-*ss; adj*	el roble; de roble	
4299	**continent**-*adj; ss*	continente; el continente	
4305	**terrifying**-*adj*	espantoso	
4312	**radical**-*adj; ss*	radical; el radical	
4315	**documentary**-*adj; ss*	documental; el documental	
4320	**vile**-*adj*	vil	
4325	**exotic**-*adj*	exótico	
4326	**dusty**-*adj*	polvoriento	
4334	**ungrateful**-*adj*	desagradecido	
4341	**antique**-*ss; adj*	la antigüedad| el antiguo; antiguo	
4342	**efficient**-*adj*	eficiente| competente	
4345	**hurricane**-*ss; adj*	el huracán; de huracán	
4349	**mourning**-*ss; adj*	el luto; de luto	
4351	**visible**-*adj*	visible	
4354	**superb**-*adj*	magnífico| soberbio	
4355	**hollow**-*adj; ss; vb; adv*	hueco| vacío; el hueco; ahuecar; a hueco	
4361	**healing**-*ss; adj*	la curación; curativo	
4367	**topic**-*ss; adj*	el tema; temático	
4368	**depressing**-*adj*	deprimente	
4372	**mute**-*adj; ss; vb*	mudo; el mudo; apagar	
4373	**organic**-*adj*	orgánico	
4381	**landscape**-*ss; adj; vb*	el paisaje; paisajista; ajardinar	
4384	**Cuban**-*adj; ss*	cubano; el cubano	
4387	**regardless**-*adv; adj*	a pesar de todo; insensible	
4397	**fitting**-*adj; ss*	adecuado| oportuno; la prueba	
4401	**unemployed**-*ss; adj*	los desempleados; desempleado	
4402	**naval**-*adj*	naval	
4403	**cunning**-*adj; ss*	astuto| ladino; la astucia	
4404	**careless**-*adj*	descuidado	
4409	**printed**-*adj*	impreso	
4416	**identical**-*adj*	idéntico	
4420	**weary**-*adj; vb*	cansado| fatigado; cansar	
4421	**preferred**-*adj*	privilegiado	
4422	**nude**-*adj; ss*	desnudo; el desnudo	
4435	**verse**-*ss; adj*	el versículo| el verso; en verso	
4436	**magnetic**-*adj*	magnético	
4440	**biting**-*adj*	mordaz	
4442	**mustard**-*adj; ss*	mostaza; la mostaza	
4443	**mechanical**-*adj*	mecánico	
4445	**mushroom**-*ss; adj; vb*	la seta; de hongos; surgir como hongos	
4448	**cozy**-*adj*	acogedor	
4449	**token**-*adj; ss*	simbólico| testimonial; la ficha	
4457	**ripe**-*adj*	maduro	
4459	**hideous**-*adj*	horrible| repulsivo	
4470	**lonesome**-*adj*	solitario	
4474	**brute**-*adj; ss*	bruto; los bruto	
4480	**pointless**-*adj*	inútil	
4481	**authorized**-*adj; adj*	autorizado; laboral	
4488	**thankful**-*adj*	agradecido	
4492	**fluid**-*adj; ss*	fluido; el fluido	
4493	**Asian**-*adj; ss*	asiático; el asiático	
4499	**liable**-*adj*	responsable	
4501	**additional**-*adj*	adicional	
4503	**Thai**-*adj; ss*	tailandés; el tailandés	
4506	**toxic**-*adj; ss*	tóxico; el tóxico	
4507	**socialist**-*adj; ss*	socialista; socialista	
4508	**lethal**-*adj*	letal	
4509	**ruthless**-*adj*	implacable| despiadado	
4513	**striking**-*adj*	llamativo	
4515	**sticky**-*adj*	pegajoso	
4517	**impatient**-*adj*	impaciente	
4519	**sane**-*adj*	cuerdo	
4520	**rainy**-*adj*	lluvioso	
4522	**kidney**-*ss; adj; vb*	el riñón; renal; gritar	
4527	**reckless**-*adj*	temerario	
4530	**absent**-*adj; vb*	ausente; ausentarse	
4532	**irresponsible**-*adj*	irresponsable	
4534	**biological**-*adj*	biológico	
4536	**discreet**-*adj*	discreto	
4561	**rival**-*adj; ss; vb*	rival| opuesto; el rival; rivalizar con	
4562	**profound**-*adj; ss*	profundo; las profundidades	
4568	**solitary**-*adj*	solitario	

4569	**longing**-*ss; adj*	el anhelo; anhelante	
4583	**equipped**-*adj*	equipado	
4587	**casual**-*adj; ss*	casual; la ropa deportiva	
4588	**acceptable**-*adj*	aceptable	
4596	**sheer**-*adj; adv; ss; vb*	escarpado| puro; completamente; la desviación; caer a pico	
4606	**fatty**-*adj; ss*	graso; el gordinflón	
4607	**hilarious**-*adj*	hilarante	
4612	**Brazilian**-*adj; ss*	brasileño; el brasileño	
4620	**overseas**-*adj; adv*	de ultramar; de ultramar	
4622	**teenage**-*adj*	joven	
4623	**slick**-*ss; adj*	la mancha| la capa; hábil	
4634	**shallow**-*adj*	superficial	
4637	**utter**-*vb; adj*	pronunciar| proferir; total	
4638	**classy**-*adj*	de buen tono	
4641	**hardy**-*adj*	resistente| robusto	
4643	**entertaining**-*adj*	entretenido	
4645	**thoughtful**-*adj*	pensativo| atento	
4648	**lump**-*ss; adj; vb*	el terrón| la masa; global; englobar	
4649	**tow**-*vb; ss; adj*	remolcar; el remolque; de remolque	
4650	**compound**-*adj; ss; vb*	compuesto; el compuesto; componer	
4652	**substitute**-*vb; ss; adj*	sustituir; el sustituto; suplente	
4655	**lone**-*adj*	solitario	
4667	**Hungarian**-*adj; ss*	húngaro; el húngaro	
4669	**Hebrew**-*adj; ss*	hebreo; el hebreo	
4671	**realistic**-*adj*	realista	
4675	**grocery**-*ss; adj*	la tienda de comestibles; mantequero	
4676	**blasted**-*adj*	maldito	
4678	**psychiatric**-*adj*	psiquiátrico	
4680	**marble**-*ss; adj; vb*	el mármol; marmóreo; jaspear	
4688	**combined**-*adj*	conjunto	
4693	**mint**-*ss; adj; vb*	la menta; nuevo; acuñar	
4698	**on-board**-*adj*	de a bordo	
4700	**legendary**-*adj*	legendario	
4702	**intent**-*ss; adj*	la intención| el intento; atento	
4710	**liberal**-*adj; ss*	liberal| generoso; el liberal	
4717	**repent**-*vb; adj*	arrepentirse; rastrero	
4722	**digital**-*adj; ss*	digital; el reloj	
4724	**resident**-*adj; ss*	residente; residente	
4727	**audible**-*adj*	audible	
4739	**incoming**-*adj*	entrante| siguiente	
4740	**grim**-*adj*	severo| siniestro	
4742	**void**-*adj; ss; vb*	vacío| nulo; el vacío; anular	
4744	**idle**-*adj; vb*	ocioso| libre; holgazanear	
4745	**stunning**-*adj*	maravilloso| pasmoso	
4759	**neutral**-*adj; ss*	neutral; los neutral	
4769	**medic**-*adj; ss*	médico; el médico	
4776	**bankrupt**-*adj; ss; vb*	arruinado; el quebrado; arruinar	
4778	**sewing**-*adj; ss*	de coser; la costura	
4779	**protective**-*adj*	protector	
4780	**treasury**-*ss; adj*	la tesorería; del gobierno	
4791	**presidential**-*adj*	presidencial	
4793	**unstable**-*adj*	inestable	
4794	**tenth**-*adj; ss*	décimo; el décimo	
4797	**yummy**-*adj*	sabroso	
4801	**vegetarian**-*adj; ss*	vegetariano; el vegetariano	
4803	**overhead**-*adv; adj; ss*	arriba; de arriba; los gastos generales	
4809	**scrub**-*vb; ss; adj*	fregar; el matorral; achaparrado	
4814	**orderly**-*adj; ss*	ordenado; la ordenanza	
4815	**audio**-*adj*	audio	
4816	**exceptional**-*adj*	excepcional	
4823	**ruling**-*ss; adj*	la decisión| el gobierno; dominante	
4825	**poisonous**-*adj*	venenoso	
4826	**overwhelming**-*adj*	abrumador	
4827	**frustrated**-*adj*	frustrado	
4829	**elementary**-*adj*	elemental	
4832	**slack**-*adj; ss; vb*	flojo; respiro; gandulear	
4837	**funky**-*adj*	miedoso	
4840	**pitiful**-*adj*	lamentable	
4843	**rational**-*adj*	racional| lógico	
4844	**bluff**-*ss; vb; adj*	el bluff; engañar; escarpado	
4845	**gifted**-*adj*	dotado	
4849	**fundamental**-*adj; ss*	fundamental; el fundamental	
4852	**sloppy**-*adj*	poco riguroso	

4856	**rapid**-*adj; ss*	rápido; el rápido	
4857	**authentic**-*adj*	auténtico	
4859	**urban**-*adj*	urbano	
4865	**exquisite**-*adj; ss*	exquisito| primoroso; el petimetre	
4867	**mild**-*adj; ss*	leve| suave; el suave	
4870	**crippled**-*adj*	lisiado	
4882	**defensive**-*adj; ss*	defensivo; el defensivo	
4896	**courageous**-*adj*	valiente	
4901	**numb**-*adj*	entumecido	
4902	**considerable**-*adj*	considerable| cuantioso	
4903	**quack**-*ss; vb; adj*	el curandero; graznar; de curandero	
4906	**invincible**-*adj*	invencible	
4910	**fugitive**-*adj; ss*	fugitivo; el fugitivo	
4914	**ethic**-*ss; adj*	la ética; ético	
4923	**doggy**-*ss; adj*	el perrito; perruno	
4925	**fishy**-*adj*	sospechoso	
4927	**feminine**-*adj*	femenino	
4932	**cautious**-*adj*	cauteloso	
4936	**vague**-*adj*	vago| incierto	
4938	**ironic**-*adj*	irónico	
4939	**affirmative**-*adj; ss*	afirmativo; los afirmativo	
4941	**cosmic**-*adj*	cósmico	
4945	**semi**-*adj; ss*	la casa semiseparada	
4948	**fearless**-*adj*	audaz	
4952	**diplomatic**-*adj*	diplomático	
4954	**splitting**-*adj*	terrible	
4955	**relevant**-*adj*	pertinente| aplicable	
4956	**slippery**-*adj*	resbaladizo	
4958	**parallel**-*adj; ss; vb*	paralelo; el paralelo; comparar	
4959	**wedding**-*ss; adj*	la boda; nupcial	
4964	**irrelevant**-*adj*	irrelevante	
4968	**noted**-*adj*	célebre| conocido	
4972	**eldest**-*adj*	el mayor	
4974	**observed**-*adj*	observado	
4979	**lifting**-*ss; adj*	el levantamiento; subiente	
4983	**dim**-*adj; vb*	oscuro; oscurecer	
4985	**chilly**-*adj; adv*	frío| friolero; frioleramente	
4987	**fuzzy**-*adj*	borroso	
4989	**shameless**-*adj; ss*	desvergonzado; sinvergüenza	
4991	**notorious**-*adj*	notorio	

4994	**historic**-*adj*	histórico	
5002	**bourgeois**-*adj; ss*	burgués; el burgués	
5004	**unarmed**-*adj*	desarmado	
5007	**sensational**-*adj*	sensacional	
5018	**juvenile**-*adj; ss*	juvenil| de menores; el menor	

Adverbios

2502	**counter**-*vb; ss; adj; adv*	contrarrestar; el contador; contrario; en contra
2529	**literally**-*adv*	literalmente
2567	**alike**-*adj; adv; ss*	igual; igualmente; el parecido
2586	**nowadays**-*adv*	hoy en día
2597	**slightly**-*adv*	ligeramente
2617	**meantime**-*adv*	mientras tanto
2622	**heavily**-*adv*	fuertemente
2627	**gently**-*adv*	suavemente
2634	**anyhow**-*adv*	de todos modos
2684	**nicely**-*adv*	bien
2698	**backwards**-*adv*	hacia atrás
2704	**safely**-*adv*	sin peligro
2711	**almighty**-*adj; adv*	todopoderoso; horriblemente
2727	**shortly**-*adv*	dentro de poco
2728	**happily**-*adv*	felizmente
2758	**kindly**-*adv; adj*	amablemente; bondadoso
2768	**abroad**-*adv*	en el extranjero
2769	**officially**-*adv*	oficialmente
2787	**constantly**-*adv*	constantemente
2790	**item**-*adv; ss*	ítem; el ítem
2797	**differently**-*adv*	diferentemente
2842	**deadly**-*adj; adv*	mortal; mortalmente
2852	**incredibly**-*adv*	increíblemente
2918	**halfway**-*adv; adj*	a medio camino; intermedio
2920	**closely**-*adv*	cercanamente
3039	**necessarily**-*adv*	necesariamente
3045	**somewhat**-*adv*	algo
3049	**elsewhere**-*adv*	en otra parte
3072	**hopefully**-*adv*	con optimismo
3110	**strictly**-*adv*	estrictamente
3125	**fairly**-*adv*	bastante
3139	**minus**-*adj; adv; prp; ss*	menos; menos; menos; el signo menos
3187	**overnight**-*adv*	durante la noche
3291	**fortunately**-*adv*	afortunadamente
3297	**jolly**-*adj; adv; vb*	alegre| terrible; muy; engatusar
3306	**technically**-*adv*	técnicamente
3389	**yea**-*ss; part; adv*	el sí; sí; ciertamente
3497	**physically**-*adv*	físicamente
3502	**nevertheless**-*con; adv*	sin embargo; con todo
3542	**rarely**-*adv*	raramente
3578	**loudly**-*adv*	en voz alta
3589	**generally**-*adv*	generalmente
3593	**currently**-*adv*	corrientemente
3596	**luckily**-*adv*	por suerte
3628	**secretly**-*adv*	secretamente
3689	**specifically**-*adv*	específicamente
3694	**beautifully**-*adv*	hermosamente
3711	**legally**-*adv*	legalmente
3720	**originally**-*adv*	originalmente
3731	**altogether**-*adv*	en total
3742	**awhile**-*adv*	un rato
3779	**hereby**-*adv*	por la presente
3797	**flush**-*vb; ss; adj; adv*	enjuagar; el rubor; a ras; a nivel
3811	**approximately**-*adv*	aproximadamente
3847	**gladly**-*adv*	con alegría
3880	**deliberately**-*adv*	deliberadamente
3888	**shocking**-*adj; adv*	chocante| escandaloso; muy
3901	**mainly**-*adv*	principalmente
3905	**ashore**-*adv*	en tierra
3917	**occasionally**-*adv*	de vez en cuando
3918	**freely**-*adv*	con libertad
3933	**strongly**-*adv*	fuertemente
3947	**farther**-*adv; adj; vb*	más lejos| más allá; más lejano; adelantar
3948	**correctly**-*adv*	correctamente
3989	**previously**-*adv*	previamente
4030	**lively**-*adj; adv*	animado| alegre; animadamente
4063	**hence**-*adv*	por lo tanto
4066	**desperately**-*adv*	desesperadamente
4096	**accidentally**-*adv*	accidentalmente
4160	**mentally**-*adv*	mentalmente
4202	**equally**-*adv*	igualmente
4211	**utterly**-*adv*	absolutamente
4245	**greatly**-*adv*	enormemente| muy
4286	**thoroughly**-*adv*	a fondo
4288	**dearly**-*adv*	caro
4301	**ultimately**-*adv*	al final
4338	**sincerely**-*adv*	sinceramente
4350	**instantly**-*adv*	instantáneamente
4355	**hollow**-*adj; ss; vb; adv*	hueco| vacío; el hueco; ahuecar; a hueco

4370	**sexually**-*adv*	sexualmente
4387	**regardless**-*adv; adj*	a pesar de todo; insensible
4428	**lightly**-*adv*	ligeramente
4429	**sadly**-*adv*	con tristeza
4438	**purely**-*adv*	puramente
4447	**strangely**-*adv*	extrañamente
4565	**overboard**-*adv*	al agua
4573	**supposedly**-*adv*	supuestamente
4596	**sheer**-*adj; adv; ss; vb*	escarpado| puro; completamente; la desviación; caer a pico
4608	**alongside**-*prp; adv*	junto a; al lado
4620	**overseas**-*adj; adv*	de ultramar; de ultramar
4664	**specially**-*adv*	especialmente
4677	**rapidly**-*adv*	rápidamente
4708	**gradually**-*adv*	gradualmente
4711	**importantly**-*adv*	en tono rimbombante
4748	**nay**-*part; adv; ss*	no; más aún; el voto en contra
4803	**overhead**-*adv; adj; ss*	arriba; de arriba; los gastos generales
4808	**newly**-*adv*	recién
4818	**regularly**-*adv*	regularmente
4872	**evidently**-*adv*	evidentemente
4894	**positively**-*adv*	afirmativamente
4918	**temporarily**-*adv*	temporalmente
4933	**virtually**-*adv*	prácticamente
4935	**essentially**-*adv*	esencialmente
4950	**seldom**-*adv*	raramente
4953	**partly**-*adv*	en parte
4985	**chilly**-*adj; adv*	frío| friolero; frioleramente
5013	**calmly**-*adv*	tranquilamente

Conjunciones

3502	**nevertheless**-*con; adv*	sin embargo; con todo
4310	**whereas**-*con*	mientras

Preposiciones

2757	**unlike-**_adj; prp_	desemejante; diferente a
2929	**amongst-**_prp_	entre
3020	**unto-**_prp_	hasta
3139	**minus-**_adj; adv; prp; ss_	menos; menos; menos; el signo menos
3701	**via-**_prp_	vía
4337	**versus-**_prp_	versus
4608	**alongside-**_prp; adv_	junto a; al lado
5017	**midst-**_ss; prp_	el medio; entre

Pronombres

3478	**theirs**-*prn*	suyo
3568	**whatsoever**-*prn*	lo que
4913	**thine**-*prn*	tus

Sustantivos

2500	**elephant**-*ss*	el elefante
2501	**native**-*adj; ss*	nativo| natal; el nativo
2502	**counter**-*vb; ss; adj; adv*	contrarrestar; el contador; contrario; en contra
2503	**skull**-*ss*	el cráneo
2504	**stroke**-*ss; vb*	la carrera| el golpe; acariciar
2506	**pearl**-*ss; adj; vb*	la perla; de perlas; gotear
2507	**rubbish**-*ss*	la basura
2508	**romance**-*ss; vb*	la novela| la romanza; fantasear
2510	**avenue**-*ss*	la avenida
2512	**product**-*ss*	el producto| el resultado
2513	**individual**-*adj; ss*	individual| particular; el individuo
2514	**communist**-*adj; ss*	comunista; comunista
2515	**gambling**-*ss*	el juego
2516	**timing**-*ss; adj*	la sincronización| el cronometraje; de distribución
2517	**rocket**-*ss; vb*	el cohete; atacar con cohetes
2518	**grief**-*ss*	el dolor
2519	**brush**-*ss; vb*	el cepillo; cepillar
2520	**sucker**-*ss*	la ventosa
2522	**alley**-*ss*	el callejón
2523	**humanity**-*ss*	la humanidad
2524	**brief**-*adj; ss; vb*	breve; el breve; informar
2525	**personality**-*ss*	la personalidad
2526	**document**-*ss; vb*	el documento; documentar
2527	**assault**-*ss; vb*	el asalto| la embestida; asaltar
2528	**judgment**-*ss*	el juicio| la sentencia
2530	**potato**-*ss*	la patata
2531	**robot**-*ss*	el robot
2532	**angle**-*ss; vb*	el ángulo; pescar con caña
2536	**pope**-*ss*	el papa
2537	**status**-*ss*	el estado| el estatus
2538	**profit**-*vb; ss*	beneficiarse| sacar provecho; el lucro
2540	**tent**-*ss*	la tienda
2541	**host**-*ss; vb*	el anfitrión| el huésped; organizar
2542	**barn**-*ss*	el granero
2543	**stress**-*ss; vb*	el estrés; subrayar
2544	**broad**-*adj; ss*	ancho; la anchura
2545	**gross**-*adj; ss*	bruto| grave; la gruesa
2546	**sack**-*ss; vb*	el saco| el saqueo; despedir
2547	**stink**-*ss; vb*	el hedor| el lío; oler mal
2548	**recording**-*ss; adj*	la grabación; de grabación
2549	**anniversary**-*adj; ss*	aniversario; el aniversario
2550	**expression**-*ss*	la expresión
2551	**oxygen**-*ss;*	el oxígeno
2552	**ranch**-*ss*	el rancho| la hacienda
2553	**crystal**-*ss; adj*	el cristal; de cristal
2555	**whip**-*ss; vb*	el látigo| el azote; azotar
2556	**labor**-*ss; adj; vb*	el trabajo| la mano de obra; laboral; trabajar
2557	**relief**-*ss*	el relieve| el alivio
2558	**Soviet**-*ss; adj*	el soviet; soviético
2559	**adult**-*adj; ss*	adulto; el adulto
2560	**hostage**-*ss*	el rehén
2563	**olive**-*ss; adj*	la aceituna; oliváceo
2564	**blade**-*ss*	la hoja| la cuchilla
2565	**upper**-*adj; ss*	superior| de arriba; la pala de calzado
2566	**scale**-*ss; vb*	la escala| el nivel; escalar
2567	**alike**-*adj; adv; ss*	igual; igualmente; el parecido
2568	**response**-*ss*	la respuesta| el responsorio
2570	**spoil**-*ss; vb*	el botín| el despojo; estropear
2571	**festival**-*ss; adj*	el festival; festivo
2572	**sunshine**-*ss*	el sol
2573	**salary**-*ss*	el salario
2574	**jazz**-*ss; vb*	el jazz| el rollo; animar
2575	**palm**-*ss; vb*	la palma| los palmo; escamotear
2576	**extreme**-*adj; ss*	extremo| a ultranza; el extremo
2577	**fleet**-*ss; adj; vb*	la flota; veloz; pasear
2578	**pump**-*ss; vb*	la bomba; bombear
2580	**luggage**-*ss*	el equipaje
2581	**clinic**-*ss; adj*	la clínica; clínico

2582	**visitor**-*ss*	visitante
2583	**sailor**-*ss*	el marinero
2584	**horror**-*ss*	el horror
2585	**clay**-*ss; vb*	la arcilla; arcillar
2587	**dame**-*ss*	la dama
2588	**abandon**-*vb; ss*	abandonar| renunciar; el abandono
2589	**jet**-*ss; adj; vb*	el chorro| el jet; a reacción; echar en chorro
2590	**corporal**-*adj; ss*	corporal; el corporal
2591	**offense**-*ss*	la ofensa| el delito
2593	**dish**-*ss; vb*	el plato| la antena; confundir
2594	**blah**-*ss; adj*	la paja; absurdo
2595	**drama**-*ss*	el drama
2596	**minor**-*adj; ss*	menor| secundario; el menor
2599	**throne**-*ss*	el trono
2600	**backup**-*ss; adj*	la reserva; de reserva
2601	**digging**-*ss*	la excavación
2602	**shave**-*ss; vb*	el afeitado; afeitarse
2603	**sore**-*ss; adj*	la llaga; dolorido
2605	**pit**-*ss; vb*	el pozo| la fosa; oponer
2606	**sock**-*ss; vb*	el calcetín; pegar
2607	**engagement**-*ss*	el compromiso| el contrato
2608	**bunny**-*ss*	el conejito
2609	**delay**-*vb; ss*	retrasar| demorar; el retraso
2613	**resistance**-*ss*	la resistencia
2614	**rub**-*vb; ss*	frotar| rozar; el frotamiento
2615	**environment**-*ss*	el entorno
2618	**tap**-*ss; vb*	el grifo| el golpecito; aprovechar
2620	**vodka**-*ss*	las vodka
2621	**diet**-*ss; vb*	la dieta; estar a régimen
2623	**wisdom**-*ss*	la sabiduría| el saber
2625	**statue**-*ss*	la estatua
2626	**defendant**-*ss*	el acusado
2629	**spin**-*vb; ss*	girar| hilar; la vuelta
2630	**con**-*ss; vb*	la estafa; estafar
2632	**lamb**-*ss; vb*	el cordero; parir
2633	**humor**-*ss; vb*	el humor; complacer
2635	**pale**-*adj; vb; ss*	pálido; palidecer; los límites
2636	**pile**-*ss; vb*	la pila| el pelo; acumularse
2637	**chaos**-*ss*	el caos| el desorden
2638	**soda**-*ss*	la soda
2642	**academy**-*ss*	la academia
2643	**cotton**-*ss; adj; vb*	el algodón; algodonero; ser algodonero
2644	**intention**-*ss*	la intención| el intento
2645	**champ**-*ss; vb*	el mordimiento; morder
2647	**spider**-*ss*	la araña
2648	**brazil**-*ss*	el palo del Brasil
2649	**twin**-*adj; ss; vb*	gemelo; el gemelo; hermanar
2650	**hum**-*vb; ss*	tararear; el zumbido
2651	**honk**-*ss; vb*	el bocinazo; tocar la bocina
2652	**glove**-*ss*	el guante
2653	**Dutch**-*adj; ss*	holandés; el holandés
2654	**misery**-*ss*	la miseria
2655	**commercial**-*adj; ss*	comercial; el anuncio
2656	**pan**-*ss; vb*	el pan; lavar con batea
2658	**exam**-*ss*	el examen| la revisión
2659	**transport**-*ss; vb; adj*	el transporte; transportar; de carretera
2660	**battery**-*ss*	la batería
2662	**brandy**-*ss*	el brandy
2663	**unfortunate**-*adj; ss*	desgraciado; el desgraciado
2664	**penis**-*ss*	el pene
2665	**profession**-*ss*	la profesión
2666	**cherry**-*ss*	la cereza
2667	**classic**-*adj; ss*	clásico; la obra clásica
2668	**cemetery**-*ss*	el cementerio
2669	**bid**-*ss; vb*	la oferta| el intento; pujar
2670	**musical**-*adj; ss*	musical; el musical
2671	**bee**-*ss*	la abeja
2672	**plot**-*ss; vb*	la parcela| la trama; trazar
2673	**parade**-*ss; vb*	el desfile| la parada; desfilar
2674	**crane**-*ss; vb*	la grúa; estirar
2676	**patch**-*ss; vb*	el parche; parchar
2677	**envy**-*ss; vb*	la envidia; envidiar
2678	**option**-*ss*	la opción
2679	**signature**-*ss*	la firma
2680	**hush**-*ss; vb*	el silencio; callar

2681	**casino**-*ss*	el casino	
2682	**increase**-*ss; vb*	el aumento| el incremento; aumentar	
2683	**shell**-*ss; vb*	la cáscara| la concha; bombardear	
2685	**drill**-*vb; ss*	perforar| taladrar; el taladro	
2686	**twist**-*ss; vb*	la torcedura| la torsión; torcer	
2687	**temper**-*vb; ss*	templar| moderar; el genio	
2688	**consequence**-*ss*	la consecuencia	
2689	**steak**-*ss*	el bistec	
2690	**dignity**-*ss*	la dignidad	
2691	**ham**-*ss*	el jamón	
2693	**sorrow**-*ss*	el dolor| la tristeza	
2694	**rear**-*adj; ss; vb*	posterior; el trasero; criar	
2695	**coin**-*vb; ss*	acuñar| monedar; la moneda	
2697	**rumble**-*vb; ss*	retumbar; el retumbo	
2699	**ashes**-*ss*	los despojos mortales	
2700	**click**-*vb; ss*	hacer clic; el clic	
2701	**format**-*ss; vb*	el formato; formatear	
2703	**chin**-*ss; vb*	la barbilla; charlar	
2705	**wealth**-*ss*	la riqueza	
2707	**population**-*ss*	la población	
2708	**medal**-*ss*	la medalla	
2709	**respond**-*vb; ss*	responder| atender; la respuesta	
2710	**coffin**-*ss; vb*	el ataúd; tomar ataúd	
2713	**goose**-*ss; vb*	el ganso; palpar	
2714	**comment**-*ss; vb*	el comentario| la glosa; comentar	
2715	**entertainment**-*ss*	el entretenimiento| el espectáculo	
2716	**Mexican**-*adj; ss*	mexicano; el mexicano	
2717	**appeal**-*vb; ss*	apelar| atraer; la apelación	
2719	**activity**-*ss*	la actividad	
2720	**towel**-*ss; vb*	la toalla; secar con toalla	
2721	**slide**-*ss; vb*	la diapositiva| la corredera; deslizarse	
2723	**feeding**-*ss*	la alimentación| las comidas	
2724	**core**-*ss; vb*	el núcleo| la entraña; quitar el corazón	
2725	**satellite**-*ss*	el satélite	
2726	**motel**-*ss*	el motel	

2729	**objection**-*ss*	la objeción| la oposición	
2730	**chapter**-*ss; vb*	el capítulo; partir	
2731	**mankind**-*ss*	la humanidad	
2732	**executive**-*adj; ss*	ejecutivo; el ejecutivo	
2733	**breast**-*ss; vb*	el pecho| la pechuga; hacer frente a	
2735	**basketball**-*ss*	el baloncesto	
2736	**rhythm**-*ss*	el ritmo	
2737	**nest**-*ss; vb*	el nido| el hormiguero; anidar	
2738	**soccer**-*ss; adj*	el fútbol; de fútbol	
2739	**fry**-*vb; ss*	freír; la fritada	
2740	**terror**-*ss*	el terror| el espanto	
2741	**stable**-*adj; ss*	estable| sólido; la cuadra	
2742	**procedure**-*ss*	el procedimiento	
2743	**reception**-*ss*	la recepción	
2745	**wreck**-*ss; vb*	la ruina| el naufragio; arruinar	
2746	**measure**-*ss; vb*	la medida; medir	
2747	**illness**-*ss*	la enfermedad	
2751	**whimper**-*ss; vb*	el gemido| el quejido; gemir	
2752	**appearance**-*ss*	la apariencia| la aparición	
2753	**rap**-*ss*	el rap	
2754	**basis**-*ss*	la base	
2755	**blanket**-*ss; adj; vb*	la manta| la cobija; general; cubrir	
2756	**loyalty**-*ss*	la lealtad	
2759	**fog**-*ss; vb*	la niebla| la bruma; empañar	
2760	**zoo**-*ss*	el zoo	
2761	**blessing**-*ss*	la bendición	
2762	**giggle**-*ss; vb*	la risilla; poner una risilla sofocada	
2763	**pulse**-*ss; vb*	las legumbres| el pulso; pulsar	
2764	**lamp**-*ss; vb*	la lámpara; encender una lámpara	
2765	**samurai**-*ss*	los samurai	
2766	**perfume**-*ss; vb*	el perfume; perfumar	
2767	**December**-*ss*	el diciembre	
2770	**burden**-*ss; vb*	la carga| el peso; cargar	
2771	**oath**-*ss*	el juramento	
2772	**development**-*ss*	el desarrollo| el fomento	

2773	**award**-*ss; vb*	el premio| la adjudicación; adjudicar
2774	**marine**-*ss; adj*	la marina; marino
2775	**bargain**-*vb; ss*	negociar| ofrecer; la ganga
2776	**tool**-*ss; vb*	la herramienta; filetear
2778	**Irish**-*adj; ss*	irlandés; el irlandés
2779	**rubber**-*ss; adj; vb*	el caucho| la goma; de goma; cubrir de goma
2780	**kindness**-*ss*	la amabilidad| la bondad
2781	**hunger**-*ss; vb*	las hambre; tener hambre
2782	**payment**-*ss*	el pago| la recompensa
2783	**faint**-*adj; vb; ss*	débil; desmayarse; el desmayado
2785	**cellar**-*ss; vb*	la bodega; estar en sótano
2786	**excitement**-*ss*	la emoción| la agitación
2789	**pattern**-*ss; vb*	el patrón| el modelo; modelar
2790	**item**-*adv; ss*	ítem; el ítem
2791	**niece**-*ss*	la sobrina
2792	**sarge**-*ss*	el sargento
2793	**Pacific**-*ss; adj*	el Pacífico; pacífico
2794	**badge**-*ss*	la divisa
2795	**conduct**-*ss; vb*	la conducta| la dirección; conducir
2796	**goddess**-*ss*	la diosa
2798	**frog**-*ss*	la rana
2799	**smash**-*ss; vb*	el smash| la rotura; aplastar
2800	**shove**-*ss; vb*	el empujón| el empellón; empujar
2802	**toe**-*ss; vb*	los dedo del pie; tocar con la punta del pie
2803	**sixth**-*adj; ss*	sexto; el sexto
2805	**tennis**-*ss*	el tenis
2806	**discussion**-*ss*	la discusión
2808	**mob**-*ss; vb*	la multitud| el grupo; acosar
2809	**assignment**-*ss*	la asignación| la misión
2811	**superman**-*ss*	el superhombre
2812	**gene**-*ss*	el gene
2813	**poker**-*ss; vb*	el póker; grabar al fuego
2814	**ram**-*ss; vb*	el espolón| el carnero; apisonar
2815	**symbol**-*ss*	el símbolo
2816	**pork**-*ss*	el cerdo
2817	**Satan**-*ss*	el Satán
2818	**forgiveness**-*ss*	el perdón
2820	**republic**-*ss*	la república
2821	**emotion**-*ss*	la emoción
2822	**makeup**-*ss*	el maquillaje
2823	**homicide**-*ss; vb*	el homicidio; matar
2824	**fanny**-*ss*	el coño
2825	**apology**-*ss*	la disculpa
2826	**soil**-*ss; vb*	el suelo; ensuciar
2827	**session**-*ss*	la sesión
2828	**November**-*ss; adj*	el noviembre; de noviembre
2831	**sum**-*ss*	la suma| la cantidad
2832	**survival**-*ss*	la supervivencia
2833	**hatred**-*ss*	el odio
2834	**scout**-*vb; ss*	explorar; el explorador
2835	**colleague**-*ss*	colega
2836	**discovery**-*ss*	el descubrimiento
2837	**album**-*ss*	el álbum
2838	**Buddha**-*ss*	el Buda
2839	**tender**-*ss; adj; vb*	la oferta| la moneda; tierno; ofertar
2840	**lap**-*ss; vb*	la vuelta| el regazo; lamer
2841	**arrival**-*ss*	la llegada
2843	**celebration**-*ss*	la celebración
2844	**entry**-*ss*	la entrada| la participación
2845	**boarding**-*ss*	el embarque
2846	**puppy**-*ss*	el perrito
2847	**airplane**-*ss*	el avión
2848	**discipline**-*ss; vb*	la disciplina; disciplinar
2849	**possession**-*ss*	la posesión
2850	**tin**-*ss; adj; vb*	el estaño| la lata; de estaño; estañar
2851	**wail**-*ss; vb*	el gemido| la queja; llorar
2853	**necklace**-*ss*	el collar
2854	**warden**-*ss*	el guardián
2855	**butcher**-*ss; vb*	el carnicero; matar
2856	**fuss**-*ss; vb*	el escándalo| los aspavientos; preocuparse
2857	**stiff**-*adj; ss*	rígido| fuerte; el fiambre
2858	**countess**-*ss*	la condesa

2859	**management**-*ss*	la administración| el manejo	
2860	**European**-*adj; ss*	europeo; el europeo	
2863	**cart**-*ss; vb*	el carro| la carreta; acarrear	
2864	**rehearsal**-*ss*	el ensayo	
2865	**protest**-*ss; vb*	la protesta| la declaración de averías; protestar	
2866	**retreat**-*ss; vb*	el retiro; retirarse	
2867	**surveillance**-*ss*	la vigilancia	
2868	**scotch**-*ss*	whisky	
2870	**pistol**-*ss*	la pistola	
2871	**cookie**-*ss*	la galleta	
2872	**flip**-*ss; adj; vb*	el capirotazo; poco serio; echar de un capirotazo	
2874	**bucket**-*ss; vb*	el cangilón; apresurarse	
2876	**booze**-*ss; vb*	la bebida alcohólica; beber	
2877	**inn**-*ss*	la posada| el mesón	
2878	**math**-*ss*	los mates	
2880	**ton**-*ss*	la tonelada	
2885	**crawl**-*vb; ss*	arrastrarse; el crawl	
2886	**chant**-*vb; ss*	cantar; el canto	
2887	**Israel**-*ss*	el Israel	
2889	**gravity**-*ss*	la gravedad| la solemnidad	
2890	**leather**-*ss; vb*	el cuero| la gamuza; hacer de cuero	
2891	**basket**-*ss*	la cesta	
2892	**rank**-*ss; vb; adj*	el rango| la fila; clasificar; maloliente	
2893	**embassy**-*ss*	la embajada	
2894	**branch**-*ss; vb*	la rama; ramificarse	
2896	**instant**-*ss; adj*	el instante| el poco tiempo; inmediato	
2897	**penalty**-*ss*	la pena	
2898	**weakness**-*ss*	la debilidad	
2899	**gum**-*ss; vb*	la goma| el chicle; engomar	
2901	**ancestor**-*ss*	el antepasado	
2902	**personnel**-*ss*	el personal	
2903	**barrel**-*ss; vb*	el barril; correr mucho	
2904	**drum**-*ss; vb*	el tambor; teclear	
2905	**sheet**-*ss; vb*	la hoja| la lámina; cubrir	
2906	**philosophy**-*ss*	la filosofía	
2907	**needle**-*ss; vb*	la aguja| la acícula; fastidiar	
2908	**darn**-*adj; ss; vb*	maldito; el maldito; zurcir	
2910	**muscle**-*ss*	el músculo	
2911	**rage**-*ss; vb*	la rabia; rabiar	
2912	**raid**-*ss; vb*	la incursión| la redada; atacar	
2913	**daylight**-*ss*	la luz	
2914	**leak**-*ss; vb*	la fuga| la pérdida; filtrarse	
2915	**blank**-*ss; adj; vb*	el blanco| el impreso; en blanco; tachar	
2917	**flame**-*ss; vb*	la llama; flamear	
2919	**feast**-*ss; vb*	la fiesta; festejar	
2921	**unfair**-*adj; ss*	desleal; el juego sucio	
2922	**testimony**-*ss*	el testimonio	
2924	**sticking**-*ss*	la pega	
2925	**chap**-*ss; vb*	el tío; agrietarse	
2927	**tense**-*adj; ss; vb*	tenso| rígido; el tiempo; tensar	
2928	**neat**-*adj; ss*	ordenado| puro; el buey	
2932	**impact**-*ss; vb*	el impacto; afectar	
2933	**ideal**-*adj; ss*	ideal| perfecto; el ideal	
2934	**grandson**-*ss*	el nieto	
2935	**diary**-*ss*	el diario	
2936	**importance**-*ss*	la importancia	
2937	**steam**-*ss; adj; vb*	el vapor; de vapor; cocer al vapor	
2938	**register**-*ss; vb*	el registro| la matrícula; registrar	
2940	**text**-*ss*	el texto| el tema	
2941	**buffalo**-*ss; vb*	el búfalo; engañar	
2942	**rumor**-*ss; vb*	el rumor; rumorearse	
2944	**congress**-*ss*	el congreso	
2945	**deposit**-*vb; ss*	depositar| sedimentar; el depósito	
2947	**bait**-*ss; vb*	el cebo; hostigar	
2948	**fist**-*ss; vb*	el puño; puñar	
2949	**carpet**-*ss; vb*	la alfombra; alfombrar	
2952	**carriage**-*ss*	el carro| el transporte	
2953	**burst**-*ss; vb*	la ráfaga| la explosión; estallar	
2954	**dessert**-*ss*	el postre	
2955	**fame**-*ss*	la fama	
2956	**lean**-*vb; adj; ss*	apoyarse; magro; la carne magra	
2957	**awkward**-*adj; ss*	torpe| incómodo; el ñango	
2958	**review**-*ss; vb*	la crítica| la revisión; reseñar	

2959	**bureau**-*ss*	la oficina| la mesa
2960	**proposal**-*ss*	la propuesta| la oferta
2961	**photographer**-*ss*	el fotógrafo
2963	**jewel**-*ss; vb*	la joya; enjoyar
2964	**railroad**-*ss; vb*	el ferrocarril; construir el ferrocarril
2965	**dime**-*ss*	la moneda de diez centavos
2967	**foundation**-*ss*	la fundación| la base
2968	**scandal**-*ss*	el escándalo
2969	**raw**-*adj; ss; vb*	crudo; las carne viva; despellejar
2970	**lick**-*vb; ss*	lamer; la lamedura
2971	**internal**-*adj; ss*	interno; el interno
2974	**donkey**-*ss*	el burro| el borrico
2975	**confident**-*ss; adj*	el confidente; seguro
2976	**disgrace**-*ss; vb*	la desgracia| la vergüenza; deshonrar
2977	**eternity**-*ss*	la eternidad
2978	**combination**-*ss*	la combinación
2979	**method**-*ss*	el método
2980	**bump**-*ss; vb*	el bache; golpear
2981	**worm**-*ss; vb*	el gusano; arrastrarse
2982	**silk**-*ss; adj; vb*	la seda; de seda; madurar
2984	**rod**-*ss*	la barra
2985	**concept**-*ss*	el concepto
2986	**conspiracy**-*ss*	la conspiración
2988	**alpha**-*ss*	la alfa
2989	**spiritual**-*adj; ss*	espiritual; el espiritual negro
2990	**comedy**-*ss*	la comedia
2991	**telegram**-*ss*	el telegrama
2992	**dong**-*ss*	la polla
2993	**constant**-*adj; ss*	constante; la constante
2995	**structure**-*ss; vb*	la estructura| la fábrica; estructurar
2996	**tattoo**-*ss; vb*	el tatuaje; tatuar
2997	**sample**-*ss; vb*	la muestra| el espécimen; probar
2998	**gin**-*ss; vb*	la ginebra; trampear
2999	**column**-*ss*	la columna
3000	**suite**-*ss*	los suite
3001	**skirt**-*ss; vb*	la falda; bordear
3002	**surgeon**-*ss*	el cirujano
3003	**bingo**-*ss*	el bingo
3004	**privacy**-*ss*	la intimidad
3005	**fraud**-*ss*	el fraude| la estafa
3006	**chemical**-*adj; ss*	químico; la sustancia química
3007	**relation**-*ss*	la relación| pariente
3008	**communication**-*ss*	la comunicación
3009	**ladder**-*ss; vb*	la escalera| la escala; hacer una carrera en
3010	**booth**-*ss*	la cabina
3011	**ding**-*ss; vb*	el timbre; campanear
3012	**economy**-*ss*	la economía
3013	**plague**-*ss; vb*	la plaga| el fastidio; plagar
3014	**phase**-*ss; vb*	la fase; escalonar
3015	**sunset**-*ss*	la puesta del sol
3016	**mason**-*ss*	el masón
3017	**float**-*ss; vb*	el flotador; flotar
3018	**toss**-*ss; vb*	la sacudida| la tirada; lanzar
3019	**fridge**-*ss*	la nevera
3021	**stab**-*ss; vb*	la puñalada; apuñalar
3023	**fagot**-*ss; vb*	el maricón; gritar
3024	**brick**-*ss; vb*	el ladrillo; enladrillar
3025	**region**-*ss*	la región| la comarca
3026	**independent**-*adj; ss*	independiente; independiente
3027	**content**-*ss; adj; vb*	el contenido| las cabida; contento; contentar
3029	**democracy**-*ss*	la democracia
3030	**profile**-*ss; vb*	el perfil| el retrato; perfilar
3031	**gal**-*ss*	la chica| la criada
3032	**reverse**-*adj; ss; vb*	inverso; el reverso; revocar
3034	**porn**-*ss*	la pornografía
3035	**picnic**-*ss; vb*	el picnic; merendar
3038	**eastern**-*adj; ss*	oriental; el oriental
3040	**clerk**-*ss; vb*	el empleado; trabajar como dependiente
3041	**mall**-*ss*	el centro comercial| la alameda
3042	**permanent**-*adj; ss*	permanente| definitivo; la permanente
3044	**psycho**-*ss*	psicópata
3046	**mere**-*adj; ss*	mero| solo; el lago
3047	**scar**-*ss; vb*	la cicatriz; cicatrizar
3048	**embrace**-*ss; vb*	el abrazo; abrazar
3051	**passage**-*ss*	el paso| la aprobación
3052	**sweep**-*vb; ss*	barrer; la extensión

3054	**root**-*ss; adj; vb*	la raíz; fundamental; arraigarse
3055	**budget**-*ss; vb*	el presupuesto; presupuestar
3056	**promotion**-*ss*	la promoción
3057	**cigar**-*ss*	el cigarro| el tabaco
3058	**whale**-*ss*	la ballena
3059	**aircraft**-*ss; adj*	la aeronave; de aviación
3060	**height**-*ss*	la altura| la estatura
3062	**log**-*ss; vb*	la log| el tronco; anotar
3063	**orchestra**-*ss*	la orquesta
3064	**drawer**-*ss*	el cajón
3065	**creep**-*vb; ss*	arrastrarse; el pelotillero
3066	**spite**-*ss; vb*	el despecho; mortificar
3067	**rot**-*ss; vb*	la putrefacción| la decadencia; pudrirse
3069	**lecture**-*ss; vb*	la conferencia| el sermón; dar una conferencia
3070	**boxing**-*ss; adj*	el boxeo| el embalaje; boxístico
3071	**harbor**-*ss; vb*	el puerto| el albergue; albergar
3073	**complaint**-*ss*	la queja| la denuncia
3074	**counsel**-*ss; vb*	el consejo| el abogado; aconsejar
3076	**tomb**-*ss*	la tumba
3077	**painter**-*ss*	el pintor
3078	**repair**-*vb; ss*	reparar| refaccionar; la reparación
3079	**fund**-*ss; vb*	el fondo| la base; financiar
3082	**collar**-*ss; vb*	el collar; pisar
3083	**lemon**-*ss; adj*	el limón| el limonero; de limón
3085	**villa**-*ss*	la villa
3086	**affect**-*vb; ss*	afectar| influir; el sentimiento
3088	**brake**-*ss; vb*	el freno; frenar
3090	**strategy**-*ss*	la estrategia
3092	**purple**-*ss; adj; vb*	la púrpura; morado; purpurar
3093	**candle**-*ss*	la vela| el cirio
3094	**tube**-*ss*	el tubo| el metro
3095	**audition**-*ss; vb*	la audición; dar una audición
3096	**journalist**-*ss*	periodista
3097	**radar**-*ss; adj*	el radar; de radiolocalización
3098	**reserve**-*vb; ss*	reservar; la reserva
3099	**roar**-*ss; vb*	el rugido; rugir
3100	**error**-*ss*	el error| la falta
3101	**messenger**-*ss*	el mensajero
3103	**wander**-*vb; ss*	vagar| deambular; el paseo
3104	**technique**-*ss*	la técnica
3106	**civilization**-*ss*	la civilización
3107	**coal**-*ss; vb*	el carbón; tomar carbón
3108	**cease**-*vb; ss*	cesar| dejar de; el fin
3109	**assistance**-*ss*	la asistencia| el auxilio
3111	**dialogue**-*ss*	el diálogo
3112	**appetite**-*ss*	el apetito
3113	**mortal**-*adj; ss*	mortal; mortal
3114	**episode**-*ss*	el episodio| la parte
3115	**ministry**-*ss*	el ministerio
3116	**canon**-*ss*	el canon
3117	**tag**-*ss; vb*	la etiqueta; poner una etiqueta a
3118	**shield**-*ss; vb*	el escudo; proteger
3119	**function**-*ss; vb*	la función; funcionar
3120	**motive**-*adj; ss; vb*	motivo| motor; el motivo; motivar
3122	**worship**-*ss; vb*	la adoración; adorar
3123	**locker**-*ss*	el armario
3124	**medication**-*ss*	la medicación
3126	**gunfire**-*ss*	el tiroteo
3127	**abuse**-*ss; vb*	el abuso; abusar de
3128	**breeze**-*ss*	la brisa
3129	**Korean**-*adj; ss*	coreano; el coreano
3130	**heel**-*ss; vb*	el tacón; talonear
3131	**announcement**-*ss*	el anuncio| el aviso
3132	**subway**-*ss*	el metro
3133	**pigeon**-*ss*	la paloma
3134	**execution**-*ss*	la ejecución| la justicia
3135	**fee**-*ss; vb*	la cuota; pagar
3136	**dynamite**-*ss; vb*	la dinamita; dinamitar
3137	**homeless**-*adj; ss*	sin hogar; el los sin techo
3138	**description**-*ss*	la descripción| la calificación
3139	**minus**-*adj; adv; prp; ss*	menos; menos; menos; el signo menos
3140	**investment**-*ss*	la inversión| la colocación

3141	**deed**-*ss; vb*	la escritura	el hecho; transferir
3142	**creation**-*ss*	la creación
3143	**affection**-*ss*	el afecto
3144	**thumb**-*ss; vb*	el pulgar; manosear
3146	**graduate**-*adj; ss; vb*	graduado; el graduado; graduar
3147	**suggestion**-*ss*	la sugerencia
3148	**championship**-*ss*	el campeonato
3149	**massage**-*ss; vb*	el masaje; masajear
3150	**kidnapping**-*adj; ss*	secuestro; el secuestro
3151	**arrangement**-*ss*	la disposición	el arreglo
3153	**grip**-*ss; vb*	el apretón	la empuñadura; agarrar
3154	**curtain**-*ss; vb*	la cortina; proveer la cortina
3155	**privilege**-*ss; vb*	el privilegio	el honor; privilegiar
3157	**prom**-*ss*	el paseo marítimo
3158	**pepper**-*ss; vb*	la pimienta; salpicar
3159	**ballet**-*ss; adj*	el ballet; balletístico
3160	**slight**-*adj; ss; vb*	leve	pequeño; el desaire; desairar
3162	**plug**-*ss; vb*	el enchufe	el tapón; enchufar
3163	**elder**-*adj; ss*	mayor; el mayor
3165	**groom**-*ss; vb*	el novio	el caballerizo; cepillar
3166	**reply**-*ss; vb*	la respuesta; responder
3167	**principle**-*ss*	el principio
3168	**employee**-*ss*	el empleado	la empleada
3169	**fur**-*ss; vb*	la piel; cubrirse de sarro
3170	**whir**-*ss; vb*	el zumbido; batir
3171	**publicity**-*ss*	la publicidad
3172	**sequence**-*ss*	la secuencia	el orden
3174	**resource**-*ss*	el recurso
3175	**sixty**-*adj; ss*	sesenta; las sesenta
3176	**melody**-*ss*	la melodía
3177	**pillow**-*ss; vb*	la almohada; apoyar sobre la almohada
3180	**stream**-*ss; vb*	la corriente	el torrente; fluir
3183	**quote**-*vb; ss*	citar; la cita
3184	**bearing**-*ss; adj*	el cojinete	el soporte; que produce
3185	**facility**-*ss*	la facilidad
3186	**misunderstanding**-*ss*	el malentendido	el error
3188	**era**-*ss*	la era	el siglo
3189	**tub**-*ss; vb*	la tina	la bañera; tomar un baño
3191	**sector**-*ss*	el sector
3194	**chess**-*ss*	el ajedrez
3195	**dentist**-*ss*	dentista
3197	**seventh**-*adj; ss*	séptimo; el séptimo
3198	**nanny**-*ss*	la niñera
3199	**envelope**-*ss*	el sobre
3200	**dummy**-*ss; adj*	el maniquí; falso
3201	**belief**-*ss*	la creencia	la fe
3202	**wizard**-*ss*	el mago
3203	**lance**-*ss; vb*	la lanza; lancear
3204	**element**-*ss*	el elemento	la parte
3205	**psychiatrist**-*ss*	psiquiatra
3206	**bench**-*ss; vb*	el banco; exhibir
3207	**ceiling**-*ss*	el techo
3208	**warehouse**-*ss*	el almacén	la bodega
3209	**dial**-*vb; ss*	marcar; la esfera
3210	**practicing**-*ss; adj*	la práctica	el ejercicio; practicante
3214	**monitor**-*ss; vb*	el monitor; controlar
3215	**mill**-*ss; vb*	el molino; moler
3218	**acid**-*adj; ss*	ácido	mordaz; el ácido
3219	**lung**-*ss*	el pulmón
3220	**lunatic**-*adj; ss*	lunático; demente
3221	**conflict**-*ss; vb*	el conflicto; estar en conflicto
3223	**jewelry**-*ss*	la joyería
3225	**conclusion**-*ss*	la conclusión
3226	**instrument**-*ss; vb*	el instrumento; instrumentar
3227	**chorus**-*ss; vb*	el coro; cantar de coro
3228	**author**-*ss*	el autor
3231	**arrow**-*ss*	la flecha
3232	**skipper**-*ss; vb*	capitán; capitanear
3233	**helmet**-*ss*	el casco
3234	**random**-*ss; adj*	el azar; aleatorio
3235	**expense**-*ss*	los gastos	el coste
3236	**administration**-*ss*	la administración
3237	**deer**-*ss*	el ciervo
3240	**regard**-*vb; ss*	considerar	mirar; el respecto
3241	**tribe**-*ss*	la tribu
3244	**blond**-*adj; ss*	rubio; el rubio

3245	**broadcast**-*ss; vb*	la emisión; transmitir	
3246	**tide**-*ss; vb*	la marea; arrastrar con la marea	
3247	**butterfly**-*ss*	la mariposa	
3248	**gig**-*ss*	el concierto| el calesín	
3249	**assign**-*vb; ss*	asignar| ceder; el cesionario	
3252	**seed**-*ss; vb*	la semilla| la simiente; sembrar	
3254	**nap**-*ss; vb*	la siesta| el flojel; dormir la siesta	
3255	**hatch**-*ss; vb*	la escotilla| el portón; tramar	
3256	**alternative**-*ss; adj*	la alternativa; alternativo	
3257	**prosecutor**-*ss*	el fiscal| el acusador	
3258	**panties**-*ss*	las bragas	
3260	**sailing**-*ss*	la navegación| la vela	
3261	**gossip**-*ss; vb*	los chismes| el chismorreo; chismear	
3262	**cruise**-*ss; vb*	el crucero; navegar	
3263	**triple**-*adj; ss; vb*	triple; el triple; triplicar	
3264	**hawk**-*ss; vb*	el halcón; pregonar	
3265	**elect**-*ss; vb*	el electo| el elegido; elegir	
3266	**hockey**-*ss*	el hockey	
3267	**shepherd**-*ss; vb*	el pastor; cuidar de	
3270	**clothing**-*ss*	la ropa| los vestidos	
3271	**poverty**-*ss*	la pobreza| la escasez	
3273	**sympathy**-*ss*	la simpatía	
3275	**institute**-*ss; vb*	el instituto; instituir	
3277	**guardian**-*ss*	el guardián| el tutor	
3278	**maniac**-*adj; ss*	maníaco; el maníaco	
3279	**brat**-*ss*	mocoso	
3281	**bacon**-*ss*	el tocino	
3282	**galaxy**-*ss*	la galaxia	
3283	**depth**-*ss*	la profundidad	
3284	**tournament**-*ss*	el torneo	
3286	**bicycle**-*ss; vb*	la bicicleta; ir en bicicleta	
3288	**despair**-*ss; vb*	la desesperación; desesperar	
3289	**trailer**-*ss*	el tráiler| el avance	
3290	**ape**-*ss; vb*	el mono| el simio; imitar a	
3293	**pencil**-*ss; vb*	el lápiz; escribir con lápiz	
3294	**residence**-*ss*	la residencia| la permanencia	
3295	**fingerprint**-*ss*	la huella dactilar	
3296	**flood**-*vb; ss*	inundar; la inundación	
3298	**cargo**-*ss*	la carga	
3299	**beam**-*ss; vb*	el haz| la viga; emitir	
3300	**banana**-*ss*	el plátano	
3301	**vault**-*ss; vb*	la bóveda; saltar	
3302	**illusion**-*ss*	el espejismo	
3303	**cheek**-*ss*	la mejilla| el carrillo	
3304	**portrait**-*ss*	el retrato	
3307	**regiment**-*ss; vb*	el regimiento; reglamentar	
3308	**association**-*ss*	la asociación	
3310	**turtle**-*ss*	la tortuga	
3311	**ginger**-*ss; adj*	el jengibre; rojo	
3313	**fag**-*ss*	el maricón	
3314	**shotgun**-*ss*	la escopeta	
3315	**display**-*vb; ss*	mostrar| exhibir; la visualización	
3316	**coma**-*ss*	el coma	
3317	**corps**-*ss*	el cuerpo	
3318	**bloom**-*vb; ss*	florecer; la floración	
3320	**narrow**-*vb; adj; ss*	reducir; estrecho; el estrecho	
3321	**serial**-*adj; ss*	de serie; el serial	
3322	**heir**-*adj; ss*	heredero; el heredero	
3323	**fart**-*ss; vb*	el pedo; tirarse un pedo	
3324	**hooker**-*ss*	la puta| la prostituta	
3325	**gratitude**-*ss*	la gratitud	
3326	**volunteer**-*ss; vb*	el voluntario; ofrecerse	
3328	**revolutionary**-*adj; ss*	revolucionario; el revolucionario	
3329	**radiation**-*ss*	la radiación	
3330	**howl**-*ss; vb*	el aullido| el alarido; aullar	
3331	**gamble**-*vb; ss*	jugar| arriesgarse; el riesgo	
3332	**organ**-*ss*	el órgano	
3333	**gallery**-*ss*	la galería	
3339	**civilian**-*adj; ss*	civil; el civil	
3340	**income**-*ss; adj*	los ingresos; de rentas	
3341	**heroin**-*ss*	la heroína	
3342	**custom**-*ss*	la costumbre| la usanza	
3343	**gathering**-*ss*	la reunión| el acopio	
3345	**pirate**-*ss; vb*	pirata; piratear	
3346	**certificate**-*ss; vb*	el certificado; dar un certificado	
3348	**bass**-*adj; ss*	bajo; el bajo	

3349	**bandit**-*ss*	el bandido	
3351	**slice**-*ss; vb*	la rebanada| la rodaja; cortar	
3352	**pervert**-*ss; vb*	el pervertido; pervertir	
3353	**smack**-*ss; vb*	el golpe; oler	
3355	**motorcycle**-*ss*	la motocicleta	
3356	**roast**-*adj; ss; vb*	asado; el asado; asar	
3358	**Switzerland**-*ss*	la Suiza	
3359	**invasion**-*ss*	la invasión	
3361	**confusion**-*ss*	la confusión	
3362	**lobby**-*ss; vb*	el vestíbulo; presionar	
3363	**sickness**-*ss*	la enfermedad	
3364	**platform**-*ss*	la plataforma	
3366	**exception**-*ss*	la excepción	
3368	**formula**-*ss*	la fórmula	
3369	**liquid**-*adj; ss*	líquido; el líquido	
3370	**solo**-*ss*	el solo	
3371	**bounce**-*vb; ss*	rebotar; el bote	
3372	**bonus**-*ss*	la prima	
3373	**length**-*ss*	la longitud| la duración	
3374	**physics**-*ss*	la física	
3375	**paranoid**-*adj; ss*	paranoico; el paranoico	
3376	**bent**-*adj; ss*	doblado; la facilidad	
3377	**sweater**-*ss*	el suéter| la chompa	
3378	**designer**-*ss*	el diseñador	
3379	**instinct**-*ss*	el instinto	
3380	**chapel**-*ss*	la capilla	
3381	**analysis**-*ss*	el análisis	
3382	**cloth**-*ss*	el paño| el mantel	
3383	**umbrella**-*ss*	el paraguas	
3387	**dice**-*ss; vb*	los dados; jugar a los dados	
3388	**verdict**-*ss*	el veredicto| la sentencia	
3389	**yea**-*ss; part; adv*	el sí; sí; ciertamente	
3390	**destination**-*ss*	el destino	
3392	**cape**-*ss*	el cabo	
3393	**breed**-*ss; vb*	la raza| la casta; criar	
3394	**tango**-*ss*	el tango	
3395	**blackmail**-*ss; vb*	el chantaje; hacer chantaje	
3396	**herd**-*ss; vb*	la manada| el hato; guardar	
3397	**parole**-*ss; vb*	la libertad condicional; liberar condicionalmente	
3398	**web**-*ss*	el web| el Internet	
3399	**priority**-*ss*	la prioridad	
3400	**tobacco**-*ss; adj*	el tabaco; de tabaco	
3401	**curiosity**-*ss*	la curiosidad	
3402	**businessman**-*ss*	el hombre de negocios	
3403	**essential**-*adj; ss*	esencial| fundamental; el elemento necesario	
3404	**nun**-*ss*	la monja	
3405	**addition**-*ss*	la adición	
3407	**disguise**-*ss; vb*	la disfraz; disfrazar	
3408	**den**-*ss*	la guarida| el estudio	
3409	**ditch**-*ss; vb*	la zanja; abandonar	
3411	**cabinet**-*ss*	el gabinete| el armario	
3413	**convention**-*ss*	la convención	
3414	**missile**-*ss*	el misil	
3415	**pub**-*ss*	el pub	
3416	**noodle**-*ss*	la cabeza	
3418	**chew**-*vb; ss*	masticar; la masticación	
3419	**razor**-*ss; vb*	la navaja; rasurar	
3422	**sucking**-*ss; adj*	la succión; chupante	
3423	**maximum**-*adj; ss*	máximo; el máximo	
3424	**salesman**-*ss*	el vendedor| representante	
3425	**sausage**-*ss*	la salchicha	
3426	**valentine**-*ss*	el enamorado	
3427	**commitment**-*ss*	el compromiso	
3429	**comic**-*ss; adj*	el cómic; cómico	
3430	**slam**-*ss; vb*	el golpe; cerrar de golpe	
3431	**brass**-*ss*	el latón	
3432	**directions**-*ss*	las instrucciones	
3433	**aggressive**-*adj; ss*	agresivo; la ofensiva	
3434	**doom**-*vb; ss*	condenar| predestinar; la perdición	
3435	**minimum**-*adj; ss*	mínimo; el mínimo	
3436	**autumn**-*ss*	el otoño	
3437	**assassin**-*ss*	el asesino	
3438	**politician**-*ss*	el político	
3441	**swine**-*ss*	el cerdo	
3442	**application**-*ss*	la aplicación| la solicitud	
3443	**pace**-*ss; vb*	el paso; ir al paso	
3444	**preacher**-*ss*	el predicador| el pastor	
3445	**bloke**-*ss*	el tipo de	
3447	**tension**-*ss*	la tensión| la tirantez	
3449	**welfare**-*ss; adj*	el bienestar; de asistencia social	
3452	**scoundrel**-*ss*	sinvergüenza| el canalla	

3453	**survivor**-*ss*	sobreviviente
3454	**murmur**-*ss; vb*	el murmullo| el susurro; murmurar
3455	**vessel**-*ss*	el buque| el recipiente
3456	**drain**-*vb; ss*	drenar| escurrir; el desagüe
3457	**pond**-*ss*	el estanque
3458	**fiction**-*ss*	la ficción| la novelística
3459	**gangster**-*ss*	el gángster
3460	**butler**-*ss*	el mayordomo
3462	**bin**-*ss*	el compartimiento
3463	**shrink**-*ss; vb*	el encogimiento| psiquiatra; encoger
3465	**dam**-*ss; vb*	la presa| la represa; represar
3466	**alibi**-*ss; vb*	la coartada; presentar una coartada
3467	**cafe**-*ss*	la cafetería
3468	**harvest**-*ss; vb*	la cosecha| la recolección; cosechar comido
3469	**chow**-*ss*	
3470	**collapse**-*ss; vb*	el colapso; derrumbarse
3471	**imperial**-*adj; ss*	imperial; el imperio
3472	**spinning**-*ss; adj*	el hilado; de hilar
3473	**ambition**-*ss*	la ambición
3475	**corporation**-*ss*	la corporación
3476	**harmony**-*ss*	la armonía
3477	**rum**-*ss; adj*	el ron; raro
3479	**speaker**-*ss*	el altavoz
3480	**violin**-*ss*	el violín
3481	**absence**-*ss*	la ausencia
3484	**alliance**-*ss*	la alianza
3485	**companion**-*ss; vb*	el compañero| el ayudante; ser compañero
3486	**literature**-*ss*	la literatura
3487	**rebel**-*ss; vb*	rebelde; rebelarse
3488	**moonlight**-*ss; vb*	la luz de la luna; estar pluriempleado
3490	**march**-*ss; vb*	la marcha; marchar
3491	**Atlantic**-*adj; ss*	atlántico; el atlántico
3492	**menu**-*ss*	el menú| la lista de platos
3494	**pimp**-*ss; vb*	el chulo; alcahuetear
3495	**orphan**-*adj; ss; vb*	huérfano; el huérfano; dejar huérfano
3498	**luxury**-*ss*	el lujo
3500	**fare**-*ss; vb*	la tarifa| la comida; ir bien o mal a uno
3501	**rabbi**-*ss*	el rabino
3504	**candidate**-*ss*	el candidato| los examinado
3505	**prostitute**-*ss; vb*	la prostituta; prostituir
3508	**rascal**-*ss*	el bribón| el pillo
3509	**consciousness**-*ss*	el conocimiento
3510	**February**-*ss*	el febrero
3512	**photography**-*ss*	la fotografía
3514	**compliment**-*ss; vb*	el cumplido; añadir
3515	**cocaine**-*ss*	la cocaína
3516	**gesture**-*ss; vb*	el gesto| la muestra; hacer un ademán
3518	**institution**-*ss*	la institución
3519	**depression**-*ss*	la depresión
3520	**salute**-*ss; vb*	el saludo; saludar
3521	**reservation**-*ss*	la reserva| la reservación
3522	**salvation**-*ss*	la salvación
3523	**amateur**-*adj; ss*	aficionado; el aficionado
3524	**riot**-*ss; vb*	el motín; amotinarse
3526	**racket**-*ss; vb*	la raqueta| la estafa; hacer ruido
3528	**concrete**-*ss; adj*	el hormigón; concreto
3529	**theft**-*ss*	el robo
3530	**swamp**-*ss; vb*	el pantano| la marisma; inundar
3531	**Yankee**-*ss*	yanqui
3532	**vegetable**-*adj; ss*	vegetal; el vegetal
3533	**voyage**-*ss*	el viaje
3534	**saddle**-*ss; vb*	el sillín; ensillar
3535	**musician**-*ss*	el músico
3536	**lawn**-*ss*	el césped
3537	**ritual**-*adj; ss*	ritual| consagrado; el ritual
3540	**cleaner**-*ss*	el limpiador
3541	**ammunition**-*ss*	la munición
3543	**oven**-*ss*	el horno
3544	**hay**-*ss; vb*	el heno; tomar heno
3546	**waitress**-*ss*	la camarera
3548	**Arab**-*adj; ss*	árabe; árabe
3552	**chirp**-*ss; vb*	el chirrido; piar
3553	**grain**-*ss; vb*	el grano; cristalizar
3554	**injury**-*ss*	la lesión| el prejuicio
3555	**Swiss**-*adj; ss*	suizo; el suizo
3558	**bombing**-*ss*	el bombardeo
3559	**expedition**-*ss*	la expedición

3560	**stadium**-*ss*	el estadio
3561	**bachelor**-*ss*	el soltero
3563	**debate**-*ss; vb*	el debate; debatir
3564	**draft**-*ss; vb*	el borrador; preparar
3565	**savage**-*adj; ss; vb*	salvaje| feroz; el salvaje; embestir
3566	**Arabic**-*adj; ss*	árabe; árabe
3567	**ransom**-*ss; vb*	el rescate; rescatar
3571	**spill**-*vb; ss*	derramar; el vertido
3572	**wit**-*ss*	el ingenio| el saber
3573	**leaf**-*ss; vb*	la hoja; hojear
3574	**roommate**-*ss*	el compañero de cuarto
3576	**divide**-*vb; ss*	dividir| dividirse; la divisoria
3577	**dock**-*ss; vb*	el muelle| el dique; atracar
3579	**crow**-*ss; vb*	el cuervo; graznar
3580	**advertising**-*ss*	la publicidad
3581	**choir**-*ss; vb*	el coro; cantar a coro
3583	**suspicion**-*ss*	la sospecha
3584	**congressman**-*ss*	congresista
3585	**counselor**-*ss*	el consejero| el abogado
3586	**inspiration**-*ss*	la inspiración
3587	**paperwork**-*ss*	el papeleo
3588	**footage**-*ss*	la distancia en pies
3591	**tick**-*ss; vb*	la garrapata| el tictac; marcar
3592	**ski**-*ss; vb*	el esquí; esquiar
3595	**prey**-*ss; vb*	la presa; aprovecharse de
3597	**bugger**-*ss; vb*	el tío; sodomizar
3599	**scholarship**-*ss*	la beca
3601	**demonstration**-*ss*	la demostración| la manifestación
3602	**lottery**-*ss*	la lotería
3603	**honesty**-*ss*	la honestidad| la franqueza
3604	**jealousy**-*ss*	los celos
3605	**whine**-*ss; vb*	el gimoteo; gimotear
3606	**bubble**-*ss; vb*	la burbuja; burbujear
3607	**echo**-*ss; vb*	el eco| la repetición; repetir
3609	**kilometer**-*ss*	el kilómetro
3610	**balcony**-*ss*	el balcón
3613	**stove**-*ss*	la estufa
3614	**primary**-*adj; ss*	primario; el primario
3616	**dot**-*ss; vb*	el punto; puntear
3617	**mansion**-*ss*	el palacio
3618	**retirement**-*ss*	la jubilación
3619	**autograph**-*ss; vb*	el autógrafo; firmar
3620	**wax**-*ss; vb; adj*	la cera; encerar; encerado
3624	**scent**-*ss; vb*	el olor| el perfume; perfumar
3626	**scheme**-*ss; vb*	el esquema; proyectar
3629	**growth**-*ss*	el crecimiento| el desarrollo
3630	**platoon**-*ss*	el pelotón
3631	**laboratory**-*ss*	el laboratorio
3633	**wrist**-*ss*	la muñeca
3634	**pension**-*ss; vb*	la pensión| el retiro; pensionar
3635	**corridor**-*ss*	el corredor| el pasadizo
3636	**triumph**-*ss; vb*	el triunfo| la gloria; triunfar
3637	**sadness**-*ss*	la tristeza
3638	**automatic**-*adj; ss*	automático; la arma automática
3640	**asylum**-*ss*	el asilo
3641	**creek**-*ss*	la cala
3642	**majority**-*ss*	la mayoría
3644	**briefcase**-*ss*	el maletín
3645	**lipstick**-*ss*	el lápiz labial
3646	**household**-*ss; adj*	la casa| el menaje; doméstico
3648	**rattle**-*ss; vb*	el traqueteo; sonar
3649	**ash**-*ss*	la ceniza
3651	**concentration**-*ss*	la concentración
3652	**satisfaction**-*ss*	la satisfacción
3653	**snore**-*ss; vb*	el ronquido; roncar
3654	**mule**-*ss*	la mula
3655	**cocktail**-*ss*	el cóctel
3656	**fold**-*ss; vb*	el doblez| el pliegue; doblar
3657	**occupation**-*ss*	la ocupación
3658	**cavalry**-*ss*	la caballería
3660	**senate**-*ss*	el senado
3661	**thrill**-*ss; vb*	la emoción| la sensación; emocionar
3662	**haunt**-*ss; vb*	la guarida| el nidal; perseguir
3663	**cycle**-*ss; vb*	el ciclo; ir en bicicleta
3664	**volume**-*ss; adj*	el volumen| la cantidad; de volumen
3665	**spray**-*ss; vb*	la pulverización| el spray; rociar

3666	**invention**-*ss*	la invención| la inventiva
3667	**psychic**-*adj; ss*	psíquico; el médium
3670	**sole**-*adj; ss*	único| exclusivo; la suela
3672	**bully**-*ss; vb; adj*	el matón; tiranizar; formidable
3673	**Gypsy**-*adj; ss*	gitano; el gitano
3674	**feather**-*ss; vb*	la pluma; emplumar
3675	**slaughter**-*ss; vb*	el sacrificio| la matanza; matar
3676	**forehead**-*ss*	la frente
3677	**submarine**-*adj; ss*	submarino; el submarino
3678	**intimate**-*adj; vb; ss*	íntimo; intimar; el amigo íntimo
3679	**examination**-*ss*	el examen
3683	**deceased**-*adj; ss*	fallecido; el fallecido
3684	**phrase**-*ss; vb*	la frase| la expresión; expresar
3686	**keen**-*adj; ss; vb*	afilado; el lamento fúnebre; lamentar fúnebre
3688	**spoon**-*ss; vb*	la cuchara; cucharear
3690	**earthquake**-*ss*	el terremoto
3691	**disco**-*ss*	el disco
3692	**magician**-*ss*	el mago
3693	**opponent**-*ss; adj*	el adversario| el contrario; contrario
3695	**associate**-*vb; adj; ss*	asociar| unirse; asociado; el socio
3696	**clearing**-*ss*	el claro
3697	**cane**-*ss; vb*	la caña; azotar
3698	**tourist**-*adj; ss*	turístico; turista
3699	**virtue**-*ss*	la virtud
3700	**password**-*ss*	la contraseña
3702	**shooter**-*ss*	el tirador
3704	**reject**-*vb; ss*	rechazar| desestimar; la cosa rechazada
3705	**creak**-*vb; ss*	crujir; el crujido
3707	**proposition**-*ss; vb*	la proposición| el propósito; hacer proposiciones
3708	**enterprise**-*ss*	la empresa
3709	**tan**-*vb; ss; adj*	broncearse; el bronceado; color canela
3712	**cooperation**-*ss*	la cooperación
3715	**sofa**-*ss*	el sofá
3717	**prophet**-*ss*	el profeta
3718	**stir**-*vb; ss*	revolver| remover; la agitación
3719	**bartender**-*ss*	el barman
3721	**pine**-*ss; vb*	el pino; languidecer
3722	**joker**-*ss*	bromista
3723	**armor**-*ss; vb*	la armadura; blindar
3724	**mutter**-*vb; ss*	murmurar; el murmullo
3725	**balloon**-*ss; vb*	el globo; hincharse
3726	**momma**-*ss*	la mamá
3727	**vengeance**-*ss*	la venganza
3728	**fiancée**-*ss*	la novia
3729	**peanut**-*ss*	el maní
3730	**receipt**-*ss; vb*	la recepción| el comprobante; dar recibo por
3732	**abortion**-*ss*	el aborto provocado
3733	**immortal**-*adj; ss*	inmortal; el inmortal
3734	**mafia**-*ss*	la mafia
3735	**innocence**-*ss*	la inocencia
3736	**climate**-*ss*	el clima
3737	**capacity**-*ss*	la capacidad
3738	**multiple**-*adj; ss*	múltiple; el múltiplo
3739	**madman**-*ss*	el loco
3740	**perspective**-*ss; adj*	la perspectiva; perspectivo
3741	**objective**-*adj; ss*	objetivo; el objetivo
3743	**logic**-*ss; adj*	la lógica; lógico
3744	**consent**-*ss; vb*	el consentimiento; consentir
3745	**manual**-*adj; ss*	manual; el manual
3746	**ink**-*ss; vb*	la tinta; entintar
3747	**snack**-*ss*	el bocadillo
3748	**pledge**-*ss; vb*	el compromiso| la prenda; prometer
3749	**crook**-*ss; vb*	el ladrón; encorvarse
3750	**approval**-*ss*	la aprobación
3751	**laser**-*ss; adj*	el láser; lasérico
3752	**autopsy**-*ss; vb*	la autopsia; autopsiar
3753	**haircut**-*ss*	el corte de pelo
3754	**courtesy**-*ss*	la cortesía
3755	**regulation**-*ss; adj*	la regulación| el reglamento; de reglamento
3756	**hamlet**-*ss*	la aldea
3757	**evolution**-*ss*	la evolución
3759	**shade**-*ss; vb*	la sombra| el tono; sombrear

3760	**stamp**-*ss; vb*	el sello| la estampilla; sellar
3762	**orphanage**-*ss*	el orfanato
3763	**peasant**-*ss*	el campesino
3764	**rainbow**-*ss; adj*	los arco iris; multicolor
3767	**accountant**-*ss*	el contador
3768	**dolly**-*ss; vb*	la muñequita; ser muñequita
3769	**delta**-*ss*	las delta
3770	**orbit**-*ss*	la órbita
3772	**treason**-*ss*	la traición
3773	**fork**-*ss; vb*	el tenedor; bifurcarse
3775	**campus**-*ss*	el campus
3776	**rig**-*ss; vb*	el aparejo; aparejar
3777	**dodge**-*vb; ss*	esquivar| evadir; el regate
3778	**ally**-*ss; vb*	el aliado; aliarse
3781	**wig**-*ss*	la peluca
3783	**maker**-*ss*	fabricante
3784	**hobby**-*ss*	la afición
3785	**blare**-*ss; vb*	el estruendo; sonar
3786	**reference**-*ss; adj; vb*	la referencia; de referencia; poner referencias
3789	**squeal**-*ss; vb*	el chillido| el grito agudo; chillar
3792	**graduation**-*ss*	la graduación
3793	**screech**-*ss; vb*	el chillido; chirriar
3794	**nickel**-*ss; vb*	el níquel; niquelar
3795	**auto**-*ss*	el auto
3796	**notion**-*ss*	la noción
3797	**flush**-*vb; ss; adj; adv*	enjuagar; el rubor; a ras; a nivel
3798	**battalion**-*ss*	el batallón
3799	**straw**-*ss; adj*	la paja; de paja
3800	**foreigner**-*ss*	el extranjero
3801	**stunt**-*vb; ss*	atrofiar; la payasada
3802	**vein**-*ss*	la vena
3803	**pursuit**-*ss*	la búsqueda| la persecución
3804	**Turkish**-*adj; ss*	turco; el turco
3805	**translation**-*ss*	la traducción
3806	**maiden**-*ss; adj*	la doncella; virginal
3807	**preserve**-*vb; ss*	preservar| conservar; el coto
3808	**whack**-*vb; ss*	golpear| vapulear; el porrazo
3813	**owl**-*ss*	el búho
3814	**Swedish**-*adj; ss*	sueco; el sueco
3815	**homeland**-*ss*	la patria
3816	**rally**-*ss; vb*	la reunión; recuperarse
3818	**canyon**-*ss*	el cañón
3819	**AI**-*ss*	IA
3820	**shuttle**-*ss; vb*	la lanzadera; ir y venir
3821	**explosive**-*adj; ss*	explosivo; el explosivo
3822	**barber**-*ss*	el barbero
3824	**symptom**-*ss*	el síntoma
3825	**cottage**-*ss*	la cabaña
3826	**phony**-*adj; ss*	falso; farsante
3828	**jeep**-*ss*	el jeep
3829	**burger**-*ss*	la hamburguesa
3830	**haul**-*ss; vb*	el recorrido| el botín; arrastrar
3832	**myth**-*ss*	el mito
3833	**barrack**-*ss; vb*	la barraca; acuartelar
3834	**recovery**-*ss*	la recuperación
3835	**duel**-*ss; vb*	el duelo; batirse en duelo
3838	**seventy**-*adj; ss*	setenta; los setenta
3839	**transmission**-*ss*	la transmisión
3840	**spike**-*ss; vb*	la espiga; clavar
3841	**stall**-*ss; vb*	el puesto; pararse
3842	**rug**-*ss*	la manta
3843	**robe**-*ss; vb*	la túnica; vestir
3844	**departure**-*ss*	la salida| la partida
3848	**assembly**-*ss*	el montaje| la asamblea
3849	**Holland**-*ss*	las Holanda
3851	**fountain**-*ss*	la fuente
3852	**Asia**-*ss*	la Asia
3853	**ego**-*ss*	el ego
3854	**tissue**-*ss*	el tejido
3855	**tramp**-*ss; vb*	el vagabundo| la fulana; recorrer
3856	**independence**-*ss*	la independencia
3857	**ranger**-*ss*	el guardabosque
3858	**sherry**-*ss*	el jerez
3859	**scissor**-*vb; ss*	cortar con tijeras; la tijera
3861	**karate**-*ss*	el kárate
3862	**compassion**-*ss; vb*	la compasión; tener piedad de
3863	**choke**-*ss; vb*	el ahogo; ahogar
3864	**convict**-*vb; ss*	condenar; el convicto
3865	**vow**-*ss; vb*	el voto| la promesa; prometer

3866	cue-*ss*	la señal	
3869	landlord-*ss*	el propietario| el casero	
3872	camel-*ss*	el camello	
3874	offensive-*ss; adj*	la ofensiva; ofensivo	
3875	prior-*adj; ss*	anterior; el prior	
3877	countryside-*ss*	el campo	
3882	anchor-*ss; vb*	la ancla| la áncora; anclar	
3883	zip-*ss; vb*	la cremallera| el cierre; cerrar	
3884	morgue-*ss*	los morgue	
3885	quarrel-*ss; vb*	la pelea| la camorra; pelear	
3886	pose-*ss; vb*	la pose| la actitud; plantear	
3887	difficulty-*ss*	la dificultad| el aprieto	
3889	domestic-*adj; ss*	nacional; el doméstico	
3890	carbon-*ss; adj*	el carbón; carbono	
3891	pony-*ss*	el poni	
3892	specialist-*ss; adj*	especialista; especializado	
3894	altar-*ss*	el altar	
3895	observation-*ss*	la observación| la indicación	
3898	thud-*ss; vb*	el ruido sordo; caer con ruido sordo	
3902	circuit-*ss; vb*	el circuito; rodear	
3903	fiancé-*ss*	el novio	
3904	infection-*ss*	la infección	
3907	jar-*ss; vb*	el tarro| el frasco; mover	
3910	chopper-*ss*	el helicóptero	
3911	violet-*adj; ss*	violeta; la violeta	
3912	butch-*adj; ss*	marimacho; los marimacho	
3913	copper-*ss; adj; vb*	el cobre; de cobre; realizar caldera	
3915	scan-*vb; ss*	escanear; la tomografía	
3919	journal-*ss*	la revista| el diario	
3920	architect-*ss*	el arquitecto	
3921	dip-*ss; vb*	la inmersión| el baño; mojar	
3922	ant-*ss*	la hormiga	
3923	hint-*vb; ss*	insinuar| dar un indicio; las indirecta	
3925	thanksgiving-*ss*	las acción de gracias	
3926	ankle-*ss*	el tobillo	
3927	spaghetti-*ss*	los espaguetis	
3929	marijuana-*ss*	la marijuana	
3930	encounter-*ss; vb*	el encuentro| el tropezado; encontrar	
3931	stew-*ss; vb*	el guiso; guisar	
3932	urge-*ss; vb*	el impulso| la ansia; instar	
3934	ping-*ss; vb*	el silbido; picar	
3935	identification-*ss*	la identificación	
3936	attic-*adj; ss*	ático; el ático	
3937	jaw-*ss; vb*	la mandíbula| la mordaza; charlar	
3938	boil-*vb; ss*	hervir; el hervor	
3939	porch-*ss*	el porche	
3940	anxiety-*ss*	la ansiedad| la ansia	
3941	exhibition-*ss*	la exposición	
3944	storage-*ss*	el almacenamiento	
3949	origin-*ss*	el origen	
3953	convent-*ss*	el convento	
3954	pastor-*ss*	el pastor	
3955	massacre-*ss; vb*	la masacre; masacrar	
3957	sperm-*ss*	el esperma	
3958	tease-*vb; ss*	molestar| embromar; el embromador	
3960	dagger-*ss; vb*	la daga; odiarse a muerte	
3962	stereo-*ss*	el estéreo	
3963	sniff-*vb; ss*	oler| esnifar; la inhalación	
3964	rack-*ss; vb*	el estante; atormentar	
3965	gown-*ss; vb*	el vestido| la toga; ponerse	
3969	leap-*ss; vb*	el salto; saltar	
3973	sting-*ss; vb*	la picadura| el aguijón; picar	
3975	Portuguese-*adj; ss*	portugués; el portugués	
3976	railway-*ss*	el ferrocarril	
3977	hallway-*ss*	el vestíbulo	
3978	lordship-*ss*	el señorío| el señor	
3979	clumsy-*adj; ss*	torpe| desmañado; el ñango	
3980	villain-*ss*	el villano	
3981	wage-*ss; vb; adj*	el salario; librar; salarial	
3982	squadron-*ss*	el escuadrón	
3983	mortgage-*ss; vb*	la hipoteca; hipotecar	
3984	cord-*ss; vb*	el cable| el cordón; hacer una cuerda	
3986	diving-*ss*	el buceo	
3987	obsession-*ss*	la obsesión	
3988	Sweden-*ss*	las Suecia	

3990	**lust**-*ss; vb*	la lujuria; codiciar
3991	**bollocks**-*ss*	los cojones
3992	**puzzle**-*ss; vb*	el rompecabezas| la puzzle; desconcertar
3994	**ferry**-*vb; ss*	transportar; el transbordador
3995	**puke**-*ss; vb*	el vómito; vomitar a uno
3996	**bolt**-*ss; vb*	el tornillo| el cerrojo; empernar
3997	**bra**-*ss*	el sostén
3998	**label**-*ss; vb*	la etiqueta| el rótulo; etiquetar
4000	**godfather**-*ss; vb*	el padrino; apadrinar
4001	**foreman**-*ss*	el capataz
4002	**handkerchief**-*ss*	el pañuelo
4003	**tomato**-*ss*	el tomate
4004	**shorty**-*ss*	el retaco
4005	**inspection**-*ss*	la inspección
4006	**colony**-*ss*	la colonia
4008	**bowling**-*ss*	los bolos
4011	**filth**-*ss*	la inmundicia
4012	**tuck**-*ss; vb*	el pliegue; comer
4013	**ghetto**-*ss*	el ghetto
4015	**torch**-*ss*	la antorcha
4017	**engineering**-*ss*	la ingeniería
4018	**bounty**-*ss*	la generosidad
4019	**parliament**-*ss*	el parlamento
4020	**trumpet**-*ss; vb; adj*	la trompeta; pregonar; trompetazo
4021	**Negro**-*adj; ss*	negro; el negro
4022	**compromise**-*ss; vb*	el compromiso; comprometer
4023	**chemistry**-*ss*	la química
4025	**puppet**-*ss; adj*	la marioneta; fantoche
4028	**Egyptian**-*adj; ss*	egipcio; el egipcio
4029	**mole**-*ss; vb*	el topo; cavar
4031	**resort**-*ss*	el recurso
4033	**waltz**-*ss*	el vals
4034	**corruption**-*ss*	la corrupción
4036	**strain**-*ss; vb*	la tensión; colar
4037	**consideration**-*ss*	la consideración
4039	**aspirin**-*ss*	la aspirina
4040	**fascist**-*adj; ss*	fascista; fascista
4041	**perimeter**-*ss*	el perímetro
4043	**recipe**-*ss*	la receta
4044	**iris**-*ss*	el iris
4045	**rooster**-*ss*	el gallo
4046	**breakdown**-*ss*	el desglose
4048	**glue**-*ss; vb*	el pegamento; pegar
4049	**villager**-*ss*	el aldeano
4050	**annual**-*adj; ss*	anual; el anuario
4051	**jelly**-*ss; vb*	la gelatina; gelatinar
4052	**hunch**-*ss; vb*	la corazonada| el pálpito; encorvar
4053	**loneliness**-*ss*	la soledad
4055	**mug**-*ss*	la jarra
4056	**amaze**-*ss; vb*	el asombro; asombrar
4057	**intellectual**-*adj; ss*	intelectual; el sabio
4058	**ridge**-*ss*	la cresta
4060	**sissy**-*ss*	el marica
4062	**nickname**-*ss; vb*	el apodo; apodar
4064	**baggage**-*ss*	el equipaje| el bagaje
4067	**thread**-*ss; vb*	el hilo| la rosca; enhebrar
4068	**missy**-*ss*	la señorita
4069	**alcoholic**-*adj; ss*	alcohólico| alcoholizado; el alcohólico
4071	**salmon**-*ss; adj*	el salmón; color salmón
4072	**wardrobe**-*ss*	el armario
4073	**boxer**-*ss*	el bóxer| el boxeador
4074	**patty**-*ss*	la empanada
4075	**pudding**-*ss*	el pudín
4076	**buzzer**-*ss*	el zumbador
4077	**mechanic**-*adj; ss*	mecánico; el mecánico
4078	**hike**-*ss; vb*	la caminata; ir de excursión
4081	**scarf**-*ss; vb*	la bufanda; empalmar
4082	**globe**-*ss*	el globo
4083	**supervisor**-*ss*	el supervisor
4086	**swan**-*ss*	el cisne
4087	**conductor**-*ss*	el conductor
4089	**reflection**-*ss*	la reflexión| el reflejo
4092	**constitution**-*ss*	la constitución
4094	**squeak**-*ss; vb*	el chirrido| el crujido; chirriar
4097	**comb**-*ss; vb*	el peine| la peineta; peinar
4098	**eighth**-*adj; ss*	octavo| octavo; la parte octava
4099	**hiss**-*ss; vb*	el silbido; silbar
4100	**breach**-*ss; vb*	el incumplimiento| la violación; violar
4101	**delight**-*ss; vb*	el deleite| la delicia; deleitar

4102	**canal**-*ss; vb*	el canal; bajar el canal
4103	**dispatch**-*ss; vb*	el envío| el despacho; enviar
4104	**representative**-*ss; adj*	representante; representativo
4106	**runner**-*ss*	el corredor
4110	**wheat**-*ss*	el trigo
4111	**peach**-*ss; adj; vb*	el melocotón; de color melocotón; chivarse
4112	**shrimp**-*ss; vb*	el camarón; pescar camarones
4113	**rib**-*ss; vb*	la costilla; tomar el pelo
4115	**essence**-*ss*	la esencia
4116	**handful**-*ss*	el puñado
4117	**millionaire**-*ss*	el millonario
4121	**fuse**-*ss; vb*	el fusible; fusionar
4122	**banker**-*ss*	el banquero
4123	**quest**-*ss; vb*	la búsqueda; buscar
4124	**spark**-*ss; vb*	la chispa; chispear
4125	**bodyguard**-*ss*	los guardaespaldas
4126	**ox**-*ss*	el buey
4127	**bracelet**-*ss*	la pulsera
4128	**warmth**-*ss*	el calor
4129	**screenplay**-*ss*	el guión
4130	**clatter**-*ss; vb*	el estrépito; traquetear
4131	**sunlight**-*ss*	la luz del sol
4132	**shelf**-*ss*	el estante
4133	**peak**-*ss; vb*	el pico; llegar al máximo
4134	**shaft**-*ss*	el eje
4135	**rupee**-*ss*	la rupia
4136	**rash**-*ss; adj*	la erupción| el salpullido; temerario
4137	**carnival**-*ss*	el carnaval
4138	**empress**-*ss*	la emperatriz
4139	**glow**-*ss; vb*	el brillo| la incandescencia; brillar
4140	**phantom**-*adj; ss*	fantasma; el fantasma
4141	**crab**-*ss*	el cangrejo
4143	**sip**-*ss; vb*	el sorbo; sorber
4144	**beggar**-*ss; vb*	el mendigo; arruinar
4145	**fortress**-*ss*	la fortaleza
4146	**artillery**-*ss*	la artillería
4147	**cope**-*ss; vb*	la capa pluvial; hacer frente a
4148	**pinch**-*ss; vb*	el pellizco| la pizca; pellizcar
4149	**pumpkin**-*ss*	la calabaza
4150	**clip**-*vb; ss*	acortar| recortar; la presilla
4151	**vagina**-*ss*	la vagina
4152	**pad**-*ss; vb*	la almohadilla; acolchar
4153	**ninth**-*adj; ss*	noveno; el noveno
4154	**duchess**-*ss*	la duquesa
4155	**Canadian**-*adj; ss*	canadiense; canadiense
4157	**variety**-*ss*	la variedad| la diversidad
4158	**casualty**-*ss*	la víctima| el accidente
4159	**pentagon**-*ss*	el pentágono
4161	**acquaintance**-*ss*	el conocido
4162	**transportation**-*ss*	el transporte
4163	**courtroom**-*ss*	la sala de justicia
4164	**cricket**-*ss; vb*	el cricket; jugar al criquet
4165	**interior**-*adj; ss*	interior; el interior
4166	**lodge**-*vb; ss*	presentar| alojar; la logia
4167	**frequency**-*ss*	la frecuencia
4168	**celebrity**-*ss*	la celebridad
4169	**maintenance**-*ss*	el mantenimiento
4170	**terrorism**-*ss*	el terrorismo
4171	**hack**-*vb; ss; adj*	cortar| piratear; el corte; mercenario
4172	**backyard**-*ss*	el patio interior
4173	**yacht**-*ss; vb*	el yate| el velero; navegar en yate
4174	**greed**-*ss*	la codicia
4175	**feature**-*ss; vb*	la característica| la prestación; ofrecer
4176	**hen**-*ss; adj*	la gallina; de mujeres
4177	**disorder**-*ss; vb*	el trastorno| el desorden; desordenar
4178	**robber**-*ss*	el ladrón
4179	**disposal**-*ss*	la disposición| la enajenación
4180	**sunrise**-*ss*	la salida del sol
4181	**merchant**-*ss; adj*	comerciante; mercante
4182	**yuan**-*ss*	el yuan
4183	**auction**-*ss; vb*	subasta; subastar
4184	**attraction**-*ss*	la atracción
4185	**rider**-*ss*	el jinete| motociclista
4186	**generator**-*ss*	el generador
4187	**finance**-*vb; ss*	financiar; las finanzas
4188	**mamma**-*ss*	la mamá
4189	**starboard**-*ss; adj*	el estribor; de estribor

4190	coordinate-*vb; ss; adj*	coordinar; la coordenada; coordinado
4191	stern-*ss; adj*	la popa| el culo; severo
4192	agenda-*ss*	la orden del día
4193	resume-*vb; ss*	reanudar; el currículum
4194	infinite-*adj; ss*	infinito; el infinito
4197	distress-*ss; vb*	la angustia| el peligro; angustiar
4198	primitive-*adj; ss*	primitivo; el primitivo
4199	drift-*ss; vb*	la deriva| la corriente; ir a la deriva
4200	misfortune-*ss*	la desgracia| el infortunio
4201	thirst-*ss*	la sed
4203	temptation-*ss*	la tentación
4204	leadership-*ss*	el liderazgo| el liderato
4207	waist-*ss*	la cintura
4209	grasp-*vb; ss*	agarrar| comprender; la comprensión
4210	bedtime-*ss*	la hora de acostarse
4212	perfection-*ss*	la perfección
4214	calendar-*ss; vb*	el calendario; inventariar
4216	cardinal-*ss; adj*	el cardenal; cardinal
4217	therapist-*ss*	la terapeuta
4218	guidance-*ss*	la dirección
4219	onion-*ss; vb*	la cebolla; condimentar con cebolla
4220	barbecue-*ss; vb*	la barbacoa; asar
4221	whereabouts-*ss*	el paradero
4222	sultan-*ss*	el sultán
4224	bake-*ss; vb*	la cocción; endurecer
4225	superintendent-*ss*	superintendente
4226	horizon-*ss*	el horizonte
4227	shack-*ss*	la choza
4228	gaze-*ss; vb*	la mirada; mirar con fijeza
4229	guinea-*ss*	la guinea
4230	sensation-*ss*	la sensación
4233	chart-*ss; vb*	la tabla| el gráfico; trazar un mapa
4235	constable-*ss*	el alguacil
4236	sufficient-*adj; ss*	suficiente; la cantidad suficiente
4238	mustache-*ss*	el bigote
4240	lyric-*ss; adj*	la lírica; lírico
4241	insanity-*ss*	la locura| la demencia
4242	memorial-*ss; adj*	el memorial; conmemorativo
4243	province-*ss*	la provincia| la jurisdicción
4244	fax-*ss; vb*	el fax; faxear
4247	vacuum-*ss; vb*	el vacío; pasar la aspiradora
4248	prosecution-*ss*	el enjuiciamiento
4250	bribe-*ss; vb*	el soborno; sobornar
4252	plea-*ss*	la súplica| el alegato
4253	flint-*ss*	el pedernal
4254	frost-*ss; vb*	la helada; escarchar
4255	strawberry-*ss*	la fresa
4256	clap-*vb; ss*	aplaudir; la palmada
4257	compartment-*ss*	el compartimiento| la sección
4258	trauma-*ss*	el trauma
4261	parrot-*ss; vb*	el loro; repetir como un loro
4262	grenade-*ss*	la granada
4264	ax-*ss; vb*	las hacha; cortar
4265	heartbeat-*ss*	el latido del corazón
4266	boob-*ss*	la teta
4267	discount-*ss; vb*	el descuento| la rebaja; descontar
4268	terminal-*adj; ss*	terminal| trimestral; el terminal
4270	herb-*ss*	la hierba
4272	crop-*ss; vb*	el cultivo| la cosecha; cortar
4273	flu-*ss*	la gripe
4274	garlic-*ss*	el ajo
4275	kin-*ss; adj*	el parentesco; de parientes
4276	veil-*ss; vb*	el velo; velar
4277	purchase-*ss; vb*	la compra| el agarre; comprar
4278	wheelchair-*ss*	la silla de ruedas
4280	setup-*ss*	la disposición| el tinglado
4281	kilo-*ss*	el kilo
4283	integrity-*ss*	la integridad
4285	initial-*adj; ss*	inicial; el inicial
4287	reform-*ss; vb*	la reforma; reformar
4289	junkie-*ss*	el drogadicto
4290	brigade-*ss; vb*	la brigada; formar una brigada con
4291	presentation-*ss*	la presentación| la entrega

4293	**agony**-*ss*	la agonía| el dolor	
4294	**overtime**-*ss; adj*	la horas extras; fuera de hora	
4295	**stack**-*vb; ss*	apilar; el montón	
4296	**cripple**-*ss; vb*	el lisiado; lisiar	
4297	**oak**-*ss; adj*	el roble; de roble	
4298	**stain**-*vb; ss*	manchar| mancharse; la mancha	
4299	**continent**-*adj; ss*	continente; el continente	
4302	**reunion**-*ss*	la reunión	
4303	**pier**-*ss*	el muelle	
4306	**formation**-*ss*	la formación	
4308	**comet**-*ss*	el cometa	
4311	**souvenir**-*ss*	el recuerdo	
4312	**radical**-*adj; ss*	radical; el radical	
4313	**piggy**-*ss*	el cerdito	
4314	**roller**-*ss*	el rodillo	
4315	**documentary**-*adj; ss*	documental; el documental	
4316	**granddaughter**-*ss*	la nieta	
4317	**refuge**-*ss; vb*	el refugio; albergar	
4318	**employment**-*ss*	el empleo	
4319	**rag**-*ss; vb*	el trapo; dar guerra a	
4321	**prescription**-*ss*	la prescripción	
4323	**maestro**-*ss*	el maestro	
4324	**registration**-*ss*	el registro| la matriculación	
4327	**hospitality**-*ss*	la hospitalidad	
4328	**peel**-*vb; ss*	pelar| pelarse; la piel	
4329	**monastery**-*ss*	el monasterio	
4330	**heap**-*ss; vb*	el montón| el rimero; amontonar	
4331	**shipment**-*ss*	el envío| el embarque	
4332	**gasoline**-*ss*	la gasolina	
4335	**pasta**-*ss*	las pastas	
4336	**obligation**-*ss*	la obligación| el compromiso	
4339	**surf**-*vb; ss*	navegar; las olas	
4340	**missus**-*ss*	la señora	
4341	**antique**-*ss; adj*	la antigüedad| el antiguo; antiguo	
4343	**grease**-*ss; vb*	la grasa; engrasar	
4344	**replacement**-*ss*	el reemplazo	
4345	**hurricane**-*ss; adj*	el huracán; de huracán	
4346	**separation**-*ss*	la separación	
4347	**drawing**-*ss*	el dibujo	
4348	**shovel**-*ss; vb*	la pala; mover con la pala	
4349	**mourning**-*ss; adj*	el luto; de luto
4352	**ambush**-*ss; vb*	la emboscada; tender una emboscada
4353	**edition**-*ss*	la edición
4355	**hollow**-*adj; ss; vb; adv*	hueco	vacío; el hueco; ahuecar; a hueco
4356	**pawn**-*vb; ss*	empeñar	pignorar; el peón
4357	**rendezvous**-*ss; vb*	la cita; reunirse con
4358	**jingle**-*ss; vb*	el tintineo; tintinear
4359	**slit**-*ss; vb*	la abertura; rajar
4360	**moose**-*ss*	el alce
4361	**healing**-*ss; adj*	la curación; curativo
4362	**violation**-*ss*	la violación
4363	**pregnancy**-*ss*	el embarazo
4364	**terrace**-*ss; vb*	la terraza; terraplenar
4365	**knot**-*ss; vb*	el nudo	el grupo; anudar
4366	**phenomenon**-*ss*	el fenómeno
4367	**topic**-*ss; adj*	el tema; temático
4371	**hustle**-*ss; vb*	el ajetreo	el bullicio; darse prisa
4372	**mute**-*adj; ss; vb*	mudo; el mudo; apagar
4374	**metro**-*ss*	el metro
4375	**dash**-*ss; vb*	el guión	la pizca; precipitarse
4376	**detention**-*ss*	la detención	el arresto
4377	**settlement**-*ss*	la solución	la liquidación
4378	**peek**-*ss; vb*	las ojeada; echar una ojeada
4379	**deadline**-*ss*	la fecha tope
4381	**landscape**-*ss; adj; vb*	el paisaje; paisajista; ajardinar
4382	**supermarket**-*ss*	el supermercado
4383	**burial**-*ss*	el entierro
4384	**Cuban**-*adj; ss*	cubano; el cubano
4385	**quid**-*ss*	la libra
4386	**gag**-*ss; vb*	la mordaza	la broma; amordazar
4388	**keeper**-*ss*	el guardián	el cuidador
4389	**notebook**-*ss*	el cuaderno
4390	**factor**-*ss*	el factor	el hecho
4391	**graveyard**-*ss*	el cementerio
4392	**spear**-*ss; vb*	la lanza; alancear
4393	**torment**-*ss; vb*	el tormento	el suplicio; atormentar

4394	**shin**-*ss*	la espinilla
4396	**sleeve**-*ss*	la manga
4397	**fitting**-*adj; ss*	adecuado| oportuno; la prueba
4398	**contempt**-*ss*	el desprecio
4399	**bunk**-*ss; vb*	la litera; acostarse
4400	**assassination**-*ss*	el asesinato
4401	**unemployed**-*ss; adj*	los desempleados; desempleado
4403	**cunning**-*adj; ss*	astuto| ladino; la astucia
4406	**hose**-*ss; vb*	la manguera; regar con manguera
4407	**decade**-*ss*	la década
4408	**software**-*ss*	el software
4410	**physician**-*ss*	el médico
4411	**instructor**-*ss*	el instructor
4412	**flour**-*ss; vb*	la harina; enharinar
4414	**resolve**-*vb; ss*	resolver; la resolución
4415	**nan**-*ss*	la yaya
4417	**womb**-*ss*	la matriz| el útero
4418	**treaty**-*ss*	el tratado
4419	**carpenter**-*ss; vb*	el carpintero; dedicarse a carpintería
4422	**nude**-*adj; ss*	desnudo; el desnudo
4423	**opposition**-*ss*	la oposición
4424	**mattress**-*ss*	el colchón
4425	**blossom**-*ss; vb*	la flor; florecer
4426	**substance**-*ss*	la sustancia| la parte
4427	**spine**-*ss*	la espina
4430	**zombie**-*ss*	el zombi
4431	**caution**-*ss; vb*	la precaución| la prudencia; advertir
4432	**gardener**-*ss*	el jardinero
4433	**bliss**-*ss*	la dicha| la beatitud
4434	**saloon**-*ss*	el salón| la taberna
4435	**verse**-*ss; adj*	el versículo| el verso; en verso
4437	**reign**-*ss; vb*	el reinado| el dominio; reinar
4439	**republican**-*ss*	el republicano
4442	**mustard**-*adj; ss*	mostaza; la mostaza
4444	**grandchild**-*ss*	el nieto
4445	**mushroom**-*ss; adj; vb*	la seta; de hongos; surgir como hongos
4449	**token**-*adj; ss*	simbólico| testimonial; la ficha
4450	**archer**-*ss*	el arquero
4451	**elite**-*ss*	la élite
4452	**tray**-*ss*	la bandeja
4453	**steer**-*ss; vb*	el buey| el novillo; dirigir
4454	**craft**-*ss*	el arte
4456	**flock**-*ss; vb*	el rebaño| la bandada; afluir
4458	**handwriting**-*ss*	la escritura
4460	**volcano**-*ss*	el volcán
4461	**addict**-*ss; vb*	el adicto; ser adicto
4462	**barrier**-*ss*	la barrera| el escollo
4463	**marquis**-*ss*	el marqués
4464	**microphone**-*ss*	el micrófono
4465	**coop**-*ss*	la cooperativa| el gallinero
4466	**trophy**-*ss*	el trofeo
4467	**coroner**-*ss*	el juez de instrucción
4468	**martini**-*ss*	el martini
4469	**chauffeur**-*ss*	el chofer
4471	**popcorn**-*ss*	las palomitas de maíz
4472	**psychology**-*ss*	la psicología
4473	**ruler**-*ss*	la regla
4474	**brute**-*adj; ss*	bruto; los bruto
4475	**hog**-*ss; vb*	el cerdo| el chancho; acaparar
4476	**lease**-*ss; vb*	el arrendamiento; arrendar
4477	**pancake**-*ss; vb*	el crepe; desplomarse
4478	**lobster**-*ss*	la langosta
4479	**potion**-*ss*	la poción| la pócima
4482	**grape**-*ss*	la uva
4483	**tuna**-*ss*	el atún
4485	**dwarf**-*ss; vb*	el enano| el pequeño; empequeñecer
4486	**lounge**-*ss; vb*	el salón| la sala; gandulear
4489	**rogue**-*ss*	el pícaro
4490	**nuisance**-*ss*	la molestia| el fastidio
4491	**insect**-*ss*	el insecto
4492	**fluid**-*adj; ss*	fluido; el fluido
4493	**Asian**-*adj; ss*	asiático; el asiático
4494	**spice**-*vb; ss*	condimentar; la especia
4496	**fisherman**-*ss*	el pescador
4497	**poster**-*ss*	el póster
4500	**venture**-*ss; vb*	el riesgo| la empresa; aventurarse
4502	**rail**-*ss*	el carril| el riel
4503	**Thai**-*adj; ss*	tailandés; el tailandés
4504	**timer**-*ss*	el minutero

4505	**altitude**-*ss*	la altitud
4506	**toxic**-*adj; ss*	tóxico; el tóxico
4507	**socialist**-*adj; ss*	socialista; socialista
4510	**automobile**-*ss*	el automóvil
4512	**bathtub**-*ss*	la bañera| la tina de baño
4514	**parlor**-*ss*	el salón
4516	**vomit**-*vb; ss*	vomitar; el vómito
4518	**specialty**-*ss*	la especialidad
4521	**dose**-*ss; vb*	las dosis; dosificar
4522	**kidney**-*ss; adj; vb*	el riñón; renal; gritar
4523	**gutter**-*ss; vb*	el canal; irse consumiendo
4524	**legacy**-*ss*	el legado
4525	**selection**-*ss*	la selección| el surtido
4526	**refrigerator**-*ss*	el refrigerador
4528	**enthusiasm**-*ss*	el entusiasmo
4529	**earring**-*ss*	el pendiente
4531	**lid**-*ss*	la tapa
4537	**poke**-*vb; ss*	meter| empujar; el codazo
4538	**panel**-*ss; vb*	el panel| el grupo; artesonar
4539	**gap**-*ss*	la brecha| la diferencia
4540	**probation**-*ss*	la libertad condicional
4541	**squirrel**-*ss*	la ardilla
4543	**condom**-*ss*	el condón
4544	**slipper**-*ss*	la zapatilla
4545	**jackass**-*ss*	el burro
4546	**visa**-*ss*	la visa
4547	**tailor**-*ss; vb*	el sastre; entallar
4548	**accomplice**-*ss*	cómplice
4549	**stripe**-*ss*	la raya
4550	**scenario**-*ss*	el guión
4551	**milord**-*ss*	el milord
4552	**ignorance**-*ss*	la ignorancia
4554	**carrier**-*ss*	el portador| transportista
4555	**ark**-*ss*	las arca
4556	**flute**-*ss; vb*	la flauta; acanalar
4557	**conviction**-*ss*	la convicción| la condena
4558	**diner**-*ss*	el comedor
4559	**acre**-*ss*	el acre
4560	**nursing**-*ss*	la enfermería
4561	**rival**-*adj; ss; vb*	rival| opuesto; el rival; rivalizar con
4562	**profound**-*adj; ss*	profundo; las profundidades
4563	**puff**-*ss; vb*	el soplo; soplar
4564	**establishment**-*ss*	el establecimiento| la organización
4566	**banner**-*ss*	la bandera| la pancarta
4567	**dislike**-*ss; vb*	la aversión; no gustar
4569	**longing**-*ss; adj*	el anhelo; anhelante
4570	**protocol**-*ss; vb*	el protocolo; protocolar
4571	**inheritance**-*ss*	la herencia
4572	**exhibit**-*ss; vb*	la exposición| el objeto expuesto; exhibir
4574	**injection**-*ss*	la inyección
4576	**blink**-*ss; vb*	el parpadeo; parpadear
4577	**sway**-*ss; vb*	la influencia; balancearse
4578	**vest**-*ss; vb*	el chaleco| la camiseta; conferir
4579	**sketch**-*ss; vb*	el bosquejo| el dibujo; dibujar
4580	**soak**-*vb; ss*	empapar| empaparse; el borrachín
4582	**claw**-*ss; vb*	la garra; arañar
4584	**classroom**-*ss*	la aula
4585	**pupil**-*ss*	la pupila
4586	**look-out**-*ss*	el puesto de observación| las vigía
4587	**casual**-*adj; ss*	casual; la ropa deportiva
4589	**interrogation**-*ss*	el interrogatorio
4590	**gorilla**-*ss*	la gorila
4591	**shithead**-*ss*	gilipollas
4592	**stud**-*ss; vb*	el semental| el clavo; tachonar
4593	**salon**-*ss*	el salón
4594	**fabric**-*ss*	la tela| la estructura
4595	**skate**-*vb; ss*	patinar; el patín
4596	**sheer**-*adj; adv; ss; vb*	escarpado| puro; completamente; la desviación; caer a pico
4597	**racist**-*ss*	racista
4598	**blackout**-*ss*	el apagón
4599	**rebellion**-*ss*	la rebelión
4600	**heave**-*ss; vb*	el tirón| las arcadas; levantar
4601	**ale**-*ss*	la cerveza inglesa
4602	**lemonade**-*ss*	la limonada
4603	**exile**-*ss; vb*	el exilio; exiliar
4604	**betrayal**-*ss*	la traición
4605	**extent**-*ss*	el grado

4606	**fatty**-*adj; ss*	graso; el gordinflón	
4609	**glance**-*ss; vb*	los vistazo| las ojeada; mirar	
4610	**housing**-*ss*	el alojamiento| las viviendas	
4611	**disappointment**-*ss*	la decepción	
4612	**Brazilian**-*adj; ss*	brasileño; el brasileño	
4613	**vet**-*ss; vb*	el veterinario| excombatiente; examinar	
4614	**hamburger**-*ss*	la hamburguesa	
4615	**asset**-*ss*	la baza	
4616	**inquiry**-*ss*	la investigación| la pregunta	
4617	**calf**-*ss*	el becerro	
4618	**thug**-*ss*	el matón	
4619	**realm**-*ss*	el reino| la esfera	
4621	**kitten**-*ss*	el gatito	
4623	**slick**-*ss; adj*	la mancha| la capa; hábil	
4624	**poppy**-*ss*	la amapola	
4625	**postcard**-*ss*	la tarjeta postal	
4626	**workshop**-*ss*	el taller	
4627	**buyer**-*ss*	el comprador	
4628	**strap**-*ss; vb*	la correa; atar con correa	
4629	**bundle**-*ss; vb*	el haz| el manojo; liar	
4630	**aunty**-*ss*	la tía	
4631	**toad**-*ss*	el sapo	
4632	**cement**-*ss; vb*	el cemento; cementar	
4635	**stroll**-*ss; vb*	el paseo; dar un paseo	
4636	**collector**-*ss*	coleccionista	
4639	**scrap**-*ss; vb*	la chatarra| el trozo; desechar	
4640	**Apache**-*ss*	el apache	
4642	**yield**-*ss; vb*	el rendimiento| la producción; producir	
4644	**shipping**-*ss*	el envío| el transporte	
4646	**runway**-*ss*	la pista	
4647	**torpedo**-*ss*	el torpedo	
4648	**lump**-*ss; adj; vb*	el terrón| la masa; global; englobar	
4649	**tow**-*vb; ss; adj*	remolcar; el remolque; de remolque	
4650	**compound**-*adj; ss; vb*	compuesto; el compuesto; componer	
4651	**cognac**-*ss*	el coñac	
4652	**substitute**-*vb; ss; adj*	sustituir; el sustituto; suplente	
4653	**unity**-*ss*	la unidad	

4654	**spaceship**-*ss*	la astronave
4656	**cupboard**-*ss*	el armario
4657	**whitey**-*ss*	las persona blanca
4659	**confirmation**-*ss*	la confirmación| la seguridad
4660	**machinery**-*ss*	la maquinaria| el mecanismo
4661	**precinct**-*ss*	el recinto
4663	**sounding**-*ss*	el sondeo
4665	**sewer**-*ss*	la alcantarilla
4666	**wilderness**-*ss*	el desierto
4667	**Hungarian**-*adj; ss*	húngaro; el húngaro
4668	**vase**-*ss*	el florero
4669	**Hebrew**-*adj; ss*	hebreo; el hebreo
4670	**masterpiece**-*ss*	las obra maestra
4672	**merchandise**-*ss; vb*	las mercancías; comerciar
4673	**parish**-*ss*	la parroquia
4674	**orgasm**-*ss*	el orgasmo
4675	**grocery**-*ss; adj*	la tienda de comestibles; mantequero
4679	**housekeeper**-*ss*	la ama de llaves
4680	**marble**-*ss; adj; vb*	el mármol; marmóreo; jaspear
4681	**savior**-*ss*	el salvador
4682	**raft**-*ss; vb*	la balsa| la serie; embalsar
4684	**infantry**-*ss*	la infantería
4685	**recorder**-*ss*	la grabadora
4689	**tab**-*ss; vb*	la lengüeta; tabular
4690	**nursery**-*ss*	el vivero
4691	**enforcement**-*ss*	la aplicación| la ejecución
4692	**tremble**-*vb; ss*	temblar; el temblor
4693	**mint**-*ss; adj; vb*	la menta; nuevo; acuñar
4694	**partnership**-*ss*	la asociación| el consorcio
4695	**brace**-*ss; vb*	la abrazadera| la llave; apuntalar
4696	**coverage**-*ss*	la cobertura
4697	**broom**-*ss; vb*	la escoba; barrer
4699	**arena**-*ss*	la arena
4701	**splash**-*ss; vb*	el chapoteo; salpicar
4702	**intent**-*ss; adj*	la intención| el intento; atento
4703	**bourbon**-*ss*	el borbón
4704	**referee**-*ss; vb*	el árbitro| referí; evaluar

4705	**scoop**-*ss*	la cuchara
4706	**flirt**-*vb; ss*	coquetear; la coqueta
4707	**woe**-*ss*	la aflicción
4709	**ivy**-*ss*	la hiedra
4710	**liberal**-*adj; ss*	liberal| generoso; el liberal
4712	**expectation**-*ss*	la expectativa
4713	**trainer**-*ss*	el entrenador
4714	**cabbage**-*ss; vb*	la col; usar repollo
4715	**fright**-*ss*	el susto| el espanto
4716	**plumber**-*ss*	el fontanero
4718	**introduction**-*ss*	la introducción
4719	**slavery**-*ss*	la esclavitud
4720	**petrol**-*ss*	la gasolina
4721	**devotion**-*ss*	la devoción| la entrega
4722	**digital**-*adj; ss*	digital; el reloj
4723	**velvet**-*ss*	el terciopelo
4724	**resident**-*adj; ss*	residente; residente
4726	**undress**-*ss; vb*	el desnudo; desnudarse
4728	**gulf**-*ss; vb*	el golfo; pasar de
4729	**probe**-*ss; vb*	la sonda| el sondeo; sondear
4730	**aisle**-*ss*	el pasillo
4731	**clearance**-*ss*	el despeje
4732	**lens**-*ss*	la lente
4733	**hardware**-*ss*	el hardware
4734	**legion**-*ss*	la legión
4735	**plaza**-*ss*	la plaza
4736	**scholar**-*ss*	el erudito
4737	**discharge**-*ss; vb*	la descarga| el descargo; descargar
4738	**magistrate**-*ss*	el magistrado| el pretor
4741	**vanity**-*ss*	la vanidad
4742	**void**-*adj; ss; vb*	vacío| nulo; el vacío; anular
4743	**ray**-*ss; vb*	el rayo; radiar
4746	**fang**-*ss*	el colmillo
4747	**federation**-*ss*	la federación
4748	**nay**-*part; adv; ss*	no; más aún; el voto en contra
4750	**tactic**-*ss*	la táctica
4751	**pickup**-*ss*	la recolección
4752	**loop**-*ss; vb*	el bucle| el lazo; serpentear
4753	**lizard**-*ss*	el lagarto
4754	**skiing**-*ss*	el esquí
4755	**compass**-*ss; vb*	la brújula; conseguir

4756	**injustice**-*ss*	la injusticia
4757	**tractor**-*ss*	el tractor
4758	**mumble**-*vb; ss*	mascullar; el balbuceo
4759	**neutral**-*adj; ss*	neutral; los neutral
4760	**jurisdiction**-*ss*	la jurisdicción
4761	**chancellor**-*ss*	el canciller
4762	**layer**-*ss*	la capa
4763	**fury**-*ss*	la furia| el furor
4764	**marketing**-*ss*	el márketing
4765	**semester**-*ss*	el semestre
4766	**cruelty**-*ss*	la crueldad
4767	**shrine**-*ss*	el santuario
4768	**thorn**-*ss*	la espina
4769	**medic**-*adj; ss*	médico; el médico
4770	**motto**-*ss*	el lema
4771	**extension**-*ss*	la extensión| la ampliación
4772	**premise**-*ss; vb*	la premisa; sentar como premisa
4773	**recognition**-*ss*	el reconocimiento
4774	**gambler**-*ss*	el jugador
4775	**grid**-*ss*	la red
4776	**bankrupt**-*adj; ss; vb*	arruinado; el quebrado; arruinar
4777	**pyramid**-*ss*	la pirámide
4778	**sewing**-*adj; ss*	de coser; la costura
4780	**treasury**-*ss; adj*	la tesorería; del gobierno
4781	**swap**-*vb; ss*	intercambiar| canjear; el intercambio
4782	**janitor**-*ss*	el portero| el bedel
4783	**tequila**-*ss*	las tequila
4784	**curve**-*ss; vb*	la curva; curvar
4785	**sinner**-*ss*	el pecador
4786	**contribution**-*ss*	la contribución
4787	**booty**-*ss*	el botín
4790	**skeleton**-*ss*	el esqueleto
4792	**definition**-*ss*	la definición
4794	**tenth**-*adj; ss*	décimo; el décimo
4796	**prophecy**-*ss*	la profecía
4798	**currency**-*ss*	la moneda
4799	**dimension**-*ss*	la dimensión
4800	**elbow**-*ss; vb*	el codo; dar codazos
4801	**vegetarian**-*adj; ss*	vegetariano; el vegetariano
4802	**biology**-*ss*	la biología
4803	**overhead**-*adv; adj; ss*	arriba; de arriba; los gastos generales

4804	chimney-*ss*	el tubo de lámpara	
4805	reindeer-*ss*	el reno	
4806	skating-*ss*	el patinaje	
4807	doe-*ss*	la gama	
4809	scrub-*vb; ss; adj*	fregar; el matorral; achaparrado	
4810	rhyme-*ss; vb*	la rima; rimar	
4811	carrot-*ss*	la zanahoria	
4812	morphine-*ss*	la morfina	
4813	resignation-*ss*	la renuncia	
4814	orderly-*adj; ss*	ordenado; la ordenanza	
4817	flavor-*ss; vb*	el sabor; condimentar	
4820	crocodile-*ss*	el cocodrilo	
4822	cradle-*ss; vb*	la cuna; mecer a un niño en brazos	
4823	ruling-*ss; adj*	la decisión| el gobierno; dominante	
4824	sniper-*ss*	el francotirador	
4828	thrust-*ss; vb*	el empuje| la estocada; empujar	
4830	bunker-*ss; vb*	el búnker; repostar	
4831	mode-*ss*	el modo| la modalidad	
4832	slack-*adj; ss; vb*	flojo; respiro; gandulear	
4833	garrison-*ss; vb*	la guarnición; guarnecer	
4834	nightclub-*ss*	los club nocturno	
4835	coup-*ss*	el golpe| el ataque con los brazos	
4836	sponsor-*ss; vb*	el patrocinador| el promotor; patrocinar	
4838	cult-*ss*	el culto	
4839	brotherhood-*ss*	la fraternidad| la cofradía	
4841	aspect-*ss*	el aspecto	
4842	interference-*ss*	la interferencia	
4844	bluff-*ss; vb; adj*	el bluff; engañar; escarpado	
4846	karma-*ss*	las karma	
4847	investigator-*ss*	el investigador	
4849	fundamental-*adj; ss*	fundamental; el fundamental	
4850	disk-*ss; vb*	el disco; usar disco	
4851	decency-*ss*	la decencia	
4853	stocking-*ss*	la media	
4854	wrath-*ss*	la ira	
4855	tribute-*ss*	el homenaje	
4856	rapid-*adj; ss*	rápido; el rápido	
4858	airline-*ss*	la aerolínea	
4862	outcome-*ss*	el resultado| el desenlace	
4863	petition-*ss; vb*	la petición| la demanda; solicitar a	
4864	battlefield-*ss*	el campo de batalla	
4865	exquisite-*adj; ss*	exquisito| primoroso; el petimetre	
4866	riddle-*ss; vb*	el enigma| la criba; acribillar	
4867	mild-*adj; ss*	leve| suave; el suave	
4868	beau-*ss*	el galán	
4869	moss-*ss*	el musgo	
4871	poop-*ss; vb*	la mierda; recibir por la popa	
4873	pajamas-*ss*	el pijama	
4875	pause-*ss; vb*	la pausa| el silencio; hacer una pausa	
4877	milady-*ss*	la miladi	
4878	recommendation-*ss*	la recomendación	
4879	bathe-*vb; ss*	bañarse; el baño	
4881	flashlight-*ss*	el flash	
4882	defensive-*adj; ss*	defensivo; el defensivo	
4883	tickle-*ss; vb*	las cosquillas; cosquillear	
4884	chili-*ss*	el chile	
4885	swat-*vb; ss*	aplastar; los golpe fuerte	
4886	bomber-*ss*	el bombardeo	
4887	Englishman-*ss*	el inglés	
4888	flora-*ss*	la flora	
4889	sabotage-*ss; vb*	el sabotaje; sabotear	
4890	lifestyle-*ss*	los estilo de vida	
4891	employ-*vb; ss*	emplear| ocupar; el empleo	
4892	tempo-*ss*	el tempo	
4893	grove-*ss*	la arboleda	
4895	ecstasy-*ss*	el éxtasis	
4897	sanctuary-*ss*	el santuario| el sagrario	
4898	morality-*ss*	la moralidad	
4899	blouse-*ss*	la blusa	
4900	disgust-*ss; vb*	el asco| el disgusto; disgustar	
4903	quack-*ss; vb; adj*	el curandero; graznar; de curandero	
4904	publisher-*ss*	el editor	
4907	philosopher-*ss*	el filósofo	
4908	underestimate-*vb; ss*	subestimar; la infravaloración	

4909	**piglet**-*ss*	el cerdito	
4910	**fugitive**-*adj; ss*	fugitivo; el fugitivo	
4911	**greatness**-*ss*	la grandeza	
4912	**freezer**-*ss*	el congelador	
4914	**ethic**-*ss; adj*	la ética; ético	
4916	**catastrophe**-*ss*	la catástrofe	
4919	**refugee**-*ss*	el refugiado	
4920	**lotus**-*ss*	el loto	
4921	**liberation**-*ss*	la liberación	
4922	**wager**-*ss; vb*	la apuesta; apostar	
4923	**doggy**-*ss; adj*	el perrito; perruno	
4924	**telescope**-*ss*	el telescopio	
4926	**exposure**-*ss*	la exposición	
4928	**curfew**-*ss*	el toque de queda	
4929	**cathedral**-*ss*	la catedral	
4930	**typewriter**-*ss*	la máquina de escribir	
4931	**brothel**-*ss*	el burdel	
4934	**shriek**-*ss; vb*	el grito| el chillido; gritar	
4937	**slug**-*ss; vb*	la babosa; pegar	
4939	**affirmative**-*adj; ss*	afirmativo; los afirmativo	
4940	**lure**-*ss; vb*	el señuelo| el atractivo; atraer	
4942	**humiliation**-*ss*	la humillación	
4943	**turf**-*ss; vb*	el césped; encespedar	
4944	**propaganda**-*ss*	la propaganda	
4945	**semi**-*adj; ss*	la casa semiseparada	
4946	**hound**-*ss; vb*	el sabueso| el podenco; perseguir	
4947	**pint**-*ss*	la pinta	
4949	**wretch**-*ss*	el desgraciado	
4951	**loot**-*ss; vb*	el botín| el saqueo; saquear	
4957	**wool**-*ss*	la lana	
4958	**parallel**-*adj; ss; vb*	paralelo; el paralelo; comparar	
4959	**wedding**-*ss; adj*	la boda; nupcial	
4961	**woof**-*ss*	los guau| la trama	
4962	**mechanism**-*ss*	el mecanismo	
4963	**glimpse**-*vb; ss*	vislumbrar| otear; las vislumbre	
4965	**disrespect**-*ss; vb*	las falta de respeto; irrespetar	
4966	**thigh**-*ss*	el muslo	
4967	**trout**-*ss*	la trucha	
4969	**embarrassment**-*ss*	la vergüenza| el embarazo	
4971	**caviar**-*ss*	el caviar	
4973	**kindergarten**-*ss*	el kindergarten	
4975	**ban**-*ss; vb*	la prohibición| el bando; prohibir	
4976	**psychologist**-*ss*	el psicólogo	
4977	**sparrow**-*ss*	el gorrión	
4978	**preparation**-*ss*	la preparación	
4979	**lifting**-*ss; adj*	el levantamiento; subiente	
4981	**resurrection**-*ss*	la resurrección	
4982	**banquet**-*ss; vb*	el banquete; banquetear	
4984	**website**-*ss*	los sitio web	
4986	**impulse**-*ss; vb*	el impulso| la impulsión; impulsar	
4989	**shameless**-*adj; ss*	desvergonzado; sinvergüenza	
4990	**beaver**-*ss*	el castor	
4992	**convoy**-*ss; vb*	el convoy; convoyar	
4993	**birdie**-*ss*	el pajarito	
4996	**frontier**-*ss*	la frontera	
4998	**headline**-*ss*	el titular	
4999	**scooter**-*ss*	los scooter	
5000	**snatch**-*vb; ss*	arrebatar; la arrancada	
5001	**dent**-*ss; vb*	las mella; mellar	
5002	**bourgeois**-*adj; ss*	burgués; el burgués	
5003	**smuggling**-*ss*	el contrabando	
5005	**mutt**-*ss*	el chucho	
5006	**reinforcement**-*ss*	el reforzamiento	
5008	**bleep**-*vb; ss*	emitir pitidos	
5010	**follower**-*ss*	el seguidor| el discípulo	
5011	**negotiation**-*ss*	la negociación	
5012	**lace**-*ss; vb*	el cordón; guarnecer con encajes	
5014	**biscuit**-*ss*	la galleta	
5015	**memo**-*ss*	el memorándum	
5016	**ribbon**-*ss; vb*	la cinta; ceñir	
5017	**midst**-*ss; prp*	el medio; entre	
5018	**juvenile**-*adj; ss*	juvenil| de menores; el menor	
5020	**condolence**-*ss*	la condolencia	
5021	**dome**-*ss*	la cúpula	
5023	**tackle**-*ss; vb*	la entrada| el aparejo; abordar	
5024	**reef**-*ss; vb*	el arrecife; arrizar	
5025	**triangle**-*ss*	el triángulo	

Verbos

2502	**counter**-*vb; ss; adj; adv*	contrarrestar; el contador; contrario; en contra
2504	**stroke**-*ss; vb*	la carrera| el golpe; acariciar
2505	**determine**-*vb*	determinar| decidir
2506	**pearl**-*ss; adj; vb*	la perla; de perlas; gotear
2508	**romance**-*ss; vb*	la novela| la romanza; fantasear
2517	**rocket**-*ss; vb*	el cohete; atacar con cohetes
2519	**brush**-*ss; vb*	el cepillo; cepillar
2524	**brief**-*adj; ss; vb*	breve; el breve; informar
2526	**document**-*ss; vb*	el documento; documentar
2527	**assault**-*ss; vb*	el asalto| la embestida; asaltar
2532	**angle**-*ss; vb*	el ángulo; pescar con caña
2533	**ail**-*vb*	afligir
2538	**profit**-*vb; ss*	beneficiarse| sacar provecho; el lucro
2541	**host**-*ss; vb*	el anfitrión| el huésped; organizar
2543	**stress**-*ss; vb*	el estrés; subrayar
2546	**sack**-*ss; vb*	el saco| el saqueo; despedir
2547	**stink**-*ss; vb*	el hedor| el lío; oler mal
2555	**whip**-*ss; vb*	el látigo| el azote; azotar
2556	**labor**-*ss; adj; vb*	el trabajo| la mano de obra; laboral; trabajar
2562	**fascinate**-*vb*	fascinar
2566	**scale**-*ss; vb*	la escala| el nivel; escalar
2569	**drown**-*vb*	ahogar
2570	**spoil**-*ss; vb*	el botín| el despojo; estropear
2574	**jazz**-*ss; vb*	el jazz| el rollo; animar
2575	**palm**-*ss; vb*	la palma| los palmo; escamotear
2577	**fleet**-*ss; adj; vb*	la flota; veloz; pasear
2578	**pump**-*ss; vb*	la bomba; bombear
2585	**clay**-*ss; vb*	la arcilla; arcillar
2588	**abandon**-*vb; ss*	abandonar| renunciar; el abandono
2589	**jet**-*ss; adj; vb*	el chorro| el jet; a reacción; echar en chorro
2593	**dish**-*ss; vb*	el plato| la antena; confundir
2598	**humble**-*adj; vb*	humilde; humillar
2602	**shave**-*ss; vb*	el afeitado; afeitarse
2605	**pit**-*ss; vb*	el pozo| la fosa; oponer
2606	**sock**-*ss; vb*	el calcetín; pegar
2609	**delay**-*vb; ss*	retrasar| demorar; el retraso
2610	**sneak**-*adj; vb*	furtivo; robar a hurtadillas
2614	**rub**-*vb; ss*	frotar| rozar; el frotamiento
2616	**occur**-*vb*	ocurrir| existir
2618	**tap**-*ss; vb*	el grifo| el golpecito; aprovechar
2621	**diet**-*ss; vb*	la dieta; estar a régimen
2629	**spin**-*vb; ss*	girar| hilar; la vuelta
2630	**con**-*ss; vb*	la estafa; estafar
2631	**recommend**-*vb*	recomendar
2632	**lamb**-*ss; vb*	el cordero; parir
2633	**humor**-*ss; vb*	el humor; complacer
2635	**pale**-*adj; vb; ss*	pálido; palidecer; los límites
2636	**pile**-*ss; vb*	la pila| el pelo; acumularse
2639	**apply**-*vb*	aplicar
2643	**cotton**-*ss; adj; vb*	el algodón; algodonero; ser algodonero
2645	**champ**-*ss; vb*	el mordimiento; morder
2646	**maintain**-*vb*	mantener| sostener
2649	**twin**-*adj; ss; vb*	gemelo; el gemelo; hermanar
2650	**hum**-*vb; ss*	tararear; el zumbido
2651	**honk**-*ss; vb*	el bocinazo; tocar la bocina
2656	**pan**-*ss; vb*	el pan; lavar con batea
2659	**transport**-*ss; vb; adj*	el transporte; transportar; de carretera
2669	**bid**-*ss; vb*	la oferta| el intento; pujar
2672	**plot**-*ss; vb*	la parcela| la trama; trazar
2673	**parade**-*ss; vb*	el desfile| la parada; desfilar

2674	**crane**-*ss; vb*	la grúa; estirar
2675	**advise**-*vb*	asesorar| aconsejar
2676	**patch**-*ss; vb*	el parche; parchar
2677	**envy**-*ss; vb*	la envidia; envidiar
2680	**hush**-*ss; vb*	el silencio; callar
2682	**increase**-*ss; vb*	el aumento| el incremento; aumentar
2683	**shell**-*ss; vb*	la cáscara| la concha; bombardear
2685	**drill**-*vb; ss*	perforar| taladrar; el taladro
2686	**twist**-*ss; vb*	la torcedura| la torsión; torcer
2687	**temper**-*vb; ss*	templar| moderar; el genio
2694	**rear**-*adj; ss; vb*	posterior; el trasero; criar
2695	**coin**-*vb; ss*	acuñar| monedar; la moneda
2697	**rumble**-*vb; ss*	retumbar; el retumbo
2700	**click**-*vb; ss*	hacer clic; el clic
2701	**format**-*ss; vb*	el formato; formatear
2703	**chin**-*ss; vb*	la barbilla; charlar
2709	**respond**-*vb; ss*	responder| atender; la respuesta
2710	**coffin**-*ss; vb*	el ataúd; tomar ataúd
2712	**compare**-*vb*	comparar| equiparar
2713	**goose**-*ss; vb*	el ganso; palpar
2714	**comment**-*ss; vb*	el comentario| la glosa; comentar
2717	**appeal**-*vb; ss*	apelar| atraer; la apelación
2720	**towel**-*ss; vb*	la toalla; secar con toalla
2721	**slide**-*ss; vb*	la diapositiva| la corredera; deslizarse
2724	**core**-*ss; vb*	el núcleo| la entraña; quitar el corazón
2730	**chapter**-*ss; vb*	el capítulo; partir
2733	**breast**-*ss; vb*	el pecho| la pechuga; hacer frente a
2737	**nest**-*ss; vb*	el nido| el hormiguero; anidar
2739	**fry**-*vb; ss*	freír; la fritada
2745	**wreck**-*ss; vb*	la ruina| el naufragio; arruinar
2746	**measure**-*ss; vb*	la medida; medir
2749	**dull**-*adj; vb*	aburrido| sordo; embotar
2750	**retire**-*vb*	retirarse| jubilarse
2751	**whimper**-*ss; vb*	el gemido| el quejido; gemir
2755	**blanket**-*ss; adj; vb*	la manta| la cobija; general; cubrir
2759	**fog**-*ss; vb*	la niebla| la bruma; empañar
2762	**giggle**-*ss; vb*	la risilla; poner una risilla sofocada
2763	**pulse**-*ss; vb*	las legumbres| el pulso; pulsar
2764	**lamp**-*ss; vb*	la lámpara; encender una lámpara
2766	**perfume**-*ss; vb*	el perfume; perfumar
2770	**burden**-*ss; vb*	la carga| el peso; cargar
2773	**award**-*ss; vb*	el premio| la adjudicación; adjudicar
2775	**bargain**-*vb; ss*	negociar| ofrecer; la ganga
2776	**tool**-*ss; vb*	la herramienta; filetear
2779	**rubber**-*ss; adj; vb*	el caucho| la goma; de goma; cubrir de goma
2781	**hunger**-*ss; vb*	las hambre; tener hambre
2783	**faint**-*adj; vb; ss*	débil; desmayarse; el desmayado
2784	**interfere**-*vb*	interferir| intervenir
2785	**cellar**-*ss; vb*	la bodega; estar en sótano
2788	**dismiss**-*vb*	despedir| descartar
2789	**pattern**-*ss; vb*	el patrón| el modelo; modelar
2795	**conduct**-*ss; vb*	la conducta| la dirección; conducir
2799	**smash**-*ss; vb*	el smash| la rotura; aplastar
2800	**shove**-*ss; vb*	el empujón| el empellón; empujar
2802	**toe**-*ss; vb*	los dedo del pie; tocar con la punta del pie
2804	**reveal**-*vb*	revelar| delatar
2808	**mob**-*ss; vb*	la multitud| el grupo; acosar
2813	**poker**-*ss; vb*	el póker; grabar al fuego
2814	**ram**-*ss; vb*	el espolón| el carnero; apisonar
2823	**homicide**-*ss; vb*	el homicidio; matar
2826	**soil**-*ss; vb*	el suelo; ensuciar
2834	**scout**-*vb; ss*	explorar; el explorador
2839	**tender**-*ss; adj; vb*	la oferta| la moneda; tierno; ofertar
2840	**lap**-*ss; vb*	la vuelta| el regazo; lamer

2848	**discipline**-*ss; vb*	la disciplina; disciplinar	
2850	**tin**-*ss; adj; vb*	el estaño| la lata; de estaño; estañar	
2851	**wail**-*ss; vb*	el gemido| la queja; llorar	
2855	**butcher**-*ss; vb*	el carnicero; matar	
2856	**fuss**-*ss; vb*	el escándalo| los aspavientos; preocuparse	
2863	**cart**-*ss; vb*	el carro| la carreta; acarrear	
2865	**protest**-*ss; vb*	la protesta| la declaración de averías; protestar	
2866	**retreat**-*ss; vb*	el retiro; retirarse	
2869	**tend**-*vb*	tender| atender	
2872	**flip**-*ss; adj; vb*	el capirotazo; poco serio; echar de un capirotazo	
2873	**operate**-*vb*	funcionar| manejar	
2874	**bucket**-*ss; vb*	el cangilón; apresurarse	
2876	**booze**-*ss; vb*	la bebida alcohólica; beber	
2883	**bare**-*adj; vb*	desnudo| pelado; desnudar	
2885	**crawl**-*vb; ss*	arrastrarse; el crawl	
2886	**chant**-*vb; ss*	cantar; el canto	
2888	**forbid**-*vb*	prohibir	
2890	**leather**-*ss; vb*	el cuero| la gamuza; hacer de cuero	
2892	**rank**-*ss; vb; adj*	el rango| la fila; clasificar; maloliente	
2894	**branch**-*ss; vb*	la rama; ramificarse	
2899	**gum**-*ss; vb*	la goma| el chicle; engomar	
2900	**attach**-*vb*	adjuntar| atar	
2903	**barrel**-*ss; vb*	el barril; correr mucho	
2904	**drum**-*ss; vb*	el tambor; teclear	
2905	**sheet**-*ss; vb*	la hoja| la lámina; cubrir	
2907	**needle**-*ss; vb*	la aguja| la acícula; fastidiar	
2908	**darn**-*adj; ss; vb*	maldito; el maldito; zurcir	
2909	**heal**-*vb*	sanar| remediar	
2911	**rage**-*ss; vb*	la rabia; rabiar	
2912	**raid**-*ss; vb*	la incursión| la redada; atacar	
2914	**leak**-*ss; vb*	la fuga| la pérdida; filtrarse	

2915	**blank**-*ss; adj; vb*	el blanco| el impreso; en blanco; tachar
2917	**flame**-*ss; vb*	la llama; flamear
2919	**feast**-*ss; vb*	la fiesta; festejar
2923	**testify**-*vb*	testificar
2925	**chap**-*ss; vb*	el tío; agrietarse
2927	**tense**-*adj; ss; vb*	tenso| rígido; el tiempo; tensar
2930	**announce**-*vb*	anunciar| comunicar
2931	**achieve**-*vb*	lograr| alcanzar
2932	**impact**-*ss; vb*	el impacto; afectar
2937	**steam**-*ss; adj; vb*	el vapor; de vapor; cocer al vapor
2938	**register**-*ss; vb*	el registro| la matrícula; registrar
2939	**investigate**-*vb*	investigar| estudiar
2941	**buffalo**-*ss; vb*	el búfalo; engañar
2942	**rumor**-*ss; vb*	el rumor; rumorearse
2943	**approve**-*vb*	aprobar| demostrar a
2945	**deposit**-*vb; ss*	depositar| sedimentar; el depósito
2947	**bait**-*ss; vb*	el cebo; hostigar
2948	**fist**-*ss; vb*	el puño; puñar
2949	**carpet**-*ss; vb*	la alfombra; alfombrar
2950	**dine**-*vb*	cenar
2953	**burst**-*ss; vb*	la ráfaga| la explosión; estallar
2956	**lean**-*vb; adj; ss*	apoyarse; magro; la carne magra
2958	**review**-*ss; vb*	la crítica| la revisión; reseñar
2963	**jewel**-*ss; vb*	la joya; enjoyar
2964	**railroad**-*ss; vb*	el ferrocarril; construir el ferrocarril
2969	**raw**-*adj; ss; vb*	crudo; las carne viva; despellejar
2970	**lick**-*vb; ss*	lamer; la lamedura
2976	**disgrace**-*ss; vb*	la desgracia| la vergüenza; deshonrar
2980	**bump**-*ss; vb*	el bache; golpear
2981	**worm**-*ss; vb*	el gusano; arrastrarse
2982	**silk**-*ss; adj; vb*	la seda; de seda; madurar
2994	**explode**-*vb*	explotar| estallar
2995	**structure**-*ss; vb*	la estructura| la fábrica; estructurar
2996	**tattoo**-*ss; vb*	el tatuaje; tatuar
2997	**sample**-*ss; vb*	la muestra| el espécimen; probar
2998	**gin**-*ss; vb*	la ginebra; trampear
3001	**skirt**-*ss; vb*	la falda; bordear

3009	**ladder**-*ss; vb*	la escalera| la escala; hacer una carrera en
3011	**ding**-*ss; vb*	el timbre; campanear
3013	**plague**-*ss; vb*	la plaga| el fastidio; plagar
3014	**phase**-*ss; vb*	la fase; escalonar
3017	**float**-*ss; vb*	el flotador; flotar
3018	**toss**-*ss; vb*	la sacudida| la tirada; lanzar
3021	**stab**-*ss; vb*	la puñalada; apuñalar
3023	**fagot**-*ss; vb*	el maricón; gritar
3024	**brick**-*ss; vb*	el ladrillo; enladrillar
3027	**content**-*ss; adj; vb*	el contenido| las cabida; contento; contentar
3028	**require**-*vb*	exigir| pedir
3030	**profile**-*ss; vb*	el perfil| el retrato; perfilar
3032	**reverse**-*adj; ss; vb*	inverso; el reverso; revocar
3033	**declare**-*vb*	declarar| anunciar
3035	**picnic**-*ss; vb*	el picnic; merendar
3036	**appropriate**-*adj; vb*	apropiado| oportuno; apropiarse de
3037	**connect**-*vb*	conectar| conectarse
3040	**clerk**-*ss; vb*	el empleado; trabajar como dependiente
3047	**scar**-*ss; vb*	la cicatriz; cicatrizar
3048	**embrace**-*ss; vb*	el abrazo; abrazar
3050	**sober**-*adj; vb*	sobrio; desembriagar
3052	**sweep**-*vb; ss*	barrer; la extensión
3054	**root**-*ss; adj; vb*	la raíz; fundamental; arraigarse
3055	**budget**-*ss; vb*	el presupuesto; presupuestar
3061	**annoy**-*vb*	molestar| enojar
3062	**log**-*ss; vb*	la log| el tronco; anotar
3065	**creep**-*vb; ss*	arrastrarse; el pelotillero
3066	**spite**-*ss; vb*	el despecho; mortificar
3067	**rot**-*ss; vb*	la putrefacción| la decadencia; pudrirse
3069	**lecture**-*ss; vb*	la conferencia| el sermón; dar una conferencia
3071	**harbor**-*ss; vb*	el puerto| el albergue; albergar
3074	**counsel**-*ss; vb*	el consejo| el abogado; aconsejar
3078	**repair**-*vb; ss*	reparar| refaccionar; la reparación
3079	**fund**-*ss; vb*	el fondo| la base; financiar
3080	**execute**-*vb*	ejecutar| realizar
3081	**recover**-*vb*	recuperar| rescatar
3082	**collar**-*ss; vb*	el collar; pisar
3084	**observe**-*vb*	observar| cumplir
3086	**affect**-*vb; ss*	afectar| influir; el sentimiento
3087	**examine**-*vb*	examinar| interrogar
3088	**brake**-*ss; vb*	el freno; frenar
3089	**muffle**-*vb*	amortiguar
3092	**purple**-*ss; adj; vb*	la púrpura; morado; purpurar
3095	**audition**-*ss; vb*	la audición; dar una audición
3098	**reserve**-*vb; ss*	reservar; la reserva
3099	**roar**-*ss; vb*	el rugido; rugir
3102	**offend**-*vb*	ofender
3103	**wander**-*vb; ss*	vagar| deambular; el paseo
3105	**terrify**-*vb*	aterrorizar| atemorizar
3107	**coal**-*ss; vb*	el carbón; tomar carbón
3108	**cease**-*vb; ss*	cesar| dejar de; el fin
3117	**tag**-*ss; vb*	la etiqueta; poner una etiqueta a
3118	**shield**-*ss; vb*	el escudo; proteger
3119	**function**-*ss; vb*	la función; funcionar
3120	**motive**-*adj; ss; vb*	motivo| motor; el motivo; motivar
3122	**worship**-*ss; vb*	la adoración; adorar
3127	**abuse**-*ss; vb*	el abuso; abusar de
3130	**heel**-*ss; vb*	el tacón; talonear
3135	**fee**-*ss; vb*	la cuota; pagar
3136	**dynamite**-*ss; vb*	la dinamita; dinamitar
3141	**deed**-*ss; vb*	la escritura| el hecho; transferir
3144	**thumb**-*ss; vb*	el pulgar; manosear
3145	**dizzy**-*adj; vb*	mareado; tener vértigos
3146	**graduate**-*adj; ss; vb*	graduado; el graduado; graduar
3149	**massage**-*ss; vb*	el masaje; masajear
3153	**grip**-*ss; vb*	el apretón| la empuñadura; agarrar
3154	**curtain**-*ss; vb*	la cortina; proveer la cortina
3155	**privilege**-*ss; vb*	el privilegio| el honor; privilegiar

3158	**pepper**-*ss; vb*	la pimienta; salpicar
3160	**slight**-*adj; ss; vb*	leve| pequeño; el desaire; desairar
3162	**plug**-*ss; vb*	el enchufe| el tapón; enchufar
3165	**groom**-*ss; vb*	el novio| el caballerizo; cepillar
3166	**reply**-*ss; vb*	la respuesta; responder
3169	**fur**-*ss; vb*	la piel; cubrirse de sarro
3170	**whir**-*ss; vb*	el zumbido; batir
3177	**pillow**-*ss; vb*	la almohada; apoyar sobre la almohada
3178	**expose**-*vb*	exponer| desenmascarar
3180	**stream**-*ss; vb*	la corriente| el torrente; fluir
3182	**beware**-*vb*	tener cuidado
3183	**quote**-*vb; ss*	citar; la cita
3189	**tub**-*ss; vb*	la tina| la bañera; tomar un baño
3190	**establish**-*vb*	establecer| crear
3192	**straighten**-*vb*	enderezar| enderezarse
3196	**attract**-*vb*	atraer
3203	**lance**-*ss; vb*	la lanza; lancear
3206	**bench**-*ss; vb*	el banco; exhibir
3209	**dial**-*vb; ss*	marcar; la esfera
3211	**publish**-*vb*	publicar
3212	**improve**-*vb*	mejorar| aumentar
3214	**monitor**-*ss; vb*	el monitor; controlar
3215	**mill**-*ss; vb*	el molino; moler
3221	**conflict**-*ss; vb*	el conflicto; estar en conflicto
3224	**cooperate**-*vb*	cooperar
3226	**instrument**-*ss; vb*	el instrumento; instrumentar
3227	**chorus**-*ss; vb*	el coro; cantar de coro
3230	**adore**-*vb*	adorar
3232	**skipper**-*ss; vb*	capitán; capitanear
3239	**entitle**-*vb*	dar derecho| titular
3240	**regard**-*vb; ss*	considerar| mirar; el respecto
3245	**broadcast**-*ss; vb*	la emisión; transmitir
3246	**tide**-*ss; vb*	la marea; arrastrar con la marea
3249	**assign**-*vb; ss*	asignar| ceder; el cesionario
3251	**oblige**-*vb*	obligar
3252	**seed**-*ss; vb*	la semilla| la simiente; sembrar

3254	**nap**-*ss; vb*	la siesta| el flojel; dormir la siesta
3255	**hatch**-*ss; vb*	la escotilla| el portón; tramar
3261	**gossip**-*ss; vb*	los chismes| el chismorreo; chismear
3262	**cruise**-*ss; vb*	el crucero; navegar
3263	**triple**-*adj; ss; vb*	triple; el triple; triplicar
3264	**hawk**-*ss; vb*	el halcón; pregonar
3265	**elect**-*ss; vb*	el electo| el elegido; elegir
3267	**shepherd**-*ss; vb*	el pastor; cuidar de
3268	**vanish**-*vb*	desaparecer
3274	**overcome**-*vb*	superar| salvar
3275	**institute**-*ss; vb*	el instituto; instituir
3276	**lame**-*adj; vb*	cojo; lisiar
3286	**bicycle**-*ss; vb*	la bicicleta; ir en bicicleta
3288	**despair**-*ss; vb*	la desesperación; desesperar
3290	**ape**-*ss; vb*	el mono| el simio; imitar a
3292	**educate**-*vb*	educar| instruir
3293	**pencil**-*ss; vb*	el lápiz; escribir con lápiz
3296	**flood**-*vb; ss*	inundar; la inundación
3297	**jolly**-*adj; adv; vb*	alegre| terrible; muy; engatusar
3299	**beam**-*ss; vb*	el haz| la viga; emitir
3301	**vault**-*ss; vb*	la bóveda; saltar
3307	**regiment**-*ss; vb*	el regimiento; reglamentar
3309	**accompany**-*vb*	acompañar
3312	**rely**-*vb*	confiar
3315	**display**-*vb; ss*	mostrar| exhibir; la visualización
3318	**bloom**-*vb; ss*	florecer; la floración
3320	**narrow**-*vb; adj; ss*	reducir; estrecho; el estrecho
3323	**fart**-*ss; vb*	el pedo; tirarse un pedo
3326	**volunteer**-*ss; vb*	el voluntario; ofrecerse
3327	**greet**-*vb*	saludar
3330	**howl**-*ss; vb*	el aullido| el alarido; aullar
3331	**gamble**-*vb; ss*	jugar| arriesgarse; el riesgo
3334	**react**-*vb*	reaccionar
3337	**relieve**-*vb*	aliviar| relevar

3345	**pirate**-*ss; vb*	pirata; piratear	3465	**dam**-*ss; vb*	la presa| la represa; represar
3346	**certificate**-*ss; vb*	el certificado; dar un certificado	3466	**alibi**-*ss; vb*	la coartada; presentar una coartada
3351	**slice**-*ss; vb*	la rebanada| la rodaja; cortar	3468	**harvest**-*ss; vb*	la cosecha| la recolección; cosechar
3352	**pervert**-*ss; vb*	el pervertido; pervertir	3470	**collapse**-*ss; vb*	el colapso; derrumbarse
3353	**smack**-*ss; vb*	el golpe; oler	3474	**communicate**-*vb*	comunicar
3356	**roast**-*adj; ss; vb*	asado; el asado; asar	3483	**behold**-*vb*	observar
3360	**slim**-*adj; vb*	delgado| escaso; adelgazar	3485	**companion**-*ss; vb*	el compañero| el ayudante; ser compañero
3362	**lobby**-*ss; vb*	el vestíbulo; presionar	3487	**rebel**-*ss; vb*	rebelde; rebelarse
3371	**bounce**-*vb; ss*	rebotar; el bote	3488	**moonlight**-*ss; vb*	la luz de la luna; estar pluriempleado
3384	**occupy**-*vb*	ocupar| llenar	3490	**march**-*ss; vb*	la marcha; marchar
3385	**adopt**-*vb*	adoptar	3494	**pimp**-*ss; vb*	el chulo; alcahuetear
3386	**congratulate**-*vb*	felicitar	3495	**orphan**-*adj; ss; vb*	huérfano; el huérfano; dejar huérfano
3387	**dice**-*ss; vb*	los dados; jugar a los dados	3500	**fare**-*ss; vb*	la tarifa| la comida; ir bien o mal a uno
3393	**breed**-*ss; vb*	la raza| la casta; criar	3505	**prostitute**-*ss; vb*	la prostituta; prostituir
3395	**blackmail**-*ss; vb*	el chantaje; hacer chantaje	3507	**work in**-*vb*	introducir poco a poco
3396	**herd**-*ss; vb*	la manada| el hato; guardar	3514	**compliment**-*ss; vb*	el cumplido; añadir
3397	**parole**-*ss; vb*	la libertad condicional; liberar condicionalmente	3516	**gesture**-*ss; vb*	el gesto| la muestra; hacer un ademán
3407	**disguise**-*ss; vb*	la disfraz; disfrazar	3520	**salute**-*ss; vb*	el saludo; saludar
3409	**ditch**-*ss; vb*	la zanja; abandonar	3524	**riot**-*ss; vb*	el motín; amotinarse
3412	**inspire**-*vb*	inspirar| dar animación	3526	**racket**-*ss; vb*	la raqueta| la estafa; hacer ruido
3417	**locate**-*vb*	localizar	3530	**swamp**-*ss; vb*	el pantano| la marisma; inundar
3418	**chew**-*vb; ss*	masticar; la masticación	3534	**saddle**-*ss; vb*	el sillín; ensillar
3419	**razor**-*ss; vb*	la navaja; rasurar	3544	**hay**-*ss; vb*	el heno; tomar heno
3420	**narrate**-*vb*	narrar| referir	3552	**chirp**-*ss; vb*	el chirrido; piar
3430	**slam**-*ss; vb*	el golpe; cerrar de golpe	3553	**grain**-*ss; vb*	el grano; cristalizar
3434	**doom**-*vb; ss*	condenar| predestinar; la perdición	3562	**possess**-*vb*	poseer| haber
3439	**withdraw**-*vb*	retirar| retirarse	3563	**debate**-*ss; vb*	el debate; debatir
3440	**frighten**-*vb*	asustar| amedrentar	3564	**draft**-*ss; vb*	el borrador; preparar
3443	**pace**-*ss; vb*	el paso; ir al paso	3565	**savage**-*adj; ss; vb*	salvaje| feroz; el salvaje; embestir
3450	**devote**-*vb*	dedicar| dar a	3567	**ransom**-*ss; vb*	el rescate; rescatar
3454	**murmur**-*ss; vb*	el murmullo| el susurro; murmurar	3569	**repay**-*vb*	pagar| reintegrar
3456	**drain**-*vb; ss*	drenar| escurrir; el desagüe	3570	**persuade**-*vb*	persuadir
			3571	**spill**-*vb; ss*	derramar; el vertido
3461	**wade**-*vb*	vadear	3573	**leaf**-*ss; vb*	la hoja; hojear
3463	**shrink**-*ss; vb*	el encogimiento| psiquiatra; encoger	3576	**divide**-*vb; ss*	dividir| dividirse; la divisoria
3464	**flee**-*vb*	huir de| escapar	3577	**dock**-*ss; vb*	el muelle| el dique; atracar

3579	**crow**-*ss; vb*	el cuervo; graznar
3581	**choir**-*ss; vb*	el coro; cantar a coro
3591	**tick**-*ss; vb*	la garrapata| el tictac; marcar
3592	**ski**-*ss; vb*	el esquí; esquiar
3594	**weigh**-*vb*	pesar
3595	**prey**-*ss; vb*	la presa; aprovecharse de
3597	**bugger**-*ss; vb*	el tío; sodomizar
3605	**whine**-*ss; vb*	el gimoteo; gimotear
3606	**bubble**-*ss; vb*	la burbuja; burbujear
3607	**echo**-*ss; vb*	el eco| la repetición; repetir
3612	**suspend**-*vb*	suspender
3615	**tolerate**-*vb*	tolerar
3616	**dot**-*ss; vb*	el punto; puntear
3619	**autograph**-*ss; vb*	el autógrafo; firmar
3620	**wax**-*ss; vb; adj*	la cera; encerar; encerado
3624	**scent**-*ss; vb*	el olor| el perfume; perfumar
3625	**negotiate**-*vb*	negociar
3626	**scheme**-*ss; vb*	el esquema; proyectar
3634	**pension**-*ss; vb*	la pensión| el retiro; pensionar
3636	**triumph**-*ss; vb*	el triunfo| la gloria; triunfar
3643	**conquer**-*vb*	conquistar| vencer
3647	**kneel**-*vb*	arrodillarse
3648	**rattle**-*ss; vb*	el traqueteo; sonar
3653	**snore**-*ss; vb*	el ronquido; roncar
3656	**fold**-*ss; vb*	el doblez| el pliegue; doblar
3661	**thrill**-*ss; vb*	la emoción| la sensación; emocionar
3662	**haunt**-*ss; vb*	la guarida| el nidal; perseguir
3663	**cycle**-*ss; vb*	el ciclo; ir en bicicleta
3665	**spray**-*ss; vb*	la pulverización| el spray; rociar
3668	**confuse**-*vb*	confundir| aturdir
3669	**condemn**-*vb*	condenar
3672	**bully**-*ss; vb; adj*	el matón; tiranizar; formidable
3674	**feather**-*ss; vb*	la pluma; emplumar
3675	**slaughter**-*ss; vb*	el sacrificio| la matanza; matar
3678	**intimate**-*adj; vb; ss*	íntimo; intimar; el amigo íntimo
3682	**presume**-*vb*	presumir
3684	**phrase**-*ss; vb*	la frase| la expresión; expresar
3686	**keen**-*adj; ss; vb*	afilado; el lamento fúnebre; lamentar fúnebre
3688	**spoon**-*ss; vb*	la cuchara; cucharear
3695	**associate**-*vb; adj; ss*	asociar| unirse; asociado; el socio
3697	**cane**-*ss; vb*	la caña; azotar
3704	**reject**-*vb; ss*	rechazar| desestimar; la cosa rechazada
3705	**creak**-*vb; ss*	crujir; el crujido
3707	**proposition**-*ss; vb*	la proposición| el propósito; hacer proposiciones
3709	**tan**-*vb; ss; adj*	broncearse; el bronceado; color canela
3713	**hesitate**-*vb*	vacilar| titubear
3714	**mature**-*adj; vb*	maduro; madurar
3716	**compete**-*vb*	competir
3718	**stir**-*vb; ss*	revolver| remover; la agitación
3721	**pine**-*ss; vb*	el pino; languidecer
3723	**armor**-*ss; vb*	la armadura; blindar
3724	**mutter**-*vb; ss*	murmurar; el murmullo
3725	**balloon**-*ss; vb*	el globo; hincharse
3730	**receipt**-*ss; vb*	la recepción| el comprobante; dar recibo por
3744	**consent**-*ss; vb*	el consentimiento; consentir
3746	**ink**-*ss; vb*	la tinta; entintar
3748	**pledge**-*ss; vb*	el compromiso| la prenda; prometer
3749	**crook**-*ss; vb*	el ladrón; encorvarse
3752	**autopsy**-*ss; vb*	la autopsia; autopsiar
3758	**endure**-*vb*	soportar| perdurar
3759	**shade**-*ss; vb*	la sombra| el tono; sombrear
3760	**stamp**-*ss; vb*	el sello| la estampilla; sellar
3765	**qualify**-*vb*	calificar| clasificarse
3766	**wrestle**-*vb*	luchar
3768	**dolly**-*ss; vb*	la muñequita; ser muñequita
3773	**fork**-*ss; vb*	el tenedor; bifurcarse
3776	**rig**-*ss; vb*	el aparejo; aparejar
3777	**dodge**-*vb; ss*	esquivar| evadir; el regate

3778	**ally**-*ss; vb*	el aliado; aliarse	
3785	**blare**-*ss; vb*	el estruendo; sonar	
3786	**reference**-*ss; adj; vb*	la referencia; de referencia; poner referencias	
3789	**squeal**-*ss; vb*	el chillido| el grito agudo; chillar	
3793	**screech**-*ss; vb*	el chillido; chirriar	
3794	**nickel**-*ss; vb*	el níquel; niquelar	
3797	**flush**-*vb; ss; adj; adv*	enjuagar; el rubor; a ras; a nivel	
3801	**stunt**-*vb; ss*	atrofiar; la payasada	
3807	**preserve**-*vb; ss*	preservar| conservar; el coto	
3808	**whack**-*vb; ss*	golpear| vapulear; el porrazo	
3810	**satisfy**-*vb*	satisfacer| cumplir con	
3816	**rally**-*ss; vb*	la reunión; recuperarse	
3817	**seize**-*vb*	aprovechar| apoderarse de	
3820	**shuttle**-*ss; vb*	la lanzadera; ir y venir	
3823	**weep**-*vb*	llorar	
3830	**haul**-*ss; vb*	el recorrido| el botín; arrastrar	
3833	**barrack**-*ss; vb*	la barraca; acuartelar	
3835	**duel**-*ss; vb*	el duelo; batirse en duelo	
3836	**sour**-*vb; adj*	amargar| agriarse; agrio	
3840	**spike**-*ss; vb*	la espiga; clavar	
3841	**stall**-*ss; vb*	el puesto; pararse	
3843	**robe**-*ss; vb*	la túnica; vestir	
3850	**pierce**-*vb*	atravesar	
3855	**tramp**-*ss; vb*	el vagabundo| la fulana; recorrer	
3859	**scissor**-*vb; ss*	cortar con tijeras; la tijera	
3862	**compassion**-*ss; vb*	la compasión; tener piedad de	
3863	**choke**-*ss; vb*	el ahogo; ahogar	
3864	**convict**-*vb; ss*	condenar; el convicto	
3865	**vow**-*ss; vb*	el voto| la promesa; prometer	
3871	**isolate**-*vb*	aislar	
3876	**melt**-*vb*	fundir	
3882	**anchor**-*ss; vb*	la ancla| la áncora; anclar	
3883	**zip**-*ss; vb*	la cremallera| el cierre; cerrar	
3885	**quarrel**-*ss; vb*	la pelea| la camorra; pelear	

3886	**pose**-*ss; vb*	la pose| la actitud; plantear	
3893	**assist**-*vb*	ayudar| presenciar	
3897	**untie**-*vb*	desatar	
3898	**thud**-*ss; vb*	el ruido sordo; caer con ruido sordo	
3899	**oppose**-*vb*	oponerse a	
3900	**ensure**-*vb*	asegurar	
3902	**circuit**-*ss; vb*	el circuito; rodear	
3907	**jar**-*ss; vb*	el tarro| el frasco; mover	
3908	**appoint**-*vb*	nombrar| equipar	
3909	**resign**-*vb*	renunciar| dimitir	
3913	**copper**-*ss; adj; vb*	el cobre; de cobre; realizar caldera	
3914	**corrupt**-*adj; vb*	corrupto; corromper	
3915	**scan**-*vb; ss*	escanear; la tomografía	
3916	**await**-*vb*	esperar	
3921	**dip**-*ss; vb*	la inmersión| el baño; mojar	
3923	**hint**-*vb; ss*	insinuar| dar un indicio; las indirecta	
3924	**fade**-*vb*	descolorarse	
3930	**encounter**-*ss; vb*	el encuentro| el tropezado; encontrar	
3931	**stew**-*ss; vb*	el guiso; guisar	
3932	**urge**-*ss; vb*	el impulso| la ansia; instar	
3934	**ping**-*ss; vb*	el silbido; picar	
3937	**jaw**-*ss; vb*	la mandíbula| la mordaza; charlar	
3938	**boil**-*vb; ss*	hervir; el hervor	
3945	**fulfill**-*vb*	cumplir	
3947	**farther**-*adv; adj; vb*	más lejos| más allá; más lejano; adelantar	
3955	**massacre**-*ss; vb*	la masacre; masacrar	
3958	**tease**-*vb; ss*	molestar| embromar; el embromador	
3959	**contain**-*vb*	contener	
3960	**dagger**-*ss; vb*	la daga; odiarse a muerte	
3961	**organize**-*vb*	organizar	
3963	**sniff**-*vb; ss*	oler| esnifar; la inhalación	
3964	**rack**-*ss; vb*	el estante; atormentar	
3965	**gown**-*ss; vb*	el vestido| la toga; ponerse	
3968	**eliminate**-*vb*	eliminar	
3969	**leap**-*ss; vb*	el salto; saltar	
3972	**plead**-*vb*	alegar| abogar	

3973	**sting**-*ss; vb*	la picadura| el aguijón; picar	
3981	**wage**-*ss; vb; adj*	el salario; librar; salarial	
3983	**mortgage**-*ss; vb*	la hipoteca; hipotecar	
3984	**cord**-*ss; vb*	el cable| el cordón; hacer una cuerda	
3985	**despise**-*vb*	despreciar	
3990	**lust**-*ss; vb*	la lujuria; codiciar	
3992	**puzzle**-*ss; vb*	el rompecabezas| la puzzle; desconcertar	
3993	**legitimate**-*adj; vb*	legítimo| justo; legitimar	
3994	**ferry**-*vb; ss*	transportar; el transbordador	
3995	**puke**-*ss; vb*	el vómito; vomitar a uno	
3996	**bolt**-*ss; vb*	el tornillo| el cerrojo; empernar	
3998	**label**-*ss; vb*	la etiqueta| el rótulo; etiquetar	
4000	**godfather**-*ss; vb*	el padrino; apadrinar	
4010	**explore**-*vb*	explorar| investigar	
4012	**tuck**-*ss; vb*	el pliegue; comer	
4014	**submit**-*vb*	presentar| someter	
4016	**avenge**-*vb*	vengar	
4020	**trumpet**-*ss; vb; adj*	la trompeta; pregonar; trompetazo	
4022	**compromise**-*ss; vb*	el compromiso; comprometer	
4029	**mole**-*ss; vb*	el topo; cavar	
4032	**translate**-*vb*	traducir| trasladar	
4035	**pursue**-*vb*	perseguir| seguir	
4036	**strain**-*ss; vb*	la tensión; colar	
4042	**disagree**-*vb*	discrepar	
4048	**glue**-*ss; vb*	el pegamento; pegar	
4051	**jelly**-*ss; vb*	la gelatina; gelatinar	
4052	**hunch**-*ss; vb*	la corazonada| el pálpito; encorvar	
4054	**entertain**-*vb*	entretener| agasajar	
4056	**amaze**-*ss; vb*	el asombro; asombrar	
4062	**nickname**-*ss; vb*	el apodo; apodar	
4067	**thread**-*ss; vb*	el hilo| la rosca; enhebrar	
4070	**erase**-*vb*	borrar	
4078	**hike**-*ss; vb*	la caminata; ir de excursión	
4081	**scarf**-*ss; vb*	la bufanda; empalmar	
4084	**reduce**-*vb*	reducir| bajar	
4088	**expel**-*vb*	expulsar	
4090	**restore**-*vb*	restaurar	
4091	**humiliate**-*vb*	humillar	
4093	**encourage**-*vb*	fomentar| alentar	
4094	**squeak**-*ss; vb*	el chirrido| el crujido; chirriar	
4097	**comb**-*ss; vb*	el peine| la peineta; peinar	
4099	**hiss**-*ss; vb*	el silbido; silbar	
4100	**breach**-*ss; vb*	el incumplimiento| la violación; violar	
4101	**delight**-*ss; vb*	el deleite| la delicia; deleitar	
4102	**canal**-*ss; vb*	el canal; bajar el canal	
4103	**dispatch**-*ss; vb*	el envío| el despacho; enviar	
4105	**pronounce**-*vb*	pronunciar| dar su opinión	
4111	**peach**-*ss; adj; vb*	el melocotón; de color melocotón; chivarse	
4112	**shrimp**-*ss; vb*	el camarón; pescar camarones	
4113	**rib**-*ss; vb*	la costilla; tomar el pelo	
4114	**evacuate**-*vb*	evacuar	
4120	**indicate**-*vb*	indicar| demostrar	
4121	**fuse**-*ss; vb*	el fusible; fusionar	
4123	**quest**-*ss; vb*	la búsqueda; buscar	
4124	**spark**-*ss; vb*	la chispa; chispear	
4130	**clatter**-*ss; vb*	el estrépito; traquetear	
4133	**peak**-*ss; vb*	el pico; llegar al máximo	
4139	**glow**-*ss; vb*	el brillo| la incandescencia; brillar	
4143	**sip**-*ss; vb*	el sorbo; sorber	
4144	**beggar**-*ss; vb*	el mendigo; arruinar	
4147	**cope**-*ss; vb*	la capa pluvial; hacer frente a	
4148	**pinch**-*ss; vb*	el pellizco| la pizca; pellizcar	
4150	**clip**-*vb; ss*	acortar| recortar; la presilla	
4152	**pad**-*ss; vb*	la almohadilla; acolchar	
4164	**cricket**-*ss; vb*	el cricket; jugar al criquet	
4166	**lodge**-*vb; ss*	presentar| alojar; la logia	
4171	**hack**-*vb; ss; adj*	cortar| piratear; el corte; mercenario	
4173	**yacht**-*ss; vb*	el yate| el velero; navegar en yate	
4175	**feature**-*ss; vb*	la característica| la prestación; ofrecer	

4177	**disorder**-*ss; vb*	el trastorno	el desorden; desordenar
4183	**auction**-*ss; vb*	subasta; subastar
4187	**finance**-*vb; ss*	financiar; las finanzas
4190	**coordinate**-*vb; ss; adj*	coordinar; la coordenada; coordinado
4193	**resume**-*vb; ss*	reanudar; el currículum
4197	**distress**-*ss; vb*	la angustia	el peligro; angustiar
4199	**drift**-*ss; vb*	la deriva	la corriente; ir a la deriva
4206	**promote**-*vb*	promover	promocionar
4209	**grasp**-*vb; ss*	agarrar	comprender; la comprensión
4214	**calendar**-*ss; vb*	el calendario; inventariar
4219	**onion**-*ss; vb*	la cebolla; condimentar con cebolla
4220	**barbecue**-*ss; vb*	la barbacoa; asar
4223	**extend**-*vb*	ampliar	extenderse
4224	**bake**-*ss; vb*	la cocción; endurecer
4228	**gaze**-*ss; vb*	la mirada; mirar con fijeza
4233	**chart**-*ss; vb*	la tabla	el gráfico; trazar un mapa
4234	**tidy**-*adj; vb*	ordenado	limpio; poner en orden
4237	**select**-*vb; adj*	seleccionar; selecto
4244	**fax**-*ss; vb*	el fax; faxear
4246	**shoo**-*vb*	espantar
4247	**vacuum**-*ss; vb*	el vacío; pasar la aspiradora
4249	**notify**-*vb*	notificar
4250	**bribe**-*ss; vb*	el soborno; sobornar
4251	**mock**-*vb; adj*	burlarse de; simulado
4254	**frost**-*ss; vb*	la helada; escarchar
4256	**clap**-*vb; ss*	aplaudir; la palmada
4261	**parrot**-*ss; vb*	el loro; repetir como un loro
4263	**stray**-*adj; vb*	extraviado; perderse
4264	**ax**-*ss; vb*	las hacha; cortar
4267	**discount**-*ss; vb*	el descuento	la rebaja; descontar
4269	**refer**-*vb*	referir
4272	**crop**-*ss; vb*	el cultivo	la cosecha; cortar
4276	**veil**-*ss; vb*	el velo; velar
4277	**purchase**-*ss; vb*	la compra	el agarre; comprar
4279	**involve**-*vb*	involucrar	implicar
4284	**sew**-*vb*	coser
4287	**reform**-*ss; vb*	la reforma; reformar
4290	**brigade**-*ss; vb*	la brigada; formar una brigada con
4295	**stack**-*vb; ss*	apilar; el montón
4296	**cripple**-*ss; vb*	el lisiado; lisiar
4298	**stain**-*vb; ss*	manchar	mancharse; la mancha
4300	**accomplish**-*vb*	lograr	cumplir
4304	**deceive**-*vb*	engañar	engañarse
4307	**loosen**-*vb*	aflojar	aflojarse
4309	**obtain**-*vb*	obtener	prevalecer
4317	**refuge**-*ss; vb*	el refugio; albergar
4319	**rag**-*ss; vb*	el trapo; dar guerra a
4322	**scram**-*vb*	largarse
4328	**peel**-*vb; ss*	pelar	pelarse; la piel
4330	**heap**-*ss; vb*	el montón	el rimero; amontonar
4333	**destine**-*vb*	destinar
4339	**surf**-*vb; ss*	navegar; las olas
4343	**grease**-*ss; vb*	la grasa; engrasar
4348	**shovel**-*ss; vb*	la pala; mover con la pala
4352	**ambush**-*ss; vb*	la emboscada; tender una emboscada
4355	**hollow**-*adj; ss; vb; adv*	hueco	vacío; el hueco; ahuecar; a hueco
4356	**pawn**-*vb; ss*	empeñar	pignorar; el peón
4357	**rendezvous**-*ss; vb*	la cita; reunirse con
4358	**jingle**-*ss; vb*	el tintineo; tintinear
4359	**slit**-*ss; vb*	la abertura; rajar
4364	**terrace**-*ss; vb*	la terraza; terraplenar
4365	**knot**-*ss; vb*	el nudo	el grupo; anudar
4369	**handcuff**-*vb*	esposar
4371	**hustle**-*ss; vb*	el ajetreo	el bullicio; darse prisa
4372	**mute**-*adj; ss; vb*	mudo; el mudo; apagar
4375	**dash**-*ss; vb*	el guión	la pizca; precipitarse
4378	**peek**-*ss; vb*	las ojeada; echar una ojeada
4381	**landscape**-*ss; adj; vb*	el paisaje; paisajista; ajardinar

4386	**gag**-*ss; vb*	la mordaza| la broma; amordazar
4392	**spear**-*ss; vb*	la lanza; alancear
4393	**torment**-*ss; vb*	el tormento| el suplicio; atormentar
4395	**flatter**-*vb*	halagar
4399	**bunk**-*ss; vb*	la litera; acostarse
4405	**boogie**-*vb*	mover el esqueleto
4406	**hose**-*ss; vb*	la manguera; regar con manguera
4412	**flour**-*ss; vb*	la harina; enharinar
4413	**acknowledge**-*vb*	reconocer| agradecer
4414	**resolve**-*vb; ss*	resolver; la resolución
4419	**carpenter**-*ss; vb*	el carpintero; dedicarse a carpintería
4420	**weary**-*adj; vb*	cansado| fatigado; cansar
4425	**blossom**-*ss; vb*	la flor; florecer
4431	**caution**-*ss; vb*	la precaución| la prudencia; advertir
4437	**reign**-*ss; vb*	el reinado| el dominio; reinar
4441	**inherit**-*vb*	heredar
4445	**mushroom**-*ss; adj; vb*	la seta; de hongos; surgir como hongos
4446	**justify**-*vb*	justificar| alinear
4453	**steer**-*ss; vb*	el buey| el novillo; dirigir
4455	**acquaint**-*vb*	familiarizar
4456	**flock**-*ss; vb*	el rebaño| la bandada; afluir
4461	**addict**-*ss; vb*	el adicto; ser adicto
4475	**hog**-*ss; vb*	el cerdo| el chancho; acaparar
4476	**lease**-*ss; vb*	el arrendamiento; arrendar
4477	**pancake**-*ss; vb*	el crepe; desplomarse
4484	**misunderstand**-*vb*	entender mal
4485	**dwarf**-*ss; vb*	el enano| el pequeño; empequeñecer
4486	**lounge**-*ss; vb*	el salón| la sala; gandulear
4487	**invest**-*vb*	invertir| investir
4494	**spice**-*vb; ss*	condimentar; la especia
4495	**whoop**-*vb*	gritar
4498	**shatter**-*vb*	romper| destruir
4500	**venture**-*ss; vb*	el riesgo| la empresa; aventurarse
4511	**strangle**-*vb*	estrangular
4516	**vomit**-*vb; ss*	vomitar; el vómito
4521	**dose**-*ss; vb*	las dosis; dosificar
4522	**kidney**-*ss; adj; vb*	el riñón; renal; gritar
4523	**gutter**-*ss; vb*	el canal; irse consumiendo
4530	**absent**-*adj; vb*	ausente; ausentarse
4533	**distract**-*vb*	distraer| entretener
4535	**unlock**-*vb*	descubrir
4537	**poke**-*vb; ss*	meter| empujar; el codazo
4538	**panel**-*ss; vb*	el panel| el grupo; artesonar
4542	**demonstrate**-*vb*	demostrar| hacer una manifestación
4547	**tailor**-*ss; vb*	el sastre; entallar
4553	**participate**-*vb*	participar
4556	**flute**-*ss; vb*	la flauta; acanalar
4561	**rival**-*adj; ss; vb*	rival| opuesto; el rival; rivalizar con
4563	**puff**-*ss; vb*	el soplo; soplar
4567	**dislike**-*ss; vb*	la aversión; no gustar
4570	**protocol**-*ss; vb*	el protocolo; protocolar
4572	**exhibit**-*ss; vb*	la exposición| el objeto expuesto; exhibir
4575	**evolve**-*vb*	evolucionar
4576	**blink**-*ss; vb*	el parpadeo; parpadear
4577	**sway**-*ss; vb*	la influencia; balancearse
4578	**vest**-*ss; vb*	el chaleco| la camiseta; conferir
4579	**sketch**-*ss; vb*	el bosquejo| el dibujo; dibujar
4580	**soak**-*vb; ss*	empapar| empaparse; el borrachín
4581	**rehearse**-*vb*	ensayar
4582	**claw**-*ss; vb*	la garra; arañar
4592	**stud**-*ss; vb*	el semental| el clavo; tachonar
4595	**skate**-*vb; ss*	patinar; el patín
4596	**sheer**-*adj; adv; ss; vb*	escarpado| puro; completamente; la desviación; caer a pico
4600	**heave**-*ss; vb*	el tirón| las arcadas; levantar
4603	**exile**-*ss; vb*	el exilio; exiliar
4609	**glance**-*ss; vb*	los vistazo| las ojeada; mirar
4613	**vet**-*ss; vb*	el veterinario| excombatiente; examinar

4628	**strap**-*ss; vb*	la correa; atar con correa	
4629	**bundle**-*ss; vb*	el haz| el manojo; liar	
4632	**cement**-*ss; vb*	el cemento; cementar	
4633	**seduce**-*vb*	seducir	
4635	**stroll**-*ss; vb*	el paseo; dar un paseo	
4637	**utter**-*vb; adj*	pronunciar| proferir; total	
4639	**scrap**-*ss; vb*	la chatarra| el trozo; desechar	
4642	**yield**-*ss; vb*	el rendimiento| la producción; producir	
4648	**lump**-*ss; adj; vb*	el terrón| la masa; global; englobar	
4649	**tow**-*vb; ss; adj*	remolcar; el remolque; de remolque	
4650	**compound**-*adj; ss; vb*	compuesto; el compuesto; componer	
4652	**substitute**-*vb; ss; adj*	sustituir; el sustituto; suplente	
4658	**define**-*vb*	definir| considerar	
4662	**grudge**-*vb*	escatimar	
4672	**merchandise**-*ss; vb*	las mercancías; comerciar	
4680	**marble**-*ss; adj; vb*	el mármol; marmóreo; jaspear	
4682	**raft**-*ss; vb*	la balsa| la serie; embalsar	
4683	**holler**-*vb*	gritar	
4686	**sustain**-*vb*	sostener| mantener	
4687	**preach**-*vb*	predicar	
4689	**tab**-*ss; vb*	la lengüeta; tabular	
4692	**tremble**-*vb; ss*	temblar; el temblor	
4693	**mint**-*ss; adj; vb*	la menta; nuevo; acuñar	
4695	**brace**-*ss; vb*	la abrazadera| la llave; apuntalar	
4697	**broom**-*ss; vb*	la escoba; barrer	
4701	**splash**-*ss; vb*	el chapoteo; salpicar	
4704	**referee**-*ss; vb*	el árbitro| referí; evaluar	
4706	**flirt**-*vb; ss*	coquetear; la coqueta	
4714	**cabbage**-*ss; vb*	la col; usar repollo	
4717	**repent**-*vb; adj*	arrepentirse; rastrero	
4725	**summon**-*vb*	convocar| llamar	
4726	**undress**-*ss; vb*	el desnudo; desnudarse	
4728	**gulf**-*ss; vb*	el golfo; pasar de	
4729	**probe**-*ss; vb*	la sonda| el sondeo; sondear	
4737	**discharge**-*ss; vb*	la descarga| el descargo; descargar	
4742	**void**-*adj; ss; vb*	vacío| nulo; el vacío; anular	
4743	**ray**-*ss; vb*	el rayo; radiar	
4744	**idle**-*adj; vb*	ocioso| libre; holgazanear	
4752	**loop**-*ss; vb*	el bucle| el lazo; serpentear	
4755	**compass**-*ss; vb*	la brújula; conseguir	
4758	**mumble**-*vb; ss*	mascullar; el balbuceo	
4772	**premise**-*ss; vb*	la premisa; sentar como premisa	
4776	**bankrupt**-*adj; ss; vb*	arruinado; el quebrado; arruinar	
4781	**swap**-*vb; ss*	intercambiar| canjear; el intercambio	
4784	**curve**-*ss; vb*	la curva; curvar	
4788	**retard**-*vb*	retardar	
4789	**reflect**-*vb*	reflejar| reflexionar	
4795	**acquire**-*vb*	adquirir| aprender	
4800	**elbow**-*ss; vb*	el codo; dar codazos	
4809	**scrub**-*vb; ss; adj*	fregar; el matorral; achaparrado	
4810	**rhyme**-*ss; vb*	la rima; rimar	
4817	**flavor**-*ss; vb*	el sabor; condimentar	
4819	**exaggerate**-*vb*	exagerar	
4821	**consult**-*vb*	consultar	
4822	**cradle**-*ss; vb*	la cuna; mecer a un niño en brazos	
4828	**thrust**-*ss; vb*	el empuje| la estocada; empujar	
4830	**bunker**-*ss; vb*	el búnker; repostar	
4832	**slack**-*adj; ss; vb*	flojo; respiro; gandulear	
4833	**garrison**-*ss; vb*	la guarnición; guarnecer	
4836	**sponsor**-*ss; vb*	el patrocinador| el promotor; patrocinar	
4844	**bluff**-*ss; vb; adj*	el bluff; engañar; escarpado	
4848	**activate**-*vb*	activar	
4850	**disk**-*ss; vb*	el disco; usar disco	
4860	**found**-*vb*	fundar| fundir	
4861	**walk in**-*vb*	entrar| zampar	
4863	**petition**-*ss; vb*	la petición| la demanda; solicitar a	
4866	**riddle**-*ss; vb*	el enigma| la criba; acribillar	
4871	**poop**-*ss; vb*	la mierda; recibir por la popa	

4874	**predict**-*vb*	predecir
4875	**pause**-*ss; vb*	la pausa| el silencio; hacer una pausa
4876	**reconsider**-*vb*	reconsiderar
4879	**bathe**-*vb; ss*	bañarse; el baño
4880	**abort**-*vb*	abortar
4883	**tickle**-*ss; vb*	las cosquillas; cosquillear
4885	**swat**-*vb; ss*	aplastar; los golpe fuerte
4889	**sabotage**-*ss; vb*	el sabotaje; sabotear
4891	**employ**-*vb; ss*	emplear| ocupar; el empleo
4900	**disgust**-*ss; vb*	el asco| el disgusto; disgustar
4903	**quack**-*ss; vb; adj*	el curandero; graznar; de curandero
4905	**arise**-*vb*	surgir
4908	**underestimate**-*vb; ss*	subestimar; la infravaloración
4915	**alter**-*vb*	alterar| modificar
4917	**cherish**-*vb*	apreciar
4922	**wager**-*ss; vb*	la apuesta; apostar
4934	**shriek**-*ss; vb*	el grito| el chillido; gritar
4937	**slug**-*ss; vb*	la babosa; pegar
4940	**lure**-*ss; vb*	el señuelo| el atractivo; atraer
4943	**turf**-*ss; vb*	el césped; encespedar
4946	**hound**-*ss; vb*	el sabueso| el podenco; perseguir
4951	**loot**-*ss; vb*	el botín| el saqueo; saquear
4958	**parallel**-*adj; ss; vb*	paralelo; el paralelo; comparar
4960	**lynch**-*vb*	linchar
4963	**glimpse**-*vb; ss*	vislumbrar| otear; las vislumbre
4965	**disrespect**-*ss; vb*	las falta de respeto; irrespetar
4970	**lighten**-*vb*	aligerar| aclarar
4975	**ban**-*ss; vb*	la prohibición| el bando; prohibir
4980	**tempt**-*vb*	tentar| seducir
4982	**banquet**-*ss; vb*	el banquete; banquetear
4983	**dim**-*adj; vb*	oscuro; oscurecer
4986	**impulse**-*ss; vb*	el impulso| la impulsión; impulsar
4992	**convoy**-*ss; vb*	el convoy; convoyar
4997	**commence**-*vb*	comenzar
5000	**snatch**-*vb; ss*	arrebatar; la arrancada
5001	**dent**-*ss; vb*	las mella; mellar
5008	**bleep**-*vb; ss*	emitir pitidos
5009	**resent**-*vb*	resentirse de
5012	**lace**-*ss; vb*	el cordón; guarnecer con encajes
5016	**ribbon**-*ss; vb*	la cinta; ceñir
5019	**edit**-*vb*	editar| redactar
5022	**confront**-*vb*	confrontar
5023	**tackle**-*ss; vb*	la entrada| el aparejo; abordar
5024	**reef**-*ss; vb*	el arrecife; arrizar

Orden alfabetico

2588	**abandon**-*vb; ss*	abandonar| renunciar; el abandono
3732	**abortion**-*ss*	el aborto provocado
4880	**abort**-*vb*	abortar
2768	**abroad**-*adv*	en el extranjero
3481	**absence**-*ss*	la ausencia
4530	**absent**-*adj; vb*	ausente; ausentarse
3127	**abuse**-*ss; vb*	el abuso; abusar de
2642	**academy**-*ss*	la academia
4588	**acceptable**-*adj*	aceptable
4096	**accidentally**-*adv*	accidentalmente
3309	**accompany**-*vb*	acompañar
4548	**accomplice**-*ss*	cómplice
3600	**accomplished**-*adj*	consumado| realizado
4300	**accomplish**-*vb*	lograr| cumplir
3767	**accountant**-*ss*	el contador
3831	**accurate**-*adj*	preciso| correcto
2931	**achieve**-*vb*	lograr| alcanzar
3218	**acid**-*adj; ss*	ácido| mordaz; el ácido
4413	**acknowledge**-*vb*	reconocer| agradecer
4161	**acquaintance**-*ss*	el conocido
4455	**acquaint**-*vb*	familiarizar
4795	**acquire**-*vb*	adquirir| aprender
4559	**acre**-*ss*	el acre
4848	**activate**-*vb*	activar
2895	**active**-*adj*	activo
2719	**activity**-*ss*	la actividad
2539	**actual**-*adj*	real| actual
4461	**addict**-*ss; vb*	el adicto; ser adicto
4501	**additional**-*adj*	adicional
3405	**addition**-*ss*	la adición
3236	**administration**-*ss*	la administración
3385	**adopt**-*vb*	adoptar
3611	**adorable**-*adj*	adorable
3230	**adore**-*vb*	adorar
2559	**adult**-*adj; ss*	adulto; el adulto
3580	**advertising**-*ss*	la publicidad
2675	**advise**-*vb*	asesorar| aconsejar
3650	**affected**-*adj*	afectado
3143	**affection**-*ss*	el afecto
3086	**affect**-*vb; ss*	afectar| influir; el sentimiento
4939	**affirmative**-*adj; ss*	afirmativo; los afirmativo
4192	**agenda**-*ss*	la orden del día
3433	**aggressive**-*adj; ss*	agresivo; la ofensiva
4293	**agony**-*ss*	la agonía| el dolor
3499	**Ahem!**-*int*	¡Ejem!
2533	**ail**-*vb*	afligir
3059	**aircraft**-*ss; adj*	la aeronave; de aviación
4858	**airline**-*ss*	la aerolínea
2847	**airplane**-*ss*	el avión
4730	**aisle**-*ss*	el pasillo
3819	**AI**-*ss*	IA
3782	**Alas!**-*int*	¡Ay!
2837	**album**-*ss*	el álbum
4069	**alcoholic**-*adj; ss*	alcohólico| alcoholizado; el alcohólico
4601	**ale**-*ss*	la cerveza inglesa
3466	**alibi**-*ss; vb*	la coartada; presentar una coartada
2567	**alike**-*adj; adv; ss*	igual; igualmente; el parecido
4213	**allergic**-*adj*	alérgico
2522	**alley**-*ss*	el callejón
3484	**alliance**-*ss*	la alianza
3778	**ally**-*ss; vb*	el aliado; aliarse
2711	**almighty**-*adj; adv*	todopoderoso; horriblemente
4608	**alongside**-*prp; adv*	junto a; al lado
2988	**alpha**-*ss*	la alfa
3894	**altar**-*ss*	el altar
3256	**alternative**-*ss; adj*	la alternativa; alternativo
4915	**alter**-*vb*	alterar| modificar
4505	**altitude**-*ss*	la altitud
3731	**altogether**-*adv*	en total
3523	**amateur**-*adj; ss*	aficionado; el aficionado
4056	**amaze**-*ss; vb*	el asombro; asombrar
3473	**ambition**-*ss*	la ambición
4271	**ambitious**-*adj*	ambicioso
4352	**ambush**-*ss; vb*	la emboscada; tender una emboscada
3541	**ammunition**-*ss*	la munición
2929	**amongst**-*prp*	entre
3259	**amusing**-*adj*	divertido| entretenido
3381	**analysis**-*ss*	el análisis
2901	**ancestor**-*ss*	el antepasado
3882	**anchor**-*ss; vb*	la ancla| la áncora; anclar

2532	**angle**-*ss; vb*	el ángulo; pescar con caña
3926	**ankle**-*ss*	el tobillo
2549	**anniversary**-*adj; ss*	aniversario; el aniversario
3131	**announcement**-*ss*	el anuncio| el aviso
2930	**announce**-*vb*	anunciar| comunicar
3061	**annoy**-*vb*	molestar| enojar
4050	**annual**-*adj; ss*	anual; el anuario
3556	**anonymous**-*adj*	anónimo
4341	**antique**-*ss; adj*	la antigüedad| el antiguo; antiguo
3922	**ant**-*ss*	la hormiga
3940	**anxiety**-*ss*	la ansiedad| la ansia
2509	**anxious**-*adj*	ansioso| deseoso
2634	**anyhow**-*adv*	de todos modos
4640	**Apache**-*ss*	el apache
3290	**ape**-*ss; vb*	el mono| el simio; imitar a
2825	**apology**-*ss*	la disculpa
2717	**appeal**-*vb; ss*	apelar| atraer; la apelación
2752	**appearance**-*ss*	la apariencia| la aparición
3112	**appetite**-*ss*	el apetito
3442	**application**-*ss*	la aplicación| la solicitud
2639	**apply**-*vb*	aplicar
3908	**appoint**-*vb*	nombrar| equipar
3036	**appropriate**-*adj; vb*	apropiado| oportuno; apropiarse de
3750	**approval**-*ss*	la aprobación
2943	**approve**-*vb*	aprobar| demostrar a
3811	**approximately**-*adv*	aproximadamente
3548	**Arab**-*adj; ss*	árabe; árabe
3566	**Arabic**-*adj; ss*	árabe; árabe
4450	**archer**-*ss*	el arquero
3920	**architect**-*ss*	el arquitecto
4699	**arena**-*ss*	la arena
4905	**arise**-*vb*	surgir
4555	**ark**-*ss*	las arca
3723	**armor**-*ss; vb*	la armadura; blindar
3151	**arrangement**-*ss*	la disposición| el arreglo
2841	**arrival**-*ss*	la llegada
3627	**arrogant**-*adj*	arrogante
3231	**arrow**-*ss*	la flecha
4231	**artificial**-*adj*	artificial| sintético
4146	**artillery**-*ss*	la artillería
4080	**artistic**-*adj*	artístico
2699	**ashes**-*ss*	los despojos mortales
3905	**ashore**-*adv*	en tierra
3649	**ash**-*ss*	la ceniza
4493	**Asian**-*adj; ss*	asiático; el asiático
3852	**Asia**-*ss*	la Asia
4841	**aspect**-*ss*	el aspecto
4039	**aspirin**-*ss*	la aspirina
4400	**assassination**-*ss*	el asesinato
3437	**assassin**-*ss*	el asesino
2527	**assault**-*ss; vb*	el asalto| la embestida; asaltar
3848	**assembly**-*ss*	el montaje| la asamblea
4615	**asset**-*ss*	la baza
2809	**assignment**-*ss*	la asignación| la misión
3249	**assign**-*vb; ss*	asignar| ceder; el cesionario
3109	**assistance**-*ss*	la asistencia| el auxilio
3893	**assist**-*vb*	ayudar| presenciar
3695	**associate**-*vb; adj; ss*	asociar| unirse; asociado; el socio
3308	**association**-*ss*	la asociación
3451	**assumed**-*adj*	ficticio
3608	**assured**-*adj*	seguro
3640	**asylum**-*ss*	el asilo
3491	**Atlantic**-*adj; ss*	atlántico; el atlántico
4061	**atomic**-*adj*	atómico
2900	**attach**-*vb*	adjuntar| atar
3936	**attic**-*adj; ss*	ático; el ático
4184	**attraction**-*ss*	la atracción
3196	**attract**-*vb*	atraer
4183	**auction**-*ss; vb*	subasta; subastar
4727	**audible**-*adj*	audible
4815	**audio**-*adj*	audio
3095	**audition**-*ss; vb*	la audición; dar una audición
4630	**aunty**-*ss*	la tía
4857	**authentic**-*adj*	auténtico
4481	**authorized**-*adj; adj*	autorizado; laboral
3228	**author**-*ss*	el autor
3619	**autograph**-*ss; vb*	el autógrafo; firmar
3638	**automatic**-*adj; ss*	automático; la arma automática
4510	**automobile**-*ss*	el automóvil
3752	**autopsy**-*ss; vb*	la autopsia; autopsiar
3795	**auto**-*ss*	el auto

3436	**autumn**-*ss*	el otoño
4016	**avenge**-*vb*	vengar
2510	**avenue**-*ss*	la avenida
3916	**await**-*vb*	esperar
2773	**award**-*ss; vb*	el premio| la adjudicación; adjudicar
3742	**awhile**-*adv*	un rato
2957	**awkward**-*adj; ss*	torpe| incómodo; el ñango
4264	**ax**-*ss; vb*	las hacha; cortar
2611	**ay**-*int*	ay

B

3561	**bachelor**-*ss*	el soltero
2600	**backup**-*ss; adj*	la reserva; de reserva
2698	**backwards**-*adv*	hacia atrás
4172	**backyard**-*ss*	el patio interior
3281	**bacon**-*ss*	el tocino
2794	**badge**-*ss*	la divisa
4064	**baggage**-*ss*	el equipaje| el bagaje
2947	**bait**-*ss; vb*	el cebo; hostigar
4224	**bake**-*ss; vb*	la cocción; endurecer
3610	**balcony**-*ss*	el balcón
3181	**bald**-*adj*	calvo
3159	**ballet**-*ss; adj*	el ballet; balletístico
3725	**balloon**-*ss; vb*	el globo; hincharse
3300	**banana**-*ss*	el plátano
3349	**bandit**-*ss*	el bandido
4122	**banker**-*ss*	el banquero
4776	**bankrupt**-*adj; ss; vb*	arruinado; el quebrado; arruinar
4566	**banner**-*ss*	la bandera| la pancarta
4982	**banquet**-*ss; vb*	el banquete; banquetear
4975	**ban**-*ss; vb*	la prohibición| el bando; prohibir
4220	**barbecue**-*ss; vb*	la barbacoa; asar
3822	**barber**-*ss*	el barbero
2883	**bare**-*adj; vb*	desnudo| pelado; desnudar
2775	**bargain**-*vb; ss*	negociar| ofrecer; la ganga
2542	**barn**-*ss*	el granero
3833	**barrack**-*ss; vb*	la barraca; acuartelar
2903	**barrel**-*ss; vb*	el barril; correr mucho
4462	**barrier**-*ss*	la barrera| el escollo

3719	**bartender**-*ss*	el barman
2754	**basis**-*ss*	la base
2735	**basketball**-*ss*	el baloncesto
2891	**basket**-*ss*	la cesta
3348	**bass**-*adj; ss*	bajo; el bajo
4879	**bathe**-*vb; ss*	bañarse; el baño
4512	**bathtub**-*ss*	la bañera| la tina de baño
3798	**battalion**-*ss*	el batallón
2660	**battery**-*ss*	la batería
4864	**battlefield**-*ss*	el campo de batalla
3299	**beam**-*ss; vb*	el haz| la viga; emitir
3184	**bearing**-*ss; adj*	el cojinete| el soporte; que produce
4868	**beau**-*ss*	el galán
3694	**beautifully**-*adv*	hermosamente
4990	**beaver**-*ss*	el castor
4210	**bedtime**-*ss*	la hora de acostarse
2671	**bee**-*ss*	la abeja
4144	**beggar**-*ss; vb*	el mendigo; arruinar
3483	**behold**-*vb*	observar
3201	**belief**-*ss*	la creencia| la fe
3206	**bench**-*ss; vb*	el banco; exhibir
3376	**bent**-*adj; ss*	doblado; la facilidad
4604	**betrayal**-*ss*	la traición
3182	**beware**-*vb*	tener cuidado
3286	**bicycle**-*ss; vb*	la bicicleta; ir en bicicleta
2669	**bid**-*ss; vb*	la oferta| el intento; pujar
3003	**bingo**-*ss*	el bingo
3462	**bin**-*ss*	el compartimiento
4534	**biological**-*adj*	biológico
4802	**biology**-*ss*	la biología
4993	**birdie**-*ss*	el pajarito
5014	**biscuit**-*ss*	la galleta
4440	**biting**-*adj*	mordaz
3928	**bizarre**-*adj*	extraño
3395	**blackmail**-*ss; vb*	el chantaje; hacer chantaje
4598	**blackout**-*ss*	el apagón
2564	**blade**-*ss*	la hoja| la cuchilla
2594	**blah**-*ss; adj*	la paja; absurdo
2755	**blanket**-*ss; adj; vb*	la manta| la cobija; general; cubrir
2915	**blank**-*ss; adj; vb*	el blanco| el impreso; en blanco; tachar
3785	**blare**-*ss; vb*	el estruendo; sonar

4676	**blasted**-*adj*	maldito	
5008	**bleep**-*vb; ss*	emitir pitidos	
2761	**blessing**-*ss*	la bendición	
4576	**blink**-*ss; vb*	el parpadeo; parpadear	
4433	**bliss**-*ss*	la dicha| la beatitud	
3445	**bloke**-*ss*	el tipo de	
3244	**blond**-*adj; ss*	rubio; el rubio	
3318	**bloom**-*vb; ss*	florecer; la floración	
4425	**blossom**-*ss; vb*	la flor; florecer	
4899	**blouse**-*ss*	la blusa	
4844	**bluff**-*ss; vb; adj*	el bluff; engañar; escarpado	
2845	**boarding**-*ss*	el embarque	
4125	**bodyguard**-*ss*	los guardaespaldas	
3938	**boil**-*vb; ss*	hervir; el hervor	
3250	**bold**-*adj*	audaz| intrépido	
3991	**bollocks**-*ss*	los cojones	
3996	**bolt**-*ss; vb*	el tornillo| el cerrojo; empernar	
4886	**bomber**-*ss*	el bombardeo	
3558	**bombing**-*ss*	el bombardeo	
3372	**bonus**-*ss*	la prima	
4266	**boob**-*ss*	la teta	
4405	**boogie**-*vb*	mover el esqueleto	
3010	**booth**-*ss*	la cabina	
4787	**booty**-*ss*	el botín	
2876	**booze**-*ss; vb*	la bebida alcohólica; beber	
3371	**bounce**-*vb; ss*	rebotar; el bote	
4018	**bounty**-*ss*	la generosidad	
4703	**bourbon**-*ss*	el borbón	
5002	**bourgeois**-*adj; ss*	burgués; el burgués	
4008	**bowling**-*ss*	los bolos	
4073	**boxer**-*ss*	el bóxer| el boxeador	
3070	**boxing**-*ss; adj*	el boxeo| el embalaje; boxístico	
4127	**bracelet**-*ss*	la pulsera	
4695	**brace**-*ss; vb*	la abrazadera| la llave; apuntalar	
3088	**brake**-*ss; vb*	el freno; frenar	
2894	**branch**-*ss; vb*	la rama; ramificarse	
2662	**brandy**-*ss*	el brandy	
3997	**bra**-*ss*	el sostén	
3431	**brass**-*ss*	el latón	
3279	**brat**-*ss*	mocoso	
4612	**Brazilian**-*adj; ss*	brasileño; el brasileño	
2648	**brazil**-*ss*	el palo del Brasil	

4100	**breach**-*ss; vb*	el incumplimiento| la violación; violar	
4046	**breakdown**-*ss*	el desglose	
2733	**breast**-*ss; vb*	el pecho| la pechuga; hacer frente a	
3393	**breed**-*ss; vb*	la raza| la casta; criar	
3128	**breeze**-*ss*	la brisa	
4250	**bribe**-*ss; vb*	el soborno; sobornar	
3024	**brick**-*ss; vb*	el ladrillo; enladrillar	
2524	**brief**-*adj; ss; vb*	breve; el breve; informar	
3644	**briefcase**-*ss*	el maletín	
4290	**brigade**-*ss; vb*	la brigada; formar una brigada con	
2544	**broad**-*adj; ss*	ancho; la anchura	
3245	**broadcast**-*ss; vb*	la emisión; transmitir	
4697	**broom**-*ss; vb*	la escoba; barrer	
4931	**brothel**-*ss*	el burdel	
4839	**brotherhood**-*ss*	la fraternidad| la cofradía	
2519	**brush**-*ss; vb*	el cepillo; cepillar	
3538	**brutal**-*adj*	brutal	
4474	**brute**-*adj; ss*	bruto; los bruto	
3606	**bubble**-*ss; vb*	la burbuja; burbujear	
2874	**bucket**-*ss; vb*	el cangilón; apresurarse	
2838	**Buddha**-*ss*	el Buda	
3055	**budget**-*ss; vb*	el presupuesto; presupuestar	
2941	**buffalo**-*ss; vb*	el búfalo; engañar	
3597	**bugger**-*ss; vb*	el tío; sodomizar	
3672	**bully**-*ss; vb; adj*	el matón; tiranizar; formidable	
2980	**bump**-*ss; vb*	el bache; golpear	
4629	**bundle**-*ss; vb*	el haz| el manojo; liar	
4830	**bunker**-*ss; vb*	el búnker; repostar	
4399	**bunk**-*ss; vb*	la litera; acostarse	
2608	**bunny**-*ss*	el conejito	
2770	**burden**-*ss; vb*	la carga| el peso; cargar	
2959	**bureau**-*ss*	la oficina| la mesa	
3829	**burger**-*ss*	la hamburguesa	
4383	**burial**-*ss*	el entierro	
2953	**burst**-*ss; vb*	la ráfaga| la explosión; estallar	
3402	**businessman**-*ss*	el hombre de negocios	
3912	**butch**-*adj; ss*	marimacho; los marimacho	
2855	**butcher**-*ss; vb*	el carnicero; matar	
3460	**butler**-*ss*	el mayordomo	

3247	**butterfly**-*ss*	la mariposa
4627	**buyer**-*ss*	el comprador
4076	**buzzer**-*ss*	el zumbador

C

4714	**cabbage**-*ss; vb*	la col; usar repollo
3411	**cabinet**-*ss*	el gabinete| el armario
3467	**cafe**-*ss*	la cafetería
4214	**calendar**-*ss; vb*	el calendario; inventariar
4617	**calf**-*ss*	el becerro
5013	**calmly**-*adv*	tranquilamente
3872	**camel**-*ss*	el camello
3775	**campus**-*ss*	el campus
4155	**Canadian**-*adj; ss*	canadiense; canadiense
4102	**canal**-*ss; vb*	el canal; bajar el canal
3504	**candidate**-*ss*	el candidato| los examinado
3093	**candle**-*ss*	la vela| el cirio
3697	**cane**-*ss; vb*	la caña; azotar
3116	**canon**-*ss*	el canon
3818	**canyon**-*ss*	el cañón
3737	**capacity**-*ss*	la capacidad
3392	**cape**-*ss*	el cabo
3890	**carbon**-*ss; adj*	el carbón; carbono
4216	**cardinal**-*ss; adj*	el cardenal; cardinal
4404	**careless**-*adj*	descuidado
3298	**cargo**-*ss*	la carga
4137	**carnival**-*ss*	el carnaval
4419	**carpenter**-*ss; vb*	el carpintero; dedicarse a carpintería
2949	**carpet**-*ss; vb*	la alfombra; alfombrar
2952	**carriage**-*ss*	el carro| el transporte
4554	**carrier**-*ss*	el portador| transportista
4811	**carrot**-*ss*	la zanahoria
2863	**cart**-*ss; vb*	el carro| la carreta; acarrear
2681	**casino**-*ss*	el casino
4587	**casual**-*adj; ss*	casual; la ropa deportiva
4158	**casualty**-*ss*	la víctima| el accidente
4916	**catastrophe**-*ss*	la catástrofe
4929	**cathedral**-*ss*	la catedral
4431	**caution**-*ss; vb*	la precaución| la prudencia; advertir

4932	**cautious**-*adj*	cauteloso
3658	**cavalry**-*ss*	la caballería
4971	**caviar**-*ss*	el caviar
3108	**cease**-*vb; ss*	cesar| dejar de; el fin
3207	**ceiling**-*ss*	el techo
2843	**celebration**-*ss*	la celebración
4168	**celebrity**-*ss*	la celebridad
2785	**cellar**-*ss; vb*	la bodega; estar en sótano
4632	**cement**-*ss; vb*	el cemento; cementar
2668	**cemetery**-*ss*	el cementerio
3346	**certificate**-*ss; vb*	el certificado; dar un certificado
3148	**championship**-*ss*	el campeonato
2645	**champ**-*ss; vb*	el mordimiento; morder
4761	**chancellor**-*ss*	el canciller
2886	**chant**-*vb; ss*	cantar; el canto
2637	**chaos**-*ss*	el caos| el desorden
3380	**chapel**-*ss*	la capilla
2925	**chap**-*ss; vb*	el tío; agrietarse
2730	**chapter**-*ss; vb*	el capítulo; partir
4233	**chart**-*ss; vb*	la tabla| el gráfico; trazar un mapa
4469	**chauffeur**-*ss*	el chofer
3303	**cheek**-*ss*	la mejilla| el carrillo
3827	**cheerful**-*adj*	alegre
3006	**chemical**-*adj; ss*	químico; la sustancia química
4023	**chemistry**-*ss*	la química
4917	**cherish**-*vb*	apreciar
2666	**cherry**-*ss*	la cereza
3194	**chess**-*ss*	el ajedrez
3418	**chew**-*vb; ss*	masticar; la masticación
3845	**childish**-*adj*	infantil
4884	**chili**-*ss*	el chile
4985	**chilly**-*adj; adv*	frío| friolero; frioleramente
4804	**chimney**-*ss*	el tubo de lámpara
2703	**chin**-*ss; vb*	la barbilla; charlar
3552	**chirp**-*ss; vb*	el chirrido; piar
3581	**choir**-*ss; vb*	el coro; cantar a coro
3863	**choke**-*ss; vb*	el ahogo; ahogar
3910	**chopper**-*ss*	el helicóptero
3227	**chorus**-*ss; vb*	el coro; cantar de coro
3469	**chow**-*ss*	comido
3057	**cigar**-*ss*	el cigarro| el tabaco

3902	**circuit**-*ss; vb*	el circuito; rodear
3339	**civilian**-*adj; ss*	civil; el civil
3106	**civilization**-*ss*	la civilización
4038	**civilized**-*adj*	civilizado
4256	**clap**-*vb; ss*	aplaudir; la palmada
2667	**classic**-*adj; ss*	clásico; la obra clásica
3680	**classical**-*adj*	clásico
3999	**classified**-*adj*	clasificado
4584	**classroom**-*ss*	la aula
4638	**classy**-*adj*	de buen tono
4130	**clatter**-*ss; vb*	el estrépito; traquetear
4582	**claw**-*ss; vb*	la garra; arañar
2585	**clay**-*ss; vb*	la arcilla; arcillar
3540	**cleaner**-*ss*	el limpiador
4731	**clearance**-*ss*	el despeje
3696	**clearing**-*ss*	el claro
3040	**clerk**-*ss; vb*	el empleado; trabajar como dependiente
2700	**click**-*vb; ss*	hacer clic; el clic
3736	**climate**-*ss*	el clima
2581	**clinic**-*ss; adj*	la clínica; clínico
4150	**clip**-*vb; ss*	acortar| recortar; la presilla
2920	**closely**-*adv*	cercanamente
3270	**clothing**-*ss*	la ropa| los vestidos
3382	**cloth**-*ss*	el paño| el mantel
3979	**clumsy**-*adj; ss*	torpe| desmañado; el ñango
3107	**coal**-*ss; vb*	el carbón; tomar carbón
3515	**cocaine**-*ss*	la cocaína
3655	**cocktail**-*ss*	el cóctel
2710	**coffin**-*ss; vb*	el ataúd; tomar ataúd
4651	**cognac**-*ss*	el coñac
2695	**coin**-*vb; ss*	acuñar| monedar; la moneda
3470	**collapse**-*ss; vb*	el colapso; derrumbarse
3082	**collar**-*ss; vb*	el collar; pisar
2835	**colleague**-*ss*	colega
4636	**collector**-*ss*	coleccionista
4006	**colony**-*ss*	la colonia
3771	**colored**-*adj*	de colores
2999	**column**-*ss*	la columna
3316	**coma**-*ss*	el coma
2978	**combination**-*ss*	la combinación
4688	**combined**-*adj*	conjunto
4097	**comb**-*ss; vb*	el peine| la peineta; peinar
2990	**comedy**-*ss*	la comedia
4308	**comet**-*ss*	el cometa
3429	**comic**-*ss; adj*	el cómic; cómico
4997	**commence**-*vb*	comenzar
2714	**comment**-*ss; vb*	el comentario| la glosa; comentar
2655	**commercial**-*adj; ss*	comercial; el anuncio
3427	**commitment**-*ss*	el compromiso
3474	**communicate**-*vb*	comunicar
3008	**communication**-*ss*	la comunicación
2514	**communist**-*adj; ss*	comunista; comunista
3485	**companion**-*ss; vb*	el compañero| el ayudante; ser compañero
2712	**compare**-*vb*	comparar| equiparar
4257	**compartment**-*ss*	el compartimiento| la sección
3862	**compassion**-*ss; vb*	la compasión; tener piedad de
4755	**compass**-*ss; vb*	la brújula; conseguir
3716	**compete**-*vb*	competir
3073	**complaint**-*ss*	la queja| la denuncia
3514	**compliment**-*ss; vb*	el cumplido; añadir
4650	**compound**-*adj; ss; vb*	compuesto; el compuesto; componer
4022	**compromise**-*ss; vb*	el compromiso; comprometer
3651	**concentration**-*ss*	la concentración
2985	**concept**-*ss*	el concepto
3225	**conclusion**-*ss*	la conclusión
3528	**concrete**-*ss; adj*	el hormigón; concreto
3669	**condemn**-*vb*	condenar
5020	**condolence**-*ss*	la condolencia
4543	**condom**-*ss*	el condón
4087	**conductor**-*ss*	el conductor
2795	**conduct**-*ss; vb*	la conducta| la dirección; conducir
4259	**confidential**-*adj*	confidencial
2975	**confident**-*ss; adj*	el confidente; seguro
4659	**confirmation**-*ss*	la confirmación| la seguridad
3221	**conflict**-*ss; vb*	el conflicto; estar en conflicto
5022	**confront**-*vb*	confrontar
3668	**confuse**-*vb*	confundir| aturdir
3361	**confusion**-*ss*	la confusión
3386	**congratulate**-*vb*	felicitar

3584	**congressman**-*ss*	congresista		4467	**coroner**-*ss*	el juez de instrucción
2944	**congress**-*ss*	el congreso		2590	**corporal**-*adj; ss*	corporal; el corporal
3037	**connect**-*vb*	conectar| conectarse		3525	**corporate**-*adj*	corporativo
3643	**conquer**-*vb*	conquistar| vencer		3475	**corporation**-*ss*	la corporación
3582	**conscious**-*adj*	consciente		3317	**corps**-*ss*	el cuerpo
3509	**consciousness**-*ss*	el conocimiento		3948	**correctly**-*adv*	correctamente
3744	**consent**-*ss; vb*	el consentimiento; consentir		3635	**corridor**-*ss*	el corredor| el pasadizo
2688	**consequence**-*ss*	la consecuencia		3914	**corrupt**-*adj; vb*	corrupto; corromper
4902	**considerable**-*adj*	considerable| cuantioso		4034	**corruption**-*ss*	la corrupción
4037	**consideration**-*ss*	la consideración		4941	**cosmic**-*adj*	cósmico
2986	**conspiracy**-*ss*	la conspiración		3825	**cottage**-*ss*	la cabaña
2630	**con**-*ss; vb*	la estafa; estafar		2643	**cotton**-*ss; adj; vb*	el algodón; algodonero; ser algodonero
4235	**constable**-*ss*	el alguacil				
2993	**constant**-*adj; ss*	constante; la constante		3585	**counselor**-*ss*	el consejero| el abogado
2787	**constantly**-*adv*	constantemente		3074	**counsel**-*ss; vb*	el consejo| el abogado; aconsejar
4092	**constitution**-*ss*	la constitución				
4821	**consult**-*vb*	consultar		2502	**counter**-*vb; ss; adj; adv*	contrarrestar; el contador; contrario; en contra
3959	**contain**-*vb*	contener				
4398	**contempt**-*ss*	el desprecio				
3027	**content**-*ss; adj; vb*	el contenido| las cabida; contento; contentar		2858	**countess**-*ss*	la condesa
				3877	**countryside**-*ss*	el campo
4299	**continent**-*adj; ss*	continente; el continente		4835	**coup**-*ss*	el golpe| el ataque con los brazos
4786	**contribution**-*ss*	la contribución		4896	**courageous**-*adj*	valiente
3446	**convenient**-*adj*	conveniente		3754	**courtesy**-*ss*	la cortesía
3413	**convention**-*ss*	la convención		4163	**courtroom**-*ss*	la sala de justicia
3953	**convent**-*ss*	el convento		4696	**coverage**-*ss*	la cobertura
4557	**conviction**-*ss*	la convicción| la condena		4448	**cozy**-*adj*	acogedor
				4141	**crab**-*ss*	el cangrejo
3864	**convict**-*vb; ss*	condenar; el convicto		4822	**cradle**-*ss; vb*	la cuna; mecer a un niño en brazos
4992	**convoy**-*ss; vb*	el convoy; convoyar				
2871	**cookie**-*ss*	la galleta		4454	**craft**-*ss*	el arte
3224	**cooperate**-*vb*	cooperar		2674	**crane**-*ss; vb*	la grúa; estirar
3712	**cooperation**-*ss*	la cooperación		2885	**crawl**-*vb; ss*	arrastrarse; el crawl
4465	**coop**-*ss*	la cooperativa| el gallinero		3705	**creak**-*vb; ss*	crujir; el crujido
				3142	**creation**-*ss*	la creación
4190	**coordinate**-*vb; ss; adj*	coordinar; la coordenada; coordinado		3091	**creative**-*adj*	creativo
				3641	**creek**-*ss*	la cala
4147	**cope**-*ss; vb*	la capa pluvial; hacer frente a		3065	**creep**-*vb; ss*	arrastrarse; el pelotillero
3913	**copper**-*ss; adj; vb*	el cobre; de cobre; realizar caldera		3216	**creepy**-*adj*	horripilante
				4164	**cricket**-*ss; vb*	el cricket; jugar al criquet
3984	**cord**-*ss; vb*	el cable| el cordón; hacer una cuerda		4870	**crippled**-*adj*	lisiado
				4296	**cripple**-*ss; vb*	el lisiado; lisiar
2724	**core**-*ss; vb*	el núcleo| la entraña; quitar el corazón		2987	**critical**-*adj*	crítico

4820	**crocodile**-*ss*	el cocodrilo	
3749	**crook**-*ss; vb*	el ladrón; encorvarse	
4272	**crop**-*ss; vb*	el cultivo| la cosecha; cortar	
3305	**crowded**-*adj*	lleno de gente	
3579	**crow**-*ss; vb*	el cuervo; graznar	
4232	**crucial**-*adj*	crucial	
4766	**cruelty**-*ss*	la crueldad	
3262	**cruise**-*ss; vb*	el crucero; navegar	
2553	**crystal**-*ss; adj*	el cristal; de cristal	
4384	**Cuban**-*adj; ss*	cubano; el cubano	
3866	**cue**-*ss*	la señal	
4838	**cult**-*ss*	el culto	
3881	**cultural**-*adj*	cultural	
4403	**cunning**-*adj; ss*	astuto| ladino; la astucia	
4656	**cupboard**-*ss*	el armario	
4928	**curfew**-*ss*	el toque de queda	
3401	**curiosity**-*ss*	la curiosidad	
3867	**curly**-*adj*	rizado	
4798	**currency**-*ss*	la moneda	
3593	**currently**-*adv*	corrientemente	
3154	**curtain**-*ss; vb*	la cortina; proveer la cortina	
4784	**curve**-*ss; vb*	la curva; curvar	
3342	**custom**-*ss*	la costumbre| la usanza	
3663	**cycle**-*ss; vb*	el ciclo; ir en bicicleta	

D

3960	**dagger**-*ss; vb*	la daga; odiarse a muerte
3164	**damaged**-*adj*	estropeado
2587	**dame**-*ss*	la dama
3465	**dam**-*ss; vb*	la presa| la represa; represar
2908	**darn**-*adj; ss; vb*	maldito; el maldito; zurcir
4375	**dash**-*ss; vb*	el guión| la pizca; precipitarse
3706	**dated**-*adj*	anticuado
2913	**daylight**-*ss*	la luz
4379	**deadline**-*ss*	la fecha tope
2842	**deadly**-*adj; adv*	mortal; mortalmente
4288	**dearly**-*adv*	caro
3563	**debate**-*ss; vb*	el debate; debatir
4407	**decade**-*ss*	la década
3683	**deceased**-*adj; ss*	fallecido; el fallecido

4304	**deceive**-*vb*	engañar| engañarse
2767	**December**-*ss*	el diciembre
4851	**decency**-*ss*	la decencia
3033	**declare**-*vb*	declarar| anunciar
3238	**dedicated**-*adj*	dedicado
3141	**deed**-*ss; vb*	la escritura| el hecho; transferir
3237	**deer**-*ss*	el ciervo
2626	**defendant**-*ss*	el acusado
4882	**defensive**-*adj; ss*	defensivo; el defensivo
4658	**define**-*vb*	definir| considerar
4195	**definite**-*adj*	definido| determinado
4792	**definition**-*ss*	la definición
2609	**delay**-*vb; ss*	retrasar| demorar; el retraso
3880	**deliberately**-*adv*	deliberadamente
2706	**delicate**-*adj*	delicado| frágil
3575	**delightful**-*adj*	encantador
4101	**delight**-*ss; vb*	el deleite| la delicia; deleitar
3769	**delta**-*ss*	las delta
3029	**democracy**-*ss*	la democracia
4065	**democratic**-*adj*	democrático
4542	**demonstrate**-*vb*	demostrar| hacer una manifestación
3601	**demonstration**-*ss*	la demostración| la manifestación
3408	**den**-*ss*	la guarida| el estudio
3195	**dentist**-*ss*	dentista
5001	**dent**-*ss; vb*	las mella; mellar
3844	**departure**-*ss*	la salida| la partida
2945	**deposit**-*vb; ss*	depositar| sedimentar; el depósito
2619	**depressed**-*adj*	deprimido
4368	**depressing**-*adj*	deprimente
3519	**depression**-*ss*	la depresión
3283	**depth**-*ss*	la profundidad
3138	**description**-*ss*	la descripción| la calificación
3378	**designer**-*ss*	el diseñador
3288	**despair**-*ss; vb*	la desesperación; desesperar
4066	**desperately**-*adv*	desesperadamente
3985	**despise**-*vb*	despreciar
2954	**dessert**-*ss*	el postre
3390	**destination**-*ss*	el destino
4333	**destine**-*vb*	destinar
4376	**detention**-*ss*	la detención| el arresto

2505	**determine**-*vb*	determinar| decidir
2772	**development**-*ss*	el desarrollo| el fomento
3450	**devote**-*vb*	dedicar| dar a
4721	**devotion**-*ss*	la devoción| la entrega
3111	**dialogue**-*ss*	el diálogo
3209	**dial**-*vb; ss*	marcar; la esfera
2935	**diary**-*ss*	el diario
3387	**dice**-*ss; vb*	los dados; jugar a los dados
2621	**diet**-*ss; vb*	la dieta; estar a régimen
2797	**differently**-*adv*	diferentemente
3887	**difficulty**-*ss*	la dificultad| el aprieto
2601	**digging**-*ss*	la excavación
4722	**digital**-*adj; ss*	digital; el reloj
2690	**dignity**-*ss*	la dignidad
4983	**dim**-*adj; vb*	oscuro; oscurecer
4799	**dimension**-*ss*	la dimensión
2965	**dime**-*ss*	la moneda de diez centavos
4558	**diner**-*ss*	el comedor
2950	**dine**-*vb*	cenar
3011	**ding**-*ss; vb*	el timbre; campanear
4952	**diplomatic**-*adj*	diplomático
3921	**dip**-*ss; vb*	la inmersión| el baño; mojar
3432	**directions**-*ss*	las instrucciones
4042	**disagree**-*vb*	discrepar
4611	**disappointment**-*ss*	la decepción
4737	**discharge**-*ss; vb*	la descarga| el descargo; descargar
2848	**discipline**-*ss; vb*	la disciplina; disciplinar
3691	**disco**-*ss*	el disco
4267	**discount**-*ss; vb*	el descuento| la rebaja; descontar
2836	**discovery**-*ss*	el descubrimiento
4536	**discreet**-*adj*	discreto
2806	**discussion**-*ss*	la discusión
2976	**disgrace**-*ss; vb*	la desgracia| la vergüenza; deshonrar
3407	**disguise**-*ss; vb*	la disfraz; disfrazar
4900	**disgust**-*ss; vb*	el asco| el disgusto; disgustar
2593	**dish**-*ss; vb*	el plato| la antena; confundir
4850	**disk**-*ss; vb*	el disco; usar disco
4567	**dislike**-*ss; vb*	la aversión; no gustar
2788	**dismiss**-*vb*	despedir| descartar
4177	**disorder**-*ss; vb*	el trastorno| el desorden; desordenar
4103	**dispatch**-*ss; vb*	el envío| el despacho; enviar
3315	**display**-*vb; ss*	mostrar| exhibir; la visualización
4179	**disposal**-*ss*	la disposición| la enajenación
4965	**disrespect**-*ss; vb*	las falta de respeto; irrespetar
4027	**distinguished**-*adj*	distinguido
4208	**distracted**-*adj*	distraído
4533	**distract**-*vb*	distraer| entretener
4197	**distress**-*ss; vb*	la angustia| el peligro; angustiar
2973	**disturbed**-*adj*	perturbado
2881	**disturbing**-*adj*	inquietante
3409	**ditch**-*ss; vb*	la zanja; abandonar
3576	**divide**-*vb; ss*	dividir| dividirse; la divisoria
3986	**diving**-*ss*	el buceo
3145	**dizzy**-*adj; vb*	mareado; tener vértigos
3577	**dock**-*ss; vb*	el muelle| el dique; atracar
4315	**documentary**-*adj; ss*	documental; el documental
2526	**document**-*ss; vb*	el documento; documentar
3777	**dodge**-*vb; ss*	esquivar| evadir; el regate
4807	**doe**-*ss*	la gama
4923	**doggy**-*ss; adj*	el perrito; perruno
3768	**dolly**-*ss; vb*	la muñequita; ser muñequita
5021	**dome**-*ss*	la cúpula
3889	**domestic**-*adj; ss*	nacional; el doméstico
2992	**dong**-*ss*	la polla
2974	**donkey**-*ss*	el burro| el borrico
3434	**doom**-*vb; ss*	condenar| predestinar; la perdición
4521	**dose**-*ss; vb*	las dosis; dosificar
3616	**dot**-*ss; vb*	el punto; puntear
3564	**draft**-*ss; vb*	el borrador; preparar
3456	**drain**-*vb; ss*	drenar| escurrir; el desagüe
2595	**drama**-*ss*	el drama
3064	**drawer**-*ss*	el cajón
4347	**drawing**-*ss*	el dibujo
2962	**dreadful**-*adj*	terrible| horroroso

4199	**drift**-*ss; vb*	la deriva| la corriente; ir a la deriva
2685	**drill**-*vb; ss*	perforar| taladrar; el taladro
2569	**drown**-*vb*	ahogar
2904	**drum**-*ss; vb*	el tambor; teclear
3879	**drunken**-*adj*	borracho
4154	**duchess**-*ss*	la duquesa
3835	**duel**-*ss; vb*	el duelo; batirse en duelo
2749	**dull**-*adj; vb*	aburrido| sordo; embotar
3200	**dummy**-*ss; adj*	el maniquí; falso
4326	**dusty**-*adj*	polvoriento
2653	**Dutch**-*adj; ss*	holandés; el holandés
4485	**dwarf**-*ss; vb*	el enano| el pequeño; empequeñecer
3136	**dynamite**-*ss; vb*	la dinamita; dinamitar

E

3623	**eager**-*adj*	ansioso
4529	**earring**-*ss*	el pendiente
3690	**earthquake**-*ss*	el terremoto
3038	**eastern**-*adj; ss*	oriental; el oriental
3607	**echo**-*ss; vb*	el eco| la repetición; repetir
3365	**economic**-*adj*	económico
3012	**economy**-*ss*	la economía
4895	**ecstasy**-*ss*	el éxtasis
4353	**edition**-*ss*	la edición
5019	**edit**-*vb*	editar| redactar
3292	**educate**-*vb*	educar| instruir
2951	**effective**-*adj*	eficaz
4342	**efficient**-*adj*	eficiente| competente
3853	**ego**-*ss*	el ego
4028	**Egyptian**-*adj; ss*	egipcio; el egipcio
3790	**eighteen**-*num*	los dieciocho
4098	**eighth**-*adj; ss*	octavo| octavo; la parte octava
3946	**eighty**-*num*	ochenta
4800	**elbow**-*ss; vb*	el codo; dar codazos
3163	**elder**-*adj; ss*	mayor; el mayor
4972	**eldest**-*adj*	el mayor
3493	**electrical**-*adj*	eléctrico
3391	**electronic**-*adj*	electrónico
3265	**elect**-*ss; vb*	el electo| el elegido; elegir
3410	**elegant**-*adj*	elegante

4829	**elementary**-*adj*	elemental
3204	**element**-*ss*	el elemento| la parte
2500	**elephant**-*ss*	el elefante
3968	**eliminate**-*vb*	eliminar
4451	**elite**-*ss*	la élite
3049	**elsewhere**-*adv*	en otra parte
4969	**embarrassment**-*ss*	la vergüenza| el embarazo
2893	**embassy**-*ss*	la embajada
3048	**embrace**-*ss; vb*	el abrazo; abrazar
2821	**emotion**-*ss*	la emoción
3168	**employee**-*ss*	el empleado| la empleada
4318	**employment**-*ss*	el empleo
4891	**employ**-*vb; ss*	emplear| ocupar; el empleo
4138	**empress**-*ss*	la emperatriz
3930	**encounter**-*ss; vb*	el encuentro| el tropezado; encontrar
4093	**encourage**-*vb*	fomentar| alentar
3335	**endless**-*adj*	interminable
3758	**endure**-*vb*	soportar| perdurar
4691	**enforcement**-*ss*	la aplicación| la ejecución
2607	**engagement**-*ss*	el compromiso| el contrato
4017	**engineering**-*ss*	la ingeniería
4887	**Englishman**-*ss*	el inglés
2521	**enormous**-*adj*	enorme
3900	**ensure**-*vb*	asegurar
3708	**enterprise**-*ss*	la empresa
4643	**entertaining**-*adj*	entretenido
2715	**entertainment**-*ss*	el entretenimiento| el espectáculo
4054	**entertain**-*vb*	entretener| agasajar
4528	**enthusiasm**-*ss*	el entusiasmo
3239	**entitle**-*vb*	dar derecho| titular
2844	**entry**-*ss*	la entrada| la participación
3199	**envelope**-*ss*	el sobre
2615	**environment**-*ss*	el entorno
2677	**envy**-*ss; vb*	la envidia; envidiar
3114	**episode**-*ss*	el episodio| la parte
4202	**equally**-*adv*	igualmente
4583	**equipped**-*adj*	equipado
4070	**erase**-*vb*	borrar
3188	**era**-*ss*	la era| el siglo
3100	**error**-*ss*	el error| la falta
4115	**essence**-*ss*	la esencia

3403	essential-*adj; ss*	esencial| fundamental; el elemento necesario
4935	essentially-*adv*	esencialmente
4564	establishment-*ss*	el establecimiento| la organización
3190	establish-*vb*	establecer| crear
4380	etc.-*abr*	etcétera
2977	eternity-*ss*	la eternidad
4914	ethic-*ss; adj*	la ética; ético
2860	European-*adj; ss*	europeo; el europeo
4114	evacuate-*vb*	evacuar
4872	evidently-*adv*	evidentemente
3757	evolution-*ss*	la evolución
4575	evolve-*vb*	evolucionar
4819	exaggerate-*vb*	exagerar
3679	examination-*ss*	el examen
3087	examine-*vb*	examinar| interrogar
2658	exam-*ss*	el examen| la revisión
4816	exceptional-*adj*	excepcional
3366	exception-*ss*	la excepción
2786	excitement-*ss*	la emoción| la agitación
3837	exclusive-*adj*	exclusivo
3080	execute-*vb*	ejecutar| realizar
3134	execution-*ss*	la ejecución| la justicia
2732	executive-*adj; ss*	ejecutivo; el ejecutivo
3941	exhibition-*ss*	la exposición
4572	exhibit-*ss; vb*	la exposición| el objeto expuesto; exhibir
4603	exile-*ss; vb*	el exilio; exiliar
4325	exotic-*adj*	exótico
4712	expectation-*ss*	la expectativa
3559	expedition-*ss*	la expedición
4088	expel-*vb*	expulsar
3235	expense-*ss*	los gastos| el coste
2994	explode-*vb*	explotar| estallar
4010	explore-*vb*	explorar| investigar
3821	explosive-*adj; ss*	explosivo; el explosivo
3178	expose-*vb*	exponer| desenmascarar
4926	exposure-*ss*	la exposición
2550	expression-*ss*	la expresión
4865	exquisite-*adj; ss*	exquisito| primoroso; el petimetre
4223	extend-*vb*	ampliar| extenderse
4771	extension-*ss*	la extensión| la ampliación

4605	extent-*ss*	el grado
2576	extreme-*adj; ss*	extremo| a ultranza; el extremo

F

4594	fabric-*ss*	la tela| la estructura
3185	facility-*ss*	la facilidad
4390	factor-*ss*	el factor| el hecho
3924	fade-*vb*	descolorarse
3023	fagot-*ss; vb*	el maricón; gritar
3313	fag-*ss*	el maricón
2783	faint-*adj; vb; ss*	débil; desmayarse; el desmayado
3125	fairly-*adv*	bastante
2624	faithful-*adj*	fiel
2955	fame-*ss*	la fama
4746	fang-*ss*	el colmillo
2824	fanny-*ss*	el coño
3500	fare-*ss; vb*	la tarifa| la comida; ir bien o mal a uno
3947	farther-*adv; adj; vb*	más lejos| más allá; más lejano; adelantar
3323	fart-*ss; vb*	el pedo; tirarse un pedo
2562	fascinate-*vb*	fascinar
4040	fascist-*adj; ss*	fascista; fascista
3489	fatal-*adj*	fatal
4606	fatty-*adj; ss*	graso; el gordinflón
4244	fax-*ss; vb*	el fax; faxear
4948	fearless-*adj*	audaz
2919	feast-*ss; vb*	la fiesta; festejar
3674	feather-*ss; vb*	la pluma; emplumar
4175	feature-*ss; vb*	la característica| la prestación; ofrecer
3510	February-*ss*	el febrero
4747	federation-*ss*	la federación
2723	feeding-*ss*	la alimentación| las comidas
3135	fee-*ss; vb*	la cuota; pagar
4927	feminine-*adj*	femenino
3994	ferry-*vb; ss*	transportar; el transbordador
2571	festival-*ss; adj*	el festival; festivo
3728	fiancée-*ss*	la novia
3903	fiancé-*ss*	el novio
3458	fiction-*ss*	la ficción| la novelística
4119	fierce-*adj*	feroz| fuerte

4011	**filth**-*ss*	la inmundicia	
4187	**finance**-*vb; ss*	financiar; las finanzas	
3295	**fingerprint**-*ss*	la huella dactilar	
4496	**fisherman**-*ss*	el pescador	
4925	**fishy**-*adj*	sospechoso	
2948	**fist**-*ss; vb*	el puño; puñar	
4397	**fitting**-*adj; ss*	adecuado| oportuno; la prueba	
2917	**flame**-*ss; vb*	la llama; flamear	
4881	**flashlight**-*ss*	el flash	
4395	**flatter**-*vb*	halagar	
4817	**flavor**-*ss; vb*	el sabor; condimentar	
2577	**fleet**-*ss; adj; vb*	la flota; veloz; pasear	
3464	**flee**-*vb*	huir de| escapar	
4253	**flint**-*ss*	el pedernal	
2872	**flip**-*ss; adj; vb*	el capirotazo; poco serio; echar de un capirotazo	
4706	**flirt**-*vb; ss*	coquetear; la coqueta	
3017	**float**-*ss; vb*	el flotador; flotar	
4456	**flock**-*ss; vb*	el rebaño| la bandada; afluir	
3296	**flood**-*vb; ss*	inundar; la inundación	
4888	**flora**-*ss*	la flora	
4412	**flour**-*ss; vb*	la harina; enharinar	
4196	**flowing**-*adj*	fluido| flujo	
4492	**fluid**-*adj; ss*	fluido; el fluido	
3797	**flush**-*vb; ss; adj; adv*	enjuagar; el rubor; a ras; a nivel	
4273	**flu**-*ss*	la gripe	
4556	**flute**-*ss; vb*	la flauta; acanalar	
2759	**fog**-*ss; vb*	la niebla| la bruma; empañar	
3656	**fold**-*ss; vb*	el doblez| el pliegue; doblar	
5010	**follower**-*ss*	el seguidor| el discípulo	
3588	**footage**-*ss*	la distancia en pies	
2888	**forbid**-*vb*	prohibir	
3676	**forehead**-*ss*	la frente	
3800	**foreigner**-*ss*	el extranjero	
4001	**foreman**-*ss*	el capataz	
2818	**forgiveness**-*ss*	el perdón	
3773	**fork**-*ss; vb*	el tenedor; bifurcarse	
3511	**formal**-*adj*	formal| convencional	
4306	**formation**-*ss*	la formación	
2701	**format**-*ss; vb*	el formato; formatear	
3368	**formula**-*ss*	la fórmula	

4145	**fortress**-*ss*	la fortaleza	
3242	**fortunate**-*adj*	afortunado	
3291	**fortunately**-*adv*	afortunadamente	
2967	**foundation**-*ss*	la fundación| la base	
4860	**found**-*vb*	fundar| fundir	
3851	**fountain**-*ss*	la fuente	
3787	**fourteen**-*num*	catorce	
3703	**fragile**-*adj*	frágil	
3005	**fraud**-*ss*	el fraude| la estafa	
3918	**freely**-*adv*	con libertad	
4912	**freezer**-*ss*	el congelador	
4167	**frequency**-*ss*	la frecuencia	
3019	**fridge**-*ss*	la nevera	
3440	**frighten**-*vb*	asustar| amedrentar	
4715	**fright**-*ss*	el susto| el espanto	
2798	**frog**-*ss*	la rana	
4996	**frontier**-*ss*	la frontera	
4254	**frost**-*ss; vb*	la helada; escarchar	
4827	**frustrated**-*adj*	frustrado	
2739	**fry**-*vb; ss*	freír; la fritada	
4910	**fugitive**-*adj; ss*	fugitivo; el fugitivo	
3945	**fulfill**-*vb*	cumplir	
3119	**function**-*ss; vb*	la función; funcionar	
4849	**fundamental**-*adj; ss*	fundamental; el fundamental	
3079	**fund**-*ss; vb*	el fondo| la base; financiar	
4837	**funky**-*adj*	miedoso	
3428	**furious**-*adj*	furioso	
3169	**fur**-*ss; vb*	la piel; cubrirse de sarro	
4763	**fury**-*ss*	la furia| el furor	
4121	**fuse**-*ss; vb*	el fusible; fusionar	
2856	**fuss**-*ss; vb*	el escándalo| los aspavientos; preocuparse	
4987	**fuzzy**-*adj*	borroso	

G

4386	**gag**-*ss; vb*	la mordaza| la broma; amordazar	
3282	**galaxy**-*ss*	la galaxia	
3333	**gallery**-*ss*	la galería	
3031	**gal**-*ss*	la chica| la criada	
4774	**gambler**-*ss*	el jugador	
3331	**gamble**-*vb; ss*	jugar| arriesgarse; el riesgo	

2515	**gambling**-*ss*	el juego
3459	**gangster**-*ss*	el gángster
4539	**gap**-*ss*	la brecha| la diferencia
4432	**gardener**-*ss*	el jardinero
4274	**garlic**-*ss*	el ajo
4833	**garrison**-*ss; vb*	la guarnición; guarnecer
4332	**gasoline**-*ss*	la gasolina
3343	**gathering**-*ss*	la reunión| el acopio
4228	**gaze**-*ss; vb*	la mirada; mirar con fijeza
3589	**generally**-*adv*	generalmente
4186	**generator**-*ss*	el generador
2812	**gene**-*ss*	el gene
3951	**genetic**-*adj*	genético
2627	**gently**-*adv*	suavemente
3222	**genuine**-*adj*	genuino| sincero
3516	**gesture**-*ss; vb*	el gesto| la muestra; hacer un ademán
4013	**ghetto**-*ss*	el ghetto
4845	**gifted**-*adj*	dotado
2762	**giggle**-*ss; vb*	la risilla; poner una risilla sofocada
3248	**gig**-*ss*	el concierto| el calesín
3311	**ginger**-*ss; adj*	el jengibre; rojo
2998	**gin**-*ss; vb*	la ginebra; trampear
3847	**gladly**-*adv*	con alegría
4609	**glance**-*ss; vb*	los vistazo| las ojeada; mirar
4963	**glimpse**-*vb; ss*	vislumbrar| otear; las vislumbre
2734	**global**-*adj*	global
4082	**globe**-*ss*	el globo
2879	**glorious**-*adj*	glorioso
2652	**glove**-*ss*	el guante
4139	**glow**-*ss; vb*	el brillo| la incandescencia; brillar
4048	**glue**-*ss; vb*	el pegamento; pegar
2796	**goddess**-*ss*	la diosa
4000	**godfather**-*ss; vb*	el padrino; apadrinar
2713	**goose**-*ss; vb*	el ganso; palpar
4590	**gorilla**-*ss*	la gorila
3261	**gossip**-*ss; vb*	los chismes| el chismorreo; chismear
3965	**gown**-*ss; vb*	el vestido| la toga; ponerse
3482	**gracious**-*adj*	gracioso
4708	**gradually**-*adv*	gradualmente

3146	**graduate**-*adj; ss; vb*	graduado; el graduado; graduar
3792	**graduation**-*ss*	la graduación
3553	**grain**-*ss; vb*	el grano; cristalizar
4444	**grandchild**-*ss*	el nieto
4316	**granddaughter**-*ss*	la nieta
2934	**grandson**-*ss*	el nieto
4482	**grape**-*ss*	la uva
4209	**grasp**-*vb; ss*	agarrar| comprender; la comprensión
3325	**gratitude**-*ss*	la gratitud
4391	**graveyard**-*ss*	el cementerio
2889	**gravity**-*ss*	la gravedad| la solemnidad
4343	**grease**-*ss; vb*	la grasa; engrasar
4245	**greatly**-*adv*	enormamente| muy
4911	**greatness**-*ss*	la grandeza
4174	**greed**-*ss*	la codicia
3280	**greedy**-*adj*	codicioso
3327	**greet**-*vb*	saludar
4262	**grenade**-*ss*	la granada
4775	**grid**-*ss*	la red
2518	**grief**-*ss*	el dolor
4740	**grim**-*adj*	severo| siniestro
3153	**grip**-*ss; vb*	el apretón| la empuñadura; agarrar
4675	**grocery**-*ss; adj*	la tienda de comestibles; mantequero
3165	**groom**-*ss; vb*	el novio| el caballerizo; cepillar
2545	**gross**-*adj; ss*	bruto| grave; la gruesa
4893	**grove**-*ss*	la arboleda
3629	**growth**-*ss*	el crecimiento| el desarrollo
4662	**grudge**-*vb*	escatimar
3277	**guardian**-*ss*	el guardián| el tutor
4218	**guidance**-*ss*	la dirección
4229	**guinea**-*ss*	la guinea
4728	**gulf**-*ss; vb*	el golfo; pasar de
2899	**gum**-*ss; vb*	la goma| el chicle; engomar
3126	**gunfire**-*ss*	el tiroteo
4523	**gutter**-*ss; vb*	el canal; irse consumiendo
3673	**Gypsy**-*adj; ss*	gitano; el gitano

H

4171	**hack**-*vb; ss; adj*	cortar| piratear; el corte; mercenario
3753	**haircut**-*ss*	el corte de pelo
3967	**hairy**-*adj*	peludo
2918	**halfway**-*adv; adj*	a medio camino; intermedio
3977	**hallway**-*ss*	el vestíbulo
4614	**hamburger**-*ss*	la hamburguesa
3756	**hamlet**-*ss*	la aldea
2691	**ham**-*ss*	el jamón
4369	**handcuff**-*vb*	esposar
4116	**handful**-*ss*	el puñado
4002	**handkerchief**-*ss*	el pañuelo
4458	**handwriting**-*ss*	la escritura
3053	**handy**-*adj*	práctico| a mano
2728	**happily**-*adv*	felizmente
3071	**harbor**-*ss; vb*	el puerto| el albergue; albergar
4733	**hardware**-*ss*	el hardware
4641	**hardy**-*adj*	resistente| robusto
3421	**harmless**-*adj*	inofensivo
3476	**harmony**-*ss*	la armonía
3354	**harsh**-*adj*	duro| áspero
3468	**harvest**-*ss; vb*	la cosecha| la recolección; cosechar
3255	**hatch**-*ss; vb*	la escotilla| el portón; tramar
2833	**hatred**-*ss*	el odio
3830	**haul**-*ss; vb*	el recorrido| el botín; arrastrar
3662	**haunt**-*ss; vb*	la guarida| el nidal; perseguir
3264	**hawk**-*ss; vb*	el halcón; pregonar
3544	**hay**-*ss; vb*	el heno; tomar heno
4998	**headline**-*ss*	el titular
4361	**healing**-*ss; adj*	la curación; curativo
2909	**heal**-*vb*	sanar| remediar
4330	**heap**-*ss; vb*	el montón| el rimero; amontonar
4265	**heartbeat**-*ss*	el latido del corazón
3539	**heavenly**-*adj*	celestial| paradisíaco
4600	**heave**-*ss; vb*	el tirón| las arcadas; levantar
2622	**heavily**-*adv*	fuertemente
4669	**Hebrew**-*adj; ss*	hebreo; el hebreo
3130	**heel**-*ss; vb*	el tacón; talonear
3060	**height**-*ss*	la altura| la estatura
3322	**heir**-*adj; ss*	heredero; el heredero
3233	**helmet**-*ss*	el casco
3156	**helpful**-*adj*	útil| servicial
3173	**helpless**-*adj*	indefenso| impotente
4063	**hence**-*adv*	por lo tanto
4176	**hen**-*ss; adj*	la gallina; de mujeres
4270	**herb**-*ss*	la hierba
3396	**herd**-*ss; vb*	la manada| el hato; guardar
3779	**hereby**-*adv*	por la presente
4215	**heroic**-*adj*	heroico
3341	**heroin**-*ss*	la heroína
3713	**hesitate**-*vb*	vacilar| titubear
4459	**hideous**-*adj*	horrible| repulsivo
4078	**hike**-*ss; vb*	la caminata; ir de excursión
4607	**hilarious**-*adj*	hilarante
3923	**hint**-*vb; ss*	insinuar| dar un indicio; las indirecta
4099	**hiss**-*ss; vb*	el silbido; silbar
4994	**historic**-*adj*	histórico
4109	**historical**-*adj*	histórico
3784	**hobby**-*ss*	la afición
3266	**hockey**-*ss*	el hockey
4475	**hog**-*ss; vb*	el cerdo| el chancho; acaparar
3849	**Holland**-*ss*	las Holanda
4683	**holler**-*vb*	gritar
4355	**hollow**-*adj; ss; vb; adv*	hueco| vacío; el hueco; ahuecar; a hueco
3815	**homeland**-*ss*	la patria
3137	**homeless**-*adj; ss*	sin hogar; el los sin techo
2823	**homicide**-*ss; vb*	el homicidio; matar
3603	**honesty**-*ss*	la honestidad| la franqueza
2651	**honk**-*ss; vb*	el bocinazo; tocar la bocina
3344	**honorable**-*adj*	honorable
2983	**hooked**-*adj*	enganchado
3324	**hooker**-*ss*	la puta| la prostituta
3072	**hopefully**-*adv*	con optimismo
2696	**hopeless**-*adj*	sin esperanza
4226	**horizon**-*ss*	el horizonte
3551	**horny**-*adj*	córneo| caliente
2584	**horror**-*ss*	el horror
4406	**hose**-*ss; vb*	la manguera; regar con manguera
4327	**hospitality**-*ss*	la hospitalidad
2560	**hostage**-*ss*	el rehén

3774	**hostile**-*adj*	hostil
2541	**host**-*ss; vb*	el anfitrión| el huésped; organizar
4946	**hound**-*ss; vb*	el sabueso| el podenco; perseguir
3646	**household**-*ss; adj*	la casa| el menaje; doméstico
4679	**housekeeper**-*ss*	la ama de llaves
4610	**housing**-*ss*	el alojamiento| las viviendas
3330	**howl**-*ss; vb*	el aullido| el alarido; aullar
2523	**humanity**-*ss*	la humanidad
2598	**humble**-*adj; vb*	humilde; humillar
4091	**humiliate**-*vb*	humillar
4942	**humiliation**-*ss*	la humillación
2633	**humor**-*ss; vb*	el humor; complacer
2650	**hum**-*vb; ss*	tararear; el zumbido
4052	**hunch**-*ss; vb*	la corazonada| el pálpito; encorvar
4667	**Hungarian**-*adj; ss*	húngaro; el húngaro
2781	**hunger**-*ss; vb*	las hambre; tener hambre
4988	**Hurray!**-*int*	¡Viva!
4345	**hurricane**-*ss; adj*	el huracán; de huracán
2680	**hush**-*ss; vb*	el silencio; callar
4371	**hustle**-*ss; vb*	el ajetreo| el bullicio; darse prisa
3868	**hysterical**-*adj*	histérico

I

2933	**ideal**-*adj; ss*	ideal| perfecto; el ideal
4416	**identical**-*adj*	idéntico
3935	**identification**-*ss*	la identificación
4744	**idle**-*adj; vb*	ocioso| libre; holgazanear
4552	**ignorance**-*ss*	la ignorancia
3367	**ignorant**-*adj*	ignorante
2747	**illness**-*ss*	la enfermedad
3302	**illusion**-*ss*	el espejismo
2966	**immediate**-*adj*	inmediato| inminente
3733	**immortal**-*adj; ss*	inmortal; el inmortal
2932	**impact**-*ss; vb*	el impacto; afectar
4517	**impatient**-*adj*	impaciente
3471	**imperial**-*adj; ss*	imperial; el imperio
2936	**importance**-*ss*	la importancia
4711	**importantly**-*adv*	en tono rimbombante
3212	**improve**-*vb*	mejorar| aumentar

4986	**impulse**-*ss; vb*	el impulso| la impulsión; impulsar
3340	**income**-*ss; adj*	los ingresos; de rentas
4739	**incoming**-*adj*	entrante| siguiente
2682	**increase**-*ss; vb*	el aumento| el incremento; aumentar
2852	**incredibly**-*adv*	increíblemente
3856	**independence**-*ss*	la independencia
3026	**independent**-*adj; ss*	independiente; independiente
4120	**indicate**-*vb*	indicar| demostrar
2513	**individual**-*adj; ss*	individual| particular; el individuo
4007	**industrial**-*adj*	industrial
3974	**inevitable**-*adj*	inevitable
4684	**infantry**-*ss*	la infantería
3319	**infected**-*adj*	infectado
3904	**infection**-*ss*	la infección
4194	**infinite**-*adj; ss*	infinito; el infinito
4571	**inheritance**-*ss*	la herencia
4441	**inherit**-*vb*	heredar
4285	**initial**-*adj; ss*	inicial; el inicial
4574	**injection**-*ss*	la inyección
3554	**injury**-*ss*	la lesión| el prejuicio
4756	**injustice**-*ss*	la injusticia
3746	**ink**-*ss; vb*	la tinta; entintar
2819	**inner**-*adj*	interior
3735	**innocence**-*ss*	la inocencia
2877	**inn**-*ss*	la posada| el mesón
4616	**inquiry**-*ss*	la investigación| la pregunta
4241	**insanity**-*ss*	la locura| la demencia
4491	**insect**-*ss*	el insecto
4005	**inspection**-*ss*	la inspección
3586	**inspiration**-*ss*	la inspiración
3412	**inspire**-*vb*	inspirar| dar animación
4350	**instantly**-*adv*	instantáneamente
2896	**instant**-*ss; adj*	el instante| el poco tiempo; inmediato
3379	**instinct**-*ss*	el instinto
3275	**institute**-*ss; vb*	el instituto; instituir
3518	**institution**-*ss*	la institución
4411	**instructor**-*ss*	el instructor
3226	**instrument**-*ss; vb*	el instrumento; instrumentar
4292	**intact**-*adj*	intacto
4283	**integrity**-*ss*	la integridad

4057	**intellectual**-*adj; ss*	intelectual; el sabio
3068	**intense**-*adj*	intenso
2644	**intention**-*ss*	la intención| el intento
4702	**intent**-*ss; adj*	la intención| el intento; atento
4842	**interference**-*ss*	la interferencia
2784	**interfere**-*vb*	interferir| intervenir
4165	**interior**-*adj; ss*	interior; el interior
2971	**internal**-*adj; ss*	interno; el interno
4589	**interrogation**-*ss*	el interrogatorio
3678	**intimate**-*adj; vb; ss*	íntimo; intimar; el amigo íntimo
4718	**introduction**-*ss*	la introducción
3359	**invasion**-*ss*	la invasión
3666	**invention**-*ss*	la invención| la inventiva
2939	**investigate**-*vb*	investigar| estudiar
4847	**investigator**-*ss*	el investigador
3140	**investment**-*ss*	la inversión| la colocación
4487	**invest**-*vb*	invertir| investir
4906	**invincible**-*adj*	invencible
2535	**invisible**-*adj*	invisible
4279	**involve**-*vb*	involucrar| implicar
2778	**Irish**-*adj; ss*	irlandés; el irlandés
4044	**iris**-*ss*	el iris
4938	**ironic**-*adj*	irónico
4964	**irrelevant**-*adj*	irrelevante
4532	**irresponsible**-*adj*	irresponsable
3871	**isolate**-*vb*	aislar
2887	**Israel**-*ss*	el Israel
2790	**item**-*adv; ss*	ítem; el ítem
4709	**ivy**-*ss*	la hiedra

J

4545	**jackass**-*ss*	el burro
4782	**janitor**-*ss*	el portero| el bedel
3907	**jar**-*ss; vb*	el tarro| el frasco; mover
3937	**jaw**-*ss; vb*	la mandíbula| la mordaza; charlar
2574	**jazz**-*ss; vb*	el jazz| el rollo; animar
3604	**jealousy**-*ss*	los celos
3828	**jeep**-*ss*	el jeep
4051	**jelly**-*ss; vb*	la gelatina; gelatinar

2589	**jet**-*ss; adj; vb*	el chorro	el jet; a reacción; echar en chorro
3223	**jewelry**-*ss*	la joyería
2963	**jewel**-*ss; vb*	la joya; enjoyar
4358	**jingle**-*ss; vb*	el tintineo; tintinear
3722	**joker**-*ss*	bromista
3297	**jolly**-*adj; adv; vb*	alegre	terrible; muy; engatusar
3096	**journalist**-*ss*	periodista
3919	**journal**-*ss*	la revista	el diario
2528	**judgment**-*ss*	el juicio	la sentencia
4289	**junkie**-*ss*	el drogadicto
4760	**jurisdiction**-*ss*	la jurisdicción
4446	**justify**-*vb*	justificar	alinear
5018	**juvenile**-*adj; ss*	juvenil	de menores; el menor

K

3861	**karate**-*ss*	el kárate
4846	**karma**-*ss*	las karma
3686	**keen**-*adj; ss; vb*	afilado; el lamento fúnebre; lamentar fúnebre
4388	**keeper**-*ss*	el guardián| el cuidador
3150	**kidnapping**-*adj; ss*	secuestro; el secuestro
4522	**kidney**-*ss; adj; vb*	el riñón; renal; gritar
3609	**kilometer**-*ss*	el kilómetro
4281	**kilo**-*ss*	el kilo
4973	**kindergarten**-*ss*	el kindergarten
2758	**kindly**-*adv; adj*	amablemente; bondadoso
2780	**kindness**-*ss*	la amabilidad| la bondad
4275	**kin**-*ss; adj*	el parentesco; de parientes
4621	**kitten**-*ss*	el gatito
3647	**kneel**-*vb*	arrodillarse
4365	**knot**-*ss; vb*	el nudo| el grupo; anudar
3129	**Korean**-*adj; ss*	coreano; el coreano

L

| 3998 | **label**-*ss; vb* | la etiqueta| el rótulo; etiquetar |
| 3631 | **laboratory**-*ss* | el laboratorio |

2556	**labor**-*ss; adj; vb*	el trabajo| la mano de obra; laboral; trabajar
5012	**lace**-*ss; vb*	el cordón; guarnecer con encajes
3009	**ladder**-*ss; vb*	la escalera| la escala; hacer una carrera en
2632	**lamb**-*ss; vb*	el cordero; parir
3276	**lame**-*adj; vb*	cojo; lisiar
2764	**lamp**-*ss; vb*	la lámpara; encender una lámpara
3203	**lance**-*ss; vb*	la lanza; lancear
3869	**landlord**-*ss*	el propietario| el casero
4381	**landscape**-*ss; adj; vb*	el paisaje; paisajista; ajardinar
2840	**lap**-*ss; vb*	la vuelta| el regazo; lamer
3751	**laser**-*ss; adj*	el láser; lasérico
3536	**lawn**-*ss*	el césped
4762	**layer**-*ss*	la capa
4204	**leadership**-*ss*	el liderazgo| el liderato
3573	**leaf**-*ss; vb*	la hoja; hojear
2914	**leak**-*ss; vb*	la fuga| la pérdida; filtrarse
2956	**lean**-*vb; adj; ss*	apoyarse; magro; la carne magra
3969	**leap**-*ss; vb*	el salto; saltar
4476	**lease**-*ss; vb*	el arrendamiento; arrendar
2890	**leather**-*ss; vb*	el cuero| la gamuza; hacer de cuero
3069	**lecture**-*ss; vb*	la conferencia| el sermón; dar una conferencia
4524	**legacy**-*ss*	el legado
3711	**legally**-*adv*	legalmente
4700	**legendary**-*adj*	legendario
4734	**legion**-*ss*	la legión
3993	**legitimate**-*adj; vb*	legítimo| justo; legitimar
4602	**lemonade**-*ss*	la limonada
3083	**lemon**-*ss; adj*	el limón| el limonero; de limón
3373	**length**-*ss*	la longitud| la duración
4732	**lens**-*ss*	la lente
4508	**lethal**-*adj*	letal
4499	**liable**-*adj*	responsable
4710	**liberal**-*adj; ss*	liberal| generoso; el liberal
4921	**liberation**-*ss*	la liberación

2970	**lick**-*vb; ss*	lamer; la lamedura
4531	**lid**-*ss*	la tapa
4890	**lifestyle**-*ss*	los estilo de vida
4979	**lifting**-*ss; adj*	el levantamiento; subiente
4970	**lighten**-*vb*	aligerar| aclarar
4428	**lightly**-*adv*	ligeramente
3075	**limited**-*adj*	limitado
3645	**lipstick**-*ss*	el lápiz labial
3369	**liquid**-*adj; ss*	líquido; el líquido
2529	**literally**-*adv*	literalmente
3486	**literature**-*ss*	la literatura
4030	**lively**-*adj; adv*	animado| alegre; animadamente
4753	**lizard**-*ss*	el lagarto
3362	**lobby**-*ss; vb*	el vestíbulo; presionar
4478	**lobster**-*ss*	la langosta
3417	**locate**-*vb*	localizar
3123	**locker**-*ss*	el armario
4166	**lodge**-*vb; ss*	presentar| alojar; la logia
3659	**logical**-*adj*	lógico
3743	**logic**-*ss; adj*	la lógica; lógico
3062	**log**-*ss; vb*	la log| el tronco; anotar
4655	**lone**-*adj*	solitario
4053	**loneliness**-*ss*	la soledad
4470	**lonesome**-*adj*	solitario
4569	**longing**-*ss; adj*	el anhelo; anhelante
4586	**look-out**-*ss*	el puesto de observación| las vigía
4752	**loop**-*ss; vb*	el bucle| el lazo; serpentear
4307	**loosen**-*vb*	aflojar| aflojarse
4951	**loot**-*ss; vb*	el botín| el saqueo; saquear
3978	**lordship**-*ss*	el señorío| el señor
3602	**lottery**-*ss*	la lotería
4920	**lotus**-*ss*	el loto
3578	**loudly**-*adv*	en voz alta
4486	**lounge**-*ss; vb*	el salón| la sala; gandulear
2756	**loyalty**-*ss*	la lealtad
3596	**luckily**-*adv*	por suerte
2580	**luggage**-*ss*	el equipaje
4648	**lump**-*ss; adj; vb*	el terrón| la masa; global; englobar
3220	**lunatic**-*adj; ss*	lunático; demente
3219	**lung**-*ss*	el pulmón

4940	**lure**-*ss; vb*	el señuelo| el atractivo; atraer
3990	**lust**-*ss; vb*	la lujuria; codiciar
3498	**luxury**-*ss*	el lujo
4960	**lynch**-*vb*	linchar
4240	**lyric**-*ss; adj*	la lírica; lírico

M

4660	**machinery**-*ss*	la maquinaria| el mecanismo
3739	**madman**-*ss*	el loco
4323	**maestro**-*ss*	el maestro
3734	**mafia**-*ss*	la mafia
3213	**magical**-*adj*	mágico
3692	**magician**-*ss*	el mago
4738	**magistrate**-*ss*	el magistrado| el pretor
4436	**magnetic**-*adj*	magnético
3806	**maiden**-*ss; adj*	la doncella; virginal
3901	**mainly**-*adv*	principalmente
2646	**maintain**-*vb*	mantener| sostener
4169	**maintenance**-*ss*	el mantenimiento
3642	**majority**-*ss*	la mayoría
3783	**maker**-*ss*	fabricante
2822	**makeup**-*ss*	el maquillaje
3041	**mall**-*ss*	el centro comercial| la alameda
4188	**mamma**-*ss*	la mamá
2859	**management**-*ss*	la administración| el manejo
3278	**maniac**-*adj; ss*	maníaco; el maníaco
2731	**mankind**-*ss*	la humanidad
3617	**mansion**-*ss*	el palacio
3745	**manual**-*adj; ss*	manual; el manual
4680	**marble**-*ss; adj; vb*	el mármol; marmóreo; jaspear
3490	**march**-*ss; vb*	la marcha; marchar
3929	**marijuana**-*ss*	la marijuana
2774	**marine**-*ss; adj*	la marina; marino
4764	**marketing**-*ss*	el márketing
4463	**marquis**-*ss*	el marqués
4468	**martini**-*ss*	el martini
2561	**marvelous**-*adj*	maravilloso| enorme
3016	**mason**-*ss*	el masón
3955	**massacre**-*ss; vb*	la masacre; masacrar
3149	**massage**-*ss; vb*	el masaje; masajear
2692	**massive**-*adj*	macizo

4670	**masterpiece**-*ss*	las obra maestra
2878	**math**-*ss*	los mates
4424	**mattress**-*ss*	el colchón
3714	**mature**-*adj; vb*	maduro; madurar
3423	**maximum**-*adj; ss*	máximo; el máximo
4282	**meaningless**-*adj*	sin sentido
2617	**meantime**-*adv*	mientras tanto
2746	**measure**-*ss; vb*	la medida; medir
4077	**mechanic**-*adj; ss*	mecánico; el mecánico
4443	**mechanical**-*adj*	mecánico
4962	**mechanism**-*ss*	el mecanismo
2708	**medal**-*ss*	la medalla
4769	**medic**-*adj; ss*	médico; el médico
3124	**medication**-*ss*	la medicación
3176	**melody**-*ss*	la melodía
3876	**melt**-*vb*	fundir
4242	**memorial**-*ss; adj*	el memorial; conmemorativo
5015	**memo**-*ss*	el memorándum
4160	**mentally**-*adv*	mentalmente
3492	**menu**-*ss*	el menú| la lista de platos
4672	**merchandise**-*ss; vb*	las mercancías; comerciar
4181	**merchant**-*ss; adj*	comerciante; mercante
4026	**merciful**-*adj*	misericordioso
3046	**mere**-*adj; ss*	mero| solo; el lago
3101	**messenger**-*ss*	el mensajero
4107	**messy**-*adj*	confuso
2979	**method**-*ss*	el método
4374	**metro**-*ss*	el metro
2716	**Mexican**-*adj; ss*	mexicano; el mexicano
4464	**microphone**-*ss*	el micrófono
3287	**mid**-*adj*	medio
5017	**midst**-*ss; prp*	el medio; entre
4877	**milady**-*ss*	la miladi
4867	**mild**-*adj; ss*	leve| suave; el suave
4117	**millionaire**-*ss*	el millonario
3215	**mill**-*ss; vb*	el molino; moler
4551	**milord**-*ss*	el milord
3435	**minimum**-*adj; ss*	mínimo; el mínimo
3681	**mini-**-*pfj*	mini-
3115	**ministry**-*ss*	el ministerio
2596	**minor**-*adj; ss*	menor| secundario; el menor
4693	**mint**-*ss; adj; vb*	la menta; nuevo; acuñar

3139	minus-*adj; adv; prp; ss*	menos; menos; menos; el signo menos
2654	misery-*ss*	la miseria
4200	misfortune-*ss*	la desgracia| el infortunio
3414	missile-*ss*	el misil
4340	missus-*ss*	la señora
4068	missy-*ss*	la señorita
3186	misunderstanding-*ss*	el malentendido| el error
4484	misunderstand-*vb*	entender mal
2534	mobile-*adj*	móvil
2808	mob-*ss; vb*	la multitud| el grupo; acosar
4251	mock-*vb; adj*	burlarse de; simulado
4831	mode-*ss*	el modo| la modalidad
3549	modest-*adj*	modesto
4029	mole-*ss; vb*	el topo; cavar
3726	momma-*ss*	la mamá
4329	monastery-*ss*	el monasterio
3214	monitor-*ss; vb*	el monitor; controlar
3488	moonlight-*ss; vb*	la luz de la luna; estar pluriempleado
4360	moose-*ss*	el alce
4898	morality-*ss*	la moralidad
3884	morgue-*ss*	los morgue
4812	morphine-*ss*	la morfina
3113	mortal-*adj; ss*	mortal; mortal
3983	mortgage-*ss; vb*	la hipoteca; hipotecar
4869	moss-*ss*	el musgo
2726	motel-*ss*	el motel
3120	motive-*adj; ss; vb*	motivo| motor; el motivo; motivar
3355	motorcycle-*ss*	la motocicleta
4770	motto-*ss*	el lema
4349	mourning-*ss; adj*	el luto; de luto
3639	Ms.-*abr*	Sra.
3089	muffle-*vb*	amortiguar
4055	mug-*ss*	la jarra
3654	mule-*ss*	la mula
3738	multiple-*adj; ss*	múltiple; el múltiplo
4758	mumble-*vb; ss*	mascullar; el balbuceo
3454	murmur-*ss; vb*	el murmullo| el susurro; murmurar
2910	muscle-*ss*	el músculo
4445	mushroom-*ss; adj; vb*	la seta; de hongos; surgir como hongos
2670	musical-*adj; ss*	musical; el musical

3535	musician-*ss*	el músico
3622	Muslim-*adj*	musulmán
4238	mustache-*ss*	el bigote
4442	mustard-*adj; ss*	mostaza; la mostaza
4372	mute-*adj; ss; vb*	mudo; el mudo; apagar
3724	mutter-*vb; ss*	murmurar; el murmullo
5005	mutt-*ss*	el chucho
3950	mutual-*adj*	mutuo
3832	myth-*ss*	el mito

N

3971	n.d.-*abr*	sin fecha
3338	naive-*adj*	ingenuo| cándido
3198	nanny-*ss*	la niñera
4415	nan-*ss*	la yaya
3254	nap-*ss; vb*	la siesta| el flojel; dormir la siesta
3420	narrate-*vb*	narrar| referir
3320	narrow-*vb; adj; ss*	reducir; estrecho; el estrecho
2501	native-*adj; ss*	nativo| natal; el nativo
2511	naughty-*adj*	travieso
4402	naval-*adj*	naval
4748	nay-*part; adv; ss*	no; más aún; el voto en contra
3357	nearest-*adj*	más cercano
2928	neat-*adj; ss*	ordenado| puro; el buey
3039	necessarily-*adv*	necesariamente
2853	necklace-*ss*	el collar
2907	needle-*ss; vb*	la aguja| la acícula; fastidiar
3625	negotiate-*vb*	negociar
5011	negotiation-*ss*	la negociación
4021	Negro-*adj; ss*	negro; el negro
2737	nest-*ss; vb*	el nido| el hormiguero; anidar
4759	neutral-*adj; ss*	neutral; los neutral
3502	nevertheless-*con; adv*	sin embargo; con todo
4808	newly-*adv*	recién
2684	nicely-*adv*	bien
3794	nickel-*ss; vb*	el níquel; niquelar
4062	nickname-*ss; vb*	el apodo; apodar
2791	niece-*ss*	la sobrina
4834	nightclub-*ss*	los club nocturno

4995	**nineteen**-*num*	diecinueve
3846	**ninety**-*num*	noventa
4153	**ninth**-*adj; ss*	noveno; el noveno
3942	**noisy**-*adj*	ruidoso
3416	**noodle**-*ss*	la cabeza
2972	**northern**-*adj*	del norte
4389	**notebook**-*ss*	el cuaderno
4968	**noted**-*adj*	célebre| conocido
4249	**notify**-*vb*	notificar
3796	**notion**-*ss*	la noción
4991	**notorious**-*adj*	notorio
2828	**November**-*ss; adj*	el noviembre; de noviembre
2586	**nowadays**-*adv*	hoy en día
4422	**nude**-*adj; ss*	desnudo; el desnudo
4490	**nuisance**-*ss*	la molestia| el fastidio
4901	**numb**-*adj*	entumecido
3404	**nun**-*ss*	la monja
4690	**nursery**-*ss*	el vivero
4560	**nursing**-*ss*	la enfermería

O

4297	**oak**-*ss; adj*	el roble; de roble
2771	**oath**-*ss*	el juramento
2729	**objection**-*ss*	la objeción| la oposición
3741	**objective**-*adj; ss*	objetivo; el objetivo
4336	**obligation**-*ss*	la obligación| el compromiso
3251	**oblige**-*vb*	obligar
3895	**observation**-*ss*	la observación| la indicación
4974	**observed**-*adj*	observado
3084	**observe**-*vb*	observar| cumplir
3022	**obsessed**-*adj*	obsesionado
3987	**obsession**-*ss*	la obsesión
4309	**obtain**-*vb*	obtener| prevalecer
3917	**occasionally**-*adv*	de vez en cuando
3657	**occupation**-*ss*	la ocupación
3384	**occupy**-*vb*	ocupar| llenar
2616	**occur**-*vb*	ocurrir| existir
3102	**offend**-*vb*	ofender
2591	**offense**-*ss*	la ofensa| el delito
3874	**offensive**-*ss; adj*	la ofensiva; ofensivo
2769	**officially**-*adv*	oficialmente
2563	**olive**-*ss; adj*	la aceituna; oliváceo

4698	**on-board**-*adj*	de a bordo
4219	**onion**-*ss; vb*	la cebolla; condimentar con cebolla
3598	**on-line**-*adj*	en línea
2873	**operate**-*vb*	funcionar| manejar
3693	**opponent**-*ss; adj*	el adversario| el contrario; contrario
3899	**oppose**-*vb*	oponerse a
4423	**opposition**-*ss*	la oposición
2678	**option**-*ss*	la opción
3770	**orbit**-*ss*	la órbita
3063	**orchestra**-*ss*	la orquesta
4814	**orderly**-*adj; ss*	ordenado; la ordenanza
4373	**organic**-*adj*	orgánico
2810	**organized**-*adj*	organizado
3961	**organize**-*vb*	organizar
3332	**organ**-*ss*	el órgano
4674	**orgasm**-*ss*	el orgasmo
3720	**originally**-*adv*	originalmente
3949	**origin**-*ss*	el origen
3495	**orphan**-*adj; ss; vb*	huérfano; el huérfano; dejar huérfano
3762	**orphanage**-*ss*	el orfanato
4862	**outcome**-*ss*	el resultado| el desenlace
3179	**outer**-*adj*	exterior| extremo
3873	**outrageous**-*adj*	indignante| escandaloso
4024	**outstanding**-*adj*	excepcional| sobresaliente
3543	**oven**-*ss*	el horno
4565	**overboard**-*adv*	al agua
3274	**overcome**-*vb*	superar| salvar
4803	**overhead**-*adv; adj; ss*	arriba; de arriba; los gastos generales
3187	**overnight**-*adv*	durante la noche
4620	**overseas**-*adj; adv*	de ultramar; de ultramar
4294	**overtime**-*ss; adj*	la horas extras; fuera de hora
4826	**overwhelming**-*adj*	abrumador
3813	**owl**-*ss*	el búho
4126	**ox**-*ss*	el buey
2551	**oxygen**-*ss;*	el oxígeno

P

3193	**p.m.**-*abr*	p.m.
3443	**pace**-*ss; vb*	el paso; ir al paso
2793	**Pacific**-*ss; adj*	el Pacífico; pacífico
4152	**pad**-*ss; vb*	la almohadilla; acolchar
3077	**painter**-*ss*	el pintor
4873	**pajamas**-*ss*	el pijama
2635	**pale**-*adj; vb; ss*	pálido; palidecer; los límites
2575	**palm**-*ss; vb*	la palma| los palmo; escamotear
4477	**pancake**-*ss; vb*	el crepe; desplomarse
4538	**panel**-*ss; vb*	el panel| el grupo; artesonar
2656	**pan**-*ss; vb*	el pan; lavar con batea
3258	**panties**-*ss*	las bragas
3587	**paperwork**-*ss*	el papeleo
2673	**parade**-*ss; vb*	el desfile| la parada; desfilar
4958	**parallel**-*adj; ss; vb*	paralelo; el paralelo; comparar
3375	**paranoid**-*adj; ss*	paranoico; el paranoico
4673	**parish**-*ss*	la parroquia
4019	**parliament**-*ss*	el parlamento
4514	**parlor**-*ss*	el salón
3397	**parole**-*ss; vb*	la libertad condicional; liberar condicionalmente
4261	**parrot**-*ss; vb*	el loro; repetir como un loro
4553	**participate**-*vb*	participar
4953	**partly**-*adv*	en parte
4694	**partnership**-*ss*	la asociación| el consorcio
3051	**passage**-*ss*	el paso| la aprobación
3878	**passionate**-*adj*	apasionado
3700	**password**-*ss*	la contraseña
4335	**pasta**-*ss*	las pastas
3954	**pastor**-*ss*	el pastor
2676	**patch**-*ss; vb*	el parche; parchar
2789	**pattern**-*ss; vb*	el patrón| el modelo; modelar
4074	**patty**-*ss*	la empanada
4875	**pause**-*ss; vb*	la pausa| el silencio; hacer una pausa
4356	**pawn**-*vb; ss*	empeñar| pignorar; el peón
2782	**payment**-*ss*	el pago| la recompensa
4111	**peach**-*ss; adj; vb*	el melocotón; de color melocotón; chivarse
4133	**peak**-*ss; vb*	el pico; llegar al máximo
3729	**peanut**-*ss*	el maní
2506	**pearl**-*ss; adj; vb*	la perla; de perlas; gotear
3763	**peasant**-*ss*	el campesino
3761	**peculiar**-*adj*	peculiar| extraño
4378	**peek**-*ss; vb*	las ojeada; echar una ojeada
4328	**peel**-*vb; ss*	pelar| pelarse; la piel
2897	**penalty**-*ss*	la pena
3293	**pencil**-*ss; vb*	el lápiz; escribir con lápiz
2664	**penis**-*ss*	el pene
3634	**pension**-*ss; vb*	la pensión| el retiro; pensionar
4159	**pentagon**-*ss*	el pentágono
3158	**pepper**-*ss; vb*	la pimienta; salpicar
4212	**perfection**-*ss*	la perfección
2766	**perfume**-*ss; vb*	el perfume; perfumar
4041	**perimeter**-*ss*	el perímetro
3042	**permanent**-*adj; ss*	permanente| definitivo; la permanente
2525	**personality**-*ss*	la personalidad
2902	**personnel**-*ss*	el personal
3740	**perspective**-*ss; adj*	la perspectiva; perspectivo
3570	**persuade**-*vb*	persuadir
3352	**pervert**-*ss; vb*	el pervertido; pervertir
4863	**petition**-*ss; vb*	la petición| la demanda; solicitar a
4720	**petrol**-*ss*	la gasolina
3545	**petty**-*adj*	pequeño
4140	**phantom**-*adj; ss*	fantasma; el fantasma
3014	**phase**-*ss; vb*	la fase; escalonar
4366	**phenomenon**-*ss*	el fenómeno
4907	**philosopher**-*ss*	el filósofo
2906	**philosophy**-*ss*	la filosofía
3826	**phony**-*adj; ss*	falso; farsante
2961	**photographer**-*ss*	el fotógrafo
3512	**photography**-*ss*	la fotografía
3684	**phrase**-*ss; vb*	la frase| la expresión; expresar
3497	**physically**-*adv*	físicamente
4410	**physician**-*ss*	el médico
3374	**physics**-*ss*	la física
4751	**pickup**-*ss*	la recolección
3035	**picnic**-*ss; vb*	el picnic; merendar

3850	**pierce**-*vb*	atravesar
4303	**pier**-*ss*	el muelle
3133	**pigeon**-*ss*	la paloma
4313	**piggy**-*ss*	el cerdito
4909	**piglet**-*ss*	el cerdito
2636	**pile**-*ss; vb*	la pila| el pelo; acumularse
3177	**pillow**-*ss; vb*	la almohada; apoyar sobre la almohada
3494	**pimp**-*ss; vb*	el chulo; alcahuetear
4148	**pinch**-*ss; vb*	el pellizco| la pizca; pellizcar
3721	**pine**-*ss; vb*	el pino; languidecer
3934	**ping**-*ss; vb*	el silbido; picar
4947	**pint**-*ss*	la pinta
3345	**pirate**-*ss; vb*	pirata; piratear
2870	**pistol**-*ss*	la pistola
4840	**pitiful**-*adj*	lamentable
2605	**pit**-*ss; vb*	el pozo| la fosa; oponer
3013	**plague**-*ss; vb*	la plaga| el fastidio; plagar
3364	**platform**-*ss*	la plataforma
3630	**platoon**-*ss*	el pelotón
4735	**plaza**-*ss*	la plaza
3972	**plead**-*vb*	alegar| abogar
4252	**plea**-*ss*	la súplica| el alegato
3748	**pledge**-*ss; vb*	el compromiso| la prenda; prometer
2672	**plot**-*ss; vb*	la parcela| la trama; trazar
3162	**plug**-*ss; vb*	el enchufe| el tapón; enchufar
4716	**plumber**-*ss*	el fontanero
4480	**pointless**-*adj*	inútil
4825	**poisonous**-*adj*	venenoso
2813	**poker**-*ss; vb*	el póker; grabar al fuego
4537	**poke**-*vb; ss*	meter| empujar; el codazo
2592	**polite**-*adj*	educado| atento
3438	**politician**-*ss*	el político
3457	**pond**-*ss*	el estanque
3891	**pony**-*ss*	el poni
4871	**poop**-*ss; vb*	la mierda; recibir por la popa
4471	**popcorn**-*ss*	las palomitas de maíz
2536	**pope**-*ss*	el papa
4624	**poppy**-*ss*	la amapola
2707	**population**-*ss*	la población
3939	**porch**-*ss*	el porche
2816	**pork**-*ss*	el cerdo
3034	**porn**-*ss*	la pornografía
3304	**portrait**-*ss*	el retrato
3975	**Portuguese**-*adj; ss*	portugués; el portugués
3886	**pose**-*ss; vb*	la pose| la actitud; plantear
4894	**positively**-*adv*	afirmativamente
2849	**possession**-*ss*	la posesión
3562	**possess**-*vb*	poseer| haber
4625	**postcard**-*ss*	la tarjeta postal
3970	**posted**-*adj*	al corriente
4497	**poster**-*ss*	el póster
2530	**potato**-*ss*	la patata
4479	**potion**-*ss*	la poción| la pócima
3271	**poverty**-*ss*	la pobreza| la escasez
2862	**practical**-*adj*	práctico
3210	**practicing**-*ss; adj*	la práctica| el ejercicio; practicante
3444	**preacher**-*ss*	el predicador| el pastor
4687	**preach**-*vb*	predicar
4661	**precinct**-*ss*	el recinto
3621	**precise**-*adj*	preciso| exacto
4874	**predict**-*vb*	predecir
4421	**preferred**-*adj*	privilegiado
4363	**pregnancy**-*ss*	el embarazo
4772	**premise**-*ss; vb*	la premisa; sentar como premisa
4978	**preparation**-*ss*	la preparación
4321	**prescription**-*ss*	la prescripción
4291	**presentation**-*ss*	la presentación| la entrega
3807	**preserve**-*vb; ss*	preservar| conservar; el coto
4791	**presidential**-*adj*	presidencial
3682	**presume**-*vb*	presumir
2807	**previous**-*adj*	anterior| prematuro
3989	**previously**-*adv*	previamente
3595	**prey**-*ss; vb*	la presa; aprovecharse de
3614	**primary**-*adj; ss*	primario; el primario
4198	**primitive**-*adj; ss*	primitivo; el primitivo
3167	**principle**-*ss*	el principio
4409	**printed**-*adj*	impreso
3875	**prior**-*adj; ss*	anterior; el prior
3399	**priority**-*ss*	la prioridad
3004	**privacy**-*ss*	la intimidad

3155	**privilege**-*ss; vb*	el privilegio| el honor; privilegiar
4540	**probation**-*ss*	la libertad condicional
4729	**probe**-*ss; vb*	la sonda| el sondeo; sondear
2742	**procedure**-*ss*	el procedimiento
2512	**product**-*ss*	el producto| el resultado
2665	**profession**-*ss*	la profesión
3030	**profile**-*ss; vb*	el perfil| el retrato; perfilar
2538	**profit**-*vb; ss*	beneficiarse| sacar provecho; el lucro
4562	**profound**-*adj; ss*	profundo; las profundidades
4206	**promote**-*vb*	promover| promocionar
3056	**promotion**-*ss*	la promoción
3157	**prom**-*ss*	el paseo marítimo
4105	**pronounce**-*vb*	pronunciar| dar su opinión
4944	**propaganda**-*ss*	la propaganda
4796	**prophecy**-*ss*	la profecía
3717	**prophet**-*ss*	el profeta
2960	**proposal**-*ss*	la propuesta| la oferta
3707	**proposition**-*ss; vb*	la proposición| el propósito; hacer proposiciones
4248	**prosecution**-*ss*	el enjuiciamiento
3257	**prosecutor**-*ss*	el fiscal| el acusador
3505	**prostitute**-*ss; vb*	la prostituta; prostituir
4779	**protective**-*adj*	protector
2865	**protest**-*ss; vb*	la protesta| la declaración de averías; protestar
4570	**protocol**-*ss; vb*	el protocolo; protocolar
4243	**province**-*ss*	la provincia| la jurisdicción
4749	**Psst!**-*int*	¡Pst!
4678	**psychiatric**-*adj*	psiquiátrico
3205	**psychiatrist**-*ss*	psiquiatra
3667	**psychic**-*adj; ss*	psíquico; el médium
3906	**psychological**-*adj*	psicológico
4976	**psychologist**-*ss*	el psicólogo
4472	**psychology**-*ss*	la psicología
3044	**psycho**-*ss*	psicópata
3171	**publicity**-*ss*	la publicidad
4904	**publisher**-*ss*	el editor
3211	**publish**-*vb*	publicar
3415	**pub**-*ss*	el pub
4075	**pudding**-*ss*	el pudín
4563	**puff**-*ss; vb*	el soplo; soplar
3995	**puke**-*ss; vb*	el vómito; vomitar a uno
2763	**pulse**-*ss; vb*	las legumbres| el pulso; pulsar
4149	**pumpkin**-*ss*	la calabaza
2578	**pump**-*ss; vb*	la bomba; bombear
4585	**pupil**-*ss*	la pupila
4025	**puppet**-*ss; adj*	la marioneta; fantoche
2846	**puppy**-*ss*	el perrito
4277	**purchase**-*ss; vb*	la compra| el agarre; comprar
4438	**purely**-*adv*	puramente
3092	**purple**-*ss; adj; vb*	la púrpura; morado; purpurar
4035	**pursue**-*vb*	perseguir| seguir
3803	**pursuit**-*ss*	la búsqueda| la persecución
3992	**puzzle**-*ss; vb*	el rompecabezas| la puzzle; desconcertar
4777	**pyramid**-*ss*	la pirámide

Q

4903	**quack**-*ss; vb; adj*	el curandero; graznar; de curandero
3765	**qualify**-*vb*	calificar| clasificarse
3885	**quarrel**-*ss; vb*	la pelea| la camorra; pelear
4123	**quest**-*ss; vb*	la búsqueda; buscar
4385	**quid**-*ss*	la libra
3183	**quote**-*vb; ss*	citar; la cita

R

3501	**rabbi**-*ss*	el rabino
4597	**racist**-*ss*	racista
3526	**racket**-*ss; vb*	la raqueta| la estafa; hacer ruido
3964	**rack**-*ss; vb*	el estante; atormentar
3097	**radar**-*ss; adj*	el radar; de radiolocalización
3329	**radiation**-*ss*	la radiación
4312	**radical**-*adj; ss*	radical; el radical
4682	**raft**-*ss; vb*	la balsa| la serie; embalsar
2911	**rage**-*ss; vb*	la rabia; rabiar
4319	**rag**-*ss; vb*	el trapo; dar guerra a

2912	**raid**-*ss; vb*	la incursión| la redada; atacar
2964	**railroad**-*ss; vb*	el ferrocarril; construir el ferrocarril
4502	**rail**-*ss*	el carril| el riel
3976	**railway**-*ss*	el ferrocarril
3764	**rainbow**-*ss; adj*	los arco iris; multicolor
4520	**rainy**-*adj*	lluvioso
3816	**rally**-*ss; vb*	la reunión; recuperarse
2814	**ram**-*ss; vb*	el espolón| el carnero; apisonar
2552	**ranch**-*ss*	el rancho| la hacienda
3234	**random**-*ss; adj*	el azar; aleatorio
3857	**ranger**-*ss*	el guardabosque
2892	**rank**-*ss; vb; adj*	el rango| la fila; clasificar; maloliente
3567	**ransom**-*ss; vb*	el rescate; rescatar
4856	**rapid**-*adj; ss*	rápido; el rápido
4677	**rapidly**-*adv*	rápidamente
2753	**rap**-*ss*	el rap
3542	**rarely**-*adv*	raramente
3508	**rascal**-*ss*	el bribón| el pillo
4136	**rash**-*ss; adj*	la erupción| el salpullido; temerario
4843	**rational**-*adj*	racional| lógico
3648	**rattle**-*ss; vb*	el traqueteo; sonar
2969	**raw**-*adj; ss; vb*	crudo; las carne viva; despellejar
4743	**ray**-*ss; vb*	el rayo; radiar
3419	**razor**-*ss; vb*	la navaja; rasurar
3334	**react**-*vb*	reaccionar
4671	**realistic**-*adj*	realista
4619	**realm**-*ss*	el reino| la esfera
2694	**rear**-*adj; ss; vb*	posterior; el trasero; criar
4599	**rebellion**-*ss*	la rebelión
3487	**rebel**-*ss; vb*	rebelde; rebelarse
3730	**receipt**-*ss; vb*	la recepción| el comprobante; dar recibo por
2628	**recent**-*adj*	reciente
2743	**reception**-*ss*	la recepción
4043	**recipe**-*ss*	la receta
4527	**reckless**-*adj*	temerario
4773	**recognition**-*ss*	el reconocimiento
4878	**recommendation**-*ss*	la recomendación
2631	**recommend**-*vb*	recomendar

4876	**reconsider**-*vb*	reconsiderar
4685	**recorder**-*ss*	la grabadora
2548	**recording**-*ss; adj*	la grabación; de grabación
3081	**recover**-*vb*	recuperar| rescatar
3834	**recovery**-*ss*	la recuperación
4084	**reduce**-*vb*	reducir| bajar
5024	**reef**-*ss; vb*	el arrecife; arrizar
4704	**referee**-*ss; vb*	el árbitro| referí; evaluar
3786	**reference**-*ss; adj; vb*	la referencia; de referencia; poner referencias
4269	**refer**-*vb*	referir
4089	**reflection**-*ss*	la reflexión| el reflejo
4789	**reflect**-*vb*	reflejar| reflexionar
4287	**reform**-*ss; vb*	la reforma; reformar
4526	**refrigerator**-*ss*	el refrigerador
4919	**refugee**-*ss*	el refugiado
4317	**refuge**-*ss; vb*	el refugio; albergar
4387	**regardless**-*adv; adj*	a pesar de todo; insensible
3240	**regard**-*vb; ss*	considerar| mirar; el respecto
3307	**regiment**-*ss; vb*	el regimiento; reglamentar
3025	**region**-*ss*	la región| la comarca
3272	**registered**-*adj*	registrado| matriculado
2938	**register**-*ss; vb*	el registro| la matrícula; registrar
4324	**registration**-*ss*	el registro| la matriculación
4818	**regularly**-*adv*	regularmente
3755	**regulation**-*ss; adj*	la regulación| el reglamento; de reglamento
2864	**rehearsal**-*ss*	el ensayo
4581	**rehearse**-*vb*	ensayar
4437	**reign**-*ss; vb*	el reinado| el dominio; reinar
4805	**reindeer**-*ss*	el reno
5006	**reinforcement**-*ss*	el reforzamiento
3704	**reject**-*vb; ss*	rechazar| desestimar; la cosa rechazada
3007	**relation**-*ss*	la relación| pariente
4955	**relevant**-*adj*	pertinente| aplicable
3788	**reliable**-*adj*	seguro
2557	**relief**-*ss*	el relieve| el alivio
3337	**relieve**-*vb*	aliviar| relevar

3312	**rely**-*vb*	confiar
2604	**remarkable**-*adj*	notable| singular
2657	**remote**-*adj*	remoto| aislado
4357	**rendezvous**-*ss; vb*	la cita; reunirse con
3078	**repair**-*vb; ss*	reparar| refaccionar; la reparación
3569	**repay**-*vb*	pagar| reintegrar
4717	**repent**-*vb; adj*	arrepentirse; rastrero
4344	**replacement**-*ss*	el reemplazo
3166	**reply**-*ss; vb*	la respuesta; responder
4104	**representative**-*ss; adj*	representante; representativo
4439	**republican**-*ss*	el republicano
2820	**republic**-*ss*	la república
2882	**required**-*adj*	necesario
3028	**require**-*vb*	exigir| pedir
5009	**resent**-*vb*	resentirse de
3521	**reservation**-*ss*	la reserva| la reservación
3098	**reserve**-*vb; ss*	reservar; la reserva
3294	**residence**-*ss*	la residencia| la permanencia
4724	**resident**-*adj; ss*	residente; residente
4813	**resignation**-*ss*	la renuncia
3909	**resign**-*vb*	renunciar| dimitir
2613	**resistance**-*ss*	la resistencia
4414	**resolve**-*vb; ss*	resolver; la resolución
4031	**resort**-*ss*	el recurso
3174	**resource**-*ss*	el recurso
3506	**respectable**-*adj*	respetable
3243	**respected**-*adj*	respetado
2709	**respond**-*vb; ss*	responder| atender; la respuesta
2568	**response**-*ss*	la respuesta| el responsorio
3780	**restless**-*adj*	inquieto| intranquilo
4090	**restore**-*vb*	restaurar
4193	**resume**-*vb; ss*	reanudar; el currículum
4981	**resurrection**-*ss*	la resurrección
4118	**retarded**-*adj*	retardado
4788	**retard**-*vb*	retardar
3618	**retirement**-*ss*	la jubilación
2750	**retire**-*vb*	retirarse| jubilarse
2866	**retreat**-*ss; vb*	el retiro; retirarse
4302	**reunion**-*ss*	la reunión
2804	**reveal**-*vb*	revelar| delatar
3032	**reverse**-*adj; ss; vb*	inverso; el reverso; revocar
2958	**review**-*ss; vb*	la crítica| la revisión; reseñar
3328	**revolutionary**-*adj; ss*	revolucionario; el revolucionario
4810	**rhyme**-*ss; vb*	la rima; rimar
2736	**rhythm**-*ss*	el ritmo
5016	**ribbon**-*ss; vb*	la cinta; ceñir
4113	**rib**-*ss; vb*	la costilla; tomar el pelo
4866	**riddle**-*ss; vb*	el enigma| la criba; acribillar
4185	**rider**-*ss*	el jinete| motociclista
4058	**ridge**-*ss*	la cresta
3952	**righteous**-*adj*	justo
3776	**rig**-*ss; vb*	el aparejo; aparejar
3524	**riot**-*ss; vb*	el motín; amotinarse
4457	**ripe**-*adj*	maduro
3517	**risky**-*adj*	arriesgado
3537	**ritual**-*adj; ss*	ritual| consagrado; el ritual
4561	**rival**-*adj; ss; vb*	rival| opuesto; el rival; rivalizar con
3099	**roar**-*ss; vb*	el rugido; rugir
3356	**roast**-*adj; ss; vb*	asado; el asado; asar
4178	**robber**-*ss*	el ladrón
3843	**robe**-*ss; vb*	la túnica; vestir
2531	**robot**-*ss*	el robot
2517	**rocket**-*ss; vb*	el cohete; atacar con cohetes
2984	**rod**-*ss*	la barra
4489	**rogue**-*ss*	el pícaro
4314	**roller**-*ss*	el rodillo
2508	**romance**-*ss; vb*	la novela| la romanza; fantasear
3574	**roommate**-*ss*	el compañero de cuarto
4045	**rooster**-*ss*	el gallo
3054	**root**-*ss; adj; vb*	la raíz; fundamental; arraigarse
3067	**rot**-*ss; vb*	la putrefacción| la decadencia; pudrirse
2779	**rubber**-*ss; adj; vb*	el caucho| la goma; de goma; cubrir de goma
2507	**rubbish**-*ss*	la basura
2614	**rub**-*vb; ss*	frotar| rozar; el frotamiento
3842	**rug**-*ss*	la manta
4473	**ruler**-*ss*	la regla

4823	**ruling**-*ss; adj*	la decisión| el gobierno; dominante
2697	**rumble**-*vb; ss*	retumbar; el retumbo
2942	**rumor**-*ss; vb*	el rumor; rumorearse
3477	**rum**-*ss; adj*	el ron; raro
4106	**runner**-*ss*	el corredor
4646	**runway**-*ss*	la pista
4135	**rupee**-*ss*	la rupia
2777	**rusty**-*adj*	oxidado
4509	**ruthless**-*adj*	implacable| despiadado

S

4889	**sabotage**-*ss; vb*	el sabotaje; sabotear
2546	**sack**-*ss; vb*	el saco| el saqueo; despedir
3534	**saddle**-*ss; vb*	el sillín; ensillar
4429	**sadly**-*adv*	con tristeza
3637	**sadness**-*ss*	la tristeza
2704	**safely**-*adv*	sin peligro
3260	**sailing**-*ss*	la navegación| la vela
2583	**sailor**-*ss*	el marinero
2573	**salary**-*ss*	el salario
3424	**salesman**-*ss*	el vendedor| representante
4071	**salmon**-*ss; adj*	el salmón; color salmón
4593	**salon**-*ss*	el salón
4434	**saloon**-*ss*	el salón| la taberna
3520	**salute**-*ss; vb*	el saludo; saludar
3522	**salvation**-*ss*	la salvación
2997	**sample**-*ss; vb*	la muestra| el espécimen; probar
2765	**samurai**-*ss*	los samurai
4897	**sanctuary**-*ss*	el santuario| el sagrario
4519	**sane**-*adj*	cuerdo
2792	**sarge**-*ss*	el sargento
2817	**Satan**-*ss*	el Satán
2725	**satellite**-*ss*	el satélite
3652	**satisfaction**-*ss*	la satisfacción
3810	**satisfy**-*vb*	satisfacer| cumplir con
3425	**sausage**-*ss*	la salchicha
3565	**savage**-*adj; ss; vb*	salvaje| feroz; el salvaje; embestir
4681	**savior**-*ss*	el salvador
2566	**scale**-*ss; vb*	la escala| el nivel; escalar

2968	**scandal**-*ss*	el escándalo
3915	**scan**-*vb; ss*	escanear; la tomografía
4081	**scarf**-*ss; vb*	la bufanda; empalmar
3047	**scar**-*ss; vb*	la cicatriz; cicatrizar
4047	**scattered**-*adj*	disperso
4550	**scenario**-*ss*	el guión
3624	**scent**-*ss; vb*	el olor| el perfume; perfumar
3626	**scheme**-*ss; vb*	el esquema; proyectar
3599	**scholarship**-*ss*	la beca
4736	**scholar**-*ss*	el erudito
3859	**scissor**-*vb; ss*	cortar con tijeras; la tijera
4705	**scoop**-*ss*	la cuchara
4999	**scooter**-*ss*	los scooter
2868	**scotch**-*ss*	whisky
3452	**scoundrel**-*ss*	sinvergüenza| el canalla
2834	**scout**-*vb; ss*	explorar; el explorador
4322	**scram**-*vb*	largarse
4639	**scrap**-*ss; vb*	la chatarra| el trozo; desechar
3793	**screech**-*ss; vb*	el chillido; chirriar
4129	**screenplay**-*ss*	el guión
4809	**scrub**-*vb; ss; adj*	fregar; el matorral; achaparrado
3628	**secretly**-*adv*	secretamente
3191	**sector**-*ss*	el sector
4633	**seduce**-*vb*	seducir
3252	**seed**-*ss; vb*	la semilla| la simiente; sembrar
3817	**seize**-*vb*	aprovechar| apoderarse de
4950	**seldom**-*adv*	raramente
4525	**selection**-*ss*	la selección| el surtido
4237	**select**-*vb; adj*	seleccionar; selecto
4765	**semester**-*ss*	el semestre
4945	**semi**-*adj; ss*	la casa semiseparada
3660	**senate**-*ss*	el senado
5007	**sensational**-*adj*	sensacional
4230	**sensation**-*ss*	la sensación
3285	**sensible**-*adj*	sensato
3550	**sentimental**-*adj*	sentimental
2661	**separated**-*adj*	seperado
4346	**separation**-*ss*	la separación
3172	**sequence**-*ss*	la secuencia| el orden
3321	**serial**-*adj; ss*	de serie; el serial

2827	**session**-*ss*	la sesión
4377	**settlement**-*ss*	la solución| la liquidación
4280	**setup**-*ss*	la disposición| el tinglado
4095	**seventeen**-*num*	diecisiete
3197	**seventh**-*adj; ss*	séptimo; el séptimo
3838	**seventy**-*adj; ss*	setenta; los setenta
3253	**severe**-*adj*	grave| severo
4665	**sewer**-*ss*	la alcantarilla
4778	**sewing**-*adj; ss*	de coser; la costura
4284	**sew**-*vb*	coser
4370	**sexually**-*adv*	sexualmente
4227	**shack**-*ss*	la choza
3759	**shade**-*ss; vb*	la sombra| el tono; sombrear
4134	**shaft**-*ss*	el eje
4634	**shallow**-*adj*	superficial
4989	**shameless**-*adj; ss*	desvergonzado; sinvergüenza
4498	**shatter**-*vb*	romper| destruir
2602	**shave**-*ss; vb*	el afeitado; afeitarse
4596	**sheer**-*adj; adv; ss; vb*	escarpado| puro; completamente; la desviación; caer a pico
2905	**sheet**-*ss; vb*	la hoja| la lámina; cubrir
4132	**shelf**-*ss*	el estante
2683	**shell**-*ss; vb*	la cáscara| la concha; bombardear
3267	**shepherd**-*ss; vb*	el pastor; cuidar de
3858	**sherry**-*ss*	el jerez
3118	**shield**-*ss; vb*	el escudo; proteger
4394	**shin**-*ss*	la espinilla
3870	**shiny**-*adj*	brillante
4331	**shipment**-*ss*	el envío| el embarque
4644	**shipping**-*ss*	el envío| el transporte
4591	**shithead**-*ss*	gilipollas
2946	**shitty**-*adj*	de mierda
2702	**shocked**-*adj*	sorprendido
3888	**shocking**-*adj; adv*	chocante| escandaloso; muy
3702	**shooter**-*ss*	el tirador
4246	**shoo**-*vb*	espantar
2727	**shortly**-*adv*	dentro de poco
4004	**shorty**-*ss*	el retaco
3314	**shotgun**-*ss*	la escopeta
4348	**shovel**-*ss; vb*	la pala; mover con la pala
2800	**shove**-*ss; vb*	el empujón| el empellón; empujar
4934	**shriek**-*ss; vb*	el grito| el chillido; gritar
4112	**shrimp**-*ss; vb*	el camarón; pescar camarones
4767	**shrine**-*ss*	el santuario
3463	**shrink**-*ss; vb*	el encogimiento| psiquiatra; encoger
3820	**shuttle**-*ss; vb*	la lanzadera; ir y venir
3363	**sickness**-*ss*	la enfermedad
2679	**signature**-*ss*	la firma
3896	**significant**-*adj*	significativo
2982	**silk**-*ss; adj; vb*	la seda; de seda; madurar
3710	**sincere**-*adj*	sincero
4338	**sincerely**-*adv*	sinceramente
4785	**sinner**-*ss*	el pecador
4143	**sip**-*ss; vb*	el sorbo; sorber
4060	**sissy**-*ss*	el marica
3557	**sixteen**-*num*	dieciséis
2803	**sixth**-*adj; ss*	sexto; el sexto
3175	**sixty**-*adj; ss*	sesenta; las sesenta
4595	**skate**-*vb; ss*	patinar; el patín
4806	**skating**-*ss*	el patinaje
4790	**skeleton**-*ss*	el esqueleto
4579	**sketch**-*ss; vb*	el bosquejo| el dibujo; dibujar
4754	**skiing**-*ss*	el esquí
2640	**skinny**-*adj*	flaco
3232	**skipper**-*ss; vb*	capitán; capitanear
3001	**skirt**-*ss; vb*	la falda; bordear
3592	**ski**-*ss; vb*	el esquí; esquiar
2503	**skull**-*ss*	el cráneo
4832	**slack**-*adj; ss; vb*	flojo; respiro; gandulear
3430	**slam**-*ss; vb*	el golpe; cerrar de golpe
3675	**slaughter**-*ss; vb*	el sacrificio| la matanza; matar
4719	**slavery**-*ss*	la esclavitud
3043	**sleepy**-*adj*	soñoliento
4396	**sleeve**-*ss*	la manga
3351	**slice**-*ss; vb*	la rebanada| la rodaja; cortar
4623	**slick**-*ss; adj*	la mancha| la capa; hábil
2721	**slide**-*ss; vb*	la diapositiva| la corredera; deslizarse

3160	**slight**-*adj; ss; vb*	leve| pequeño; el desaire; desairar
2597	**slightly**-*adv*	ligeramente
3360	**slim**-*adj; vb*	delgado| escaso; adelgazar
4544	**slipper**-*ss*	la zapatilla
4956	**slippery**-*adj*	resbaladizo
4359	**slit**-*ss; vb*	la abertura; rajar
4852	**sloppy**-*adj*	poco riguroso
4937	**slug**-*ss; vb*	la babosa; pegar
3353	**smack**-*ss; vb*	el golpe; oler
3336	**smashed**-*adj*	colocado
2799	**smash**-*ss; vb*	el smash| la rotura; aplastar
5003	**smuggling**-*ss*	el contrabando
3747	**snack**-*ss*	el bocadillo
5000	**snatch**-*vb; ss*	arrebatar; la arrancada
2610	**sneak**-*adj; vb*	furtivo; robar a hurtadillas
4009	**sneaking**-*adj*	furtivo
3963	**sniff**-*vb; ss*	oler| esnifar; la inhalación
4824	**sniper**-*ss*	el francotirador
3653	**snore**-*ss; vb*	el ronquido; roncar
4580	**soak**-*vb; ss*	empapar| empaparse; el borrachín
3050	**sober**-*adj; vb*	sobrio; desembriagar
2738	**soccer**-*ss; adj*	el fútbol; de fútbol
4507	**socialist**-*adj; ss*	socialista; socialista
2606	**sock**-*ss; vb*	el calcetín; pegar
2638	**soda**-*ss*	la soda
3715	**sofa**-*ss*	el sofá
4408	**software**-*ss*	el software
2826	**soil**-*ss; vb*	el suelo; ensuciar
2744	**solar**-*adj*	solar
3670	**sole**-*adj; ss*	único| exclusivo; la suela
4568	**solitary**-*adj*	solitario
3370	**solo**-*ss*	el solo
3045	**somewhat**-*adv*	algo
4059	**sophisticated**-*adj*	sofisticado
2603	**sore**-*ss; adj*	la llaga; dolorido
2693	**sorrow**-*ss*	el dolor| la tristeza
4663	**sounding**-*ss*	el sondeo
3836	**sour**-*vb; adj*	amargar| agriarse; agrio
2554	**southern**-*adj*	del sur
4311	**souvenir**-*ss*	el recuerdo
2558	**Soviet**-*ss; adj*	el soviet; soviético
4654	**spaceship**-*ss*	la astronave
3927	**spaghetti**-*ss*	los espaguetis
4124	**spark**-*ss; vb*	la chispa; chispear
4977	**sparrow**-*ss*	el gorrión
3479	**speaker**-*ss*	el altavoz
4392	**spear**-*ss; vb*	la lanza; alancear
3892	**specialist**-*ss; adj*	especialista; especializado
4664	**specially**-*adv*	especialmente
4518	**specialty**-*ss*	la especialidad
3689	**specifically**-*adv*	específicamente
3943	**spectacular**-*adj*	espectacular
3957	**sperm**-*ss*	el esperma
4494	**spice**-*vb; ss*	condimentar; la especia
2647	**spider**-*ss*	la araña
3840	**spike**-*ss; vb*	la espiga; clavar
3571	**spill**-*vb; ss*	derramar; el vertido
4427	**spine**-*ss*	la espina
3472	**spinning**-*ss; adj*	el hilado; de hilar
2629	**spin**-*vb; ss*	girar| hilar; la vuelta
2989	**spiritual**-*adj; ss*	espiritual; el espiritual negro
3066	**spite**-*ss; vb*	el despecho; mortificar
4701	**splash**-*ss; vb*	el chapoteo; salpicar
4954	**splitting**-*adj*	terrible
2570	**spoil**-*ss; vb*	el botín| el despojo; estropear
4836	**sponsor**-*ss; vb*	el patrocinador| el promotor; patrocinar
3688	**spoon**-*ss; vb*	la cuchara; cucharear
3665	**spray**-*ss; vb*	la pulverización| el spray; rociar
3982	**squadron**-*ss*	el escuadrón
4094	**squeak**-*ss; vb*	el chirrido| el crujido; chirriar
3789	**squeal**-*ss; vb*	el chillido| el grito agudo; chillar
4541	**squirrel**-*ss*	la ardilla
2741	**stable**-*adj; ss*	estable| sólido; la cuadra
3021	**stab**-*ss; vb*	la puñalada; apuñalar
4295	**stack**-*vb; ss*	apilar; el montón
3560	**stadium**-*ss*	el estadio
4298	**stain**-*vb; ss*	manchar| mancharse; la mancha
3841	**stall**-*ss; vb*	el puesto; pararse
3760	**stamp**-*ss; vb*	el sello| la estampilla; sellar

4189	**starboard**-*ss; adj*	el estribor; de estribor	
3966	**stark**-*adj*	rígido	
3687	**static**-*adj*	estático	
2625	**statue**-*ss*	la estatua	
2537	**status**-*ss*	el estado| el estatus	
2689	**steak**-*ss*	el bistec	
2937	**steam**-*ss; adj; vb*	el vapor; de vapor; cocer al vapor	
4453	**steer**-*ss; vb*	el buey| el novillo; dirigir	
3962	**stereo**-*ss*	el estéreo	
4191	**stern**-*ss; adj*	la popa| el culo; severo	
3931	**stew**-*ss; vb*	el guiso; guisar	
2924	**sticking**-*ss*	la pega	
4515	**sticky**-*adj*	pegajoso	
2857	**stiff**-*adj; ss*	rígido| fuerte; el fiambre	
3973	**sting**-*ss; vb*	la picadura| el aguijón; picar	
2547	**stink**-*ss; vb*	el hedor| el lío; oler mal	
3718	**stir**-*vb; ss*	revolver| remover; la agitación	
4853	**stocking**-*ss*	la media	
4260	**stoned**-*adj*	drogado	
3944	**storage**-*ss*	el almacenamiento	
3613	**stove**-*ss*	la estufa	
3192	**straighten**-*vb*	enderezar| enderezarse	
4036	**strain**-*ss; vb*	la tensión; colar	
4447	**strangely**-*adv*	extrañamente	
4511	**strangle**-*vb*	estrangular	
4628	**strap**-*ss; vb*	la correa; atar con correa	
3090	**strategy**-*ss*	la estrategia	
4255	**strawberry**-*ss*	la fresa	
3799	**straw**-*ss; adj*	la paja; de paja	
4263	**stray**-*adj; vb*	extraviado; perderse	
3180	**stream**-*ss; vb*	la corriente| el torrente; fluir	
2543	**stress**-*ss; vb*	el estrés; subrayar	
3350	**strict**-*adj*	estricto| terminante	
3110	**strictly**-*adv*	estrictamente	
4513	**striking**-*adj*	llamativo	
4549	**stripe**-*ss*	la raya	
2504	**stroke**-*ss; vb*	la carrera| el golpe; acariciar	
4635	**stroll**-*ss; vb*	el paseo; dar un paseo	
3933	**strongly**-*adv*	fuertemente	

2995	**structure**-*ss; vb*	la estructura| la fábrica; estructurar
4592	**stud**-*ss; vb*	el semental| el clavo; tachonar
4745	**stunning**-*adj*	maravilloso| pasmoso
3801	**stunt**-*vb; ss*	atrofiar; la payasada
3677	**submarine**-*adj; ss*	submarino; el submarino
4014	**submit**-*vb*	presentar| someter
2718	**sub--**-*pfj*	sub-
4426	**substance**-*ss*	la sustancia| la parte
4652	**substitute**-*vb; ss; adj*	sustituir; el sustituto; suplente
4108	**subtle**-*adj*	sutil| delicado
3132	**subway**-*ss*	el metro
2520	**sucker**-*ss*	la ventosa
3422	**sucking**-*ss; adj*	la succión; chupante
4236	**sufficient**-*adj; ss*	suficiente; la cantidad suficiente
3147	**suggestion**-*ss*	la sugerencia
3791	**suitable**-*adj*	adecuado| apto
3000	**suite**-*ss*	los suite
4222	**sultan**-*ss*	el sultán
4725	**summon**-*vb*	convocar| llamar
2831	**sum**-*ss*	la suma| la cantidad
4131	**sunlight**-*ss*	la luz del sol
2801	**sunny**-*adj*	soleado
4180	**sunrise**-*ss*	la salida del sol
3015	**sunset**-*ss*	la puesta del sol
2572	**sunshine**-*ss*	el sol
4354	**superb**-*adj*	magnífico| soberbio
4225	**superintendent**-*ss*	superintendente
2811	**superman**-*ss*	el superhombre
4382	**supermarket**-*ss*	el supermercado
4083	**supervisor**-*ss*	el supervisor
4573	**supposedly**-*adv*	supuestamente
2830	**supreme**-*adj*	supremo
4339	**surf**-*vb; ss*	navegar; las olas
3002	**surgeon**-*ss*	el cirujano
3590	**surprising**-*adj*	sorprendente
2867	**surveillance**-*ss*	la vigilancia
2832	**survival**-*ss*	la supervivencia
3453	**survivor**-*ss*	sobreviviente
3612	**suspend**-*vb*	suspender
3583	**suspicion**-*ss*	la sospecha
4686	**sustain**-*vb*	sostener| mantener
3530	**swamp**-*ss; vb*	el pantano| la marisma; inundar

4086	**swan**-*ss*	el cisne
4781	**swap**-*vb; ss*	intercambiar| canjear; el intercambio
4885	**swat**-*vb; ss*	aplastar; los golpe fuerte
4577	**sway**-*ss; vb*	la influencia; balancearse
3377	**sweater**-*ss*	el suéter| la chompa
3988	**Sweden**-*ss*	las Suecia
3814	**Swedish**-*adj; ss*	sueco; el sueco
3052	**sweep**-*vb; ss*	barrer; la extensión
3441	**swine**-*ss*	el cerdo
3555	**Swiss**-*adj; ss*	suizo; el suizo
3358	**Switzerland**-*ss*	la Suiza
2815	**symbol**-*ss*	el símbolo
3273	**sympathy**-*ss*	la simpatía
3824	**symptom**-*ss*	el síntoma

T

4689	**tab**-*ss; vb*	la lengüeta; tabular
5023	**tackle**-*ss; vb*	la entrada| el aparejo; abordar
4750	**tactic**-*ss*	la táctica
3117	**tag**-*ss; vb*	la etiqueta; poner una etiqueta a
4547	**tailor**-*ss; vb*	el sastre; entallar
2748	**talented**-*adj*	talentoso
3394	**tango**-*ss*	el tango
3709	**tan**-*vb; ss; adj*	broncearse; el bronceado; color canela
2618	**tap**-*ss; vb*	el grifo| el golpecito; aprovechar
3527	**tasty**-*adj*	sabroso
2996	**tattoo**-*ss; vb*	el tatuaje; tatuar
3958	**tease**-*vb; ss*	molestar| embromar; el embromador
3269	**technical**-*adj*	técnico
3306	**technically**-*adv*	técnicamente
3104	**technique**-*ss*	la técnica
4622	**teenage**-*adj*	joven
2991	**telegram**-*ss*	el telegrama
4924	**telescope**-*ss*	el telescopio
2687	**temper**-*vb; ss*	templar| moderar; el genio
4918	**temporarily**-*adv*	temporalmente
2861	**temporary**-*adj*	temporal| temporario
4892	**tempo**-*ss*	el tempo

4203	**temptation**-*ss*	la tentación
4980	**tempt**-*vb*	tentar| seducir
2839	**tender**-*ss; adj; vb*	la oferta| la moneda; tierno; ofertar
2869	**tend**-*vb*	tender| atender
2805	**tennis**-*ss*	el tenis
2927	**tense**-*adj; ss; vb*	tenso| rígido; el tiempo; tensar
3447	**tension**-*ss*	la tensión| la tirantez
4794	**tenth**-*adj; ss*	décimo; el décimo
2540	**tent**-*ss*	la tienda
4783	**tequila**-*ss*	las tequila
4268	**terminal**-*adj; ss*	terminal| trimestral; el terminal
4364	**terrace**-*ss; vb*	la terraza; terraplenar
4305	**terrifying**-*adj*	espantoso
3105	**terrify**-*vb*	aterrorizar| atemorizar
4170	**terrorism**-*ss*	el terrorismo
2740	**terror**-*ss*	el terror| el espanto
2923	**testify**-*vb*	testificar
2922	**testimony**-*ss*	el testimonio
2940	**text**-*ss*	el texto| el tema
4503	**Thai**-*adj; ss*	tailandés; el tailandés
4488	**thankful**-*adj*	agradecido
3925	**thanksgiving**-*ss*	las acción de gracias
3529	**theft**-*ss*	el robo
3478	**theirs**-*prn*	suyo
4217	**therapist**-*ss*	la terapeuta
4966	**thigh**-*ss*	el muslo
4913	**thine**-*prn*	tus
4201	**thirst**-*ss*	la sed
3812	**thirteen**-*num*	trece
4768	**thorn**-*ss*	la espina
4286	**thoroughly**-*adv*	a fondo
4645	**thoughtful**-*adj*	pensativo| atento
4067	**thread**-*ss; vb*	el hilo| la rosca; enhebrar
3661	**thrill**-*ss; vb*	la emoción| la sensación; emocionar
2599	**throne**-*ss*	el trono
4828	**thrust**-*ss; vb*	el empuje| la estocada; empujar
3898	**thud**-*ss; vb*	el ruido sordo; caer con ruido sordo
4618	**thug**-*ss*	el matón
3144	**thumb**-*ss; vb*	el pulgar; manosear
4883	**tickle**-*ss; vb*	las cosquillas; cosquillear

3591	**tick**-*ss; vb*	la garrapata| el tictac; marcar
3246	**tide**-*ss; vb*	la marea; arrastrar con la marea
4234	**tidy**-*adj; vb*	ordenado| limpio; poner en orden
4504	**timer**-*ss*	el minutero
2516	**timing**-*ss; adj*	la sincronización| el cronometraje; de distribución
2850	**tin**-*ss; adj; vb*	el estaño| la lata; de estaño; estañar
3854	**tissue**-*ss*	el tejido
4631	**toad**-*ss*	el sapo
3400	**tobacco**-*ss; adj*	el tabaco; de tabaco
2802	**toe**-*ss; vb*	los dedo del pie; tocar con la punta del pie
4449	**token**-*adj; ss*	simbólico| testimonial; la ficha
3615	**tolerate**-*vb*	tolerar
4003	**tomato**-*ss*	el tomate
3076	**tomb**-*ss*	la tumba
2880	**ton**-*ss*	la tonelada
2776	**tool**-*ss; vb*	la herramienta; filetear
4367	**topic**-*ss; adj*	el tema; temático
4015	**torch**-*ss*	la antorcha
4393	**torment**-*ss; vb*	el tormento| el suplicio; atormentar
2641	**torn**-*adj*	estropeado
4647	**torpedo**-*ss*	el torpedo
3018	**toss**-*ss; vb*	la sacudida| la tirada; lanzar
3698	**tourist**-*adj; ss*	turístico; turista
3284	**tournament**-*ss*	el torneo
2720	**towel**-*ss; vb*	la toalla; secar con toalla
4649	**tow**-*vb; ss; adj*	remolcar; el remolque; de remolque
4506	**toxic**-*adj; ss*	tóxico; el tóxico
4757	**tractor**-*ss*	el tractor
3406	**traditional**-*adj*	tradicional
2722	**tragic**-*adj*	trágico
3289	**trailer**-*ss*	el tráiler| el avance
4713	**trainer**-*ss*	el entrenador
3855	**tramp**-*ss; vb*	el vagabundo| la fulana; recorrer
4032	**translate**-*vb*	traducir| trasladar
3805	**translation**-*ss*	la traducción
3839	**transmission**-*ss*	la transmisión
4162	**transportation**-*ss*	el transporte
2659	**transport**-*ss; vb; adj*	el transporte; transportar; de carretera
4258	**trauma**-*ss*	el trauma
4452	**tray**-*ss*	la bandeja
3772	**treason**-*ss*	la traición
4780	**treasury**-*ss; adj*	la tesorería; del gobierno
4418	**treaty**-*ss*	el tratado
4692	**tremble**-*vb; ss*	temblar; el temblor
3347	**tremendous**-*adj*	tremendo| formidable
5025	**triangle**-*ss*	el triángulo
3241	**tribe**-*ss*	la tribu
4855	**tribute**-*ss*	el homenaje
3632	**tricky**-*adj*	difícil
3263	**triple**-*adj; ss; vb*	triple; el triple; triplicar
3636	**triumph**-*ss; vb*	el triunfo| la gloria; triunfar
4466	**trophy**-*ss*	el trofeo
3671	**troubled**-*adj*	preocupado| turbado
4967	**trout**-*ss*	la trucha
4020	**trumpet**-*ss; vb; adj*	la trompeta; pregonar; trompetazo
3094	**tube**-*ss*	el tubo| el metro
3189	**tub**-*ss; vb*	la tina| la bañera; tomar un baño
4012	**tuck**-*ss; vb*	el pliegue; comer
4483	**tuna**-*ss*	el atún
4943	**turf**-*ss; vb*	el césped; encespedar
3804	**Turkish**-*adj; ss*	turco; el turco
3310	**turtle**-*ss*	la tortuga
2649	**twin**-*adj; ss; vb*	gemelo; el gemelo; hermanar
2686	**twist**-*ss; vb*	la torcedura| la torsión; torcer
4930	**typewriter**-*ss*	la máquina de escribir
2612	**typical**-*adj*	típico

U

3121	**ultimate**-*adj*	último| definitivo
4301	**ultimately**-*adv*	al final
3383	**umbrella**-*ss*	el paraguas
2579	**unable**-*adj*	incapaz
5004	**unarmed**-*adj*	desarmado
4239	**unbearable**-*adj*	inaguantable
2916	**uncomfortable**-*adj*	incómodo
3152	**unconscious**-*adj*	inconsciente

3513	**undercover**-*adj*	clandestino
4908	**underestimate**-*vb; ss*	subestimar; la infravaloración
3956	**underwater**-*adj*	submarino
4726	**undress**-*ss; vb*	el desnudo; desnudarse
4401	**unemployed**-*ss; adj*	los desempleados; desempleado
3217	**unexpected**-*adj*	inesperado
2921	**unfair**-*adj; ss*	desleal; el juego sucio
2663	**unfortunate**-*adj; ss*	desgraciado; el desgraciado
4334	**ungrateful**-*adj*	desagradecido
4653	**unity**-*ss*	la unidad
3809	**universal**-*adj*	universal
2757	**unlike**-*adj; prp*	desemejante; diferente a
4079	**unlikely**-*adj*	improbable
4535	**unlock**-*vb*	descubrir
4142	**unlucky**-*adj*	desafortunado
4156	**unnecessary**-*adj*	innecesario
3496	**unpleasant**-*adj*	desagradable
4793	**unstable**-*adj*	inestable
3897	**untie**-*vb*	desatar
3020	**unto**-*prp*	hasta
2565	**upper**-*adj; ss*	superior| de arriba; la pala de calzado
4859	**urban**-*adj*	urbano
3932	**urge**-*ss; vb*	el impulso| la ansia; instar
4085	**USA**-*abr*	EE.UU.
4211	**utterly**-*adv*	absolutamente
4637	**utter**-*vb; adj*	pronunciar| proferir; total

V

4247	**vacuum**-*ss; vb*	el vacío; pasar la aspiradora
4151	**vagina**-*ss*	la vagina
4936	**vague**-*adj*	vago| incierto
2829	**vain**-*adj*	vano| vanidoso
3426	**valentine**-*ss*	el enamorado
3268	**vanish**-*vb*	desaparecer
4741	**vanity**-*ss*	la vanidad
4157	**variety**-*ss*	la variedad| la diversidad
2875	**various**-*adj*	vario| diferente
4668	**vase**-*ss*	el florero

2884	**vast**-*adj*	vasto| extenso
3301	**vault**-*ss; vb*	la bóveda; saltar
3532	**vegetable**-*adj; ss*	vegetal; el vegetal
4801	**vegetarian**-*adj; ss*	vegetariano; el vegetariano
4276	**veil**-*ss; vb*	el velo; velar
3802	**vein**-*ss*	la vena
4723	**velvet**-*ss*	el terciopelo
3727	**vengeance**-*ss*	la venganza
4500	**venture**-*ss; vb*	el riesgo| la empresa; aventurarse
3388	**verdict**-*ss*	el veredicto| la sentencia
4435	**verse**-*ss; adj*	el versículo| el verso; en verso
4337	**versus**-*prp*	versus
3455	**vessel**-*ss*	el buque| el recipiente
4578	**vest**-*ss; vb*	el chaleco| la camiseta; conferir
4613	**vet**-*ss; vb*	el veterinario| excombatiente; examinar
3701	**via**-*prp*	vía
3503	**vicious**-*adj*	vicioso| cruel
4320	**vile**-*adj*	vil
4049	**villager**-*ss*	el aldeano
3980	**villain**-*ss*	el villano
3085	**villa**-*ss*	la villa
4362	**violation**-*ss*	la violación
3911	**violet**-*adj; ss*	violeta; la violeta
3480	**violin**-*ss*	el violín
4933	**virtually**-*adv*	prácticamente
3699	**virtue**-*ss*	la virtud
4546	**visa**-*ss*	la visa
4351	**visible**-*adj*	visible
2582	**visitor**-*ss*	visitante
3229	**visual**-*adj*	visual
3161	**vital**-*adj*	vital| esencial
2620	**vodka**-*ss*	las vodka
4742	**void**-*adj; ss; vb*	vacío| nulo; el vacío; anular
4460	**volcano**-*ss*	el volcán
3664	**volume**-*ss; adj*	el volumen| la cantidad; de volumen
3326	**volunteer**-*ss; vb*	el voluntario; ofrecerse
4516	**vomit**-*vb; ss*	vomitar; el vómito
3865	**vow**-*ss; vb*	el voto| la promesa; prometer

3533	**voyage**-*ss*	el viaje
4205	**vulgar**-*adj*	vulgar| chabacano
3685	**vulnerable**-*adj*	vulnerable

W

3461	**wade**-*vb*	vadear
4922	**wager**-*ss; vb*	la apuesta; apostar
3981	**wage**-*ss; vb; adj*	el salario; librar; salarial
2851	**wail**-*ss; vb*	el gemido| la queja; llorar
4207	**waist**-*ss*	la cintura
3546	**waitress**-*ss*	la camarera
4861	**walk in**-*vb*	entrar| zampar
4033	**waltz**-*ss*	el vals
3103	**wander**-*vb; ss*	vagar| deambular; el paseo
2854	**warden**-*ss*	el guardián
4072	**wardrobe**-*ss*	el armario
3208	**warehouse**-*ss*	el almacén| la bodega
4128	**warmth**-*ss*	el calor
3620	**wax**-*ss; vb; adj*	la cera; encerar; encerado
2898	**weakness**-*ss*	la debilidad
2705	**wealth**-*ss*	la riqueza
3547	**wealthy**-*adj*	rico
4420	**weary**-*adj; vb*	cansado| fatigado; cansar
4984	**website**-*ss*	los sitio web
3398	**web**-*ss*	el web| el Internet
4959	**wedding**-*ss; adj*	la boda; nupcial
3823	**weep**-*vb*	llorar
3594	**weigh**-*vb*	pesar
3449	**welfare**-*ss; adj*	el bienestar; de asistencia social
3808	**whack**-*vb; ss*	golpear| vapulear; el porrazo
3058	**whale**-*ss*	la ballena
3568	**whatsoever**-*prn*	lo que
4110	**wheat**-*ss*	el trigo
4278	**wheelchair**-*ss*	la silla de ruedas
4221	**whereabouts**-*ss*	el paradero
4310	**whereas**-*con*	mientras
2751	**whimper**-*ss; vb*	el gemido| el quejido; gemir
3605	**whine**-*ss; vb*	el gimoteo; gimotear
2555	**whip**-*ss; vb*	el látigo| el azote; azotar

3170	**whir**-*ss; vb*	el zumbido; batir
4657	**whitey**-*ss*	las persona blanca
4495	**whoop**-*vb*	gritar
3781	**wig**-*ss*	la peluca
4666	**wilderness**-*ss*	el desierto
2623	**wisdom**-*ss*	la sabiduría| el saber
3439	**withdraw**-*vb*	retirar| retirarse
3572	**wit**-*ss*	el ingenio| el saber
3202	**wizard**-*ss*	el mago
4707	**woe**-*ss*	la aflicción
4417	**womb**-*ss*	la matriz| el útero
3448	**wooden**-*adj*	de madera
4961	**woof**-*ss*	los guau| la trama
4957	**wool**-*ss*	la lana
3507	**work in**-*vb*	introducir poco a poco
4626	**workshop**-*ss*	el taller
2981	**worm**-*ss; vb*	el gusano; arrastrarse
3122	**worship**-*ss; vb*	la adoración; adorar
2926	**worthless**-*adj*	sin valor
4854	**wrath**-*ss*	la ira
2745	**wreck**-*ss; vb*	la ruina| el naufragio; arruinar
3766	**wrestle**-*vb*	luchar
3860	**wretched**-*adj*	miserable
4949	**wretch**-*ss*	el desgraciado
3633	**wrist**-*ss*	la muñeca

4173	**yacht**-*ss; vb*	el yate| el velero; navegar en yate
3531	**Yankee**-*ss*	yanqui
3389	**yea**-*ss; part; adv*	el sí; sí; ciertamente
4642	**yield**-*ss; vb*	el rendimiento| la producción; producir
4182	**yuan**-*ss*	el yuan
4797	**yummy**-*adj*	sabroso

Z

3883	**zip**-*ss; vb*	la cremallera| el cierre; cerrar
4430	**zombie**-*ss*	el zombi
2760	**zoo**-*ss*	el zoo

Contacto, lecturas adicionales y recursos

Para más herramientas, consejos y trucos, visita nuestra web www.mostusedwords.com. Publicamos varios recursos para el aprendizaje de los idiomas.

Si te gusta este diccionario, por favor comunícaselo a las demás personas, para que también puedan disfrutarlo. O deja una reseña o comentario en línea, p.e. en las redes sociales, blogs o foros.

Diccionarios de frecuencia

Diccionarios de frecuencia en esta serie:

Diccionario de Frecuencia - Inglés 1 – Vocabulario esencial – 2.500 palabras más communes
Diccionario de Frecuencia - Inglés 2 – Vocabulario intermedio – 2.501-5.000 palabras más communes
Diccionario de Frecuencia - Inglés 3 – Vocabulario avanzado – 5.001-7.500 palabras más communes
Diccionario de Frecuencia - Inglés 4 – Vocabulario experto – 7.501-10.000 palabras más comunes

Por favor visita nuestra página web en www.mostusedwords.com/es/diccionario-frecuencia/ingles-espagnol para más información.

Nuestra meta es facilitar el aprendizaje de idiomas a través de los diccionarios de frecuencias para los idiomas más y menos hablados en este planeta. Puedes revisar nuestra selección en www.mostusedwords.com/es/diccionario-frecuencia

Libros bilingües

Estamos creando una selección de textos paralelos, y la misma está en constante crecimiento.

Para ayudarte en tu proceso de aprendizaje, todos nuestros libros bilingües tienen un diccionario incluido, creado específicamente para cada libro.

Contamos actualmente con libros bilingües disponibles en inglés, español, portugués, italiano, francés y alemán.

Para más información, revisa www.mostusedwords.com/es/texto-paralelo. Vuelve con regularidad para ver nuevos libros e idiomas.

Métodos para aprender otros lenguajes

Encontrarás reseñas sobre productos de aprendizaje de terceras partes, tales como aplicaciones, Software y cursos de audio. Hay muchísimos disponibles y algunos son mejores que otros.

Revisa nuestras reseñas en www.mostusedwords.com/es/revisiones.

Contacto

Si tienes alguna pregunta, puedes contactarnos vía correo electrónico a info@mostusedwords.com.

www.ingramcontent.com/pod-product-compliance
Lightning Source LLC
Chambersburg PA
CBHW081530120626
46550CB00009B/2676